Contabilidade Analítica e de Gestão

Contabilidade Analítica e de Gestão

2012

Maria Hélder Martins Coelho

ALMEDINA

CONTABILIDADE ANALÍTICA E DE GESTÃO
AUTORA
Maria Hélder Martins Coelho
EDITOR
EDIÇÕES ALMEDINA, S.A.
Rua Fernandes Tomás, nºs 76-80
3000-167 Coimbra
Tel.: 239 851 904 · Fax: 239 851 901
www.almedina.net · editora@almedina.net
DESIGN DE CAPA
FBA.
PRÉ-IMPRESSÃO
EDIÇÕES ALMEDINA, SA
IMPRESSÃO | ACABAMENTO
PAPELMUNDE, SMG, LDA.
V. N. de Famalicão

Novembro, 2012
DEPÓSITO LEGAL
352150/12

Apesar do cuidado e rigor colocados na elaboração da presente obra, devem os diplomas legais dela constantes ser sempre objeto de confirmação com as publicações oficiais.
Toda a reprodução desta obra, por fotocópia ou outro qualquer processo, sem prévia autorização escrita do Editor, é ilícita e passível de procedimento judicial contra o infrator.

 | GRUPOALMEDINA

BIBLIOTECA NACIONAL DE PORTUGAL – CATALOGAÇÃO NA PUBLICAÇÃO
COELHO, Maria Hélder Martins
Contabilidade analítica e de gestão
ISBN 978-972-40-5001-0

CDU 657

Para o meu filho Gustavo
À memória dos meus pais

NOTA PRÉVIA

Este livro procura sintetizar 30 anos de estudo, reflexão e ensino contínuos da Contabilidade de Gestão. A experiência de Docente no Instituto Superior de Contabilidade e Administração do Porto (ISCAP) proporcionou-me a sorte de descobrir esta área do saber e o prazer de transmitir conhecimento aos meus alunos. Julgo chegado o momento de transmitir o que aprendi a um público mais alargado.

O tempo em que o saber materializava mais-valia, e até poder, calhou-me a felicidade e um grande prazer de conviver, e principalmente ter aprendido muito, com os insignes Professores Manuel Duarte Baganha e Fernando Nogueira da Costa. Ambos contribuíram para o enriquecimento do saber, nesta área do conhecimento, do qual beneficiei. Tenho muitas recordações e saudades.

Antes de tudo quero alertar para o facto de que este livro seguirá uma linha voltada para a designada contabilidade analítica tradicional. Embora haja uma abundante produção literária cujos temas dominantes são o ABC (custeio baseado em actividades) e o BSC (Balanced Scorecard – Quadro de Avaliação e Responsabilização), na realidade das Pequenas e Médias Empresas (PME) portuguesas continuam a elaborar-se orçamentos *ad doc* onde os custos são calculados de modo intuitivo, com base na sensibilidade do responsável da empresa. Não obstante, este desfasamento entre a academia e a prática das PME pode ser solucionado por recurso a uma maior divulgação, discussão e análise das potencialidades da contabilidade analítica dentro do paradigma da utilidade. Neste sentido, a criação de um sistema de informação para a gestão continua a ser um objectivo básico, ainda não conseguido.

Este facto reside, por um lado, nas características do tecido empresarial existente que basicamente é constituído por PME, onde o contabilista é responsável por todas as funções na empresa e ainda pelas relações com a autoridade fiscal que absorve muito do seu tempo, por outro, a chamada contabilidade de gestão moderna continua a ser alvo de melhorias porquanto, na prática encontrou uma adesão pouco significativa. Estudos mostram que apenas as grandes empresas beneficiaram dos novos métodos e ferramentas, mas não na sua globalidade.

Também pretendo salientar alguma antipatia pelos neologismos, concretamente os anglicanismos na medida em que a sua aceitação reflecte a subserviência crónica dos portugueses ao que é estrangeiro. Além disso, a língua portuguesa (que foi hipotecada sem qualquer compreensão do cidadão comum) é de origem latina e não anglo-saxónica pelo que, como os instruídos sabem, a etimologia das palavras é diferente e portanto, a introdução de legislação no ordenamento jurídico português requer bastante cuidado. Não se compreende este comportamento quando se fala do topo da hierarquia ao nível do saber. O que se constata é que o rigor com a língua deixou, há um tempo a esta parte, de ser uma preocupação, tornando-se de somenos importância.

Os grandes estudiosos da língua portuguesa representavam uma mais-valia de importância incalculável. Os seus magníficos textos, quer de escritores, quer de legisladores, ainda encantam quem os lê, ao contrário da legislação actual, publicada em Diário da República, onde se encontram palavras por traduzir e erros de sintaxe.

Este distanciamento em relação às opções linguísticas do quadro normativo actual, na área da Contabilidade, levou a autora a usar duma certa liberdade na nomenclatura utilizada no livro.

A estrutura do livro comporta doze capítulos. O primeiro capítulo, sendo uma Introdução, trata sucintamente várias matérias relacionadas com o título do livro. Em primeiro lugar, estuda a evolução da hoje denominada Contabilidade de Gestão desde a Revolução Industrial até à actualidade. Em segundo lugar, destaca a importância da informação prestada por esta área do saber e identifica os destinatários dessa informação, não deixando de apresentar a evolução da própria definição de Contabilidade de Gestão. Seguidamente dá particular atenção aos problemas do contexto a que a informação contabilística deve dar resposta e salienta a necessidade e o valor da informação relevante para a tomada decisão. Finalmente destaca os objectivos desta disciplina desde o cálculo de custos até à tomada de decisão e ao controlo.

Os capítulos dois, três, quatro e cinco são dedicados ao estudo dos custos. O segundo capítulo estuda os custos, evidencia a necessidade das empresas calcularem os seus custos e salienta as várias configurações de custos e os diferentes níveis de custeio. No terceiro capítulo os custos são classificados para diferentes objectivos destacando-se a identificação do custo com os objectos de custo. O quarto capítulo estuda as componentes que integram o custo de produção (custo industrial). O quinto capítulo centra-se no método das secções homogéneas com o objectivo de possibilitar o cálculo do custo de fabricação (completo ou total) dos produtos.

O sexto capítulo apresenta as três técnicas de custeio (custeio por absorção ou completo, custeio variável e custeio racional [adoptado no Sistema de Normalização Contabilística (SNC) – Norma Contabilística e de Relato Financeiro 18 (NCRF18)]. Ao longo do capítulo clarificam-se os princípios subjacentes a cada técnica, as diferenças entre o uso das várias técnicas, a análise do impacto, da opção tomada, na valorização dos stocks (inventários) e dos resultados, por fim, confrontam-se os argumentos a favor e contra a utilização duma técnica em detrimento de outra.

O sétimo capítulo salienta os pressupostos subjacentes à análise de modelos Custo-Volume-Resultado (CVR), destaca a sua utilização prática em situações de monoprodução e de produção múltipla, e ainda demonstra a potencialidade da análise da sensibilidade para a tomada de decisão. Finalmente são estudadas a margem de segurança e o efeito alavanca.

O oitavo capítulo, sob o título "A medida da produção", trata dos processos produtivos, analisa os modos de incorporação e de aplicação dos factores e a localização das produções no respectivo processo e define os vários conceitos de produção (efectiva, terminada, etc.).

O nono capítulo trata da acumulação dos custos do produto e estuda os métodos, no sentido de modo como o custo é calculado, directo (custos por ordens de produção) e indirecto (custos por processos).

No décimo capítulo trata-se de processos produtivos com inerência de produção defeituosa e calcula-se os custos da produção útil e defeituosa.

No décimo primeiro capítulo analisa-se um processo produtivo conjunto e os procedimentos mais apropriados a estes processos particulares.

O décimo segundo capítulo aborda a temática dos custos teóricos fazendo um estudo cuidado do caso particular do custo padrão.

AGRADECIMENTOS

Várias pessoas contribuíram para esta obra, quer pela sua disponibilidade e colaboração, quer pela reflexão sobre o tema do livro. Porém, mais importante foi o apoio e os conselhos prestados que despertaram em mim uma vontade e um empenho em concretizar esta tarefa.

Em primeiro lugar destaco o contributo do Dr. Manuel Laurindo Oliveira (Professor Adjunto do ISCAP) e da Doutora Amélia Ferreira da Silva (Professora Adjunta do ISCAP) na revisão detalhada da primeira versão do livro. Em particular, saliento as ideias e comentários de ambos que, directa ou indirectamente, permitiram hoje a concretização deste trabalho.

Um ano mais tarde, o Dr. Félix Meireis (docente do ISCAP e do Instituto Superior de Administração e Gestão - ISAG), o Dr. Juan Gil (docente do ISCAP e da Escola Superior Estudos Industriais e de Gestão – ESEIG) e o Mestre Fernando Cardoso (docente da Universidade Lusíada) e a Doutora Amélia Ferreira da Silva, releram o livro e corrigiram detalhes e gralhas, dando origem a alguns debates. Aos quatro, pela grande disponibilidade demonstrada, a minha gratidão.

Quero fazer uma referência especial e agradecer, uma vez mais, aos professores Félix Meireis, Juan Gil e Manuel Laurindo Oliveira que, a par dos professores Manuel Baganha e Fernando Nogueira da Costa, exteriorizaram sempre a sua amizade e partilharam o seu saber ao longo de vários anos de trabalho na nossa casa – O Instituto Superior de Contabilidade e Administração do Porto, ex-Instituto Comercial do Porto onde alguns de nós frequentaram e concluíram o Curso de Contabilista no final da década de 1960. Sem a sua disponibilidade e conhecimento a minha permanência no ISCAP e a minha função como Professora Coordenadora seria muito mais árdua.

Os comentários serão bem-vindos.

Maria Hélder Martins Coelho

PREFÁCIO

O momento de crise da economia mundial, com maior incidência para a União Europeia, veio criar a necessidade de novos comportamentos e novas realidades a que temos que encontrar as correspondentes respostas.

A predominância do pensamento da livre concorrência, valor introduzido na cultura europeia com a revolução francesa (laissê passê, laissê faire), exige que as empresas num universo concorrencial, conheçam e permanentemente equacionem as suas formas de produção, não só em termos de qualidade, mas também e principalmente em termos de custo dos produtos.

Embora o produto final seja uma complexa soma de muitos fatores endógenos e exógenos à empresa, a implementação de mecanismos que possibilitem o conhecimento ou a indução de métodos, processos ou formas para obtenção do produto final a melhor preço e melhor qualidade, são hoje imprescindíveis em qualquer empresa que tenha preocupações de sustentabilidade.

A entrada de Portugal para a Comunidade Europeia, abriu novos horizontes ao tecido empresarial português, mas aportou-lhe também um conjunto de novos desafios num ambiente de livre concorrência.

Embora a estrutura do tecido empresarial português, onde predomina a pequena e média empresa, não seja de moldes a facilitar a implementação de um sistema rigoroso de custos de produção, na verdade, sobreviver num universo concorrencial onde predomina a qualidade e o preço de venda, é um grande desafio que se coloca às empresas Portuguesas.

Sempre existiu, penso que mais por efeito da dificuldade de nos familiarizarmos com a estrutura da contabilidade de custos de produção, hoje mais vulgarmente designada por Contabilidade de Gestão, do que propriamente da complexidade do seu funcionamento, um certo misticismo sobre o tema, o que tem dificultado a sua maior divulgação.

Não obstante, nos tempos que vivemos, as empresas não conseguirão sobreviver como unidades económicas se não tiverem em funcionamento um mecanismo que construa informação sobre o evoluir dos custos de produção, conectando-os com as restantes componentes de um processo de fabrico.

Essa informação é fundamental para que, caldeada com outra informação e com a própria visão que o decisor tenha da evolução dos elementos intervenientes no processo, possa tomar a decisão mais acertada para a empresa.

A presente obra, pela forma como nos é apresentada que, embora nas palavras do seu autor, seja o culminar de 30 anos de experiencia no ensino da Contabilidade de Gestão, desmistifica de forma completamente perceptível a aplicação deste tipo de contabilidade nas empresas, bem como a importância da informação obtida para as tomadas de decisão no âmbito da gestão.

Faz-se uma viagem pormenorizada aos diversos meios de produção, analisando-se os cuidados necessários à especificidade dos processos produtivos e das técnicas que se revelam mais adequadas para a obtenção dos fins pretendidos.

Utiliza-se uma espécie de linguagem mista, possibilitando a sua compreensibilidade, para além da Academia Contabilística, também ao cidadão comum, possibilitando um alertar de consciências dos empresários para a necessidade de adaptação às realidades emergentes do tempo em que vivemos.

Os Técnicos Oficiais de Contas, atento o apoio que nesta fase de crise da economia portuguesa devem prestar aos seus clientes, têm nesta obra um excelente guia orientador para a implementação de um mecanismo de análise de custos á dimensão e necessidades da empresa, elemento fundamental para uma gestão mais sustentada.

Os estudantes têm ao seu dispor uma excelente obra de estudo e análise sobre o funcionamento da Contabilidade de Gestão, construído, não apenas no saber académico, mas também com o conhecimento prático das estruturas tradicionais de um processo de fabrico em vigor nas nossas empresas.

É que o mundo evolui e essa evolução, tendo fatores positivos, também exige de nós um esforço de adaptação á realidade do momento, sob pena de não acompanharmos essa evolução e, por isso, nos autocondenarmos à obsolescência.

É isso que a autora não quer que aconteça e no saber de experiencia feito, caldeado e complementado com a assimilação da realidade do dia a dia que nos envolve e da leitura que dele apreendemos, disponibiliza-nos matéria prima de grande valia para que, antecipando eventuais percalços, possamos garantir a continuidade das nossas empresas como unidades económicas.

Bem haja por isso.

Lisboa 31 de Agosto de 2012

António Domingues Azevedo

Bastonário da Ordem dos Técnicos Oficiais de Contas,
Professor Especialista Honoris Causa pelo Instituto Politécnico de Lisboa (IPL)

Capítulo I
Introdução à contabilidade de custos e de gestão

O debate sobre a crise da contabilidade de custos e/ou contabilidade analítica, despoletado pela publicação da obra *"Relevance lost: The Rise and Fall of Management Accounting"*, dos professores Johnson & Kaplan em 1987[1], perdurou vários anos. Esta obra põe em causa a pertinência dos sistemas de contabilidade de gestão utilizados pelas empresas americanas, para apoiar na tomada de decisão e assegurar o controlo das organizações. Para os autores, a representação contabilística da empresa está, muitas vezes, distanciada da realidade económica e tecnológica das organizações que a contabilidade de gestão se propõe explicitar.

De facto, as indústrias transformadoras e as dos serviços enfrentaram inúmeras alterações no seu contexto de negócios. A desregulamentação, combinada com uma intensa concorrência globalizada alterou o "modus operandi" das empresas e centrou-as na gestão de custos e no desenvolvimento de sistemas de informação que lhes permita entender a sua base de custos e determinar as fontes de rendibilidade para os seus produtos, clientes e mercados. Actualmente, para competir no novo meio, as grandes empresas[2] elegeram como prioridade a satisfação do cliente e adoptaram novas abordagens da gestão, alteraram os sistemas de contabilidade de gestão e investiram em novas tecnologias.

No entanto, é legítimo questionar se a generalização da crítica à contabilidade tradicional[3] faz sentido? Por outro lado, será que as novas abordagens da

---

[1] Johnson, H.T. e Kaplan, R.S., *Relevance lost: The Rise and Fall of Management Accounting*, Boston, Harvard Business School Press, 1987.

[2] Em particular as empresas cotadas e com actividades ligadas às novas tecnologias e à comunicação.

[3] Assim denominada pelos autores do livro: Johnson, H.T. e Kaplan, R.S., *Relevance lost: The Rise and Fall of Management Accounting*, Boston, Harvard Business School Press, 1987.

gestão são aplicáveis cegamente a um tecido empresarial onde predominam as Pequenas e Médias Empresas (PME)?

Estas e outras questões devem ser colocadas e merecem uma resposta bem fundada e séria. De facto, com a incerteza do contexto negocial, colocou-se a questão da grande utilidade em antecipar acontecimentos, porém, a grande falha detectada relaciona-se sobretudo com a falta de controlo, pelo menos em Portugal são notórias as falhas por causa da falta de vontade crónica para controlar. No ponto 1.5. deste capítulo volta-se a esta questão.

1.1. Resumo histórico da evolução da contabilidade de gestão

O facto da origem da contabilidade de gestão[4] estar intimamente relacionada com a Revolução Industrial, que se desenvolveu primeiro na Europa e depois nos Estados Unidos da América (EUA) nos séculos XVIII, XIX e XX, delimitou, inicialmente, a sua aplicação às empresas industriais, tendo como objectivo o cálculo do custo do produto ao longo do processo produtivo e o custo total do mesmo. Por causa desta aplicação restrita era designada contabilidade industrial.

BOUQUIN (1993) em defesa da origem da contabilidade de gestão assegura que «a contabilidade de gestão parece indissociável da Revolução Industrial na primeira metade do século XIX, por volta dos anos 1820-1830, em França», afirma também que «talvez a contabilidade industrial tenha surgido mais tarde em Inglaterra do que em França, em todo caso espalhou-se especialmente pela Europa, contrariamente ao que quer fazer acreditar o etnocentrismo de certos autores americanos». Na sua perspectiva «a prática precede a teoria, com um intervalo variável segundo os países; assim, sustenta que a França produziu numerosos tratados de contabilidade industrial antes da Grã-Bretanha» e «a obra do holandês Jacob Kneppel, Olysagres Handboek de 1789 foi considerada o primeiro livro de contabilidade industrial»[5].

A este propósito JOHNSON & KAPLAN (1987) afirmam que «a maioria dos procedimentos relacionados com o apuramento dos custos da produção e com a contabilidade de gestão utilizados no século XX foram desenvolvidos entre 1880 e 1925» e argumentam que «ao longo do tempo a contabilidade de gestão estagnou e perdeu a sua relevância; depois de 1925 cessou o seu desenvolvimento e a sua prática actual (1987) já estava desenvolvida desde então (1925)[6]».

A ideia que transparece é a de que os autores americanos procuram ignorar os acontecimentos e a evolução que se verificaram na Europa antes, durante e

---

[4] Designação muito divulgada hoje em Portugal e traduzida do título Management Accounting.

[5] BOUQUIN, H., *Comptabilité de gestion*, Sirey, 1993, p. 747.

[6] JOHNSON, H.T. e KAPLAN, R.S., *Relevance lost: The Rise and Fall of Management Accounting*, Boston, Harvard Business School Press, 1987.

INTRODUÇÃO À CONTABILIDADE DE CUSTOS E DE GESTÃO

depois da Revolução Industrial e colocam a ênfase nos desenvolvimentos, em matéria de contabilidade, que tiveram início naquele país no final do século XIX, atribuindo-se a si próprios a expansão, primeiro da contabilidade industrial (para os americanos contabilidade de custos) e depois da contabilidade de gestão. As referências aos factos ocorridos fora dos EUA são escassas ou mesmo inexistentes na literatura americana[7].

Segundo diversos autores (ver por exemplo JOHNSON & KAPLAN, 1987) muitos dos desenvolvimentos iniciais diziam respeito ao custo dos produtos. A rendibilidade da empresa era atribuída aos produtos individualmente e esta informação era utilizada para a tomada de decisões estratégicas. Contudo, a partir do início do século XX, muita desta ênfase foi abandonada, passando o cálculo de custos a ter como objectivo a valorização dos inventários – os custos de fabricação eram atribuídos aos produtos para que a informação sobre o custo dos produtos, constante dos relatórios publicados pelas empresas, pudesse ser facultada aos utilizadores externos.

A necessidade de se elaborar mapas financeiros anuais, inventários físicos das matérias-primas, de produtos em curso de fabrico e de produtos fabricados, bem como a valorização destas produções através de estimativas que permitissem à empresa ter um maior controlo, conhecer o custo dos produtos vendidos e também calcular o valor real dos inventários finais, impulsionou o desenvolvimento da contabilidade de custos.

Os relatórios financeiros tornaram-se assim a força motivadora do desenho dos sistemas de contabilidade de custos (para os países anglo-saxónicos) ou contabilidade analítica de exploração (para os franceses). Os gestores e as empresas começaram por utilizar o custo médio para valorizar os produtos. Num contexto em que as empresas fabricavam produtos relativamente homogéneos que consumiam recursos à mesma taxa, o custo médio aproximava-se do custo da produção efectiva e, por conseguinte esta informação era considerada relevante.

Por outro lado, naquelas empresas em que a diversidade dos produtos aumentava, colocava-se a questão de as vantagens em obter melhor informação sobre custos ser ultrapassada pelos altos custos de processamento requeridos para fornecer essa informação. Nestes casos, o custo de funcionamento dum sistema de custeio mais detalhado excedia os seus benefícios.

Nas décadas de cinquenta e sessenta do século XX, verificaram-se alguns esforços, no sentido de aumentar a utilidade para a gestão do sistema de custos tradicional. No entanto, os empenhos para aperfeiçoar o sistema foram mais

---

[7] Para um estudo aprofundado da história do desenvolvimento da contabilidade de gestão no mundo ver: BOUQUIN, H., *Comptabilité de gestion*, Sirey, 1993, p. 7-47.

no sentido de tornar a informação da contabilidade financeira mais proveitosa para os diversos utilizadores, do que substituir esse sistema por um conjunto de procedimentos e informação inteiramente novos e separados do sistema de prestação de contas ao exterior.

Nas décadas de oitenta e noventa do século passado, economistas e gestores reconheceram que a prática da contabilidade de gestão estava longe de satisfazer as necessidades da gestão[8]. Alguns afirmavam mesmo que os sistemas de contabilidade de gestão existentes eram obsoletos e virtualmente inúteis. Por isso, tornava-se necessário utilizar processos de cálculo mais cuidados sobre o custo de produção e informação mais detalhada sobre a utilização dos factores produtivos, que permitissem aos gestores melhorar a qualidade e a produtividade e, por conseguinte, reduzir os custos. Em resposta à perceptível falência dos sistemas de contabilidade de gestão, apelidados de tradicionais, foram feitos esforços para desenvolver um novo sistema de contabilidade de gestão, ou seja, um sistema inovador que satisfizesse as exigências do contexto económico actual[9].

Face a um vasto conjunto de pressões externas, as empresas são obrigadas a reestruturar a sua forma de organização, a modificar os seus métodos de gestão e a procurar informação oportuna e relevante sobre o seu funcionamento para tomar decisões, que lhes permitam também antecipar o comportamento do mercado e dos seus concorrentes. Essa adaptação implica que se implantem estruturas empresariais flexíveis e novos métodos de trabalho e que se oriente a organização das empresas para a tomada de decisão. Logo, dentro do princípio da racionalidade económica, as formas de gestão devem ser modificadas. Para cumprir todos estes objectivos, as empresas devem utilizar informação oportuna e relevante sobre o seu funcionamento e ainda antecipar as posições dos concorrentes e do mercado.

Numa primeira fase do seu processo evolutivo, a contabilidade de gestão limitava-se a auxiliar a contabilidade financeira na sua função de fornecer informação sobre o valor dos respectivos inventários físicos. O cálculo dos custos unitários repercute-se na informação financeira tornando-a mais correcta e útil para quem toma decisões na empresa. Na fase seguinte a contabilidade de gestão desenvolveu-se para servir de base ao controlo, porém, uma vez mais, funcionando como auxiliar da contabilidade financeira.

---

[8] JOHNSON, H.T. e KAPLAN, R.S., *Relevance lost: The Rise and Fall of Management Accounting*, Boston, Harvard Business School Press, 1987.

[9] JOHNSON, H.T. e KAPLAN, R.S., *Relevance lost: The Rise and Fall of Management Accounting*, Boston, Harvard Business School Press, 1987.

A gestão adequada de uma empresa necessita de informação suficiente, oportuna, clara, concisa e relevante, com o objectivo de apoiar tarefas como o planeamento, a tomada de decisão e o controlo. Para a obtenção dessa informação é de extrema importância a contabilidade de gestão que pode aplicar-se a qualquer tipo de actividade económica, não se limitando às empresas transformadoras, embora ao longo do livro estas empresas sirvam de modelo/referência para evidenciar o cálculo dos custos de produção.

A evolução da terminologia da contabilidade de gestão acompanha de algum modo o alargamento do seu âmbito disciplinar: Contabilidade Industrial em França e noutros países Europeus, ou Contabilidade de Custos[10] para os Anglo-saxónicos; depois Contabilidade Analítica de Exploração em França, na sequência do Congresso internacional de contabilidade de Paris em 1948, onde foi decidido abandonar a designação de contabilidade industrial e consagrar a sua separação da contabilidade geral e, finalmente, Contabilidade de Gestão.

A contabilidade industrial, cujo nome está associado ao facto de ser utilizada pelas empresas industriais, interessava-se com a determinação do custo de produção, que se definia como «o valor dos factores ou meios de produção consumidos para obter um produto»[11].

A contabilidade analítica de exploração[12] é a ferramenta da análise e do controlo dos custos da empresa, portanto efectua um certo número de tratamentos elementares da informação contabilística, ou seja, procede ao agrupamento dos custos e às classificações por funções ou por processos, com o objectivo de conduzir a análise a diversas dimensões.

Nos anos 60, para adequar os sistemas de contabilidade interna às exigências de informação dos executivos, a contabilidade de custos evoluiu e transformou-se na denominada contabilidade de gestão (*Management Accounting*). A sua finalidade essencial consiste em obter e comunicar a informação relevante para apoiar racionalmente o processo de decisões tácticas e operacionais.

A própria evolução da terminologia traduz o alargamento do campo que faltava cobrir, o que foi aproveitado pelos americanos. Nos manuais de contabilidade de gestão, publicados nos EUA e também no Reino Unido, é visível que, além do estudo sobre custos, são incluídos temas como a escolha dos investi-

---

[10] Segundo FISKE, W. P. e BECKETT, J.A., *Industrial Accountant's Handbook,* EE VV, Prentice-Hall, Inc., 1956, p. 3, «A contabilidade de custos industriais é uma área da contabilidade que compreende a predeterminação, a acumulação, o registo, a distribuição, a informação, a análise e a interpretação de custos de produção e de distribuição.»

[11] BOUQUIN, H., *Comptabilité de gestion*, Sirey, 1993.

[12] Em Portugal, depois do "25 de Abril de 1974", passou a denominar-se "Contabilidade Analítica" ou "Contabilidade Interna", na designação de Schneider.

mentos e as diversas ferramentas contabilísticas do controlo de gestão (orçamentos, rendibilidade, preços de transferência interna, etc.).

1.2. Os destinatários da informação e as definições de contabilidade

Uma das finalidades da contabilidade é informar um conjunto de pessoas, cada
vez mais amplo, sobre os diferentes aspectos económicos e financeiros da organização para lhes facilitar o processo de tomada de decisão. Esse conjunto
de pessoas que procura informação divide-se em dois grandes grupos, os utilizadores internos e os externos e distinguem-se, nomeadamente, os gestores,
os accionistas ou sócios, os potenciais investidores, os empregados, os credores e o Estado. Cada um destes utilizadores procura informação por razões
diversas:

   – Os gestores porque querem tomar decisões, planear ou prever e controlar as actividades da empresa no que respeita ao preço de venda, aos custos, à
procura, à competitividade dos produtos em relação à concorrência e à rendibilidade.
   – Os accionistas pretendem informação sobre o valor do seu investimento
e sobre o rendimento (dividendos/lucros) da sua parte no capital da empresa.
   – Os potenciais investidores, tendo em conta o custo de oportunidade, querem optar pelos melhores investimentos com o objectivo de maximizar o rendimento dos seus capitais.
   – Os trabalhadores procuram informação sobre a capacidade da empresa,
quer para libertar meios e cumprir as suas obrigações quanto à remuneração do
trabalho, quer para manter/sustentar o posto de trabalho.
   – Os credores correntes e de capital (para exploração ou financiamento)
procuram verificar a capacidade da empresa em fazer face ao serviço da dívida e
pagar os respectivos juros.
   – O Estado pretende informações que cumpram uma dupla função, ou seja,
para efeitos de estatística e para o cálculo do imposto a pagar pelas empresas.
Assim, necessita de informação sobre o volume de vendas ou de actividade, os
resultados, os investimentos, os inventários e os dividendos pagos ou resultados
distribuídos.

   Analisando os utilizadores da informação verifica-se que uns são externos
à empresa e outros são internos a essa mesma organização. Tendo presente a
classificação dos destinatários da informação, é possível distinguir dois ramos da
contabilidade: a contabilidade interna e a contabilidade externa.

INTRODUÇÃO À CONTABILIDADE DE CUSTOS E DE GESTÃO

A contabilidade externa ou financeira (para os anglo-saxónicos) limita a sua estrutura aos denominados princípios contabilísticos geralmente aceites[13] (PCGA), que não passam de normas a aplicar a todo o sistema. A contabilidade de gestão não está sujeita a esse quadro normativo, a realidade económica da empresa e as necessidades dos gestores e outros utilizadores internos são o princípio orientador. No entanto, do ponto de vista da informação, a contabilidade financeira e a contabilidade de gestão são complementares.

Os utilizadores externos apenas têm acesso a informação pública, que é facultada nos relatórios externos. Em Portugal, as normas contabilísticas definidas no Sistema de Normalização Contabilística (SNC) aplicam-se a todas as empresas[14], com diversidades pontuais[15], pelo que a prática contabilística é quase homogénea.

A distinção entre contabilidade financeira e contabilidade de gestão ficou institucionalizada nos EUA em 1972, quando a *National Association of Accountants* (NAA) estabeleceu um programa destinado à obtenção de um certificado de contabilidade de gestão. Aquela distinção resultou da necessidade de implantar um sistema de informação contabilística destinado aos membros da Direcção, dado que era essencial manter e até melhorar a capacidade competitiva das empresas num mundo económico caracterizado por um grande dinamismo e em constante evolução. Essa certificação conduziu a um melhoramento nos sistemas de gestão das unidades económicas, baseado na profissionalização e na contínua reciclagem dos órgãos que dirigem as empresas; verificou-se também uma abertura internacional das empresas e um aperfeiçoamento dos sistemas de controlo com impacto na contabilidade de custos e na contabilidade de gestão.

A definição de contabilidade mais citada na literatura contabilística foi enunciada pela Associação Americana de Contabilidade:

> O processo de identificação, medida e comunicação da informação económica para permitir fazer julgamentos informados e tomar decisões pelos utilizadores da informação. (American Accounting Association)

---

[13] Financial Accounting Standards Board (FASB) in USA e Accounting Standards Board (ASB) in United Kingdom.

[14] Sistema de Normalização Contabilística (SNC) aprovado pelo Decreto-lei nº 158/2009 de 13 de Julho – "Normas contabilísticas e de relato financeiro" (NCRF).

[15] Sistema de Normalização Contabilística (SNC) aprovado pelo Decreto-lei nº 158/2009 de 13 de Julho – "Norma contabilística e de relato financeiro para pequenas entidades" (NCRF-PE).

No entanto, outras definições de contabilidade de gestão, por serem igualmente completas e actuais merecem destaque:

> Processo de identificação, medida, acumulação, análise, preparação, interpretação e comunicação da informação financeira utilizada pela gestão para planear, avaliar e controlar no interior da organização e assegurar que a utilização destes recursos foi apropriada e contabilizada, *Institute of Management Accountants* (IMA).
>
> A contabilidade de gestão é o ramo da contabilidade que se encarrega de identificar, recolher, medir, classificar e relatar a informação que é utilizada internamente no planeamento, no controlo e na tomada de decisão (HANSEN e MOWEN, 2000)[16].
>
> A contabilidade de custos fornece informação para a contabilidade de gestão e para a contabilidade financeira. A contabilidade de custos mede, analisa e relata a informação financeira e não financeira respeitante ao custo de aquisição ou uso dos recursos numa organização. A moderna contabilidade de custos encerra a perspectiva de que a recolha de informação sobre custos é uma função da tomada de decisões de gestão. Assim, a distinção entre contabilidade de gestão e contabilidade de custos não é tão clara e, muitas vezes, as duas designações são usadas indistintamente (HORNGREN *et al.*, 2006, p.2)[17].
>
> A Contabilidade de Gestão relaciona-se com o fornecimento de informação aos utilizadores internos das organizações para os ajudar a tomar as melhores decisões e a melhorar a eficiência e a eficácia das operações existentes (DRURY, 2005, p.7)[18].

A contabilidade de gestão, além de permitir valorizar os fluxos económicos internos das empresas, preocupa-se especialmente em fornecer informação, financeira e não financeira, que permita aos utilizadores internos efectuar uma gestão eficaz e racional das unidades de produção. Para o efeito, utiliza modelos contabilísticos que sintetizam a informação para que apenas os dados relevantes, para as diferentes tomadas de decisão, sejam facultados.

A contabilidade deve fornecer informação necessária e relevante em cada momento, de modo que seja possível a análise técnico-económica no âmbito interno da empresa, adequando-a e adaptando-a ao contexto onde está inserida,

---

[16] HANSEN, D.R. e MOWEN, M.M., *Management Accounting*, 5th Edition, International Thomson Publishing, USA, 2000.

[17] HORNGREN, C.T. *et al.*, *Cost Accounting: A Managerial Emphasis*, 12th Edition, Pearson – Prentice Hall, Upper Saddle River, New Jersey, 2005, Copyright 2006.

[18] DRURY, C., *Management and Cost Accounting*, 6th Edition, Thomson, 2004, Reprinted 2005.

tendo presente a responsabilidade para com esse meio que representa a sociedade como um todo. Este sistema de informação para a gestão fornece, através do processo contabilístico, informação económica relevante e contribui para facilitar e melhorar as decisões empresariais e, por isso, proporciona mais qualidade na avaliação da rendibilidade económica, do desempenho dos responsáveis e dos departamentos, isto é, uma avaliação da empresa, por um lado, e das pessoas, por outro.

A contabilidade não é um sistema de informação individual ou desligado, dado que existe uma relação estreita entre a cultura organizacional, o meio envolvente e as pessoas e a contabilidade. No contexto económico actual, a implantação dum sistema de contabilidade para a gestão facilita o controlo e a redução dos custos e, essencialmente melhora a gestão porque possibilita maior quantidade de informação económica relevante para a tomada de decisões e para o controlo da actuação dos diferentes centros de responsabilidade.

1.3. A incerteza dos contextos e a necessidade de informação

As possibilidades técnicas e a competição globalizada forçam as unidades económicas a conceberem sistemas de informação cada vez mais complexos. A concorrência acrescida impõe às empresas uma reacção rápida na resposta à evolução dos mercados. A tomada de decisões pertinentes, neste contexto, não é possível sem um acesso a informação significativa, que se relacione com os problemas a solucionar. O crescimento da procura (em quantidade e qualidade) da informação pelos que tomam decisões aumenta o valor da própria informação enquanto recurso, de tal modo que, a identificação, o acesso e o tratamento de dados, coloca o sistema de informação como um dos recursos estratégicos das empresas.

Genericamente fala-se de dados e de informação, mas qual é a relação entre ambos? Os dados representam factos de qualquer espécie, enquanto a informação, embora sendo um subconjunto dos dados, acrescenta conhecimento.[19] Por outro lado, a informação diz-se relevante quando tem valor ou é valiosa para o seu utilizador.

Dado o aumento exponencial da quantidade de informação a ser utilizada, é impossível conceber uma organização eficaz, fazendo apelo apenas ao "bom senso". Como resposta à necessidade de gerir a informação, emergiu e impôs-se a implantação de sistemas de informação organizados.

---

[19] Um dado será classificado como informação apenas se acrescentar conhecimento, por exemplo: o número 10% por si só não é informação, porque não transmite qualquer conhecimento, mas se for dito que no ano em curso o resultado da empresa vai melhorar em 10%, há já um valor acrescentado ao conhecimento e pode-se então afirmar que se trata de informação.

O aparecimento dos meios informáticos, permitindo a automatização da gestão e tratamento de dados, acelerou a reflexão sobre a natureza e a estrutura do *sistema nervoso* da empresa, ou seja, dos circuitos da informação. Com o computador é possível armazenar e manipular grandes quantidades de informação. As técnicas informáticas trouxeram as primeiras soluções para a gestão da informação. Ao mesmo tempo, influenciaram grandemente a reflexão sobre a informação ao ponto de se gerar confusão entre sistema informático e sistema de informação.

O conjunto de conceitos que permite analisar e conceber sistemas de informação ainda não está estabilizado. A apreensão e a interpretação do sistema de informação e também o seu posicionamento face à organização estão a evoluir de forma contínua e permanente. Não foi apenas depois do aparecimento do computador que as empresas passaram a utilizar as diversas informações como sistemas de suporte para a tomada de decisão; contudo, na prática, ainda se associa muito a informação com a utilização do computador.

Do ponto de vista económico, a informação deve ser encarada como um recurso fundamental para administrar organizações cada vez de maior dimensão e mais complexas, inseridas num mercado global, empregando inúmeras pessoas, mantendo relações com uma diversidade enorme de clientes, fornecedores, bancos, organismos governamentais, associações e outras instituições, e tendo, permanentemente, de satisfazer novas necessidades de forma a posicionar-se na vanguarda do processo de evolução social e económica. Todo este ambiente exige maior rapidez, inovação e conhecimento, porque todos necessitam de informação de qualidade e desejam obtê-la em tempo real.

Seja qual for o tipo ou a dimensão da empresa, a informação é necessária e relevante quando gera conhecimento e este é um aspecto essencial. Mas a informação por si só não produz resultados, porque não reduz custos, não aumenta a rendibilidade, não desenvolve talentos, etc. A informação contabilística é um recurso que depende da acção do gestor ou do administrador para se tornar um instrumento produtivo para a prossecução dos resultados empresariais. Por outro lado, a informação constitui uma fonte de conhecimento para a empresa, permitindo-lhe saber o que foi feito no passado, o que se está a fazer no presente e o que se pretende fazer no futuro.

A informação representa, portanto, um recurso de diferenciação das empresas, e um sistema de informação adequadamente estruturado e organizado representa um elemento relevante do património da empresa. No entanto, a informação não substitui o saber e a inteligência humana apenas auxilia a organizar o conhecimento adquirido através da experiência empresarial.

A adaptação ao meio envolvente exige que as organizações disponham de flexibilidade para realizar mudanças permanentes. Logo, as empresas que se movimentam num meio envolvente muito competitivo deverão ter sistemas de gestão que favoreçam a descentralização e o trabalho em equipa, de modo que os objectivos individuais e globais sejam atingidos. Neste sentido, a contabilidade, como sistema de informação para a gestão, pode ser um instrumento importante para dar resposta àquela política.

As necessidades de informação nas organizações modificaram-se essencialmente porque a) é necessário adaptar a oferta e a procura de sistemas de informação, dado que o aumento dos investimentos em tecnologia e a evolução da ciência alteraram as regras preexistentes, b) aparecem novos utilizadores externos, sendo fundamental satisfazer a sua procura e colocar maior ênfase na informação como instrumento de conexão com o meio envolvente, c) é essencial que a tecnologia a utilizar seja coerente com os objectivos da empresa, para evitar desajustamentos entre disponibilidades e necessidades e d) a orientação estratégica que se pretende dos sistemas de informação obriga a uma planificação prévia para obter melhores realizações.

O grau de sofisticação e complexidade do sistema de contabilidade de gestão não é critério para aferir a sua qualidade e a sua pertinência. Por isso, é importante que todas as alterações ao sistema de informação sejam ponderadas em função da respectiva relação custo-benefício.

1.4. Objectivos da contabilidade de gestão: análise comparada

A contabilidade como sistema de informação económica permite conhecer o resultado, as decisões que devem tomar-se para o melhorar e, ao mesmo tempo, facilitar o processo de controlo, mediante a elaboração de orçamentos (processo de planificação) e do cálculo e análise dos desvios (processo de avaliação). Como se trata de um sistema de informação com características importantes tem sido definido, na generalidade da literatura contabilística, como um sistema cujo objectivo fundamental é facilitar a gestão da empresa, posição que é partilhada, a nível mundial, pela maioria dos autores.

Os sistemas de contabilidade partem dos acontecimentos económicos e processam dados transformando-os em informação. Esta informação contabilística é, então, utilizada pelos gestores para administrar cada actividade, cada área funcional, para coordenar as várias funções da empresa, tomar decisões estratégicas e controlar e avaliar o desempenho.

A importância que é atribuída aos sistemas de informação formais resulta da complexidade crescente dos processos de gestão, da existência de maior disponibilidade de instrumentos para a tomada de decisões e da necessidade dos responsáveis anteciparem as consequências ou os efeitos das suas decisões.

As dificuldades dos processos de gestão devem-se ao crescimento das organizações, à necessidade de reagir à concorrência e a outras forças do meio envol-

CONTABILIDADE ANALÍTICA E DE GESTÃO

vente em períodos de tempo cada vez mais curtos. Neste contexto, os responsáveis pela gestão das organizações necessitam de informação acerca da própria entidade e do respectivo meio onde esta actua. A informação pode ser proporcionada pela contabilidade de gestão já que é a esta que cabe interpretar a realidade económica, social, política e tecnológica da envolvente. A organização da recolha, do armazenamento, da apresentação, da distribuição e da manutenção da informação tornou-se um factor predominante nas empresas pois condiciona o seu funcionamento.

A contabilidade como sistema de informação para a gestão, disponibiliza conhecimento, quer para os utilizadores internos, quer para os utilizadores externos. Internamente, a contabilidade é utilizada para a gestão na medida em que apoia quem tem poder de decisão, a analisar, a avaliar e a optimizar os recursos económicos associados aos objectivos a atingir. Externamente[20], a contabilidade disponibiliza informação, para diversas finalidades, a uma heterogeneidade de utilizadores como, por exemplo, os financiadores em geral e os potenciais investidores em particular.

A contabilidade de gestão e a contabilidade financeira têm diferentes objectivos.

A contabilidade de gestão mede e transmite a informação financeira e não financeira que ajuda os gestores a tomar decisões e a cumprir os objectivos da organização. Os gestores usam a informação da contabilidade de gestão para escolher, comunicar e implementar a estratégia. Ainda utilizam essa informação contabilística para coordenar as decisões sobre o *design*[21] do produto, a produção e o marketing. A contabilidade de gestão concentra-se nos relatórios internos, focaliza-se na informação futura bem como na passada. As decisões relacionadas com acontecimentos e gestão futuros que requerem detalhes sobre custos e rendimentos esperados.

Em síntese, o sistema de contabilidade de custos e de gestão deve gerar informação que permita às organizações realizar totalmente o seguinte:

1. Repartir custos entre os produtos vendidos e os produtos armazenados possibilitando assim a elaboração dos relatórios internos e externos;
2. Tomar as melhores decisões utilizando a informação contabilística relevante;
3. Proceder ao planeamento e ao controlo e medir a performance.

---

[20] Devido a problemas de informação assimétrica os utilizadores internos têm informação privilegiada relativamente aos externos.
[21] O vocábulo anglo-saxónico *design* tem, em português, o significado de: concepção, I&D, a actividade desenho propriamente dita, industrialização e protótipo.

INTRODUÇÃO À CONTABILIDADE DE CUSTOS E DE GESTÃO

A contabilidade financeira tem o seu centro de interesse no exterior da empresa. Assim, mede e regista as transacções comerciais e fornece os relatórios financeiros que se baseiam nos princípios contabilísticos geralmente aceites (PCGA). Os gestores são responsáveis pelos relatórios distribuídos aos investidores, ao Estado enquanto regulador e a outros parceiros exteriores à organização. A compensação dos executivos é muitas vezes afectada pelo número desses relatórios. Não é difícil notar que os gestores estão interessados em ambas, na contabilidade de gestão e na contabilidade financeira[22].

Não é apenas o centro de interesse a característica diferenciadora das designadas contabilidade de gestão e contabilidade financeira, existem outras diferenças importantes, por exemplo, a contabilidade de gestão coloca a ênfase, como já foi referido, no futuro e também no comportamento dos gestores e trabalhadores.

1.5. Contabilidade de gestão: a tomada de decisão e o controlo

Na sequência das críticas aos modelos tradicionais da contabilidade de gestão, diversas empresas, quer nos EUA quer na Europa, procuraram desenvolver sistemas que lhes permitissem gerar tanto, informação mais precisa sobre o custo de produção dos seus produtos e serviços, como gerir e controlar custos. Investigadores na Europa e nos EUA sugerem que a utilização da contabilidade por actividades pode ajudar as empresas a responder a esta necessidade[23]. Contudo, pesquisas efectuadas em diferentes países demonstraram claramente qua as taxas de adopção e de aplicação da contabilidade por actividades são mais fracas do que o que inicialmente se acreditava[24] e que os gestores duvidam das vantagens que se possam tirar da contabilidade por actividades[25].

Diversos factores ligados aos contextos externos e internos das empresas parecem exercer influência no processo de difusão da contabilidade por actividades e também a percepção que os gestores têm deste método de custeio. Os investigadores interessaram-se ao longo de dois decénios pela relação entre o contexto onde as empresas evoluem e a natureza dos sistemas de contabilidade

---

[22] HORNGREN, C.T. *et al.*, *Cost Accounting: A Managerial Emphasis*, 12th Edition, Pearson – Prentice Hall, Upper Saddle River, New Jersey, 2005, Copyright 2006, p.3.

[23] COOPER, R. e KAPLAN, R.S., 1987, p. 169-203 e 1988, p. 96-103; LEBAS, M. e MÉVELLEC, P., MAI. 1999, p. 77-92; MÉVELLEC, P., 1995; BOUQUIM, H., 2000; ARRÈGLE. J.L. e *al.*, 2000.

[24] ASK, U. e C. AX, 1992; NAA, 1991; IMA, 1993; ARMITAGE, H.M. e NICHOLSON, R.N., 1993; COBB, J. e *al.*, 1992; INNES, J. e MITCHELL, F., 1991 e 1995; LUKKA, K. e GRANLUND, M., 1996; GOSSELIN, M., 1997; BJORNENAK, T., 1997; GOSSELIN, M. e OUELLET, G., 1999; BESCOS, P.L. e CAUVIN, E., 2000.

[25] MILLER, J. e *al.*, *Benchmarking Global Manufacturing*, Business One Irwin, 1992.

CONTABILIDADE ANALÍTICA E DE GESTÃO

de gestão que desenvolvem[26]. Todavia, os estudos elaborados para compreender quais são os factores contextuais que influenciam a escolha das empresas em matéria de sistemas de custos de produção e de gestão de custos são escassos. A estratégia desempenha uma função chave na elaboração dos sistemas de controlo de gestão, porém, a procura da medida estratégica que influencia as decisões, em matéria de adopção e implementação da contabilidade por actividades, não cabe no âmbito deste livro. Por outro lado, a forma como as organizações utilizam os seus sistemas de custos para desenvolverem as suas estratégias merece ser analisada.

Ao longo vários anos, investigadores na área da contabilidade de gestão estudaram a relação entre os tipos de estratégias das organizações e as características dos seus sistemas de controlo de gestão. Estes estudos incidiram sobre diferentes aspectos dos sistemas da contabilidade de gestão como os orçamentos, os modos de remuneração, o nível de descentralização. Nenhum desses estudos se focalizou especificamente sobre os sistemas de custos e, em particular, sobre o custo de produção.

As inovações na gestão, como (i) o custeio baseado nas actividades (Activity-based cost – ABC); (ii) o tempo justo [(Just-in-time (JIT)]; (iii) a gestão da qualidade total (Total Quality Management – TQM); a avaliação comparativa (Benchmarking); (iv) a produção assistida por computador (Computer-aided manufacturing – CAM), são cada vez mais usadas pelas grandes e médias empresas com objectivos de competitividade. Porém, um sistema de informação integrado, capaz de ser executado com eficiência e eficácia, não se encontra facilmente.

Muito embora se reconheça valor acrescentado em algumas das novas propostas, especialmente em termos teóricos, a verdade é que os métodos tradicionais ainda têm muito potencial por explorar. Pode encontrar-se respostas nesses métodos para grande parte das necessidades de informação das empresas, especialmente as PME, contudo há ainda muitas delas que não utilizam os métodos tradicionais. Por outro lado, os académicos preocupam-se mais em inovar, propondo novos modelos, do que em implementar. As críticas devotadas ao método ABC – modelo complexo e de relevância questionável – traduzem esta realidade.

O método de custeio baseado nas actividades (ABC) sendo, actualmente, o método de referência para a valorização dos custos completos, tem recebido numerosas críticas tanto no plano metodológico (Anderson, 1995; Malmi, 1997,

---

[26] OTLEY, D., 1980; GORDON, L.A. e NARAYANAN, V.K., 1984; GOVINDARAJAN, V., 1984; CHENHALL, R.H. E MORRIS, D., 1986; GOVINDARAJAN, V. e GUPTA, A.K., 1985; SIMONS, R., 1987, 1988, 1990.

Krumwiede, 1998)[27] como da parte dos utilizadores (especialistas na prática), tendo alguns destes abandonando o ABC (Ness e Cucuzza, 1995)[28].

Não obstante uma grande complexidade de execução e de manutenção, o ABC não reduzirá os erros no cálculo dos custos (Datar e Gupta, 1994; Kaplan e Anderson, 2004)[29]. Donde se conclui que a sua complexidade não será a solução.

As críticas dirigidas ao método prendem-se com a escassa adesão, as reduzidas eficiência e eficácia na sua utilização e, principalmente, o custo e a complexidade da sua activação e manutenção. Conscientes dos limites operacionais do ABC, os seus autores[30], propuseram uma evolução: o *"Time-driven Activity-based Costing* (TDABC – Custeio baseado nas actividades induzido pelo tempo)"*, apresentando esta evolução como um método autónomo.

O TDABC é referido pelos seus «criadores» como um novo método e afirmam não existir qualquer ligação prática entre este método e o ABC. Um parágrafo, intitulado «Time-Driven ABC: Old Wine (Duration Drivers) in New Bottles?»[31], é consagrado a negar a paternidade ao ABC na utilização de indutores de tempo.

Kaplan e Anderson, 2004, como não aceitam abandonar o conceito de actividade querem simplificar a implementação do ABC. Mas as modificações que sugerem podem ser qualificadas de substanciais e conduzem os autores a designar as versões anteriores do modelo por *«Rated-based ABC»* (Kaplan e Anderson, 2003) ou por *«traditional ABC»* (KAPLAN e ANDERSON, 2004). Estas versões fazem parte dos métodos de equivalência, caracterizados pela sua simplicidade e pelo seu fraco custo de utilização.

---

[27] a) MALMI, T. (1997), «Towards Explaining Activity-Based Costing Failure: Accounting and Control in a Decentralized Organization», *Management Accounting Research*, nº 8, p. 459-480; b) ANDERSON, S.W., «A framework for Assessing Cost Management System Changes: The Case of Activity-Based Costing Implementation at General Motors 1986-1993», Journal of Management Accounting Research, vol. 7, 1995, p. 1-51; c) KRUMWIEDE, K.R. (1998), «The Implementation Stages of Activity-Based Costing and the Impact of Contextual and Organizational Factors», Journal of Management Accounting Research, vol. 10, p. 239-250.

[28] NESS, J.A. et CUCUZZA, T.G. (1995), «Tapping the Full Potential of ABC», Harvard Business Review, July, vol. 73, nº 4, p. 130-138.

[29] KAPLAN, R.S. e ANDERSON, S.R. (2004), «Time-Driven Activity Based Costing», Harvard Business Review, November, vol. 82, nº 11, p. 131-138.

[30] KAPLAN, R. S. e ANDERSON, S. R., *Time-driven Activity-based Costing* (A simpler and more powerful path to higher profits), Harvard Business School Publishing Corporation, 2007.

[31] DATAR, S. e GUPTA, M. (1994), «Aggregation, Specification and Measurement Errors in Product Costing», The Accounting Review, vol. 69, nº 4, October, p. 567-591; e KAPLAN, R. S. e ANDERSON, S. R., Time-driven Activity-based Costing, Harvard Business School Publishing Corporation, 2007, p. 17-18.

CONTABILIDADE ANALÍTICA E DE GESTÃO

A principal contribuição do TDABC é a de utilizar apenas um indutor de custos: o tempo. Uma análise mais atenta detecta nesta proposta um recurso ao princípio das equivalências o que relembra o método das secções homogéneas. Com efeito, surpreende que, em ambos os casos (ABC e secções homogéneas), quando se trata de propor simplificações, o caminho escolhido é o do método das equivalências.

Outra contribuição do TDABC é a proposta de uma medida de subactividade. Contudo, não só a imputação racional não é um conceito novo mas também, os resultados propostos devem ser considerados com precaução. Uma outra dificuldade pode ser resolvida: a precisão da medida do tempo sobre o qual repousa o método. Não obstante estas limitações o TDABC é uma ferramenta simples e pouco onerosa para se instalar e utilizar.

Se o TDABC permite responder parcialmente às críticas ao ABC apresenta, todavia, fraquezas que lhe estão associadas. Além disso, as hesitações entre a utilização dos custos padrão ou dos custos reais podem citar-se as dificuldades de medida dos tempos importantes para o TDABC. A homogeneidade e a sua manutenção no tempo foram também pouco abordadas apesar da sua importância neste tipo de método. Enfim, a valorização dos custos de capacidade não é uma novidade e o desvio evidenciado pelo TDABC não passa de um desvio sobre o volume de actividade.

Dado o tempo decorrido após a apresentação pública do TDABC, os ecos do resultado das alterações introduzidas na prática são pouco perceptíveis.

Não obstante algumas das novas propostas de ferramentas e métodos para a contabilidade de gestão não terem passado de «modas efémeras», outras há, como o JIT, cujo contributo para a competitividade é inegável.

O modelo japonês (JIT) e todas as técnicas associadas fez muito sucesso na indústria automóvel, ao longo de vários anos. O acontecimento repercutiu-se de tal ordem que, na década de 80, os investigadores americanos permaneceram naquele país, durante vários anos, para estudar profundamente o modelo da Toyota. O resultado desse estudo foi então publicado em livro, com o título "The Machine That Changed the World"[32] em 1990, sendo reeditado em 2007. Este livro teve grande repercussão nos EUA e na Europa.

Actualmente continua a ser um guia para os gestores e outros a lideres, de muitas indústrias, que os consideram indispensável. O modelo busca ajudar na transformação das empresas tradicionais de modo a tornarem-se exemplos de sucesso com o seu emagrecimento (Lean production). Os autores publicaram depois um livro que aborda o «pensamento magro».

---

[32] WOMACK, J.P., JONES e D.T., ROOS, D., «The Machine that Changed the World», FREE PRESS, A Division of Simon & Schuster, Inc., 1990.

O JIT consiste em organizar a empresa de tal modo que possa procurar, exactamente e no momento certo, a quantidade de bens desejados pelos clientes. A automação (robótica, automatização e mecanização) agrupa um conjunto de procedimentos precisos cujo objectivo é o de incentivar os trabalhadores duma empresa a melhorar *exante* (antes da realização das tarefas) a qualidade dos produtos e dos serviços vendidos em vez de terem de eliminar refugos *expost*. O JIT e a automação são pois os dois pilares do "*Lean management*" (gestão magra).

Resumindo, as empresas em geral e as transformadoras em particular estão cada vez mais conscientes de que a excelência na produção pode propiciar-lhes a competitividade que lhes permitirá concorrer nos mercados mundiais. A fim de competir de forma eficaz as empresas devem ser capazes de fabricar produtos inovadores de alta qualidade a baixo custo, e também fornecer um serviço ao cliente de elevada qualidade. Ao mesmo tempo, devem ter a flexibilidade necessária para lidar com ciclos da vida dos produtos cada vez mais curtos, a procura de produtos diversificados por clientes cada vez mais exigentes e ainda com uma crescente concorrência internacional.

A nível mundial, as grandes empresas transformadoras deram resposta à necessidade de competitividade alterando os seus sistemas produtivos a fim de melhorar a qualidade, reduzir o tempo de configuração e aumentar a flexibilidade do fabrico.

Actualmente porém, a investigação está mais centrada no mercado financeiro e nas causas da crise pois os práticos e académicos reduziram a ênfase e a investigação no âmbito das inovações na gestão. Paralelamente, há muito pouca investigação sobre a integração das diversas ferramentas e modelos, um aspecto que parece crucial já que nenhum daqueles instrumentos, por si só, é capaz de assegurar às empresas industriais, quer as dos sectores tradicionais, quer as dos sectores ligados às novas tecnologias, uma maior competitividade e rendibilidade. Nunca como hoje os sistemas de controlo foram tão necessários e importantes. A sua aplicação a todos os sectores da economia não pode desacelerar e muito menos parar, particularmente no sector financeiro, onde o controlo é um recurso chave para se detectar rapidamente as falhas como as que causaram a actual crise.

Capítulo II
Os custos e a necessidade do seu cálculo

Quando o consumidor decide adquirir um produto para satisfazer necessidades, raramente tem a percepção de que esse produto é o resultado final de um processo, ou de um conjunto de acções sucessivas e organizadas. O local onde os processos e as acções se conjugam, onde se coordenam todos os esforços, é a Empresa.

O essencial é que a empresa seja provida de todos os elementos humanos e materiais de que precisa para funcionar em boas condições e que todos os seus recursos sejam racionalmente utilizados tanto no que respeita à preparação, execução e controlo das operações internas como no que concerne às suas relações com o meio económico em que exerce a sua acção (Gonçalves da Silva, 1977)[1].

O custo dum bem produzido por uma empresa é constituído pelo valor de todos os outros bens utilizados para a sua obtenção. O conjunto dos bens aplicados pode ser repartido em três categorias: bens comprados, bens gratuitos e trabalho.

O custo calculado pela empresa é uma grandeza relativa a muitas hipóteses; o seu valor absoluto tem pouco significado; o custo deverá ser determinado em relação às hipóteses de partida que forem expressas sobre: a concorrência, a gratuitidade de certas componentes do custo, a tomada em consideração do tempo, a remuneração dos factores, etc. Para qualquer custo, e para que possa ser avaliado, é necessário ter presente o quadro económico do seu cálculo.

A constatação da relatividade do cálculo do custo de um bem não torna inútil o esforço despendido para o obter dado que o custo, mesmo contingente, é

---

[1] Gonçalves da Silva, F. V., *Contabilidade Industrial*, 7ª Edição, Livraria Sá da Costa, Lisboa, 1977, p.18.

indispensável para determinar um resultado que permite manter ou suprimir uma actividade num determinado momento.

2.1. Os conceitos de custo e de objectos ou portadores de custo

No âmbito desta secção os conceitos de custos têm subjacente o modelo de uma unidade económica de produção industrial. Neste contexto, o cálculo dos custos responde a dois tipos de necessidades diferentes, ainda que complementares: a) valorização de stocks; b) tomada de decisão e controlo. Assim, todos os conceitos são explorados nesta dualidade, privilegiando-se, pela sua importância, a tomada de decisão e o controlo nas unidades económicas de produção. Consequentemente, a informação sobre custos, que obriga ao seu cálculo, é determinada pelas necessidades dos utilizadores internos.

Cada um tem uma intuição do que significa o nome custo de tal maneira ele se tornou central no mundo da economia de mercado que é o nosso. Portanto, tentar definir este conceito, tão presente na vida quotidiana, não é coisa fácil.

Antes de apresentar uma ou mais definições de custo convém distinguir o que é um gasto e o que é um custo. Assim, um gasto é um consumo de recursos pela empresa, enquanto um custo é uma acumulação de gastos para um produto ou um serviço.

Tradicionalmente um custo define-se como um recurso que se sacrifica, ou ao qual se renuncia, para atingir um objectivo específico. Concretamente trata-se dum montante monetário que é preciso pagar para adquirir um bem ou um serviço.

Na generalidade são pacíficos os seguintes conceitos de custos: 1) Uma soma de sacrifícios necessários para atingir um determinado objectivo; 2) Uma soma de sacrifícios suportados para atingir um objectivo ou em consequência de um evento.

Para uma unidade económica determinada, um custo calculado em conformidade com as normas prescritas pelo plano contabilístico nela prevalecente e eleito como módulo valorimétrico e/ou como aferidor da eficiência no aproveitamento dos factores produtivos, designa-se <u>custo contabilístico</u> (BAGANHA, 1994)[2]. No campo operativo, <u>sujeito</u>, <u>objecto</u> e <u>âmbito</u> são elementos irredutíveis do conceito de custo (BAGANHA, 1995)[3].

Chama-se custo ao valor monetário dos recursos consumidos para realizar uma prestação. O custo é pois a representação monetária do consumo (LEBAS, 1986)[4].

---

[2] BAGANHA, M. D., "O custo contabilístico nas unidades económicas de produção industrial", Revista de Contabilidade e Comércio, VOL. LI, nº 202, JUL.1994, p.172.

[3] BAGANHA, M. D., "Custos: Conceitos fundamentais", Revista de Contabilidade e Comércio, VOL. LII, nº 205, ABR.1995, p.35.

[4] LEBAS, M., *Comptabilité Analytique de Gestion*, Éditions Nathan, 1986, p.15.

Quanto a este tema GONÇALVES DA SILVA (1977) defende que «as concepções de custo que importa referir aqui são apenas duas: a tecnológica e a monetária». Assim, afirma que «o *custo tecnológico ou material* assenta na consideração das quantidades de bens e serviços heterogéneos utilizados na produção» e refere que «o conceito monetário baseia-se na possibilidade de reduzir a uma unidade comum (a unidade monetária) todos os heterogéneos factores destinados à realização das prestações da empresa»[5]. Enquanto BAGANHA (1995) define «... custo tecnológico, o custo padrão expresso em unidades de medida física...»[6].

O PCG (Plan Comptable Général Français de 1982) define custo como «uma soma de gastos relativos a um elemento definido no interior de uma rede contabilística». Prosseguindo, expressa que «um custo é definido pelas três características seguintes: o campo de aplicação, o conteúdo e o momento do cálculo».

Dado o exposto, não é possível conceber apenas um único conceito de custo na medida em que existem diferentes tipos de custos, que são classificados de modo distinto, e porque o termo custo é empregado de várias formas consoante as necessidades imediatas dos utilizadores da informação, nomeadamente os dirigentes.

Os custos são atribuídos aos objectos para diversas finalidades, incluindo a determinação dos seus preços. Os objectos (ou portadores) de custo são realidades distintas do próprio custo. Por exemplo, têm-se como objecto de custo um produto, um lote de produtos ou um centro de análise. Com base nesta distinção se confronta o conceito de custo directo e de custo indirecto que adiante será introduzido.

Na prática das empresas, frequentemente, fala-se de custos de produto, de fabricação, de fábrica, de oficina, de custos comerciais e administrativos, directos e indirectos, fixos e variáveis, entre outros. Portanto, quando se fala de custos é necessário determinar claramente de que objecto se pretende conhecer o custo (de um produto, de um departamento de produção, de um ciclo de fabricação, de um centro de custo ou do ciclo da vida do produto) e, quais os elementos que concorrem para a formação do mesmo.

O custo de determinado objecto é dado pela adição de diversos custos elementares. Este facto determina que se obtenham diversas configurações de custos ou diversos níveis de custeio.

A informação sobre custos é necessária, mas não suficiente, para elaborar as demonstrações financeiras para fins externos, e para o planeamento e para a

---

[5] GONÇALVES DA SILVA, F. V., *Contabilidade Industrial*, 7ª Edição, Livraria Sá da Costa, Lisboa, 1977, p.93-94.

[6] BAGANHA, M. D., "Custos: Conceitos fundamentais", Revista de Contabilidade e Comércio, VOL. LII, nº 205, ABR.1995, p.37.

CONTABILIDADE ANALÍTICA E DE GESTÃO

tomada de decisões, ou seja, fixar um preço de venda, gerir uma carteira de produtos, lançar-se numa nova actividade, subcontratar a produção, etc. Por isso, é a finalidade da informação que exige diferentes definições e classificações de custo.

2.2. As diversas configurações de custos ou níveis de custeio

Um custo, em geral, ou um custo contabilístico, em particular, pode definir-se pelas suas componentes e pelo modo como elas se ordenam e relacionam, isto é, pode definir-se por uma estrutura de custos (BAGANHA, 1994)[7].

Na configuração dos diversos custos em sentido lato, e especificamente do custo de produção, primeiro surge o custo primário ou primo (CP). Este custo é considerado um custo directo porque é o resultado da adição do valor dos factores consumidos no processo de produção e nele directamente atribuíveis aos produtos e aos serviços.

Do ponto de vista da variação da quantidade produzida, este custo é considerado um custo variável porque as suas componentes variam em função daquela quantidade. Por outro lado, considera-se um custo incompleto uma vez que não integra a totalidade dos gastos industriais suportados para fabricar uma unidade de produto.

Explicitando, por convenção, que MPD significa matérias-primas directas e TDP significa trabalho directo de produção, estabeleça-se a estrutura analítica do custo primário como forma de expressão:

$$CP = MPD + TDP$$

No âmbito desta secção é importante apresentar o conceito de custo industrial (CI) ou custo de produção. Trata-se do custo que os serviços técnicos industriais utilizam para valorizar a produção terminada a fim de ser entregue ao sector comercial, ou seja, é o custo da produção terminada e transferida para o armazém de produtos fabricados.

O custo industrial (CI) ou custo de produção integra os consumos de matérias-primas (custos variáveis directos), os gastos directos do produto (por exemplo, o trabalho directo de produção) e os gastos indirectos das operações de fabricação. Ou seja, trata-se de todos os gastos relacionados com a fabricação e designados, por GONÇALVES DA SILVA (1977)[8], gastos industriais. A estrutura analítica do custo industrial (CI) como forma de expressão é então:

---

[7] BAGANHA, M. D., "O custo contabilístico nas unidades económicas de produção industrial", Revista de Contabilidade e Comércio, VOL. LI, nº 202, JUL.1994, p.174.
[8] GONÇALVES DA SILVA, F. V., *Contabilidade Industrial*, 7ª Edição, Livraria Sá da Costa, Lisboa, 1977, p.122.

$$CI = CP + GGF \text{ ou } CI = MPD + TDP + GGF$$

Explicitando, por convenção, que as iniciais CP significam custo primário e as GGF significam gastos gerais de fabrico.

No caso de existir produção em curso de fabrico (PCF) e quando se trata do cálculo indirecto do custo dessa produção, a estrutura analítica do custo industrial (CI) como forma de expressão é:

$$CI = MPD + TDP + GGF \pm \Delta_{stocks} (PCF)$$

A soma das parcelas TDP e GGF, que fazem parte do custo industrial, denomina-se custo de transformação (conversão)[9] ou valor acrescentado. O custo de transformação (conversão) é suportado para transformar as matérias-primas directas em produtos para venda. A estrutura analítica do custo de conversão (transformação – CT) como forma de expressão:

$$CT = TDP + GGF$$

No livro, por opção e com o intuito de acompanhar o disposto na NCRF nº 18, o custo de transformação designa-se por custo de conversão, este porém será sempre representado por CT[10] nas fórmulas a utilizar e na componente prática.

O <u>custo complexivo</u> (CC) ou preço de custo obtém-se adicionando ao custo industrial (CI) o conjunto dos gastos comerciais (GC). A estrutura analítica do custo complexivo como forma de expressão:

$$CC = CI + GC$$

As componentes dos gastos comerciais (GC) são: os gastos/custos de distribuição (GD), os gastos/custos administrativos (GA) e os gastos/custos financeiros (GF). A estrutura analítica dos gastos comerciais como forma de expressão:

$$GC = GD + GA + GF$$

---

[9] Na nomenclatura anglo-saxónica denomina-se custo de conversão. A Comissão de Normalização Contabilística (CNC) adopta esta nomenclatura no Sistema de Normalização Contabilística (SNC), NCRF18, "Custos de conversão (parágrafos 12 a 14)", §12, Aviso nº 15655/2009, DR nº 173, 2ª Série de 7 de Setembro, p.36 320.

[10] Este procedimento tem como objectivo, por um lado, evitar que haja confusão com a sigla utilizada para representar o **custo complexivo (CC)** estudado também neste capítulo e, por outro, a autora defende o termo transformação (Do lat. transformatiöne, «id») e não conversão (Do lat. conversiöne-, «conversão religiosa») porque é uma tradução directa duma língua não latina (Dicionário da Língua Portuguesa, 8ª Edição revista e actualizada, Porto Editora).

Considerando a expressão dos gastos comerciais, o custo complexivo pode apresentar-se:

$$CC = MPD + TDP + GGF + GD + GA + GF$$

Por definição o custo complexivo (CC) é um somatório de todos os gastos que a empresa suporta, portanto é um custo completo. Também pode dizer-se que o CC é o valor mínimo pelo qual a empresa deve vender o seu produto para não sofrer prejuízos. Logo, quando a empresa pratica o CC não obtém lucros mas também não suporta prejuízos. Neste caso o Resultado (R) da empresa é nulo: **R = 0.**

Genericamente um resultado é dado pela diferença entre todos os rendimentos (proveitos) e todos os gastos (custos) respectivos, e representa-se por:

Resultado = Rendimentos (Proveitos) – Gastos (Custos)

O <u>custo económico-técnico</u> ou preço de venda normal, considera o custo de oportunidade do capital investido e por isso é tido como o preço a praticar pelas empresas.

Os principais objectivos das organizações são a sua competitividade e a sua rendibilidade. Porém, a lógica empresarial do modelo clássico tem como fim último uma apropriada remuneração do capital investido. Para remunerar esse capital, em condições normais, a empresa deve praticar o custo económico técnico (CET) ou preço de venda normal (PVN).

O CET é o custo pelo qual a empresa deve vender os seus produtos para que possa obter lucro e cumprir o objectivo da rendibilidade dos capitais investidos no seu negócio. Além disso, a empresa não pode manter-se indefinidamente no mercado a praticar o CC, ou seja, a praticar um preço de venda igual ao preço de custo. Quando a empresa está a trabalhar em condições de perfeita normalidade, a prática do CET ou PVN é possível.

Importa, porém, que o preço de venda efectivo não seja inferior ao preço de venda normal ou custo económico-técnico. Não basta recuperar os gastos de exploração efectivos; é preciso que as receitas de venda cubram também os chamados *gastos figurativos* (juro, salário e prémio) (GONÇALVES DA SILVA, 1977)[11].

Sobre as parcelas dos gastos figurativos, o autor diz: «no lucro normal costumam distinguir-se três parcelas: 1.ª) o *juro do capital próprio* – igual ao que receberia um mutuante; 2.ª) o *salário de direcção do empresário* – igual ao que se pagaria a

---

[11] GONÇALVES DA SILVA, F. V., *Contabilidade Industrial*, 7ª Edição, Livraria Sá da Costa, Lisboa, 1977, p.110.

um gerente; 3.ª) um *prémio de risco* que varia com a natureza da empresa.» (GON-ÇALVES DA SILVA, 1977)[12].

O CET ou PVN obtém-se acrescentando ao CC os gastos figurativos (GF) que, em condições normais, permite gerar o lucro normal. A estrutura analítica do CET como forma de expressão é então:

$$CET = CC+GF$$

Os GF (designados também por gastos implícitos ou por gastos condicionais) são um custo de oportunidade e este representa o valor associado à melhor alternativa não escolhida. Assim, à alternativa escolhida associa-se como "custo de oportunidade" o maior benefício não obtido das possibilidades não escolhidas, isto é, "a escolha de determinada opção impede o usufruto dos benefícios que as outras opções poderiam proporcionar".

O custo de oportunidade é uma noção da teoria económica que é importante considerar na tomada de decisão (DE RONGÉ, Y., 1998)[13].

Como o CET ou PVN gera o lucro normal (LN) os GF são iguais ao lucro normal:

$$GF = LN$$

Então, se a empresa praticar o CET ou PVN, obtém o LN que apresenta a estrutura analítica seguinte:

$$LN = CET - CC$$

Exemplo para aplicação dos níveis de custeio:

Empresa Omega – Informação contabilística relativa a dois anos consecutivos:

	ANO "N"	ANO "N+1"
– Custos/consumos:		
Matérias-primas	€ 600 000,00	€ 300 000,00
Trabalho directo de produção	€ 200 000,00	€ 100 000,00
Gastos de fabrico	€ 400 000,00	€ 300 000,00
Gastos comerciais	€ 200 000,00	€ 280 000,00
– Produção	40 000 UF	20 000 UF
– Vendas	24 000 UF	36 000 UF
– Preço de venda	€ 100,00/UF	€ 100,00/UF

[12] GONÇALVES DA SILVA, F. V., *Contabilidade Industrial*, 7ª Edição, Livraria Sá da Costa, Lisboa, 1977, p.112.

[13] DE RONGÉ, Y., *Comptabilité de gestion*, De Boeck & Larcier, SA, Bruxelles, 1998, p.53.

No início do ano "N" os stocks ou existências[14] (inventários) de produtos fabricados eram nulos.

Com base na informação facultada:

1. Determinar o resultado operacional em cada um dos anos na hipótese da produção ser avaliada a (i) custo industrial; (ii) custo complexivo.
2. Comparar o resultado em cada uma das hipóteses de avaliação e explicar as diferenças.

Relativamente às questões propostas no exemplo anterior deve considerar-se o procedimento adoptado em GONÇALVES DA SILVA, 1977 que refere o seguinte: «Na prática actual, os chamados gastos comerciais (gastos gerais de venda e gastos gerais de administração) são geralmente escriturados não como parcelas do custo mas como componentes negativas do rédito». Na perspectiva do autor «muito embora ninguém conteste a vantagem de apurar os custos comerciais ou complexivos, quase todos se dispensam de o fazer; a maioria limita-se a calcular os custos industriais ou de fabrico, partindo do princípio que a avaliação das existências a esses custos é a mais aconselhável para efeitos de apuramento dos resultados do exercício; a inclusão nos custos apurados, dos gastos comerciais (e, com mais forte razão, dos gastos figurativos) tem, de facto, como veremos, alguns inconvenientes; o custo complexivo – está bem de ver – só pode referir-se a bens e serviços vendidos»[15].

---

[14] A autora opta doravante neste livro pela designação "stocks" (habitual em vários contextos, nomeadamente análise financeira) em detrimento do vocábulo existências (habitual no contexto contabilístico e excluído pela NCRF nº 18) sempre que se pretender falar de bens existentes em armazém. A palavra inventário(s) estará presente também uma vez que é adoptada pela NCRF nº 18. Esta palavra, tendo raiz anglo-saxónica devia, na sua tradução, ter sido tomada em linha de conta a etimologia das palavras duma língua latina como é o português. No Dicionário da Língua Portuguesa, 8ª Edição revista e actualizada, Porto Editora, pode ler-se:

Inventariar – proceder ao inventario de; catalogar; enumerar minuciosamente (De *inventario* + ar).

Inventário – registo ou rol dos bens que pertenceram ou pertencem a uma pessoa, empresa, etc.; enumeração minuciosa; relação; catálogo; conjunto de unidades semiológicas que pertencem a mesma classe paradigmática (Do lat. *inventariu-*, «id.»).

Existências – géneros ou mercadorias em depósito (Do lat. *existentia*, «id.»).

[15] GONÇALVES DA SILVA, F. V., *Contabilidade Industrial*, 7ª Edição, Livraria Sá da Costa, Lisboa, 1977, p.108, 110.

2.3. Análise dos resultados face às diferentes hipóteses do preço de venda efectivo

As definições de margem líquida (ML) são inúmeras e variadas. Por isso, citam--se alguns exemplos[16]:

1. Chama-se margem líquida (ML) à «diferença entre o preço do produto e todos os custos e despesas envolvidos na fabricação»;
2. A ML expressa o peso dos resultados líquidos nas vendas e representa uma medida de rendibilidade do produto;
3. A ML corresponde ao lucro líquido dividido pelas vendas líquidas;
4. A ML expressa o peso dos resultados líquidos nas vendas;
5. A ML corresponde ao que sobra para os accionistas relativamente às receitas das vendas e prestação de serviços da empresa, isto é, mostra qual é o lucro líquido para cada unidade de venda realizada na empresa;
6. A margem líquida (*net margin* ou *net profit margin*) corresponde ao lucro líquido dividido pelo volume de negócios. Quanto mais elevada for, mais eficiente é a empresa a transformar as suas receitas (volume de negócios) em lucros (bom controlo de custos)[17].

Uma empresa realizará um lucro se a totalidade das margens líquidas obtidas do conjunto dos produtos vendidos cobre o conjunto dos gastos atribuídos aos produtos como por exemplo, os gastos gerais de venda e os gastos financeiros.

A definição de Lucro Líquido (LL) ou Resultado Líquido (RL), conforme referência anterior, é evidenciada como a diferença entre os rendimentos (proveitos) e os gastos (custos), sendo a sua estrutura analítica:

LL ou RL = Rendimentos (Proveitos) – Gastos (Custos)

A definição de Lucro Bruto (LB) ou Resultado Bruto (RB) é descrita pela diferença entre as Vendas (proveito das vendas) e o Custo das vendas, sendo a sua estrutura analítica:

LB ou RB = Vendas – Custo das vendas

Face às diferentes hipóteses do preço de venda efectivo, praticado pela empresa, obtém se resultados líquidos e brutos diferenciados, conforme se expõe:

1. Se o preço venda efectivo (PV) é superior ao custo económico técnico (PV > CET), então o lucro líquido (LL) é superior ao lucro normal (LN).

---

[16] 1. Foi consultado em "http://wiki.advfn.com/pt/Margem_1%C3%ADquida", 30.JUL.2009. 2., 3., 4. e 5. resultaram de consulta na Internet, em diversos sítios, em 8.JUL.2012.

[17] 6. Foi consultado em "http://www.deco.proteste.pt/investe/margem-liquida-s669520.htm", em 8.JUL.2012.

Como foi referido anteriormente, se o preço de venda efectivo se identifica com o CET obtém-se o LN. No caso em apreço (LL > LN) existe Lucro Puro (LP). Este representa o excesso do preço de venda praticado sobre a soma dos gastos, efectivos e figurativos, ou seja, sobre todos os custos suportados.

2. Se o preço de venda efectivo é igual ao custo económico técnico (PV = CET), o lucro líquido é igual ao LN. Neste caso (LL = LN), os gastos efectivos e os gastos figurativos ficam todos cobertos.

3. Se o preço de venda efectivo é superior ao custo complexivo (PV > CC) e inferior ao custo económico técnico (PV > CET), o lucro líquido é menor do que o LN, então, a inequação LL > LN significa que os gastos figurativos não estão todos cobertos.

4. Se o preço de venda efectivo é igual ao custo complexivo (PV = CC), então o lucro líquido é nulo e o lucro bruto é igual aos gastos comerciais (GC).

5. Na hipótese teórica de o preço de venda efectivo ser igual ao custo industrial (PV = CI), virá o lucro líquido (LL) negativo e o lucro bruto (LB) igual a zero, o que na prática é pouco verosímil. Nesta situação as empresas não sobrevivem a prazo.

Em síntese tem-se:

HIPÓTESES	Lucro ou Resultado Líquido	Lucro ou Resultado Bruto
1. PV > CET	LL = LN + LP	LB = LN + LP + GC
2. PV = CET	LL = LN	LB = LN + GC
3. PV > CC	LL < LN	LB = LL + GC
4. PV = CC	LL = 0	LB = GC
5. PV = CI	LL < 0	LB = 0

Capítulo III
A classificação de custos para diferentes objectivos

Face às actuais características do mercado e ao aumento da competitividade que as empresas enfrentam, o conhecimento dos custos e a sua origem é cada vez mais importante. Assim, na decisão de conceber, produzir e vender um novo produto, as empresas, além da necessidade de determinar o seu custo, têm de analisar e controlar a evolução dos gastos à medida que o projecto avança, o que significa que não basta calcular, é necessário gerir custos.

Nas unidades económicas de produção industrial, como nas unidades económicas em geral, o cálculo de custos surge como resposta a necessidades de índole gestionária, a saber: a tomada de decisões, o controlo e a valorimetria dos bens e/ou serviços produzidos (BAGANHA, 1994)[1].

A diferenciação e análise dos custos correspondem a um procedimento elementar da Contabilidade de Gestão, em particular a que separa os custos que se identificam directamente com um produto, serviço ou unidade de produção e os que devem ser objecto de uma repartição segundo uma regra convencional.

Para o cálculo do custo dos produtos (bens e serviços), que são objecto do negócio das empresas, é necessária diversa informação, nomeadamente sobre as quantidades produzidas, as horas trabalhadas, as horas de funcionamento das máquinas, a taxa de quebras ou de refugos, o nível de actividade. Uma vez apurado o custo importa fazer a sua análise de acordo com as perspectivas das decisões tomadas ou a tomar.

Neste capítulo apresenta-se um conjunto de conceitos base, todos relativos à noção de custo e que constituem os fundamentos da contabilidade de gestão, com particular destaque para os conceitos de custo e de objecto de custo.

---

[1] BAGANHA, M. D., "O custo contabilístico nas unidades económicas de produção industrial", Revista de Contabilidade e Comércio, VOL. LI, nº 202, JUL.1994, p.172.

3.1. A atribuição dos gastos aos objectos de custo

Os sistemas de contabilidade de gestão, tradicionalmente, estavam centrados no cálculo do custo dos produtos. Cada vez mais se considera necessário calcular o custo de outros elementos para além do produto propriamente dito. O conceito de objecto de custo foi introduzido com este fim e substitui frequentemente o conceito de produto como base para construir os sistemas de contabilidade de gestão. O objecto de custo define-se como qualquer elemento para o qual uma medida separada do custo é considerada útil.

Todos os custos se referem a determinada base de cômputo que se denomina objecto de custo ou portador de custos (GONÇALVES DA SILVA, 1977)[2].

Do ponto de vista da ligação entre os gastos (custos) e os objectos de custo é necessária a distinção entre gastos (custos) directos e gastos (custos) indirectos. O carácter directo ou indirecto de um custo depende do nível de precisão do acompanhamento contabilístico dos diferentes consumos e da escolha do objecto de custo ou do seu campo de aplicação[3]. Um custo apenas pode ser declarado directo ou indirecto relativamente a uma produção ou uma função determinada. Assim, um custo diz-se directo se existe uma relação de causa directa, e imediata, entre esse custo e o objecto de custo, e há conveniência económica e contabilística nessa relação. Pelo contrário, um custo diz-se indirecto quando a relação de causalidade, entre esse custo e o objecto de custo, não é directa nem imediata.

Neste âmbito trata-se, e insiste-se neste ponto, de classificar os custos segundo um critério estritamente contabilístico (quanto ao modo de imputação), muito embora na generalidade dos casos, os custos directos ou os custos indirectos correspondam a consumos que estão no processo produtivo, directa ou indirectamente, relacionados com a produção. Porém, tal correspondência não surge obrigatoriamente, razão por que, o estudo desta classificação não deve focar-se apenas nos aspectos tecnológicos.

Os gastos directos dizem-se identificáveis com o objecto de custo; os gastos indirectos são simplesmente imputáveis ao objecto de custo (BAGANHA, 1995)[4].

Se não estiverem ligados a um objecto de custo os termos directo e indirecto não têm significado. A essência desta distinção é a possibilidade da sua atribuição. O termo "directo" relaciona-se com a atribuição, evidência e prática de uma soma incorrida por um objecto de custo. Um gasto pode ser directo em relação a uma actividade, todavia indirecto em relação ao produto. Por exemplo, o salário

---

[2] GONÇALVES DA SILVA, F. V., *Contabilidade Industrial*, 7ª Edição, Livraria Sá da Costa, Lisboa, 1977, p.103.

[3] Plan Comptable Général Français de 1982 (PCG 1982).

[4] BAGANHA, M. D., "Custos: Conceitos fundamentais", Revista de Contabilidade e Comércio, VOL. LII, nº 205, ABR.1995, p.38.

de um chefe se secção pode ser um gasto directo para um serviço, mas indirecto em relação a uma gama de produtos fabricados neste serviço.

O carácter directo ou indirecto de um gasto depende: i) do grau de desenvolvimento da prática contabilística dos diferentes consumos; ii) da escolha do objecto de custo ou do seu campo de aplicação.

De uma forma simples, um gasto directo pode ser imputado sem ambiguidade ao custo de um produto (exemplo: matérias-primas); enquanto um gasto indirecto necessita de um cálculo prévio (exemplo: renda de uma secção na qual são fabricados vários produtos).

O custo de produção pode ser determinado considerando os gastos suportados por produtos, por conjunto de produtos, por encomendas, por serviços ou por conjunto de serviços (determinação directa do custo da produção do bem), ou pelas diferentes secções ou departamentos através dos quais a produção se realiza (determinação indirecta do custo da produção do bem). Numa hipótese ou noutra, os gastos hão-de ser distribuídos por esses produtos, conjunto de produtos, encomendas, serviços, conjunto de serviços, secções ou departamentos, que se designam objectos ou portadores de custos. A atribuição ou distribuição dos gastos pelos portadores de custos é que constitui a imputação.

Ora, há gastos que se torna possível discriminar, separar, em relação a cada objecto ou portador de custos estando portanto, directamente relacionados. Trata-se de custos directos. Outros há, porém, que não é possível discriminar por objectos ou portadores de custos, não estando, assim, directamente relacionados. Estes constituem os custos indirectos, que abrangem, também, certos gastos que, embora susceptíveis de imputação directa, tal não é fácil ou não se justifica face ao seu reduzido montante (ficaria, neste caso, mais dispendiosa a imputação directa que o próprio custo a imputar).

Os custos indirectos são contabilizados através de contas de gastos gerais e posteriormente distribuídos pelos portadores de custos, de acordo com determinado critério (proporcionalmente ao valor das matérias directas, ao valor do trabalho directo de produção, às quantidades produzidas, ao preço de venda do bem no mercado, etc.), o que mais se adeqúe à actividade da empresa, porém, sempre questionável.

Como custos directos, logo directamente imputáveis, têm-se: o valor da madeira necessária ao fabrico de uma secretária (matéria directa); gastos com o trabalho que foi aplicado, durante um número de horas devidamente controlado, na fabricação da secretária; energia eléctrica consumida em determinada secção; gastos com trabalhadores ocupados exclusivamente no trabalho realizado em determinada secção, durante dado período de tempo (trabalho directo); etc.

Como custos indirectos tem-se, por exemplo: energia eléctrica consumida na iluminação exterior de uma fábrica ou numa oficina em que, ao mesmo tempo, se fabricam diferentes móveis, tendo nela lugar as diferentes fases do processo produtivo; salários de guardas e porteiros, de encarregados e de pessoal que, indistintamente se emprega em diferentes tarefas (trabalho indirecto); depreciação de edifícios, de móveis e utensílios, etc.; rendas de imóveis; reparação de equipamentos ou de edifícios; prémios de seguros, relativos a edifícios, instalações, móveis e utensílios, etc.; combustível consumido no aquecimento da oficina; óleo consumido na lubrificação de máquinas que são utilizadas na produção de diferentes bens, sem possibilidade ou facilidade de controlo; cola ou pregos, cujo valor, embora fosse possível separar relativamente a cada móvel diferente onde são consumidos, é tão pequeno que não justifica a imputação directa, etc.. Todos estes materiais constituem, assim, matérias indirectas, não obstante, no caso dos dois últimos, serem directamente utilizados no processo produtivo.

Quanto ao modo de imputação, pode também distinguir-se entre custos especiais ou discrimináveis e custos gerais ou custos comuns. Os primeiros dizem respeito a um único objecto ou portador de custos, enquanto os segundos correspondem a vários objectos ou a vários departamentos, a diferentes produtos ou a diversos serviços.

As designações de custos directos e custos especiais não devem, porém, identificar-se, na medida em que, como se viu relativamente à cola e aos pregos consumidos na fabricação dos móveis, há custos especiais cuja discriminação ou imputação directa não se concretiza, por ser demasiado onerosa face ao valor a imputar ou por se tornar difícil ou pouco conveniente. Todavia, a distinção entre gastos directos e gastos indirectos é crucial no cálculo de custos.

Concluindo, um custo (gasto) classifica-se como directo quando (i) se identifica específica e imediatamente com os objectos de custo, (ii) for relevante para o objectivo fixado, e (iii) for conveniente do ponto de vista económico fazer essa identificação.

Relativamente à classificação dos custos em directos e indirectos o SNC refere: «Os custos de conversão de inventários incluem os custos directamente relacionados com as unidades de produção, tais como mão de obra directa. Também incluem uma imputação sistemática de gastos gerais de produção fixos e variáveis que sejam incorridos ao converter matérias em bens acabados. Os gastos gerais de produção fixos são os custos indirectos de produção que permaneçam relativamente constantes independentemente do volume de produção, tais como a depreciação e manutenção de edifícios e de equipamento de fábricas e os custos de gestão e administração da fábrica. Os gastos gerais de produção variáveis são os custos indirectos de produção que variam directamente, ou quase directamente, com o volume de produção tais como materiais indirectos.»[5]

---

[5] Sistema de Normalização Contabilística (SNC), NCRF18, "Custos de conversão (parágrafos 12 a 14)", §12, Aviso nº 15655/2009, DR nº 173, 2ª Série de 7 de Setembro, p.36 320.

Os custos variáveis designam-se deste modo porque variam com o volume de actividade (produção ou vendas). Pelo contrário os custos fixos são inelásticos face às variações do volume de produção. A decisão de atribuir custos, directa ou indirectamente, aos objectos de custo (produtos, centros, actividades, etc.) não tem qualquer relação com a classificação de variável ou fixo. Por isso, há custos variáveis de imputação indirecta e custos fixos de imputação directa.

3.2. Custos totais e unitários

O conceito de custo nas unidades industriais, ou unidades económicas de produção e, portanto, o conceito de custo de produção, pode ser definido por uma soma de consumos de factores produtivos, quando se queira considerar o custo expresso em termos reais, ou uma soma de gastos, quando se pretende exprimir o custo em unidades monetárias.

A soma de gastos, para um dado período e relativos ao acto de produzir, representa o valor dos custos totais suportados para fabricar um dado número de unidades de produto ou prestar um serviço.

O custo de fabricar uma unidade de produto denomina-se <u>custo unitário da produção</u> e obtém-se dividindo o custo total da produção pelo número de unidades produzidas, para situações de produção uniforme. No regime de produção múltipla este procedimento apenas permite calcular um custo unitário médio.

3.3. Custos reais[6] e custos predeterminados

No âmbito desta secção são considerados, quer os custos expressos em unidades de medida física, quer os custos expressos em unidades monetárias. Porém, o centro de interesse para esta classificação é o período de cálculo dos custos. Ao considerar-se o momento ou a época em que os custos são determinados deve clarificar-se que não se trata de estabelecer o custo de produção em certos períodos, mas antes que os gastos são determinados em diferentes momentos relativamente à mesma produção.

Nas tomadas de decisão é relevante o período a que o cálculo dos custos se refere. Logo, é necessário perceber se os custos são calculados antes ou depois da produção se realizar, entre outras razões, para aferir se os objectivos, em termos de custos, foram atingidos.

Quando os custos são calculados depois de ocorrer a produção denominam-se custos *a posteriori* ou custos *expost* e são obtidos a partir de gastos efectivamente

---

[6] Ver "actual costs" em: DRURY, C., *Management and Cost Accounting*, 6th Edition, Thomson, 2004, Reprinted 2005, p. 727. E também: HORNGREN, C.T. *et al.*, *Cost Accounting: A Managerial Emphasis*, 12th Edition, Pearson – Prentice Hall, Upper Saddle River, New Jersey, 2005, Copyright 2006, p. 27, 100-105, 155.

suportados (custos reais ou efectivos) com a produção de um determinado período. Como estes custos apresentam o inconveniente de serem calculados depois do termo do ciclo produtivo, com base em quantidades e preços dos factores efectivamente incorporados e/ou aplicados e registados pela contabilidade, não devem servir de referência a qualquer política de produção antes da sua realização, em particular quando se trata de custos sensíveis a variações sazonais e/ou conjunturais.

Quando os custos são determinados antes da produção se realizar denominam-se custos *a priori* ou custos *exante* e são obtidos a partir de estimativas de gastos a suportar (gastos teóricos ou predeterminados ou preestabelecidos) durante o período a que respeitam. Os custos predeterminados incluem-se na categoria dos custos teóricos e permitem a planificação das diversas actividades das empresas e o controlo, quer da produção, quer do consumo de factores, ao longo do processo produtivo.

Convém sublinhar que, adoptando-se ou não custos teóricos, a empresa não pode deixar de contabilizar os custos efectivos ou reais, visto serem estes os que de facto suporta.

A utilização dos custos teóricos não dispensa, pois, os efectivos, sendo aqueles normalmente utilizados, quer para facilitar o trabalho contabilístico (uma vez que os registos contabilísticos podem fazer-se dia a dia, não sendo necessário aguardar-se o fim do exercício para, calculando-se os custos efectivos da produção, proceder a essa tarefa), quer para controlo das condições internas da exploração (comparação com normas preestabelecidas – neste caso, os custos teóricos – a fim de se apurarem desvios e descobrir as suas causas).

BAGANHA (1995) define «custo real, o custo efectivo expresso em unidades de medida física; custo tecnológico o custo padrão expresso em unidades de medida física; custo efectivo, o custo efectivo expresso em unidades monetárias; custo padrão, o custo padrão expresso em unidades monetárias»[7].

3.4. O cálculo dos custos para efeito de valorização dos stocks (inventários)

O custo do produto de uma empresa industrial inclui todos os custos necessários para fabricar o produto (GRAY e RICKETTS, 1982)[8].

Para efeito de relato é necessário, por um lado, proceder à valorização dos produtos fabricados e armazenados mas não vendidos e dos produtos e trabalhos em curso e, por outro, apurar o custo das vendas para determinar o resul-

---

[7] BAGANHA, M. D., "Custos: Conceitos fundamentais", Revista de Contabilidade e Comércio, VOL. LII, nº 205, ABR.1995, p.37.

[8] GRAY, J. and RICHETTS, D., *Cost and Managerial Accounting*, McGraw-Hill International Edition, 1982, p.21.

tado do período. Este procedimento, no que refere ao custo da produção, tem subjacente o regime do acréscimo. Neste âmbito, os custos fabris podem ser considerados custos do produto e custos do período.

De acordo com o regime do acréscimo «os efeitos das transacções e de outros acontecimentos são reconhecidos quando eles ocorrem sendo registados contabilisticamente e relatados nas demonstrações financeiras dos períodos com os quais se relacionem»[9]. Convém salientar que os custos do produto apenas serão custos do período quando a sua venda ocorrer.

De acordo com a NCRF18 «o custo dos inventários[10] deve incluir todos os custos de compra, custos de conversão e outros custos incorridos para colocar os inventários no seu local e na sua condição actuais»[11].

Os gastos não fabris são registados como componente negativa dos resultados de cada período, por isso se consideram custos do período. Estes gastos nunca entram na formação do custo de produção e consequentemente não são considerados na valorização dos stocks (inventários) e, portanto, não serão, em qualquer circunstância, custos do produto.

Em esquema apresenta-se o procedimento quanto aos custos do produto e aos custos do período:

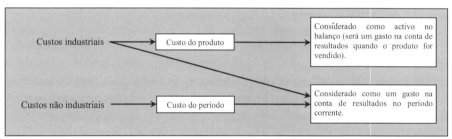

Figura 3.1. – Custo do produto e custo do período

As correntes de pensamento interessadas na problemática da classificação dos custos, em custos do produto e custos do período, questionam por que razão, representando os custos não fabris uma parte significativa dos custos totais da empresa, os contabilistas não incluem esses custos no custo de produção, para valorizar os stocks (inventários) (DRURY, 2005)[12].

---

[9] Sistema de normalização contabilística, Estrutura conceptual, "Regime do acréscimo (periodização económica) (parágrafo 22), Aviso nº 15652/2009, DR nº 173, 2ª Série de 7 de Setembro, p. 36 329.
[10] A opção por esta palavra encontra-se justificada no capítulo II deste livro.
[11] Sistema de normalização contabilística, NCRF18, "Custo dos inventários (parágrafos 10 a 22)", §10, Aviso nº 15655/2009, DR nº 173, 2ª Série de 7 de Setembro, p. 36 320.
[12] Para complementar o estudo consultar, por exemplo, DRURY, C., *Management and Cost Accounting*, 6th Edition, Thomson, UK, 2004, Reprinted 2005.

As justificações que apresentam são as seguintes:

– Os activos representam benefícios futuros e os custos de produção suportados para fabricar um produto podem gerar rendimentos no futuro para cobrir esse custo de produção. Contudo, não há garantia de que os custos não fabris venham a gerar rendimentos futuros, porque não representam valor acrescentado aos produtos. Logo, não devem ser incluídos na avaliação das existências dos produtos em curso de fabrico e dos produtos fabricados e não vendidos.

– A ocorrência de alguns custos não fabris, principalmente os custos de distribuição e dentro destes os custos de entrega, não se verifica quando o produto está armazenado, por isso é incorrecto incluir tais custos na avaliação das existências.

3.5. O cálculo dos custos e a tomada de decisões[13]

Quando o objectivo do cálculo dos custos é a tomada de decisões, as classificações dos custos são diversas, destacando-se as seguintes:

Custos relevantes	Custos irrelevantes
Custos evitáveis	Custos não evitáveis
Custos variáveis	Custos fixos
Custos irreversíveis	
Custos de oportunidade	

Os <u>custos relevantes</u> são os que podem ser afectados pela decisão que está a ser ponderada. Os <u>custos irrelevantes</u> não serão afectados por essa mesma decisão.

Exemplo: admita uma empresa que comprou, há já alguns anos, € 1 000,00 de matérias-primas e que não é possível vendê-las ou aproveitá-las para a produção. Apenas existe um contrato com um antigo cliente que deseja adquirir um produto que poderá utilizar as referidas matérias. Porém, esse cliente deseja pagar apenas € 2 500,00 pelo produto. O custo de transformação adicional para fabricar o produto com aquelas matérias-primas é de € 2 000,00. Deverá a empresa aceitar o negócio?

Numa análise superficial parece que o custo a suportar pela empresa soma € 3 000,00, mas este raciocínio é incorrecto, porque o custo de oportunidade das matérias-primas é nulo. Ou seja, não existe aplicação alternativa para essas matérias. Além disso, a decisão da sua compra já foi tomada e é irreversível, quer

---

[13] DRURY, C., *Management and Cost Accounting*, 6th Edition, Thomson, UK, 2004, Reprinted 2005, p.30-39.

a empresa aceite ou não a encomenda. O custo da matéria-prima é irrelevante para a decisão, mas se a empresa aceitar a encomenda, o custo de transformação altera-se de € 2 000,00, logo, este é um custo relevante para a decisão.

Comparando o rendimento (€ 2 500,00) com o custo relevante (€ 2 000,00), parece que a encomenda deve ser aceite. Assumindo que não existem outras alternativas mais valiosas, isto é, nenhum cliente está interessado no produto ou, pelo menos, não oferecerá mais de € 2 500,00, a decisão de aceitar é correcta.

Neste exemplo, o proveito (rendimento) das vendas é relevante para a decisão, porque o resultado futuro será modificado face à alternativa escolhida.

Outro exemplo de custos irrelevantes são os <u>custos irreversíveis</u> (sunk costs), são custos de recursos já adquiridos e cujo total não será afectado pela escolha de quaisquer alternativas.

Estes custos são criados por uma decisão tomada no passado e não podem ser modificados por qualquer decisão que venha a ser tomada no futuro, daí a sua irrelevância para a tomada de decisão.

Se, por exemplo, uma empresa decide lançar no mercado um produto novo suporta custos relacionados com os estudos de mercado, a investigação e desenvolvimento (I&D), o desenho, o protótipo e a industrialização. Se, depois destes estudos, houver que decidir sobre a fabricação ou não deste produto, estes custos são considerados irrelevantes pelo facto de serem irreversíveis. Os custos mencionados são irrecuperáveis, qualquer que seja a decisão que venha a ser tomada.

Os custos irreversíveis são irrelevantes para a tomada de decisão, mas nem todos os custos irrelevantes são irreversíveis.

Exemplo: perante a avaliação e a comparação entre dois métodos alternativos de produção verifica-se que são utilizadas as mesmas matérias-primas directas para ambos os métodos, portanto o custo das matérias-primas directas é irrelevante, porque será o mesmo seja qual for a alternativa escolhida. No entanto, não é um custo irreversível, já que a decisão sobre o consumo dessas matérias ainda não foi concretizada.

Os <u>custos evitáveis</u> são os que podem ser "poupados" quando uma dada alternativa é adoptada. Enquanto os <u>custos não evitáveis</u> nunca podem ser "poupados".

Tendo subjacente estes conceitos, pode afirmar-se que apenas os custos evitáveis são relevantes para a tomada de decisão.

Exemplo: o custo das matérias-primas de € 1 000,00 do exemplo anterior é inevitável e irrelevante enquanto o custo de transformação (conversão) de

€ 2 000,00 é evitável e relevante para a tomada de decisão (se a encomenda não for aceite "poupa-se" este custo).

Em princípio, a regra é aceitar todas as alternativas que originam rendimentos que excedem os custos evitáveis.

O custo de oportunidade define-se como um custo que mede a oportunidade que é perdida quando a escolha recai noutra alternativa, sendo a primeira rejeitada.

Exemplo: uma empresa tem a oportunidade de conseguir um contrato para produzir um componente especial. Este requer 100 horas de trabalho da máquina X. Esta máquina trabalha a plena capacidade para fabricar o produto A e a única forma do contrato ser cumprido é reduzir a fabricação deste produto. Isto implica uma perda de proveito (rendimento) de € 1 000,00. O contrato acarreta um custo variável adicional de € 5 000,00. Como decidir?

Se a empresa aceitar o contrato, vai sacrificar um proveito (rendimento) de € 1 000,00 devido à perda da fabricação do produto A. Isto representa um custo de oportunidade e deve ser considerado no custo quando for negociado o contrato. Assim, o preço contratado deverá cobrir, pelo menos, o custo adicional de € 5 000,00, acrescido do custo de oportunidade de € 1 000,00, de modo a assegurar que a empresa fica numa situação melhor a curto prazo aceitando o contrato. Se a máquina estiver aproveitada apenas em 90% da sua capacidade, então a decisão de aceitar o contrato não implicará reduzir a fabricação do produto A e portanto não haverá perda de rendimento, logo o custo de oportunidade será zero.

Este exemplo demonstra que a noção de custo de oportunidade só faz sentido quando os recursos são escassos.

3.6. Variação do custo face ao volume de actividade

O critério clássico de distinção dos gastos é o do seu comportamento face às, ou na sequência das, modificações do nível de actividade da organização. Tradicionalmente a actividade era medida pelo volume de produção e o conjunto dos gastos era então dividido em dois grupos: o dos gastos que variam com as alterações do volume de produção, ditos gastos variáveis, e os que permanecem os mesmos, qualquer que seja o volume de produção, designados fixos. Contudo, existem outras causas para a variabilidade dos custos e acontece que os gastos fixos em relação ao volume de produção[14] podem ser variáveis com outra medida

---

[14] Esta fixidez aparente dos gastos face ao volume de produção verifica-se num intervalo limitado do nível de actividade e num horizonte temporal determinado.

de actividade como, por exemplo, o número de lotes de produção (De Rongé, Y., 1998)[15].

A gestão de qualquer organização depara-se com o problema da afectação dos recursos que representam a capacidade de produção e de venda. Quando este problema é analisado a curto prazo, transforma-se, de facto, na questão da escolha dum nível de actividade que define o grau de utilização do potencial de produção e de comercialização existente. Do ponto de vista económico, tendo como horizonte temporal o curto prazo e ignorando qualquer efeito em vendas futuras, a regra que soluciona o problema é continuar a produzir ou a vender na medida em que o mercado o permita e o volume de negócios suplementar duma nova unidade produzida ou vendida seja superior ao custo marginal (custos suplementares suportados para produzir e vender essa unidade).

O estudo do comportamento dos custos relativamente às variações do volume de actividade tem interesse para tomada de decisão quer a curto, quer a médio-longo prazo. Na literatura contabilística utilizam-se os termos "variável", "fixo", "semivariável" e "semifixo" para descrever como reagem os custos a alterações verificadas no volume de actividade.

Um gasto fixo é constante qualquer que seja o volume de actividade da empresa (renda); um gasto variável é uma função da actividade da empresa (matérias-primas); um gasto semivariável compreende uma parte variável e uma parte fixa.

A actividade (ou o volume de actividade) pode ser medida em termos de unidades produzidas, por exemplo: horas trabalhadas, quilómetros percorridos, número de alunos inscritos, número de consultas. Há uma grande diversidade de decisões que necessitam de informação sobre a variabilidade dos custos para diferentes níveis de actividade, nomeadamente:

- Qual o nível de actividade a planear para o próximo ano?
- Qual o efeito, na quantidade vendida, de uma redução no preço de venda?
- Qual será mais benéfico, remunerar o pessoal de vendas com um ordenado fixo, variável em função das vendas, ou com uma combinação dos dois?
- Será correcta a decisão de aumentar a capacidade produtiva (compra de máquinas ou equipamentos) para dar resposta a um aumento da procura?

Para cada uma das quatro questões citadas, que significam outras tantas decisões de gestão, é necessário fazer estimativas de custos e proveitos para diferentes níveis de actividade. Por um lado, as estimativas das vendas, para diferentes níveis de actividade, necessitam do conhecimento da "relação entre o preço de venda e a procura". Por outro, as decisões de investir ou abandonar uma indús-

---

[15] De Rongé, Y., Comptabilité de gestion, De Boeck & Larcier, SA, Bruxelles, 1998, p.42.

CONTABILIDADE ANALÍTICA E DE GESTÃO

tria não podem ser baseadas em flutuações de procura a curto prazo, por isso, o custo da capacidade tende a ser fixo em relação a mudanças na actividade a curto prazo. Assim, os custos fixos são irrelevantes para a tomada de decisão a curto prazo. Contudo, a longo prazo, mudanças significativas na procura implicarão alterações na capacidade produtiva e portanto nos custos dessa actividade.

Num curto período de tempo os custos serão fixos ou variáveis relativamente à alteração da actividade da empresa e quanto mais curto for o período de tempo, maior é a probabilidade de um determinado custo ser classificado como fixo. Considerando o período de um ano, os custos da capacidade operacional, como, por exemplo, as depreciações do sector fabril e o ordenado do gestor fabril, são fixos em relação à actividade, pois as grandes decisões, como a decisão de investimento, já foram tomadas e, a curto prazo, são irreversíveis.

Num dado intervalo de actividade se, a curto prazo, os custos variam na proporção directa do volume de actividade (medida por um volume de produção ou por um volume de vendas), então os custos variáveis totais são lineares e o custo variável unitário é constante. Neste caso, os custos variáveis designam-se proporcionais.

Como exemplos de gastos fabris variáveis a curto prazo realçam-se o trabalho à peça, as matérias directas e a energia consumida pelas máquinas. Portanto, assume-se que a variação destes custos é directamente proporcional à actividade operacional, dentro de um dado intervalo dessa actividade. Por outro lado, como exemplos de gastos não fabris variáveis a curto prazo realçam-se as comissões sobre as vendas, que variam com o seu valor e os combustíveis, que variam com o número de quilómetros percorridos.

Nem sempre os custos variam proporcionalmente com o volume de actividade. Por vezes variam mais que proporcionalmente, relativamente a esse volume, e designam-se custos variáveis progressivos. Neste caso, o custo variável unitário é crescente. Outras vezes variam menos que proporcionalmente, relativamente ao volume de actividade, e designam-se custos variáveis degressivos. Neste caso, o custo variável unitário é decrescente.

Os custos fixos permanecem constantes ao longo de um intervalo de actividade e durante um período de tempo específico. Porém, na prática, é pouco provável que os custos fixos permaneçam inalterados no intervalo completo de actividade, sendo mais provável que progridam por "saltos".

A muito curto prazo, por exemplo um mês, o trabalho directo de produção é fixo, mas ao longo do ano pode ser variável, como resposta a alterações na procura às quais a empresa deseja fazer face.

Como já foi referido os custos semivariáveis comportam uma parte fixa e outra variável. Como exemplo de um custo semivariável pode apresentar-se o custo de manutenção. Quando se celebra um contrato de manutenção, com a empresa fornecedora de um determinado equipamento, está-se perante a parte fixa do custo. Porém, devido a uma maior utilização desse equipamento podem surgir avarias que, muito provavelmente, obrigarão a grandes reparações. Este custo é variável porque foi originado pela alteração do nível de actividade.

A distinção entre custos fixos e variáveis é importante para os diferenciar em função da sua variabilidade relativamente ao nível de actividade, embora deva ser sublinhado que para um período de tempo suficientemente longo todos os custos são variáveis.

3.7. O cálculo dos custos para efeito de controlo

Para fazer face às contínuas alterações do contexto empresarial e à concorrência, as empresas devem controlar a sua actividade. No âmbito deste livro o controlo respeita, especificamente, a custos e objectos de custos numa perspectiva de gestão de custos. Relativamente aos centros de responsabilidade, apenas os centros de custo são objecto de análise, controlo e avaliação.

O controlo da empresa ou controlo organizacional exerce-se por meio de um sistema de controlo de execução, do controlo de gestão e do controlo estratégico. Estes três dispositivos são complementares pois dirigem-se a decisões diferenciadas e diversos horizontes e envolvem pessoas diferentes e níveis hierárquicos distintos.

Controlar significa "dominar" e não apenas verificar. A verificação representa uma das condições do domínio: para que verificar seja útil, é preciso ter reunidas as condições *a priori* de um bom domínio, senão a constatação de falha é inevitável. Não obstante, para que o domínio seja real, dificilmente pode passar-se sem verificação – o controlo *a priori* e *a posteriori* são complementares e inseparáveis.

Quando o objectivo a atingir for a redução de custos, as empresas devem proceder ao seu controlo. Contudo, existem gastos que são controláveis e outros que não o são.

Num certo nível de responsabilidade gestionária são controláveis os gastos cuja ocorrência, no todo ou em parte, depende do poder inerente ao exercício daquela responsabilidade; são incontroláveis (ou não controláveis), aqueles relativamente aos quais o sujeito daquela responsabilidade não tem poder de intervenção (BAGANHA, 1995)[16].

Nas empresas descentralizadas os gastos atribuídos aos centros de responsabilidade[17] podem, do ponto de vista administrativo, isto é, da responsabilidade

---

[16] BAGANHA, M. D., "Custos: Conceitos fundamentais", Revista de Contabilidade e Comércio, VOL. LII, nº 205, ABR.1995, p.41.

[17] Os centros de responsabilidade mais comuns nas empresas são os centros de custos, os centros de proveitos, os centros de resultados, os centros de investimentos e os centros financeiros.

dos agentes da gestão corrente, ser igualmente classificados como controláveis ou não controláveis nos relatórios de desempenho de cada um dos centros. Se esta classificação não estiver expressamente definida torna-se difícil avaliar o centro de responsabilidade e o desempenho do seu responsável ou gestor.

A avaliação do desempenho, quer dos centros de custos, quer dos responsáveis, aos diferentes níveis hierárquicos, pode funcionar como um incentivo à excelência do trabalho realizado ou da prestação dos serviços, contribuindo desse modo para o cumprimento dos objectivos da empresa.

Um controlo eficaz pode ainda contribuir para motivar os responsáveis e todos os envolvidos, num centro de custos, a cumprirem os objectivos que foram fixados pela gestão de topo da organização.

Capítulo IV
As componentes do custo de produção

Todos os agentes económicos fazem continuamente cálculos económicos. Para satisfazer uma necessidade, ou para a produção de um bem, os agentes comparam o custo dessa satisfação ou dessa produção à utilidade ou ao recurso que lhes é proporcionado.

Segundo a categoria a que pertencem, os cálculos económicos dos agentes revestem características particulares. Se o agente é um consumidor final, os seus cálculos económicos tendem para a medida da utilidade que ele atribui a cada bem. Esta medida é pessoal e não é determinada por qualquer grandeza objectiva. Porém, os seus cálculos e, por consequência, as suas escolhas são por vezes limitados. Isto porque, em primeiro lugar, as numerosas necessidades devem ser absolutamente satisfeitas desde que não exista senão um pequeno número de bens diferentes para as satisfazer. Em segundo lugar, as necessidades estando satisfeitas, restam apenas recursos limitados para satisfazer as outras necessidades. Por último, dado que a sociedade intervém para orientar e restringir a escolha do agente, directamente, faz essas escolhas para ele, através da distribuição de bens à população, indirectamente, orienta as produções dos bens e os desejos dos consumidores.

Se o agente é uma empresa (definida como o agente económico que produz um bem e o vende) os seus cálculos económicos não se limitam ao problema da medida da utilidade. Este cálculo é fácil porque a empresa conhece os dois termos – rendimentos e gastos. Contudo, os problemas do cálculo ocorrem, quando a empresa produz diversos bens e os custos são comuns a vários de entre eles. Por outro lado, o aspecto previsional do cálculo económico é importante porque a decisão de produzir um bem está dependente de um cálculo económico previsional positivo.

Por último, se o agente é uma entidade (definida como o agente económico que produz um bem e, geralmente, um serviço, mas não o vende) o seu cálculo económico é difícil porque é necessário avaliar a utilidade deste bem para todos, em presença de um preço (problema de agregação de utilidades individuais). Os problemas deste cálculo económico podem assemelhar-se aos do cálculo económico das empresas quando a entidade considera produto vários bens e o custo de cada um é importante para saber se estes bens apresentam a mesma utilidade.

Nos domínios contabilísticos o cálculo de custos terá surgido, historicamente, como uma forma de solucionar o problema da avaliação, no fim de cada período económico, dos produtos fabricados e não vendidos e da produção em curso de fabrico. Ainda hoje, entre nós, o cálculo de custos é com frequência considerável predominantemente voltado para a valorimetria (BAGANHA, 1994)[1].

Actualmente, porém, a tomada de decisões e o controlo surgem como determinantes com maior peso relativo do que a valorimetria. A clara definição dos objectivos, que reverte à hierarquização daquelas determinantes, é o primeiro passo no caminho do cálculo de custos. Esta hierarquização explícita ou implicitamente será elemento definidor do conceito de custo contabilístico adoptado pela unidade económica (BAGANHA, 1994)[2].

Neste capítulo são estudadas e analisadas cada uma das componentes que integram o custo de produção – matérias-primas, trabalho directo de produção e gastos gerais de fabrico – com a finalidade de preparar a informação, cuja primeira etapa é, neste ponto, o conhecimento do custo de cada objecto ou actividade.

4.1. As matérias

4.1.1. Conceitos e classificações

Todos os elementos materiais que as empresas consomem a fim de produzirem os bens e serviços que constituem o objecto da sua actividade denominam-se <u>matérias</u>. Em sentido lato, o conceito de matérias abrange as matérias propriamente ditas onde estão incluídas as embalagens e as mercadorias.

Sob o ponto de vista tecnológico as matérias classificam-se em matérias-primas e matérias subsidiárias. Por sua vez as matérias-primas ainda são subclassificadas em principais e secundárias, enquanto as matérias subsidiárias se subdividem em, combustíveis, lubrificantes, acessórios e outros materiais de consumo.

---

[1] BAGANHA, M. D., "O custo contabilístico nas unidades económicas de produção industrial", Revista de Contabilidade e Comércio, VOL. LI, nº 202, JUL.1994, p.172.

[2] BAGANHA, M. D., "O custo contabilístico nas unidades económicas de produção industrial", Revista de Contabilidade e Comércio, VOL. LI, nº 202, JUL.1994, p.172.

AS COMPONENTES DO CUSTO DE PRODUÇÃO

As matérias-primas, por definição, são incorporadas nos produtos, fazendo parte integrante deles, portanto, são indispensáveis à produção.

As matérias subsidiárias não são incorporadas nos produtos, contudo, sendo necessárias à sua fabricação, estão presentes no processo de transformação. Assim, são consideradas matérias subsidiárias determinados materiais que se aplicam em máquinas industriais e cuja necessidade de substituição é bastante frequente. Por exemplo, as agulhas, para as máquinas de costura na indústria de confecção.

A distinção entre matérias-primas e matérias subsidiárias deve <u>atender à forma</u> como ambas são utilizadas no processo de fabrico e <u>não à natureza</u> das próprias matérias. Do ponto de vista da utilização, há matérias que podem ser consumidas como primas ou como subsidiárias. Por exemplo, a madeira na indústria do mobiliário é utilizada como matéria-prima porque é incorporada no produto. No entanto, será uma matéria subsidiária quando for utilizada como combustível (desperdícios ou quebras da indústria do mobiliário).

Por vezes denominam-se, erradamente, acessórios determinados materiais como, por exemplo, botões, fechos de correr, linhas e entretelas consumidos na indústria de confecção; e fechaduras, dobradiças e puxadores, aplicados na indústria do mobiliário. Estes materiais são incorporados no processo e fazem parte integrante dos produtos e, atendendo ao seu conceito, são indiscutivelmente matérias-primas. Normalmente, devido ao custo destes materiais, a sua atribuição directa aos objectos de custo, quer do ponto de vista da conveniência económica (os elevados custos administrativos que provoca), quer da informação que proporciona, não se justifica[3]. Por isso, mesmo tratando-se de matérias-primas, a sua atribuição aos objectos de custo será indirecta.

Sob o ponto de vista contabilístico, isto é, quanto ao modo de atribuição aos objectos de custo, as matérias classificam-se como directas ou indirectas consoante podem ou não identificar-se com os respectivos objectos de custo.

4.1.2. *O planeamento dos consumos na produção*

No actual contexto empresarial as organizações produzem uma gama diversificada de produtos que utilizam várias componentes e partes de componentes. Por isso, os problemas de planeamento da produção, do consumo de factores e a sua gestão na indústria transformadora são complexos e obrigam a uma gestão cuidada do ciclo produtivo.

---

[3] Para as teorias clássicas, nas decisões em geral existe o pressuposto de que quem as toma proceda, previamente, a uma análise custo/benefício. O mesmo procedimento deve ser adoptado quanto à procura de informação. O valor da informação para o seu utilizador será superior ao seu custo.

57

O sistema de programação industrial abrange diversos objectivos, destacando-se: a entrega dos produtos na data prevista; a garantia do fornecimento de matérias às secções fabris; a repartição das necessidades de trabalho, maximizando a utilização dos equipamentos e dos recursos humanos; a previsão e a prevenção das rupturas na produção; a qualidade em sentido lato; e o impacto ambiental. Portanto, é essencial estabelecer um processo de planeamento para a aquisição de matérias e para o controlo de produção de modo a garantir que os objectivos delineados são realizados e as responsabilidades assumidas.

No processo de planeamento e de controlo das matérias, os dirigentes das empresas devem ter consciência de que, numa indústria transformadora, a programação da produção requer a intervenção de alguns factores que coincidem com a actividade de vários departamentos.

A ponderação dos objectivos da programação industrial e a sua conjugação com a necessidade de afectar recursos financeiros escassos, obriga as empresas a utilizar métodos de gestão eficientes durante o ciclo da vida dos seus produtos.

4.1.3. *A importância da aplicação do modelo japonês (JIT) à gestão da produção*[4]

O investimento em stocks representa o principal activo para uma parte significativa das organizações industriais e comerciais, por isso é essencial que aqueles sejam geridos eficientemente de modo que o investimento neste activo não seja desproporcionado. A empresa pode determinar o nível óptimo do investimento em stocks, mas vai deparar-se com duas exigências contraditórias. Em primeiro lugar, deve assegurar-se de que a sua quantidade em armazém é suficiente para responder às necessidades de produção e de vendas. Em segundo, deve evitar deter stocks em excesso, que são desnecessários e que aumentam o risco de obsolescência. Portanto, o nível de stock óptimo deve oscilar entre estes dois extremos.

Tradicionalmente o controlo dos stocks tinha como objectivos, por um lado, estabilizar e manter o nível óptimo de investimento, em cada um dos artigos, de modo que estivesse assegurado que os stocks em armazém eram suficientes para que não houvesse rupturas, especialmente na fase da produção, e por outro, evitar o excesso de stocks, para que a empresa não tivesse o seu capital imobilizado neste tipo de activos, libertando-o para investimentos mais rendíveis.

Nesta perspectiva, para controlar o nível de stocks, utilizava-se uma técnica de gestão, denominada "Método ABC" (baseada na lei de Pareto), que consiste em fazer um levantamento sobre o número de artigos (matérias-primas ou produtos fabricados) que devem permanecer em armazém, o seu custo unitário e a quantidade utilizada num determinado período.

---

[4] LUBBEN, R.T., *Just-in-Time Manufacturing*, 2nd Edition, McGraw-Hill, Inc., 1989.

AS COMPONENTES DO CUSTO DE PRODUÇÃO

O "método ABC" ou gestão por excepção, tradicionalmente referido na literatura, utilizado para o controlo de stocks, estabelece uma relação entre o investimento necessário e o consumo de factor para o produto. Então, permite obter uma hierarquia que relaciona o investimento em determinada matéria, a importância desta para o processo produtivo e o seu consumo.

Actualmente as organizações estão cada vez mais convencidas da necessidade de reduzir os seus stocks para níveis tais que se aproximem do zero (JIT – *Just-in-Time)*. Na tentativa de que as entregas sejam mais frequentes e em menores quantidades, as empresas estão a criar com os fornecedores e clientes relações cada vez mais próximas.

As empresas estão a introduzir filosofias e técnicas que permitem a entrega de bens no exacto momento em que são necessários. No caso das matérias, este procedimento permite que as entregas sejam efectuadas directamente na fábrica. Por isso, este procedimento assegurará um nível de stocks muito baixo ou mesmo nulo, não havendo necessidade de armazenamento pelo que são desnecessários os recursos financeiros associados.

A implantação da filosofia JIT impõe a existência de relações de cooperação entre a empresa e o fornecedor. Assim, espera-se que os fornecedores garantam a qualidade dos materiais, isto é, fazendo a sua entrega no tempo certo e procedendo ao controlo de qualidade logo na origem.

As empresas que aplicaram a filosofia JIT na fase de compra afirmam ter conseguido reduções substanciais nos seus investimentos em matérias-primas e produtos em curso de fabrico. Outras vantagens anunciadas referem-se às reduções do tempo de negociação com os fornecedores, aos maiores descontos de quantidade, à poupança dos custos na emissão de ordens de compra, de armazenamento, de investimento e de registo das saídas de armazém.

Quando as empresas adoptam a filosofia JIT para a gestão de compras e do aprovisionamento, as compras são frequentes, logo o valor das saídas é próximo do preço de reposição das matérias e, consequentemente, as fórmulas de custeio das matérias (fórmula FIFO e fórmula do custo médio ponderado) tendem a ser pouco significativas.

4.2. O trabalho directo de produção (TDP)

4.2.1. *Conceitos e classificações*
Para um bom desempenho da actividade industrial é necessário o recurso às pessoas que asseguram a execução das diversas tarefas directamente ligadas ao processo produtivo.

Tradicionalmente, na Contabilidade de Custos, este factor designa-se por Mão-de-obra directa (MOD). Porém, actualmente esta designação não faz muito sentido quando aplicada às indústrias tecnologicamente evoluídas, capital intensivo e não mão-de-obra intensiva, e às empresas de serviços (quer financeiros, quer outros). Neste livro, a autora irá adoptar o termo Trabalho Directo de Produção (TDP) com o significado de Mão-de-obra directa (MOD) e Trabalho Indirecto de Produção (TIP) com o significado de Mão-de-obra indirecta (MOI).

Nas empresas que utilizam tecnologias avançadas (capital intensivo) o factor trabalho tem um peso, na estrutura do custo final do produto, pouco significativo. Contudo, em determinadas empresas, particularmente no sector dos serviços onde o capital conhecimento é fundamental, aquele factor é mesmo o elemento mais importante da estrutura do custo do bem ou do serviço.

As remunerações das pessoas ligadas ao sector produtivo e todos os gastos associados a essas remunerações têm um peso significativo nos custos globais do factor trabalho e, por isso, é necessário analisar o conjunto destes custos com objectivos de gestão.

A informação obtida na contabilidade financeira refere-se apenas ao montante global dos gastos com o factor trabalho (salários e ordenados, encargos de conta da empresa, etc.) enquanto a contabilidade analítica procede à análise da sua distribuição pelos diferentes produtos ou encomendas ou, tratando-se de empresas descentralizadas, pelos diversos centros de responsabilidade ou ainda, para empresas que tenham implementado o método de custeio baseado nas actividades, pelas diversas actividades.

Dum ponto de vista contabilístico ou quanto ao modo de atribuição aos objectos de custo, tal como foi referido para o factor matérias, o custo com o trabalho de produção pode classificar-se em directo e indirecto.

O trabalho de produção classifica-se como directo quando é identificável imediatamente com os objectos de custo e for conveniente do ponto de vista económico fazer essa identificação. Portanto, trata-se de custos do trabalho que podem ser identificados com os objectos do custo. Pelo contrário, o custo do trabalho de produção classifica-se como indirecto quando não é fácil nem economicamente conveniente identificá-lo com os objectos de custo. Por exemplo, o salário do director fabril, geralmente integrado nos gastos gerais de fabrico (GGF), entra na classificação de gastos indirectos porque é comum a diversos objectos e, como não é fácil nem economicamente conveniente a sua identificação com o produto, a sua atribuição será indirecta ao produto.

O problema da atribuição do custo do trabalho indirecto de produção (TIP), aos objectos de custo, está integrado no quadro geral de procedimento habitual para os gastos indirectos totais.

4.2.2. Determinação e controlo dos tempos de trabalho

A atribuição do custo do trabalho de produção (TP) implica ou pressupõe o conhecimento do custo da unidade de tempo de trabalho, dos tempos de trabalho e o destino desse mesmo trabalho.

Este conhecimento reporta-se unicamente aos custos directos do trabalho de produção (TP), isto é, gastos suportados por um objecto de custo específico que é facilmente observável.

A determinação dos tempos de trabalho é fundamental na medida em que no cálculo do custo do trabalho directo de produção (TDP) deve considerar-se apenas o montante relativo ao tempo produtivo. Todos os outros custos não atribuíveis consideram-se custos não incorporáveis ou custos de outras actividades.

Figura 4.1. – Tempos de trabalho

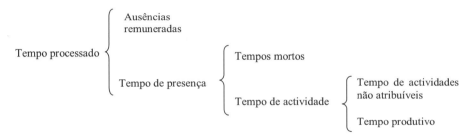

O <u>tempo processado</u> representa as horas efectivamente pagas que compreendem as ausências remuneradas, especialmente no caso de doença ou frequência de cursos de formação. A informação sobre este tempo obtém-se nos registos das folhas de ordenados e salários, ou ainda nas fichas individuais de cada trabalhador.

Analiticamente é dado pela expressão seguinte:

Tempo processado = Tempo de presença + Ausências remuneradas

O <u>tempo de presença</u> representa as horas teoricamente disponíveis para actividades produtivas. Pode ser medido por intermédio de fichas ou cartões de presença ou outros métodos, segundo a necessidade e disponibilidade ou sofisticação dos sistemas de informação.

Analiticamente representa-se pela expressão:

Tempo de presença = Tempo de actividade + Tempos mortos

Os tempos mortos são devidos a faltas de trabalho temporárias, avarias nas máquinas e outros factos que podem ocorrer durante o processo de produção, nomeadamente mau planeamento da produção e/ou falta de materiais.

Do ponto de vista da gestão e do controlo convém analisar os tempos mortos que se apuram durante o período, porque é conveniente minimizá-los e atenuar o seu impacto nos custos. Assim, a análise dos tempos mortos incide sobre a necessidade ou não da sua ocorrência.

Os tempos mortos dizem-se <u>inevitáveis</u> se apresentam um carácter de permanência e, portanto, não há possibilidade de serem prevenidos. Dizem-se <u>evitáveis</u> quando são inesperados e do ponto de vista económico constituem desperdícios. Devem-se especialmente a avarias mecânicas ou de "alimentação", isto é, interrupções do fluxo de circulação de peças ou matérias no caso de uma avaria dum posto de trabalho ou função a montante.

Se o empregado permanecer desocupado durante algum tempo, devido a avarias nas máquinas, esse tempo de espera é considerado tempo de inactividade, portanto, tempos mortos. Semanalmente é determinado o tempo de trabalho e os tempos mortos correspondentes, em todos os departamentos, e procede-se ao registo das horas de TDP.

O <u>tempo de actividade</u> é o tempo realmente disponível para actividades de produção. Obtém-se a partir do tempo de presença abatido dos tempos mortos motivados, especialmente, por deslocações dentro da empresa, pausas legais autorizadas ou não, tempos de delegação, etc.

Analiticamente também pode ser obtido pela expressão:

Tempo de actividade = Tempo produtivo+Tempo de actividades não atribuíveis

Excepto na prevalência da metodologia directa, raramente o tempo de actividade é de medição directa e, como está relacionado com outros tempos, convém ter presente na sua definição os tempos de que depende.

O <u>tempo produtivo</u> é o tempo realmente consagrado a actividades de produção propriamente ditas. Se ao tempo de actividade for deduzido o tempo dedicado a actividades não atribuíveis, tais como reparações, limpezas ou conservações, obtém-se o tempo dedicado a actividades produtivas.

4.2.3. *O custo do trabalho directo de produção (TDP)*

O custo do TDP abrange, para além do montante das remunerações ilíquidas dos trabalhadores[5] o valor dos gastos sociais suportados pela empresa, quer sejam de natureza obrigatória[6], quer facultativa[7].

Os subsídios recebidos pelos trabalhadores, férias e 13º mês, são considerados custos directos, e por isso, devem ser atribuídos aos portadores de custo em

---

[5]Ordenados, salários, horas extraordinárias, prémios, incentivos, etc.

[6] Taxa social única, seguro de acidentes de trabalho, etc.

[7] Refeitórios, creches, feriados não obrigatórios, assistência médica, etc.

AS COMPONENTES DO CUSTO DE PRODUÇÃO

duodécimos mensais, através da taxa horária, para que os custos do TDP não fiquem sobreavaliados nos meses em que os referidos subsídios são pagos. Portanto, o custo total do TDP é dado pelo somatório de todos os gastos, relativos ao factor trabalho, que a empresa suporta com a produção.

Para as empresas, a melhor forma de atribuir os salários e outros gastos suportados com os seus trabalhadores é calcular a taxa horária ou custo horário. Esta taxa obtém-se dividindo o custo total do trabalho pelo número de horas produtivas ou tempo produtivo.

Este procedimento é comum para um regime de produção contínua e custos determinados por processos, mas existem outros sistemas remuneratórios como, por exemplo, o trabalho à peça e à tarefa que adiante se referem.

O trabalho extraordinário também faz parte dos custos de produção, no entanto, não deve ser objecto de atribuição directa porque, se esse custo for atribuído directamente aos produtos, os custos dos produtos fabricados no horário extraordinário seriam mais elevados do que os dos produtos fabricados no horário normal de funcionamento da fábrica.

Os gastos com o trabalho extraordinário ou com o subsídio nocturno, para as unidades industriais que funcionam durante vinte e quatro horas por dia, são normalmente originados pela necessidade de aumentar o nível de produção e não por trabalhos específicos. Assim, os produtos fabricados durante as horas extraordinárias ou no turno nocturno, não devem ter custos diferentes dos produtos fabricados no horário de funcionamento diurno.

No entanto, se uma destas situações decorre de uma encomenda urgente de um cliente, então os gastos extraordinários com o TDP devem ser atribuídos directamente a essa encomenda ou a essa ordem de produção.

Para efeito de controlo é mais adequado que os custos relativos ao trabalho extraordinário e do turno nocturno sejam analisados por centros de responsabilidade (centros de custos).

Nas indústrias transformadoras existem esquemas de trabalho à peça que oferecem ao trabalhador a possibilidade de receber um determinado montante por peça produzida que cumpra os objectivos de qualidade fixados. Além disso, esses trabalhadores recebem um valor mínimo por semana, com base nas horas trabalhadas, independentemente do nível de produção atingido no período em causa.

Sendo conhecidos os tempos produtivos, assim como o seu destino, é necessário determinar o custo da hora produtiva para que se fique em condições de imputar a cada produto ou encomenda o seu custo de trabalho directo de produção (TDP).

No entanto, o custo horário é difícil de determinar por duas razões fundamentais. Em primeiro lugar, nas empresas existem diferentes taxas de remuneração correspondentes às diversas categorias ou qualificações do pessoal. Em segundo lugar, no custo do trabalho directo de produção (TDP) existem elementos para além da remuneração propriamente dita.

A partir do custo total do TDP[8] calcula-se categoria por categoria ou qualificação por qualificação o custo horário que é o custo por hora de produção. Com base no custo horário é possível atribuir aos produtos ou encomendas o tempo produtivo que "consumiram" ou utilizaram.

Conhecido o custo total do TDP, por categoria ou qualificação, calcula-se o custo da hora produtiva dividindo esse custo total pelo número de horas produtivas ou tempo produtivo.

$$\text{Custo horário} = \frac{\text{Custo total do TDP}}{\text{Nº de horas produtivas}}$$

Esta fórmula é utilizada porque tem a vantagem de permitir uma correcta afectação do custo do TDP à produção (produtos ou encomendas).

No entanto, é preferível calcular o custo horário dividindo o custo total do TDP pelo número de horas de presença ou mesmo pelo número de horas processadas porque, aplicando a relação anterior, corre-se o risco de sobreavaliar o custo da produção em termos de TDP. Analiticamente as expressões referidas são as seguintes:

$$\text{Custo horário} = \frac{\text{Custo total do TDP}}{\text{Nº de horas de presença}}$$

$$\text{Custo horário} = \frac{\text{Custo total do TDP}}{\text{Nº de horas processadas}}$$

Porém, estas duas fórmulas têm o inconveniente de subavaliar o custo do TDP dos produtos ou das encomendas e, portanto, uma parte do custo total não será atribuído.

Numa óptica previsional ou de controlo de gestão, os inconvenientes das duas relações anteriores não existem desde que, depois do cálculo do custo da

---

[8] Os elementos que constituem o custo total do trabalho directo de produção são a remuneração em sentido amplo, os gastos sociais e os gastos fiscais e parafiscais que lhes estejam ligados. A parcela da remuneração compreende o salário bruto (inclui as remunerações em espécie que sejam submetidas aos descontos legais), os subsídios de Natal e de férias e os benefícios em espécie não submetidos aos descontos legais e que variam de empresa para empresa (carro, alojamento, etc.).

hora de presença, lhe seja aplicada a relação indicada a seguir e que se denomina taxa de rendimento:

$$\text{Taxa de rendimento} = \frac{\text{Tempo produtivo}}{\text{Tempo de presença}}$$

Na prática é muitas vezes utilizada a taxa de rendimento preestabelecida.

Este método é preferível sempre que a contabilidade de gestão é aplicada numa óptica de controlo de gestão, que é naturalmente previsional num duplo sentido. Por um lado, implica a referência a uma norma, a taxa preestabelecida, com a qual se comparam as realizações, por outro, quando as diferenças entre as realizações e as previsões são significativas, impõe que se analise e que sejam retiradas as consequências e, se for o caso, que a taxa de rendimento seja revista ou corrigida.

A determinação do coeficiente de utilização do trabalho directo de produção (TDP) e o cálculo da produtividade são importantes do ponto de vista da informação que proporcionam.

O coeficiente de utilização do trabalho directo de produção (TDP) (também designado coeficiente ou taxa de ocupação, taxa de emprego ou ainda taxa de actividade) pode ser apresentado por duas relações. A primeira relaciona o número de horas utilizadas com o número de horas disponíveis:

$$\text{Coeficiente de utilização do TDP} = \frac{\text{Nº de horas utilizadas (tempo produtivo)}}{\text{Nº de horas disponíveis (tempo de actividade)}}$$

A segunda relaciona o número de horas pagas com o número de horas disponíveis:

$$\text{Coeficiente de utilização do TDP} = \frac{\text{Nº de horas pagas (tempo processado)}}{\text{Nº de horas disponíveis (tempo de actividade)}}$$

A produtividade do factor trabalho deve ser continuamente controlada e normalmente é representada pela relação entre a produção efectiva (medida em unidades físicas) e o número de horas utilizadas para obter essa produção.

$$\text{Produtividade do factor TDP} = \frac{\text{Produção do período}}{\text{Nº de horas utilizadas}}$$

A gestão do trabalho de produção implica, por um lado, que a sua contabilização seja correcta para se obter informação relevante para a tomada de decisão.

CONTABILIDADE ANALÍTICA E DE GESTÃO

Por outro, obriga à análise dos diferentes centros de responsabilidade ou de actividade sendo necessário um acompanhamento e um controlo quase permanente das relações entre diferentes grandezas, em particular a taxa de emprego que relaciona o tempo produtivo com o tempo de actividade e que deve ser analisada e controlada de modo que tenda para a unidade. Quando a gestão é eficaz este objectivo é atingido e significa que o tempo de actividades não imputáveis tende para zero.

$$\text{Taxa de emprego} = \frac{\text{Tempo produtivo}}{\text{Tempo de actividade}}$$

4.2.4. Contabilização do trabalho directo de produção (TDP)

A contabilização das remunerações necessita de informação relacionada com os tempos de trabalho, detalhes acerca do absentismo, impostos pagos, etc. A informação sobre absentismo é obtida através dos métodos de controlo existentes nas empresas.

Devido ao uso generalizado do computador, as funções de cálculo, processamento e contabilização das remunerações estão muito simplificadas, o mesmo acontecendo relativamente aos documentos que são gerados automaticamente.

O objectivo do cálculo das horas de actividade é registar o tempo consumido por todos os trabalhadores nas diversas actividades e depois proceder à sua valorização, através do custo unitário do TDP, para que seja possível o seu registo na contabilidade.

Depois de calculado, o custo do trabalho directo de produção deve ser contabilizado analiticamente, o que significa atribuir esse custo aos respectivos objectos de custo de acordo com os consumos de cada unidade do produto.

No que respeita a certas categorias de trabalho que não se relacionam com as actividades de produção, por exemplo os supervisores, não é possível calcular o tempo utilizado em cada actividade e, por isso, este é analisado como um gasto geral de fabrico.

4.3. Os Gastos Gerais de Fabrico (GGF)

Os GGF[9] são todos os gastos suportados na produção, para além dos gastos com as matérias-primas e o trabalho directo de produção (TDP). Sinteticamente, consideram-se GGF os custos do sector fabril não incluídos no custo primário.

O cálculo do custo de produção, devido às suas funções de controlo, tomada de decisões e valorimetria, implica o conhecimento dos consumos de bens e ser-

---

[9] Convém referir que neste texto a sigla GGF tem o mesmo significado de Custos Indirectos na nomenclatura anglo-saxónica.

AS COMPONENTES DO CUSTO DE PRODUÇÃO

viços envolvidos no processo produtivo e a sua correspondente expressão em termos monetários, com referência aos diferentes objectos de custo.

Considerando o exposto no parágrafo anterior e dada a heterogeneidade das rubricas que integram os GGF não é fácil e tornar-se-ia muito dispendiosa a sua identificação com os objectos de custo. Então, o procedimento mais correcto, do ponto de vista da decisão, é a sua reclassificação e posterior atribuição para que o custo de produção seja determinado.

Quando as empresas utilizam a técnica do custeio por absorção ou custeio completo[10], a atribuição dos GGF aos objectos de custo constitui um sério problema. Porém, este não se coloca, quando as empresas dão preferência à informação para a tomada de decisão e, por isso, utilizam sistemas de custos parciais como, por exemplo, o custeio variável[11]. Mas, se o objectivo das empresas for o cálculo do custo de produção completo, devem encontrar soluções para integrar no custo de produção os GGF. Todavia, deve estar presente uma análise custo/ /benefício da informação para avaliar as vantagens ou os inconvenientes que a adopção daquelas soluções pode vir a proporcionar.

4.3.1. *A identificação no tempo e a atribuição aos objectos de custo dos GGF*

A identificação dos GGF e a sua atribuição aos bens e serviços enfrenta dois problemas distintos. O primeiro relaciona-se com a dificuldade de repartir no tempo determinadas categorias de GGF. O segundo diz respeito à atribuição dos GGF aos objectos de custo. Estes problemas constituem o mais sério obstáculo à determinação correcta do custo de produção industrial.

Sempre que for necessário distribuir, por períodos, gastos de montante incerto e ocorrência aleatória põe-se o problema de definir o período ao qual devem ser reportados esses gastos.

Exemplos de GGF que não suscitam dúvidas quanto ao período a que respeitam:

– As amortizações e as rendas podem ser atribuídas facilmente ao período a que dizem respeito. Mesmo que sejam calculadas pelo método das quotas constantes será atribuído a cada mês o respectivo duodécimo. Relativamente às rendas, geralmente são mensais mas, no caso de serem anuais, o procedimento é semelhante pelo que serão atribuídas por duodécimos.

– Os gastos gerais de fabrico cujo período não coincide com o ano civil, como por exemplo os seguros, podem ser atribuídos a cada mês por duodécimos, des-

---

[10] A definição destes conceitos será apresentada em capítulo próprio.

[11] Na nomenclatura anglo-saxónica o custeio por absorção ou custeio completo denomina-se *full costing* ou *absorption costing* e o custeio variável designa-se *direct costing*.

de que seja conhecida com precisão a data em que se iniciam e terminam os contratos. Trata-se de custos antecipados ou suspensos que são pagos anualmente em data fixa e que devem ser afectados todos os meses ao custo da produção.

Porém, os gastos de montantes incertos e que ocorrem sem regularidade, por exemplo, gastos com reparação de máquinas e edifícios, não permitem definir correctamente a sua projecção nos diferentes períodos.

Estes gastos constituem custos fixos na medida em que, embora de montante variável, são independentes, em grande parte, da variação do volume de produção e, de facto, não pertencem apenas ao período em que são realizados, por isso, devem repercutir-se nos custos de produção de vários períodos. A dificuldade está em definir quais e quantos são esses períodos.

Por exemplo, considere-se o caso duma máquina que avariou num dado período "n" e cuja reparação custou € 2 500,00. Para a respectiva reparação a máquina esteve paralisada um mês ("n") e retomou a produção no início do mês seguinte.

Se o gasto de € 2 500,00 for considerado um custo do mês em que a máquina foi reparada, comete-se um duplo erro. Em primeiro lugar, o valor da reparação vai agravar o custo duma produção que não beneficiou da intervenção da máquina. Em segundo lugar, a produção dos períodos anteriores, que utilizou a máquina e a produção dos períodos seguintes em que a máquina vai ser utilizada, não são abrangidos pelo respectivo gasto.

Se este gasto for considerado um custo do período comete-se um duplo erro, pois, por um lado, esse gasto vai agravar o custo de uma produção que nem sequer beneficiou da intervenção da máquina e, por outro lado, tanto a produção de meses anteriores, em que a máquina participou, como a produção dos meses seguintes, em que irá participar, não são afectadas pelo referido gasto. Esta reflexão permite concluir que o gasto não deveria ser atribuído ao período em que ocorreu, mas sim aos anteriores e/ou aos posteriores.

Para colmatar este género de problema (gastos de montantes incertos e ocorrência aleatória) é necessário definir critérios que possibilitem a identificação e atribuição destes gastos ao longo do período, ou então, não os afectar ao custo de produção e registar o valor da reparação numa conta «Resultados Analíticos ou Industriais» e, neste caso, o gasto assume um carácter de custo *postcipado* e não de gasto geral de fabrico.

4.3.2. *Critérios para a identificação e atribuição, no tempo, dos GGF*
Quando a identificação e a atribuição dos GGF por períodos não são bem definidas a solução pode ser encontrada com a adopção dos seguintes critérios:

Imputação dos GGF a custos efectivos. De acordo com este critério todos os gastos são reportados ao período em que ocorrem, mesmo os gastos de montantes incertos e ocorrência aleatória. A conta de GGF é movimentada a débito pelos gastos suportados em cada período e a crédito pela respectiva imputação aos objectos de custo. No fim do período esta conta apresentará um saldo nulo.

GGF	
Gastos de cada período	Imputação aos objectos de custo

Este critério não resolve satisfatoriamente o problema dos gastos de montantes incertos e ocorrência aleatória, porque são imputados totalmente ao custo da produção do mês em que ocorrem, assim, é necessário encontrar um critério que minimize esse inconveniente.

Imputação dos GGF a custos teóricos. Neste critério faz-se a imputação aos portadores de custos em cada mês, não a custos efectivos, mas segundo uma quota teórica correspondente ao duodécimo do montante total dos gastos previstos para o ano, com base em gastos efectivos de anos precedentes. Simultaneamente contabilizam-se os gastos à medida que vão surgindo.

GGF	
Registo dos gastos à medida que vão surgindo	Imputação aos objectos de custo, mês a mês, por duodécimos (este duodécimo é teórico)

O processo de obtenção da quota teórica consiste em aplicar, ao montante dos GGF do período "N-1", um factor de correcção para se obter os GGF do período "N".

Este factor de correcção é calculado com base na variação média registada nos GGF durante vários períodos. A estrutura analítica do factor de correcção é a seguinte:

$$\text{Factor de correcção} = \frac{\dfrac{GGF_{n-2}}{GGF_{n-3}} + \dfrac{GGF_{n-1}}{GGF_{n-2}}}{2}$$

Se a tendência é para o crescimento o resultado da relação anterior é superior à unidade. Se, pelo contrário, a tendência é para o decrescimento o resultado dessa relação é inferior à unidade.

A previsão dos GGF consegue-se multiplicando o factor de correcção pelo montante relativo dos GGF do último período considerado.

Exemplo

Os GGF efectivos de três períodos (anos) consecutivos, em Euros, são:

"N-3": 40 000,00   "N-2": 44 000,00   "N-1": 52 800,00

Pretende-se estabelecer uma previsão para o ano "N"

Determinação de quota teórica a imputar mensalmente:

Verifica-se que existe uma tendência para o crescimento dos custos pelo que o valor a prever para o ano "N" deverá ser superior ao registado no ano "N-1".

Quando se trata de tendências para o crescimento ou decrescimento dos valores correspondentes a sucessivos períodos pode estabelecer-se uma previsão com recurso ao factor de correcção estabelecido atrás e conhecido também pelo método dos coeficientes. Assim:

Factor de correcção ou coeficiente de correcção = 1,15

Previsão dos GGF para o ano "N": 1,15 × 52 800,00 = 60 720,00

Logo que o valor dos GGF esteja determinado a imputação, a efectuar em cada mês aos objectos de custo, corresponderá ao respectivo duodécimo (€ 60 720,00/12 = € 5 060,00).

Imputação dos GGF a custos efectivos e teóricos. Neste caso, utilizam-se os dois critérios anteriormente estudados. Assim, são atribuídos, a custos efectivos, os gastos cuja periodização não suscita dúvidas e a custos teóricos os gastos que originam problemas relativamente ao período a que devem ser reportados. Nesta situação, as eventuais diferenças entre os custos efectivos e os custos teóricos evidenciadas no final do período são tratadas como diferenças de imputação.

4.3.3. Critérios para a atribuição dos GGF aos objectos de custo

Conforme referência anterior, normalmente, os GGF não se identificam com os objectos de custo. Então, é necessário encontrar coeficientes ou quotas de

AS COMPONENTES DO CUSTO DE PRODUÇÃO

imputação através dos quais se determina uma relação proporcional entre os GGF e o valor ou quantidade que se admite como base. Os coeficientes de imputação dizem-se reais se são baseados na actividade real e nos gastos efectivos ou reais do período considerado, e teóricos se têm por base a actividade e/ou os gastos estimados ou previstos.

No critério dos <u>coeficientes ou quotas reais</u> a distribuição dos GGF é efectuada com base em determinados elementos, através de uma repartição proporcional. Os elementos de proporcionalidade (base de imputação) mais aplicados são as matérias, o trabalho directo de produção, a energia eléctrica consumida, o peso dos produtos, o número de unidades produzidas, a área dos edifícios (tratando-se de imputação por secções ou centros de responsabilidade) e o preço de venda dos bens no mercado de concorrência. Este procedimento permite definir coeficientes e, por conseguinte, determinar as chaves de repartição.

Desde que se adoptem quotas reais, o valor da imputação realizada, pelos diferentes centros de custos, é igual ao total dos gastos suportados e registados durante o exercício, pelo que no final de cada mês a conta de GGF tem saldo nulo.

Se o objectivo for a tomada de decisões, o critério das quotas reais não é aconselhável uma vez que, em rigor, somente no final do período (ano) se poderá conhecer o valor certo a distribuir por cada mês, já que existem gastos que dizem respeito à produção mensal, mas cujo total não se conhece com exactidão antes de completado o ano. Esta situação ainda é mais complicada devido à variabilidade dos gastos em cada mês, podendo mesmo acontecer que correspondam maiores gastos a meses de menor produção.

Para colmatar os inconvenientes do critério das quotas reais utilizam-se coeficientes ou quotas teóricas, calculadas com base na experiência de anos precedentes, que são independentes dos gastos efectivamente suportados no mês ao qual diz respeito a imputação aos objectos de custo. Como exemplo de quotas teóricas têm particular relevo as chamadas quotas normais, porque são de fácil utilização pelas empresas.

As quotas normais correspondem a condições normais de preço e funcionamento e apresentam ainda outra vantagem porque permitem calcular o custo de cada tarefa ou encomenda logo após a sua conclusão.

> ### Exemplo de aplicação de quotas normais (valores em EUROS)
>
> Informação disponível:
>
> – GGF previstos para o ano (normais) – 100 000,00
>
> – Salários previstos (TDP) para o ano (actividade normal) – 250 000,00
>
> – Salários processados em Janeiro:
> Departamento A – 5 000,00
> Departamento B – 7 500,00
> Departamento C – 10 000,00
>
> – GGF efectivos no mês: 9 000,00
>
> Resposta:
>
> A quota normal será: 100 000,00/250 000,00 = 0,4 ou 40%
>
> Logo, em Janeiro os GGF a aplicar serão:
> A – 0,4 × 5 000,00 = 2 000,00
> B – 0,4 × 7 500,00 = 3 000,00
> C – 0,4 × 10 000,00 = 4 000,00

Quando se utilizam coeficientes teóricos deve proceder-se à sua comparação com os valores reais e se houver necessidade de regularizações, as diferenças são registadas em «Resultados Analíticos»[12].

As operações de transferência dos GGF são efectuadas, entre os centros de custo e os produtos ou serviços prestados, segundo chaves de repartição adequadas e na proporção do consumo dos factores.

---

[12] De acordo com as sugestões de diversos autores sobre um Plano para a contabilidade analítica, este movimento seria registado na conta "Diferenças de incorporação – GGF".

Capítulo V
A dificuldade do cálculo do custo de produção completo

Nos três capítulos anteriores foram expostos os conceitos fundamentais sobre custos, apresentada a sua classificação, de acordo com os objectivos das organizações e, por fim, procedeu-se à caracterização e análise das componentes que integram o custo de produção.

Neste capítulo serão destacadas as dificuldades do cálculo do custo induzidas pelo problema da atribuição dos custos comuns aos produtos, aos departamentos e/ou às actividades.

Os gastos suportados por uma empresa podem ser originados simultaneamente por várias secções ou departamentos e dentro destas, havendo produção múltipla, podem ser partilhados por vários produtos, sendo por isso designados gastos comuns.

O tratamento e análise dos custos comuns levantam problemas de ordem teórica e prática na medida em que a atribuição dos GGF fixos aos objectos de custo, no regime de produção múltipla, é complexo. Por outro lado, o custo de produção completo pressupõe o conhecimento do volume de produção antes de efectuar os cálculos. Mas, numa situação de gestão de curto prazo é precisamente o volume de actividade que se procura definir. Consequentemente a procura de procedimentos eficazes, a usar na atribuição dos custos comuns, ocupa uma parte substancial das preocupações do contabilista de gestão.

«É possível detectar a existência de nexos de causalidade imediata e directa entre um particular produto ou gama de produtos e certos e determinados consumos. Quanto a outros consumos, porém, os nexos de causalidade apresentam-se como mediatos e indirectos. Esta última situação verifica-se especialmente – mas não exclusivamente – na área dos consumos fixos.» (BAGANHA, 1996[1]).

[1] BAGANHA, M. D., "Encargos Gerais de Fabrico", Revista de Contabilidade e Comércio, VOL. LIII, nº 209, MAI.1996, p.62.

«Ainda que a diversidade dos processos tecnológicos, das dimensões das unidades industriais, das estruturas organizacionais, etc. nos obriguem a ser cautos nas generalizações, é talvez possível afirmar qua a conta de Encargos Gerais de Fabrico é predominantemente integrada por encargos indirectos.» (BAGANHA, 1996[2]).

Na existência ou inexistência de nexo de causalidade directa e imediata entre os gastos e o objecto de custo, isto é, o algo cujo custo se pretenda calcular, assenta a distinção entre gastos directos e gastos indirectos.

5.1. Definição de centros de análise[3] e de secções

Classicamente, o conceito de centro de análise, que se substitui ao de secção homogénea, corresponde a uma divisão do organigrama da empresa. Estes centros de análise são funções ou subdivisões destas e correspondem a maioria das vezes a centros de responsabilidade orçamental. Portanto, trata-se de um subconjunto da empresa, ou seja, um centro de reagrupamento contabilístico onde os gastos indirectos, relativamente aos produtos, são acumulados e analisados antes de serem repartidos entre os produtos ou, mais amplamente, entre os objectos de custo (DE RONGÉ, 1998, p.113)[4]. Ora, tal significa que os centros de custos coincidem com os centros de análise e, sempre que apresentarem existência real, coincidem também com os centros de produção.

Cada centro de custo pode coincidir ou não com um departamento. Se um centro de custo tem existência real, então identifica-se com um centro de produção e engloba toda a actividade desse centro. Nesta circunstância pode ser atribuída, a cada centro de custo, uma conta em que os movimentos a débito representam os gastos suportados e a crédito a transferência dos bens produzidos. Contudo, como já se referiu, um centro de custo pode não ter correspondência com qualquer centro de produção, podendo mesmo existir vários centros de custos num só centro de produção. Neste caso está-se perante um centro de custos fictício[5] ou meramente contabilístico.

Os centros de análise ou centros de custo[6] são centros de responsabilidade, onde os directores respondem pelos gastos que estão sob o seu controlo. Por

---

[2] BAGANHA, M. D., "Encargos Gerais de Fabrico", Revista de Contabilidade e Comércio, VOL. LIII, nº 209, MAI.1996, p.62.

[3] O termo "centro de análise" foi utilizado pela primeira vez em França (Plano de Contas de 1957).

[4] DE RONGÉ, Y., *Comptabilité de gestion*, De Boeck & Larcier, SA, Bruxelles, 1998, p.113.

[5] Exemplos de centros de custos fictícios: centro de custos "matérias", centro de custos "trabalho directo de produção", centro de custos "GGF". Porque estes três centros de custos podem representar apenas um centro de produção.

[6] Nos EUA a designação usada para os "cost centres" do Reino Unido é "cost pool".

outro lado, representam a unidade elementar da empresa e a sua capacidade operacional, isto é, qualquer unidade ou actividade em que a empresa se possa subdividir com o objectivo de atribuir ou localizar custos.

Para respeitar o critério de homogeneidade, é necessário subdividir os centros de produção (centros de análise ou centros de custos) em secções, sendo normal distinguir dois tipos de centros ou secções:

– Os <u>centros principais,</u> onde se realizam as operações que concorrem directamente para a produção (por exemplo, a tinturaria, a montagem, etc.)

– Os <u>centros auxiliares,</u> onde decorrem as operações de suporte à fabricação (por exemplo, a central eléctrica que produz a energia para os centros principais, a serralharia que repara as suas máquinas, etc.), mas que não intervêm directamente na produção.

5.2. A repartição dos gastos gerais de fabrico (GGF) por centros de custos

O método da imputação de custos por centros de custos está muito divulgado porque ninguém duvida do carácter antieconómico do apuramento, produto a produto, de cada natureza dos custos de transformação. Este método permite que o custo de transformação (conversão) seja imputado aos produtos, obras ou encomendas através dos centros de análise.

Importa agora referir em que consiste o método da imputação dos custos por centros de custos, também conhecido como método das <u>secções homogéneas</u> (quando os centros de custos apresentam determinadas características) e apelidado de método tradicional, pelos defensores da imputação dos custos por actividades, que adiante se introduz.

Com o objectivo de limitar ou eliminar as dificuldades da atribuição dos custos aos objectos de custo, o método dos centros de análise propõe que a repartição dos GGF ou do custo de conversão (transformação – CT), numa unidade industrial, seja efectuada por departamentos ou secções que correspondem, como já foi referido, a divisões da actividade fabril.

O procedimento a adoptar na repartição de custos por centros de custos ou centros de análise passa por diversas etapas. Em primeiro lugar, os gastos a analisar devem estar classificados por natureza e devem ser agrupados de forma homogénea, o que significa que só podem ser agrupados custos com comportamentos semelhantes. Uma vez analisados ou individualizados, os gastos são repartidos por centros de custos com base em chaves de repartição definidas (por exemplo, a área fabril que origina esses gastos). Seguidamente os custos dos centros auxiliares e de apoio são afectados aos centros principais de acordo com o critério de cálculo previamente definido. A atribuição assim efectuada é indirecta relativamente aos produtos (imputação) e directa em relação aos centros de custos (afectação).

Em termos práticos a repartição dos gastos indirectos, por secções ou centros de custos, consiste em proceder à afectação dos GGF em duas fases. Cada uma das duas fases assenta num procedimento em duas etapas. A primeira fase inclui as etapas seguintes:

1. Distribuir todos os GGF pelos centros de custos (principais, associados à produção e auxiliares, ligados aos serviços que prestam), etapa que se designa repartição primária;

2. Redistribuir os custos anteriormente imputados aos centros auxiliares pelos centros principais, etapa designada por repartição secundária.

Previamente à repartição secundária devem ser resolvidos dois problemas, ou seja, o do autoconsumo e o das prestações recíprocas.

O autoconsumo significa que os centros auxiliares podem prestar serviços a si próprios. Para repartir essas prestações, deve ser utilizado o método da proporcionalidade; então o custo imputado ao próprio centro auxiliar é repartido proporcionalmente a todos os outros centros, na mesma proporção da repartição inicial.

O problema das prestações recíprocas resulta do facto dos centros auxiliares, além das prestações aos centros principais, também prestarem serviços entre si. Então, a forma de proceder para que seja possível efectuar a repartição secundária é utilizar o método matemático de resolução dum sistema de equações. Após a repartição secundária, os centros auxiliares ficam saldados, porque todos os gastos neles acumulados foram atribuídos aos centros principais.

Na segunda fase ou repartição final as etapas a percorrer são:

1. Calcular taxas de GGF, em número igual aos centros de custos principais, dividindo os gastos, por exemplo, pelas horas de utilização de máquina ou pelo trabalho directo aplicado (bases de imputação);

As taxas (ou coeficientes) são obtidas do seguinte modo:

$$\frac{\text{GGF de cada centro de custo}}{\text{Base(s) de imputação aplicada(s) no centro de custo}}$$

2. Imputar os custos dos centros principais, através da taxa calculada em 1., aos produtos fabricados nestes centros ou aos objectos de custo definidos, e de acordo com os critérios de repartição adoptados pela empresa.

Figura 5.1. – Esquema da afectação dos gastos gerais de fabrico[7] em duas fases

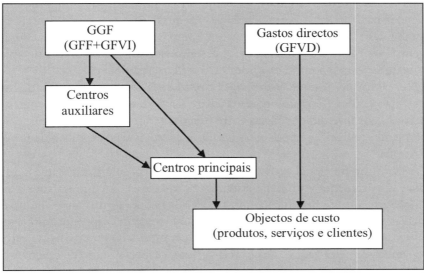

Adaptado de: DRURY, C., *Management and Cost Accounting*, 6th Edition, Thomson, 2004, Reprinted 2005, p. 373.

A medida escolhida para imputar os gastos aos centros constitui uma "base de imputação". Para cada centro de custos pode ser utilizada uma base de imputação diferente. A escolha da base de imputação deve ser decidida em função do comportamento dos GGF no longo prazo.

5.3. Os centros de custos e as secções homogéneas
O método das secções homogéneas inscreve-se na linha da Escola Científica da Gestão[8] e visa atingir dois objectivos:

– Calcular o custo industrial dos produtos fabricados;
– Produzir informação contabilística relevante para assegurar o controlo das diferentes unidades organizacionais da empresa ou centros de análise.

---

[7] Custos indirectos nos EUA.
[8] Os seus membros desenvolveram a partir dos finais do século XIX, um conjunto de princípios de gestão, de organização e de ferramentas da contabilidade analítica que correspondiam às características da produção industrial dessa época.

A visão organizacional desta escola, que LORINO (1995) apelida de «paradigma do controlo»[9], assenta num conjunto de hipóteses que importa compreender para avaliar a sua pertinência. As duas hipóteses fundamentais são a estabilidade do contexto económico e a simplicidade do funcionamento da organização. Face a estas hipóteses foi desenvolvido um conjunto de princípios de organização que permitiam optimizar a *performance* global.

A organização, segundo esta visão, é considerada como um conjunto de funções cuja coordenação pode perfeitamente fazer-se ao nível mais elevado da hierarquia. As interdependências entre funções são relativamente fracas, completamente conhecidas e podem ser geridas e coordenadas sem dificuldade pela hierarquia.

A estrutura funcional constitui o modelo clássico de organização e representa historicamente a primeira sistematização estável da empresa após a sua aparição aquando da Revolução Industrial. Cada função agrupa um conjunto de actividades e de competências semelhantes. O contacto entre funções e a sua coordenação realiza-se através da estrutura hierárquica. O recurso a esta estrutura explica-se pelos ganhos de eficácia devidos à especialização de funções.

A estrutura multi-divisional, desenvolvida nos EUA por A. SLOAN (na General Motors) e por du PONT nos anos vinte, generalizou-se depois da 2ª Guerra Mundial na maior parte das grandes empresas. A estrutura multi-divisional é uma extensão da estrutura funcional e reproduzida no interior de cada divisão ou secção da empresa.

Na linha da Escola Científica da Gestão, uma <u>secção homogénea</u> é um centro de custos diferindo apenas quanto a certas características particulares que apresenta e, que a seguir se descrevem:

– É constituída por um conjunto de meios materiais que concorrem para o mesmo fim;
– Tem um agente que se responsabiliza pelos recursos disponíveis na secção;
– A sua actividade é medida por um dado volume de produção ou principalmente por um dado tempo de trabalho.

Por definição, as secções homogéneas são divisões reais da empresa constituídas por um agrupamento de meios que concorrem para um mesmo fim e cuja actividade pode medir-se em unidades físicas (UF) denominadas unidades de obra. A unidade de obra é a unidade elementar a que se refere o custo de funcionamento numa secção e é utilizada para medir a sua produção num dado período. A unidade de custeio obtém-se através da valorização da unidade de obra.

---

[9] LORINO, P., Comptes et récits de la performance, Les Editions d'organisation, Paris, 1995, p.20-27.

5.4. O modelo de custeio baseado nas actividades (Activity-Based Costing – ABC)

O modelo das secções homogéneas (designado tradicional pelos autores do modelo ABC) postula uma hipótese de estabilidade do contexto económico, do estado do desenvolvimento tecnológico, da concorrência e dos factores de competitividade e também uma hipótese de informação perfeita dos dirigentes. Ora, estas hipóteses contrastam com um meio envolvente económico no qual operam numerosas empresas e que conheceu alterações importantes nas últimas décadas, como:

– O surgimento da globalização e o crescimento da concorrência;
– A desregulamentação de partes da indústria e dos serviços;
– A aceleração da inovação tecnológica.

Tendo subjacente o contexto descrito emergiu progressivamente um modelo de empresa centrado nas actividades e nos processos. Os conceitos de actividade e de processos vão no sentido de conceber uma representação da organização melhor adaptada às características actuais das empresas. O modelo permite em particular integrar, na análise, a dimensão do valor para o cliente e de assegurar a articulação entre custo e valor.

No final da década de oitenta do século passado e na sequência da publicação da obra de JOHNSON e KAPLAN (1987)[10] o modelo de custos baseado em volumes, denominado tradicional por estes autores, foi alvo de muitas críticas, especialmente em relação ao rigor do cálculo do custo de produção.

A popularidade do modelo de custeio baseado nas actividades (ABC), na época, provocou um grande debate contraditório, dos dois lados do Atlântico, sobre a tese da obsolescência dos sistemas contabilísticos. Os autores do ABC advogam a sua tese baseados no facto de, no método tradicional, os custos serem imputados aos produtos arbitrariamente e com base em medidas de volume, enquanto defendem que o método ABC tem como objectivo imputar os custos apenas numa relação de causa e efeito.

A validade desta hipótese foi contestada em particular na Europa onde os sistemas de informação contabilísticos (da contabilidade financeira e da contabilidade de gestão) são independentes, o que não se verifica na maioria das empresas americanas. Por outro lado, o debate veio enriquecer, quer a literatura, quer a prática da contabilidade de gestão.

---

[10] JOHNSON, H. and KAPLAN, R., *Relevance Lost: The Rise and Fall of Management Accounting*, Harvard Business School Press, Boston, 1987.

CONTABILIDADE ANALÍTICA E DE GESTÃO

Apesar da afirmação de COOPER e KAPLAN (1991)[11] de que «o objectivo do ABC é aumentar os lucros e não obter custos mais rigorosos», existem poucas tentativas cuja finalidade seja «examinar empiricamente a relação entre a adopção do ABC e a criação de valor para os proprietários através do crescimento dos lucros» (KENNEDY e AFFLECK-GRAVES, 2001)[12].

A utilização dum sistema de atribuição de custos depende das necessidades de cada organização. A sofisticação e a precisão desse sistema de custos é variável e o critério da análise custo/benefício pode determinar o sistema óptimo para uma organização, que não necessariamente o melhor para todas as organizações.

As opções concretas no desenho do sistema de contabilidade de gestão raramente correspondem a um modelo puro, pelo contrário, a amplitude da complexidade de um tal sistema varia entre a simplicidade do sistema tradicional e a sofisticação (segundo os seus autores) do método ABC.

Os esquemas de funcionamento dos dois modelos comprovam o procedimento em duas fases para a atribuição dos gastos indirectos. No modelo tradicional os centros principais e auxiliares representam centros de reagrupamento contabilísticos onde os gastos indirectos aos produtos são acumulados e analisados antes de serem imputados aos produtos. No modelo ABC os gastos indirectos aos produtos são acumulados e analisados por actividades antes de serem imputados aos produtos.

O método ABC confere particular importância à noção de actividade, porque a actividade é a causadora dos custos. Contudo, o método das secções ou tradicional não é incompatível com a concepção de transformar as actividades em objecto principal da análise de custos. Assim, a relação entre actividade e centros de custos é aceite naturalmente.

Na óptica do controlo estratégico é aceite que as actividades representem uma maior importância porque directamente são mais fáceis de gerir do que os produtos.

Antes de apresentar o conceito de actividade, e com o objectivo de comparar os sistemas (tradicional e ABC) de imputação dos gastos indirectos, será introduzido o esquema do modelo de custeio baseado nas actividades.

---

[11] COOPER, R. e KAPLAN, R. S., "Activity-Based Systems: Measuring the Cost of Resource Usage", Accounting Horizons, Vol. 6, nº 3, SET.1992, p.1-13, p.8.
[12] KENNEDY, T. e AFFLECK-GRAVES, J., "The impact of Activity-Based Costing Techniques on Firm Performance", Journal of Management Accounting Research, Vol. 13, 2001, p.19-45, p.20.

Figura 5.2. – Funcionamento do sistema de custeio baseado nas actividades (ABC)

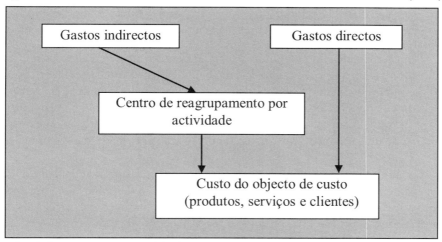

Adaptado de: DE RONGÉ, Y., *Comptabilité de gestion*, De Boeck & Larcier, SA, Bruxelles, 1998, p. 384.

Este esquema deve ser comparado com o que foi introduzido, na secção anterior, para o sistema tradicional. A atribuição dos gastos directos aos objectos de custo é semelhante nos dois sistemas. Apenas os gastos indirectos são objecto de tratamento diferenciado como é ilustrado nos dois esquemas anteriores.

O conceito de actividade é essencial para compreender o modelo ABC.

A actividade é um conceito que se utiliza, cada vez mais, em diferentes domínios das ciências da gestão. Actualmente, na literatura da Contabilidade de Gestão, existem diversas definições de actividade e a análise de algumas delas permite descobrir a realidade que, cada uma, visa representar.

A primeira definição assegura que actividade é uma combinação de pessoas, tecnologias, matérias, métodos e contexto que fornece um dado produto ou um serviço. Logo, as actividades descrevem o que uma empresa faz, a forma como o tempo é utilizado e a produção dos processos (BRIMSON, 1991)[13].

A definição deste conceito introduz dois elementos importantes a saber:

– A actividade consome recursos e a sua realização supõe a actuação de uma combinação de recursos (trabalho humano, matérias, tecnologia, métodos);

– A actividade termina quando é consumida para obter um resultado (definido como um produto ou um serviço).

---

[13] BRIMSON, J. A., *Activity Accounting: An Activity Based Costing Approach*, John Wiley & Sons, Inc., New York, 1991, p.203.

CONTABILIDADE ANALÍTICA E DE GESTÃO

Nesta definição, a actividade permite a articulação entre o custo, medido a partir dos recursos consumidos pela actividade, e o valor, medido pelo preço que o cliente está disposto a pagar para adquirir o produto ou o serviço que as actividades "permitiram" produzir.

Uma actividade é um conjunto de tarefas elementares: 1) realizadas por um indivíduo ou um grupo; 2) apelando a um conhecimento, um "saber fazer", específico; 3) homogéneas do ponto de vista dos seus comportamentos de custos e de performances (a peça fabricada, a qualificação de fornecedor, o orçamento); 4) permitindo fornecer um resultado (output) a um cliente interno ou externo a partir de um conjunto de recursos (inputs) – trabalho, máquinas, informação, etc. (Lorino, 1991)[14].

Os diferentes conceitos propostos fazem ressaltar que a actividade é um agrupamento de tarefas elementares. A actividade não se impõe como um dado observável mas resulta de escolhas e supõe uma construção por agregação de tarefas em actividades. Preconizando o reagrupamento de tarefas na base de um comportamento homogéneo de custos e performances, Lorino (1991) retoma o princípio fundamental das secções homogéneas (centros de agrupamento contabilístico onde os custos acumulados respeitam o critério da homogeneidade) e adapta-o à representação da empresa como um conjunto de actividades, o que vai permitir uma atribuição pertinente dos custos das actividades aos objectos de custo que as consumiram.

As actividades são também caracterizadas a partir de uma série de medidas. Unidade de medida da actividade (a unidade de obra), uma medida de capacidade, a medida da actividade e os critérios de medida da performance financeira. A recolha destas medidas, para cada uma das actividades identificadas na empresa, constitui a base da informação que permite a gestão pelas actividades.

Cooper (1990)[15] introduziu uma classificação das actividades segundo uma dimensão de posicionamento no que o autor designa a «hierarquia dos custos». As actividades na sua relação com os objectos de custo podem ser classificadas numa hierarquia de custos que comporta vários níveis: 1) as actividades ao nível unitário (praticadas por unidade produzida); 2) as actividades ao nível do lote (efectuadas sempre que é fabricado um lote); 3) as actividades de suporte ao produto ou ao cliente (realizadas para permitir a produção e as vendas); 4) as actividades de suporte a uma linha de produtos ou à sua marca; e 5) as actividades de suporte às instalações (necessárias ao funcionamento e à manutenção duma fábrica).

---

[14] Lorino, P., *Le contrôle de gestion stratégique*, Dunot, Paris, 1991, p.40.
[15] Para uma análise detalhada do modelo, ver o artigo de: Cooper, R., "Cost Classification in Unit-Based and Activity-Based Manufacturing Cost Systems", Journal of Cost Management for Manufacturing Industry, Fall, 1990, p.4-14.

A DIFICULDADE DO CÁLCULO DO CUSTO DE PRODUÇÃO COMPLETO

Este conceito de hierarquia de custos das actividades é aplicável às funções de produção, marketing e investigação e desenvolvimento (I&D).

A importância relativa dos diferentes níveis da hierarquia das actividades é muito diferente de uma empresa para outra e depende basicamente da natureza do processo produtivo, da tecnologia utilizada, da organização da produção e do nível da diversidade da gama de produtos oferecidos pelas empresas.

Considerando os diversos conceitos apresentados ressaltam dois modos essenciais de reagrupamento das actividades que se reencontram nas organizações: a função e o processo.

Nesta estrutura matricial a unidade industrial está representada por uma rede de actividades que se cruzam com as funções:

Actividades	FUNÇÕES					
	Compras e Aprovisionamento	Produção	Montagem	Controlo	Distribuição	Administrativa
Requisições		×	×	×		
Gestão das modificações	×	×	×	×		×
Facturação			×	×	×	×
Controlo de qualidade	×	×	×	×		

O CAM-I[16] definiu processo como sendo «uma série de actividades ligadas para realizar um objectivo específico».

Segundo LORINO (1997) «o processo é um conjunto de actividades ligadas entre si pelos fluxos de informação significativos e que se combinam para fornecer um produto material ou imaterial importante e bem definido»[17].

A representação da empresa como um conjunto de processos rompe com os princípios clássicos da organização das empresas que são a divisão do trabalho e a matriz do seu funcionamento interno (estrutura funcional e divisional) como condição da *performance* global. Pelo contrário, a especificação por processos concentra-se na integração das actividades na cadeia de criação de valor orientada para o serviço ao cliente final, mesmo se essas actividades pertencem funcionalmente a responsabilidades diferentes.

---

[16] Consórcio internacional que agrupa grandes empresas especialistas em contabilidade e de académicos para trabalharem no desenvolvimento de sistemas de contabilidade de gestão que melhor se adaptem ao contexto actual.

[17] LORINO, P., Méthodes et pratiques de la performance, Les Éditions d'organisation, Paris, 1997, p.83.

CONTABILIDADE ANALÍTICA E DE GESTÃO

EXERCÍCIOS DE APLICAÇÃO
(A dificuldade do cálculo do custo de produção completo)

EXERCÍCIO Nº 1

Determinada empresa possui uma oficina de Serralharia que tem por objecto o apoio à produção realizada noutras secções, quer de produção (principais e auxiliares), quer não produtivas.

Informação relativa aos registos das operações de um determinado mês do ano "N":

Descrição	Valores (€)
Matérias subsidiárias consumidas	1 000,00
Trabalho utilizado na produção	24 200,00
Gastos de fabrico diversos	9 000,00
Produção realizada:	
Reparação duma máquina da Secção A:	
– Custo das peças substituídas	709,00
– Tempo de trabalho – 6h00	
Reparações em máquinas da Secção B:	
– Custo das peças substituídas	8 150,00
– Tempo de trabalho – 18h30	
2 000 parafusos de aço, com o peso de 10g/UF, destinados ao armazém (stock) de peças de reparação de máquinas:	
– O aço aplicado custou €85,50/kg e verificou-se um desperdício de 5%:	
– Tempo médio por parafuso – 3 minutos	
Reparação em edifícios e instalações – 12h00	
Construção duma máquina para a secção A:	
– Materiais consumidos	40 370,00
– Tempo de trabalho – 58h30	

PEDIDOS:
1. Determine o custo unitário das reparações efectuadas;
2. Calcule a percentagem de tempos mortos da Serralharia admitindo que se trabalharam 25 dias no mês e 8h00/dia;
3. Efectue os registos de todo o movimento verificado na Serralharia.

EXERCÍCIO Nº 2

Admite-se que a unidade industrial da empresa ALFA integra cinco centros de produção, sendo dois centros principais (A e B) e três auxiliares (X, Y e Z).

1. Para o mês de Janeiro do ano "N" foi elaborada a seguinte estimativa de gastos gerais de fabrico (valores em €):

Matérias indirectas	7 000,00
Trabalho indirecto de produção	9 000,00
Reparações	1 600,00
Amortizações do equipamento	2 000,00
Combustíveis	500,00
Seguros	500,00
Outros gastos	400,00

2. Para a repartição daqueles GGF conhecem-se os seguintes elementos (valores em €):

	Centros principais		Centros auxiliares			Totais
	A	B	X	Y	Z	
Matérias indirectas (kg)	980	1 400	350	700	70	3 500
TIP (€)	4 200,00	4 200,00	200,00	150,00	250,00	9 000,00
Combustível (litros)	1 000	3 000	2 000	2 000	2 000	10 000
Prémios de seguro de N-1 (€)	3 000,00	1 200,00	600,00	600,00	600,00	6 000,00
Reparações (%)	40	20	10	20	10	100%
Equipamento (custo de aquisição) (10^3 €)	2 000	1 000	500	500	-	4 000
Outros gastos (€)	100,00	230,00	40,00	30,00	-	400,00

3. Para a repartição dos gastos dos centros auxiliares elaborou-se o seguinte quadro de origens/prestações:

	A	B	X	Y	Z
X	30%	40%	-	30%	-
Y	40%	40%	10%	-	10%
Z	40%	30%	20%	10%	-

OFERTA: O valor das prestações de centro Z ao centro X corresponde a €100,00.

PEDIDOS:

1. Elabore um mapa de distribuição dos Gastos Gerais de Fabrico (GGF) de cada centro.
2. Refira os inconvenientes da imputação dos GGF a custos efectivos.
3. No caso da imputação dos GGF ser a custos teóricos, explique os registos efectuados em "Gastos Gerais de Fabrico" e "Gastos Gerais de Fabrico Imputados".

CONTABILIDADE ANALÍTICA E DE GESTÃO

EXERCÍCIO Nº 3

Suponha uma empresa cuja unidade industrial está dividida em dois centros principais (A e B) e três centros auxiliares (X, Y e Z).

Informação relativa a determinado mês (valores em €):

1. Matérias-primas consumidas:

Centro A	Centro B
79 875,00	37 950,00

2. Matérias subsidiárias:

Centro A	Centro B	Centro X	Centro Y	Centro Z	Não especificadas	
					Sector fabril	S. Comercial
540,00	660,00	165,00	210,00	1 140,00	810,00	75,00

3. Trabalho aplicado na produção:

Centro A	Centro B	Centro X	Centro Y	Centro Z	Gastos comuns (Sector fabril)
30 000,00	15 000,00	900,00	1 500,00	1 200,00	11 400,00

4. Os Gastos Gerais de Fabrico são imputados de acordo com a previsão anual da relação GGF/Trabalho = 0,3, para todos os centros.

5. A produção do CX, de acordo com os respectivos Mapas de Trabalho, distribuiu-se da seguinte forma:

Centro A	Centro B	Centro X	Diversos não especificados	
			Sector fabril	Sector Comercial
20%	30%	10%	25%	15%

6. O trabalho do CY teve a seguinte distribuição:

Centro A	Centro B	Centro X	Manutenção	
			Edifício fabril	Instalações do armazém de produtos
40%	20%	5%	22%	13%

7. Distribuição das <u>unidades de obra (UO)</u> do Centro Z:

Centro A	Centro B	Centro X	Centro Y	Gastos Gerais	
				Edifício fabril	Sector Comercial
2 500	2 000	100	200	800	400

PEDIDOS:

1. Repartição primária e secundária dos gastos, apresentando todos os cálculos necessários.

2. Algum dos centros acima indicados pode ser considerado uma secção homogénea? Justifique.
3. A imputação dos GGF faz-se normalmente a custos teóricos – Porquê?
4. Supondo que o saldo da conta de "Gastos Gerais de Fabrico" era no início do mês em causa, de € 63 800,00 e que o trabalho directo dos centros, processado até à mesma data foi de € 221 300,00 apresente o movimento das contas, "Gastos Gerais de Fabrico" e "Gastos Gerais de Fabrico Imputados" bem como a sua regularização, admitindo que no final do mês em causa devem apresentar ambas um saldo nulo.

EXERCÍCIO Nº 4

Determinada empresa industrial tem o seu sector fabril dividido em 5 centros de custos, sendo dois principais (A e B) e três auxiliares (X, Y e Z).

Em certo período verificou-se a seguinte repartição de gastos (valores em €):

Trabalho aplicado: CA – 8 500,00; CB – 6 800,00; CX – 1 119,00; CY – 1 770,00; CZ – 1 660,00; Gastos Comuns – 1 100,00.

Gastos de Fabrico Diversos: CA – 3 400,00; CB – 3 800,00; CX – 500,00; CY - 705,00; CZ – 600,00; Gastos Comuns – 800,00.

Os Gastos Gerais de Fabrico imputam-se aos vários centros a custos teóricos, sendo a base de imputação a área ocupada por cada centro. O total de GGF a imputar é de €2 500,00. As áreas ocupadas pelos centros são:

CA - 600m²; CB - 2 100m²; CX - 90m²; CY - 90m²; CZ - 120m².

Os gastos do CX imputam-se exclusivamente aos centros principais, na proporção de 45% para o CA e 55% para o CB.

O centro Y tem como objecto a conservação e reparação em todos os sectores da empresa. O seu trabalho, no período em causa, repartiu-se como segue:

CA - 420h; CB - 350h; CX - 28h; CZ - 70h; Conservação do edifício fabril - 112h; Reparações diversas no sector comercial - 56h; Construção de uma máquina para o CX - 364h.

O trabalho do CZ distribuiu-se da seguinte forma: CA - 31,5%; CB - 40,5%; CX - 9%; CY - 9%; CZ - 10%.

PEDIDOS:

1. Proceda à repartição primária e secundária dos gastos.
2. Efectue o registo do movimento verificado no Centro Y.

CONTABILIDADE ANALÍTICA E DE GESTÃO

3. Distinga Centros de produção de Centros de Custos.
4. Explique as razões porque na maioria dos casos os GGF são imputados aos produtos a custos teóricos e não a custos efectivos.
5. Admitindo que esta empresa tinha uma produção uniforme e contínua, explique as razões porque o controlo dos tempos de trabalho deve ser diferente nas diversas secções.

EXERCÍCIO Nº 5

A unidade industrial BETA, Lda. apresenta um processo produtivo segmentado que se encontra estruturado em dois centros de produção A e B e três centros auxiliares X, Y e Z.

No ano "N-1" verificou-se que o custo da Unidade de Obra (UO) do Centro X se situava acima dum valor considerado razoável e que o referido Centro, que dispõe de uma capacidade de 1 400 UO poderá prestar serviços a uma Empresa Associada.

A informação disponibilizada, para o período em análise, foi a seguinte:

Repartição primária (valores em €):

	A	B	X	Y	Z
Custos Fixos	78 000,00	92 600,00	63 415,60	23 000,00	68 500,00
Custos Variáveis	18 000,00	29 000,00	40 400,00	7 600,00	9 800,00

Matriz de Prestação de Serviços (Unidades de Obra):

	A	B	X	Y	Z	TOTAL
Centro X	400	300	200	-	100	1 000
Centro Y	240	600	300	-	360	1 500
Centro Z	100	80	20	-	-	200

PEDIDOS:

1. Calcular o custo para a UO do centro X.
2. Determinar o novo custo dos centros auxiliares, sabendo que:
   – A unidade industrial continuará a necessitar de 1 000 UO do Centro X;
   – A Empresa Associada irá utilizar a capacidade ainda disponível;
   – Os custos variáveis são proporcionais;
   – Os serviços a prestar à Associada não deverão alterar a estrutura de prestação de serviços dos outros centros auxiliares.
3. Calcular o valor a facturar por UO do Centro X, à Empresa Associada que permita a cobertura de 50% dos custos fixos.

EXERCÍCIO Nº 6 (Resolvido)

A unidade industrial LUPI, SA tem o seu sector fabril dividido em cinco centros de custos, sendo dois principais (CA e CB) e três auxiliares (CX, CY e CZ)

Gastos atribuídos, ao sector fabril, num determinado mês do ano "N" (valores em €):

	Centro A	Centro B	Centro X	Centro Y	Centro Z	Comuns
Matérias	163 800,00	121 600,00	3 600,00	2 880,00	5 040,00	1 200,00
Gastos c/ pessoal	52 800,00	60 480,00	25 440,00	14 880,00	30 240,00	22 800,00
Energia eléctrica	5 280,00	1 680,00	1 440,00	5 040,00	3 840,00	960,00
Gastos fabrico diversos	11 040,00	19 440,00	10 320,00	3 120,00	5 520,00	14 880,00

Os gastos gerais de fabrico são imputados de acordo com uma previsão anual de € 576 000,00. A cada mês é atribuído 1/12, que se reparte pelos centros, proporcionalmente à área ocupada por cada um. São as seguintes as áreas ocupadas pelos centros (em % do total):

CA - 30%; **CB** - 40%; **CX** - 10%; **CY** - 8%; **CZ** - 12%.

Serviços prestados, pelos centros auxiliares, no período em causa:

	Centro A	Centro B	Centro X	Centro Y	Centro Z	Diversos
Centro X (UO)	7 500	8 750	-	1 000	-	750
Centro Y (%)	26%	49%	15%	-	-	10%
Centro Z (UO)	510	420	20	80	-	170

PEDIDOS:

1. Proceder à repartição primária e secundária dos gastos do período.
2. Registar, em dispositivo "T", os movimentos das contas de GGF, GGF imputados e Diferenças de imputação.
3. Registar, em dispositivo "T", o movimento da conta Fabricação centro auxiliar Y.

EXERCÍCIO Nº 7

Numa unidade industrial a produção decorre sucessivamente nos centros principais A e B, recebendo estes a prestação de serviços dos centros auxiliares CX, CY e CZ.

Para a repartição dos gastos gerais de fabrico sabe-se que:

	Áreas ocupadas (m2)	Consumo energia (kwh)	Equipamento (€)
CX	200	6 000	60 000,00
CY	300	12 000	60 000,00
CZ	100	6 000	100 000,00
CA	1 000	60 000	1 260 000,00
CB	2 000	150 000	1 616 000,00

Os gastos de determinado mês são os seguintes (valores em €):

Trabalho indirecto de produção:

CX	CY	CZ	CA	CB
4 875,00	6 375,00	3 087,50	25 000,00	40 000,00

Renda da fábrica	Energia consumida	Limpeza fábrica	Reparações CY	Amortizações
18 000,00	17 550,00	4 500,00	2 650,00	Taxa anual de 12%

Repartição dos serviços prestados pelos centros auxiliares:

	CA	CB	CX	CY	CZ	G. Adm.
CX (%)	50	30	-	10	5	5
CY (%)	40	40	10	-	5	5
CZ (%)	33,3(3)	66,6(6)	-	-	-	-

PEDIDOS:

1. Proceder à repartição primária e secundária dos gastos do mês.
2. Registar em "T", os movimentos do período nas contas Fabricação CY e Fabricação CA.

EXERCÍCIO Nº 8

A unidade industrial ALFA, SA apresenta o seu sector fabril dividido em cinco centros de custos, dois principais (A e B) e três auxiliares (X, Y e Z).

A repartição primária dos gastos foi a seguinte (valores em €):

Centro A	Centro B	Centro X	Centro Y	Centro Z
45 000,00	36 000,00	3 000,00	13 500,00	22 500,00

Através dos relatórios de trabalho dos centros auxiliares, sabe-se que:

– O trabalho do Centro X foi repartido como segue (%):

Centro A	Centro B	Centro X	Centro Y	Centro Z
18	13,5	10	27	31,5

– A repartição dos gastos do Centro Y é a seguinte (%):

Centro A	Centro B	Centro X	Centro Y	Centro Z
40	30	20	-	10

– O trabalho do Centro Z distribui-se do seguinte modo (%):

Centro A	Centro B	Centro X	Centro Y	Centro Z
35	25	25	15	-

PEDIDO: Proceder à repartição secundária dos gastos do período.

EXERCÍCIO Nº 9

A unidade industrial ALFA, SA tem o seu sector fabril organizado em cinco segmentos, designados centros produtivos, dois dos quais principais (A e B) e três auxiliares (X, Y e Z).

Informação relativa a um determinado mês do ano "N"

Repartição primária (valores em €):

DESCRIÇÃO	A	B	X	Y	Z	TOTAL
Custos fixos	39 000,00	46 300,00	30 450,00	11 500,00	34 250,00	161 500,00
Custos variáveis	9 032,00	14 500,00	21 640,00	3 800,00	3 078,00	52 050,00
Custos totais	48 032,00	60 800,00	52 090,00	15 300,00	37 328,00	213 550,00

Matriz das prestações de serviços (em unidades de obra – UO)

DESCRIÇÃO	A	B	X	Y	Z	TOTAL
Centro X	1 000	750	500	-	250	2 500
Centro Y	600	1 500	750	-	900	3 750
Centro Z	250	200	50	-	-	500

PEDIDOS:
1. Determinar o custo das unidades de obra dos centros X, Y e Z, utilizando os elementos apresentados.
2. Calcular os custos dos centros de produção principais A e B.

EXERCÍCIO Nº 10

A unidade industrial VOLTA, Lda. apresenta um sector industrial integrado por cinco centros de custos, sendo dois principais (A e B) e três auxiliares (X, Y e Z).

As actividades dos centros auxiliares são as seguintes:

Centro X – Direcção da produção, planeamento e controlo.

Centro Y – Conservação e reparação.

Centro Z – Transformação de energia eléctrica.

CONTABILIDADE ANALÍTICA E DE GESTÃO

Os GGF relativos a certo período de tempo são os seguintes (valores em €):

Gastos c/ o pessoal	42 500,00
Combustível para o Centro Z	22 500,00
Matérias subsidiárias e materiais diversos	15 440,00
Lubrificantes	3 000,00
Depreciação dos equipamentos	35 000,00
Depreciação do edifício	10 000,00
Reparações e conservação do edifício	5 000,00
Seguro dos equipamentos	3 500,00
Seguro do edifício	1 000,00
Depreciação do equipamento de escritório (Centro X)	500,00

Outros elementos:

Centros	Área ocupada	Valor do equipamento (€)
A	40%	150 000,00
B	30%	60 000,00
X	5%	-
Y	15%	35 000,00
Z	10%	105 000,00

Repartição primária (valores em €)

	Centro A	Centro B	Centro X	Centro Y	Centro Z
Gastos c/ pessoal	8 950,00	5 150,00	14 750,00	8 650,00	5 000,00
Matérias Subsidiárias	3 000,00	500,00	250,00	10 940,00	750,00
Lubrificantes	1 500,00	500,00	-	750,00	250,00

Critérios para repartir a produção e os serviços prestados pelos centros auxiliares:

	Centro A	Centro B	Centro X	Centro Y	Centro Z	(a)
Centro X	60%	40%	-	-	-	-
Centro Y (horas)	2 880	960	48	-	720	192
Centro Z	50%	20%	5%	20%	-	5%

(a) – Gastos administrativos e de distribuição (custos não industriais)

PEDIDOS:

1. Proceder à repartição secundária dos GGF.
2. Determinar as diferenças de imputação nos centros principais e proceder às necessárias correcções, admitindo que a contabilização dos GGF se efectua a custos efectivos e pressupondo a seguinte informação:

   2.1. A unidade industrial fabrica 2 produtos, P_1 e P_2 e os GGF foram imputados ao custo dos produtos a quotas predeterminadas de:

92

– € 25,00/UF de produto para o Centro A, e
– € 12,50/UF de produto para o Centro B.

2.2. A produção terminada no período foi, em ambos os centros, de:
P_1 – 1 800 UF; P_2 – 1 400 UF.

2.3. Os stocks (inventários) iniciais de produtos fabricados eram nulos.

2.4. Os stocks (inventários) finais de produtos fabricados são:
P_1 – 450 UF; P_2 – 280 UF.

EXERCÍCIO Nº 11 (Resolvido)

Numa unidade industrial a fabricação decorre sucessivamente nos centros principais A e B, existindo ainda os centros auxiliares X e Y.

Para a repartição dos GGF tem-se a seguinte informação:

Centros	Área ocupada (m²)	Valor do equipamento (€)	Consumo de energia (Kwh)
A	100	100 000,00	40 000
B	200	292 000,00	50 000
X	60	5 000,00	1 000
Y	40	3 000,00	2 000

Gastos respeitantes a um determinado período (valores em €):

Trabalho indirecto de produção (TIP)	150 000,00
Energia consumida	18 600,00
Renda da fábrica	8 000,00
Gastos com a limpeza da fábrica	2 000,00
Gastos com a vigilância da fábrica	4 000,00
Matérias indirectas	25 000,00
Reparações do equipamento do Centro X	3 039,00

Outra informação:

– O cálculo das depreciações é efectuado segundo quotas constantes à taxa anual de 12%.

– Repartição de alguns gastos por todos os centros de custos (valores em €):

	Centro A	Centro B	Centro X	Centro Y
Trabalho indirecto de produção	53 450,00	90 000,00	1 550,00	5 000,00
Matérias indirectas	11 500,00	8 925,00	1 575,00	3 000,00

Critérios de repartição do valor produção e dos serviços prestados pelos centros auxiliares:

	Centro A	Centro B	Centro X	Centro Y	Secção administrativa
Produção do CX (UO)	1 000	2 000	-	4 000	600
Produção do CY (%)	54	27	9	10	-

PEDIDOS:

1. Proceder à repartição primária e secundária dos gastos do período.
2. Apresentar, em dispositivo "T", os registos dos movimentos do mês em todos os centros produtivos.

EXERCÍCIO Nº 12 (Resolvido)

A unidade industrial SATE, SA tem o seu sector fabril dividido em dois centros principais A e B e três centros auxiliares X, Y e Z.

Informação relativa a um determinado período:

Repartição primária (valores em €):

Centro A	Centro B	Centro X	Centro Y	Centro Z	Gastos Comuns
94 875,00	77 625,00	8 800,00	12 240,00	15 160,00	24 560,00

Destino da produção dos centros auxiliares:

	Centro A	Centro B	Centro X	Centro Y	Centro Z	Gastos Comuns
Centro X (UO)	320	240	80	160	40	40
Centro Y (%)	55	35	-	-	10	-

No centro Z são associados os gastos referentes ao serviço de limpeza e vigilância da fábrica e repartem-se com base na área ocupada pelos centros principais que é de: 700 m^2 para o CA e 300 m^2 para o CB.

Os gastos comuns são atribuídos aos centros principais em função dos valores da repartição primária.

PEDIDO: Efectuar a repartição secundária e proceder ao registo, em dispositivo "T", do movimento do centro X.

RESOLUÇÃO de alguns dos exercícios propostos para este capítulo[18]

Resolução do exercício nº 6

Resposta ao pedido 1)

Repartição primária e secundária dos gastos gerais de fabrico (valores em €):

Descrição	Total	Centros principais		Centros auxiliares			GGFE
		CA	CB	CX	CY	CZ	
Repartição Primária:							
Matérias	298 120,00	163 800,00	121 600,00	3 600,00	2 880,00	5 040,00	1 200,00
TDP	206 640,00	52 800,00	60 480,00	25 440,00	14 880,00	30 240,00	22 800,00
Energia eléctrica	18 240,00	5 280,00	1 680,00	1 440,00	5 040,00	3 840,00	960,00
Gastos fabrico diversos	64 320,00	11 040,00	19 440,00	10 320,00	3 120,00	5 520,00	14 880,00
GGFI	48 000,00	14 400,00	19 200,00	4 800,00	3 840,00	5 760,00	-
Subtotal	635 320,00	247 320,00	222 400,00	45 600,00	29 760,00	50 400,00	39 840,00
Repartição Secundária:							
CX	-	21 600,00	25 200,00	(51 840,00)	2 880,00	-	2 160,00
CY	-	9 360,00	17 640,00	5 400,00	(36 000,00)	-	3 600,00
CZ	-	21 420,00	17 640,00	840,00	3 360,00	(50 400,00)	7 140,00
	635 320,00	299 700,00	282 880,00	0,00	0,00	0,00	52 740,00

Neste exercício <u>não existe autoconsumo</u> dos centros auxiliares.

O problema das <u>prestações recíprocas</u> será resolvido pelo método matemático:

Definição das variáveis:

X – custo total da produção do centro auxiliar X (dado por 18 000 UO × UC);
Y – custo total da produção do centro auxiliar Y;
Z – custo total da produção do centro auxiliar Z (dado por 1 200 UO × UC).

A produção dos centros X e Z está medida em unidades de obra (UO), para encontrar o custo da produção destes centros é necessário encontrar a unidade de custeio (UC).

Para ser possível efectuar a repartição secundária deve adoptar-se o seguinte procedimento: resolver o problema das prestações recíprocas e determinar o custo de cada centro auxiliar recorrendo, para tal, a um sistema de três equações a três incógnitas expresso da seguinte forma:

$$\begin{cases} 18\,000\,x = 45\,600,00 + 0,15\,Y + 20\,z \\ Y = 29\,760,00 + 1\,000\,x + 80\,z \\ 1\,200\,z = 50\,400,00 \end{cases}$$

---

[18] A resolução de alguns dos exercícios propostos tem subjacente apenas o grau de dificuldade dos mesmos.

CONTABILIDADE ANALÍTICA E DE GESTÃO

A resolução do sistema permitiu encontrar os seguintes valores:

Unidade de custeio do CX – € 2,88;

Unidade de custeio do CZ – € 42,00;

Custo dos serviços prestados pelo centro auxiliar X – € 51 840,00;

Custo das prestações do centro auxiliar Y – € 36 000,00.

Resolução (parcial) do exercício nº 11

Resposta ao pedido 1)

Repartição primária e secundária dos gastos gerais de fabrico (valores em €):

Descrição	Total	Centros principais		Centro auxiliares		Secção administrativa
		A	B	X	Y	
Repartição primária						-
Depreciações	48 000,00	12 000,00	35 040,00	600,00	360,00	-
TIP	150 000,00	53 450,00	90 000,00	1 550,00	5 000,00	-
Matérias indirectas	25 000,00	11 500,00	8 925,00	1 575,00	3 000,00	-
Energia	18 600,00	8 000,00	10 000,00	200,00	400,00	-
Reparações CX	3 039,00	-	-	3 039,00	-	-
(a)	14 000,00	3 500,00	7 000,00	2 100,00	1 400,00	-
Subtotal	258 639,00	88 450,00	150 965,00	9 064,00	10 160,00	-
Repartição secundária						
CX	-	1 400,00	2 800,00	(10 640,00)	5 600,00	840,00
CY	-	9 456,00	4 728,00	1 576,00	(15 760,00)	-
	258 639,00	99 306,00	158 493,00	0,00	0,00	840,00

(a) – Renda de fábrica – 8 000,00; Limpeza da fábrica – 2 000,00; Vigilância da fábrica – 4 000,00; Total – 14 000,00

Repartição do <u>autoconsumo</u> do centro auxiliar Y (10%):

O CY também trabalhou (prestou serviços) para si próprio o que representa 10% do total de trabalho realizado. Antes de efectuar a repartição secundária o autoconsumo de Y deve ser redistribuído por todos os outros centros, proporcionalmente às percentagens que couberam a cada um dos centros na primeira fase.

Factor de proporcionalidade $\rightarrow \dfrac{100}{90} = 1,1(1)$ para a redistribuição do autoconsumo.

Distribuição e redistribuição das prestações do centro Y:

	CA	CB	CX	CY
Distribuição	54%	27%	9%	10%
Redistribuição	60%	30%	10%	0

A DIFICULDADE DO CÁLCULO DO CUSTO DE PRODUÇÃO COMPLETO

O problema das <u>prestações recíprocas</u> será resolvido pelo método matemático:

Definição das variáveis:

X – custo total das prestações do centro auxiliar X (CX) (7 600 UO × UC);

Y – custo total das prestações do centro auxiliar Y (CY).

A produção do centro X está medida em unidades de obra (UO). Para encontrar o custo da produção deste centro é necessário encontrar a unidade de custeio (UC).

Para ser possível efectuar a repartição secundária deve adoptar-se o seguinte procedimento: resolver o problema das prestações recíprocas e determinar o custo de cada centro auxiliar, recorrendo para o efeito a um sistema de duas equações a duas incógnitas expresso da forma seguinte:

$$\begin{cases} 7\,600\,x = 9\,064,00 + 0,1\,Y \\ Y = 10\,160,00 + 4\,000\,x \end{cases}$$

A resolução do sistema permitiu encontrar os seguintes valores:

Unidade de custeio do centro X – € 1,40;

Custo dos serviços prestados pelo centro auxiliar X – € 10 640,00;

Custo das prestações do centro auxiliar Y – € 15 760,00.

Resolução do exercício nº 12

Resposta ao pedido 1)

Repartição secundária dos gastos de fabrico (valores em €):

Descrição	Total	Centros principais		Centros auxiliares			Gastos comuns
		CA	CB	CX	CY	CZ	
Repartição primária	233 260,00	94 875,00	77 625,00	8 800,00	12 240,00	15 160,00	24 560,00
Repartição secundária							
CX	-	3 520,00	2 640,00	(8 800,00)	1 760,00	440,00	440,00
CY	-	7 700,00	4 900,00	-	(14 000,00)	1 400,00	-
CZ	-	11 900,00	5 100,00	-	-	(17 000,00)	-
Repartição G. comuns	-	13 750,00	11 250,00	-	-	-	(25 000,00)
	233 260,00	131 745,00	101 515,00	0,00	0,00	0,00	0,00

Repartição <u>do autoconsumo</u> do centro auxiliar X:

O CX também prestou serviços a si próprio o que representa 80 unidades de obra. Antes da repartição secundária o autoconsumo de X deve ser redistribuído por todos os outros centros. O procedimento usado consiste em repartir as 80 unidades de obra proporcionalmente às unidades que, couberam a cada um dos centros, na primeira fase.

Factor de proporcionalidade $\rightarrow \dfrac{880}{800} = 1,1$ para a redistribuição do autoconsumo.

Distribuição e redistribuição das prestações do centro X:

	CA	CB	CX	CY	CZ	GGF
Distribuição	320	240	80	160	40	40
Redistribuição	352	264	0	176	44	44

O problema das <u>prestações recíprocas</u> será resolvido pelo método matemático:

Definição das variáveis:

X – custo total das prestações do centro auxiliar X (CX) (880 UO × UC);
Y – custo total das prestações do centro auxiliar Y (CY);
Z – custo total das prestações do centro auxiliar Z (CZ).

O trabalho do centro Z foi atribuído totalmente aos centros principais.

A produção do centro X está medida em unidades de obra (UO). Para encontrar o custo da produção deste centro é necessário encontrar a unidade de custeio (UC).

Para ser possível efectuar a repartição secundária deve adoptar-se o seguinte procedimento: resolver o problema das prestações recíprocas e determinar o custo de cada centro auxiliar, recorrendo para o efeito a um sistema de três equações a três incógnitas expresso da forma seguinte:

$$\begin{cases} 880\,x = 8\,800,00 \\ Y = 12\,240,00 + 176x \\ Z = 15\,160,00 + 44x + 0,1\,Y \end{cases}$$

A resolução do sistema permitiu encontrar os seguintes valores:

Unidade de custeio do CX – € 10,00;

Custo das prestações do centro auxiliar Y – € 14 000,00;

Custo das prestações do centro auxiliar Z – € 17 000,00.

Resposta ao pedido 2)

Fabricação centro auxiliar X (€)			
Diversos	8 800,00	Fabricação centro A	3 520,00
		Fabricação centro B	2 640,00
		Fabricação centro Y	1 760,00
		Fabricação centro Z	440,00
		GGF	440,00
	8 800,00		8 800,00

Capítulo VI
As técnicas de custeio e o impacto nos resultados

Na configuração da função produção entram factores de carácter substitutivo, cujo comportamento é variável, e factores ligados à aquisição dum potencial de produção, à constituição de uma estrutura na qual a actividade da empresa ocorre, por isso, ditos fixos. No caso destes últimos o gasto existe independentemente da utilização do potencial criado. Por outras palavras, pode dizer-se que existem factores cujo consumo se ajusta imediata e facilmente à produção – os factores variáveis – e outros cujo ajustamento ou não é possível ou apenas ocorre a longo prazo. Assim, o custo de produção pode ser separado nas suas componentes variáveis e nas suas componentes fixas.

O custo variável do produto inclui as matérias-primas directas, o trabalho directo de produção e a componente variável dos gastos gerais de fabrico (GGFV), enquanto o custo fixo do produto inclui a componente fixa dos gastos gerais de fabrico (GGFF)[1].

Neste sentido podem ser escolhidas em alternativa três técnicas de custeio: (i) a técnica de custeio por absorção, (ii) a técnica de custeio variável e (iii) a técnica de custeio racional. Na realidade trata-se apenas de duas técnicas, uma vez que a última é uma variante da técnica de custeio por absorção.

Ao longo do capítulo são clarificados os princípios subjacentes a cada técnica tendo presente que o principal objectivo é identificar as diferenças mais significativas entre o uso das diferentes técnicas – o custeio variável, o custeio racional e o custeio por absorção – para que se evidenciem as consequências de cada alternativa utilizada, nomeadamente a análise do impacto da opção tomada

---

[1] GRAY, J. and RICKETTS, D., Cost and Managerial Accounting, McGraw-Hill International Edition, 1982, p.308.

ao nível da valorização dos stocks (inventários) e dos resultados. Para o efeito é fundamental elaborar as demonstrações dos resultados, utilizando cada uma das técnicas, para que seja possível verificar, analisar e explicar as razões das diferenças que se determinam e que são devidas à opção tomada face aos objectivos desejados.[2] Finalmente serão confrontados os argumentos a favor e contra a utilização duma técnica em detrimento de outra.

6.1. O cálculo do custo de produção e a técnica adoptada

Ainda que se trate de problemas diferentes, de algum modo a opção pela técnica de custeio, que foca a problemática do tratamento dos custos fixos, está associada à repartição dos gastos comuns, que foca a problemática dos gastos indirectos. Esta associação é, em parte, resultado da confusão entre custos fixos e custos de indirectos (de atribuição indirecta ao objecto de custo) que consta da NCRF18[3].

Qualquer que seja a técnica de custeio escolhida (custeio por absorção/ /completo ou custeio variável), para identificar o custo dos produtos, serviços ou actividades, deve encontrar-se um método para atribuir os custos indirectos (somente custos indirectos variáveis se é utilizado o custeio variável, ou custos indirectos variáveis e fixos se é usado o custeio completo).

O cômputo do custo de produção (custo industrial) engloba o conjunto dos gastos de produção variáveis e fixos, quer directos, quer indirectos.

Na técnica de custeio por absorção os custos de produção são considerados, na sua totalidade, como custos do produto pelo que, estes custos, entram na mensuração dos stocks (inventários). Quando uma empresa opta pela aplicação da técnica de custeio por absorção e se encontra numa situação de monoprodução é fácil atribuir os gastos aos produtos ou serviços já que todos os custos são directos.

Pelo contrário, logo que a empresa se encontre numa situação de produção múltipla, que é o caso mais frequente, e optando pela técnica do custeio por absorção, é necessário encontrar bases de repartição para atribuir os gastos indirectos aos produtos que, em geral, reflectem os consumos de recursos disponibilizados simultaneamente para vários produtos, por isso, designam-se custos comuns.

---

[2] DRURY, C., Management and Costa Accounting, 6th Edition, Thomson, 2004, Reprinted 2005, p.237 a 239.

[3] NCRF 18, "Custos de conversão, (parágrafo 12 a 14)", §12, Aviso nº 15655/2009, DR nº 173, 2ª Série de 7 de Setembro, p. 36 320.

AS TÉCNICAS DE CUSTEIO E O IMPACTO NOS RESULTADOS

Na técnica de custeio variável apenas os custos de produção variáveis são analisados como custo do produto, assim, a parcela dos gastos gerais de fabrico fixos é considerada um gasto do período a registar em resultados, conforme se encontra apresentado no quadro a seguir:

Quadro 6.1. Procedimento quanto aos GGFF, em cada uma das técnicas de custeio:

Custeio por absorção		Custeio variável	
Custos do produto	**Gastos do período[4]**	**Custos do produto**	**Gastos do período**
Matérias directas	Gastos de distribuição	Matérias directas	GGFF
Trabalho directo	Gastos administrativos	Trabalho directo	Gastos de distribuição
GGFV		GGFV	Gastos administrativos
GGFF			

Em alternativa existe a técnica de custeio racional, de acordo com a qual é considerada como custo do produto a parte correspondente à capacidade produtiva utilizada para transformar as matérias-primas em produtos. A parte da capacidade produtiva instalada, e não utilizada, ou seja, os GGFF não aplicados no processo produtivo[5], é considerada como um custo de inactividade (ineficiência) e consequentemente tratada como um gasto do período a registar como componente negativa do resultado.

Tanto na técnica de custeio por absorção, como na técnica de custeio variável, existe perfeita consonância quanto ao procedimento contabilístico dado aos gastos não industriais. Em ambas as técnicas estes são considerados como componentes negativas do resultado do período em causa. Portanto, a principal diferença entre as duas técnicas está no destino que é dado aos GFFF.

6.2. O debate custeio variável[6] *vs.* custeio por absorção[7]

Comummente, na literatura anglo-saxónica, o custeio variável aparece designado como custeio directo ou custeio marginal. Porém, segundo DRURY (2005), a designação mais correcta é "custeio variável", porque nem a noção de custos directos nem a de custos marginais têm o significado de custos variáveis.

O autor argumenta que a designação de custeio marginal não é apropriada, uma vez que economistas e contabilistas têm, para o mesmo termo, diferentes

---

[4] Gastos do período, no sentido de que serão registados na conta de resultados do período em que são suportados.

[5] A este propósito ver: NCRF 18, "Custo dos inventários (parágrafos 10 a 22), custos de conversão, (parágrafo 12 a 14)", §12, Aviso nº 15655/2009, DR nº 173, 2ª Série de 7 de Setembro, p. 36 320.

[6] Designação adoptada para efeito deste livro.

[7] Esta técnica de custeio também é conhecida por custeio total ou completo à semelhança da nomenclatura anglo-saxónica "absorption or full costing system".

interpretações. Na literatura é comum verificar que os economistas interpretam o custo marginal como: "o custo de produzir uma unidade adicional". Ora, nesta acepção, nada permite concluir que o custeio variável possa ter, como alternativa, a designação de custeio marginal.

Na técnica de custeio por absorção ou na de custeio racional também o custo marginal é "o custo de produzir uma unidade adicional". Todavia, nestas duas técnicas de custeio está incluída uma parcela de custos fixos, embora diferente, no custo de produção. Por outro lado, para fabricar uma unidade adicional pode ser necessário um aumento da capacidade produtiva (compra adicional de uma máquina). Logo, não é de aceitar a designação de custeio marginal como alternativa para a designação de custeio variável.

Na técnica de custeio variável apenas os custos de fabricação ou industriais variáveis fazem parte do custo do produto e, portanto, da valorização dos stocks (inventários). Os custos industriais fixos ou GGFF, não fazendo parte do custo do produto, são gastos a incluir nos resultados do período em que são suportados.

Figura 6.1. – A técnica de custeio variável

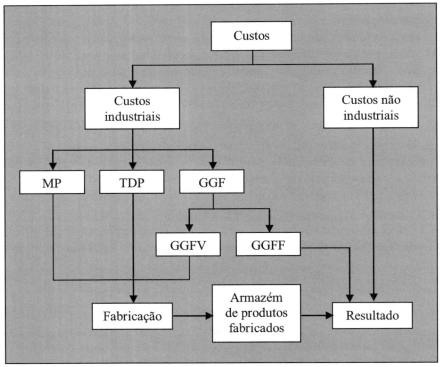

Adaptado de: DRURY, C., *Management and Cost Accounting*, 6th Edition, Thomson, 2004, Reprinted 2005, p.231.

Quando se adopta a técnica de custeio por absorção todos os custos com a fabricação (custo industrial), variáveis ou fixos, fazem parte do custo de produção. Conforme foi já referido, os custos não industriais são considerados gastos a transferir directamente para resultados. Assim, pela técnica de custeio por absorção os stocks (inventários), quer de produtos fabricados, quer de produtos em curso de fabrico, são avaliados ao custo total de produção.

Figura 6.2. – A técnica de custeio por absorção

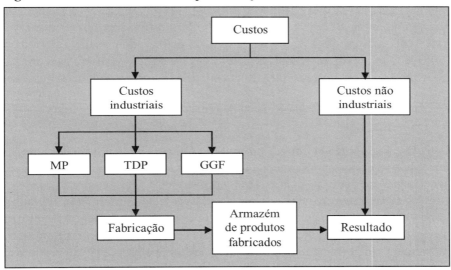

Adaptado de: DRURY, C., *Management and Cost Accounting*, 6th Edition, Thomson, 2004, Reprinted 2005, p.231.

DRURY (2005)[8] afirma que «a técnica de custeio por absorção é usada, na maioria dos países, como prática corrente para a preparação dos relatórios externos». Ainda segundo o autor «esta prática tem subjacentes preocupações de comparabilidade entre diferentes exercícios e diferentes empresas, ponderando as necessidades dos utilizadores externos da informação». Os relatórios externos são designados em Portugal por Relato Financeiro.

Contudo, existem argumentos mais fortes para a adopção da técnica de custeio por absorção como, por exemplo, a facilidade do tratamento da informação uma vez que a classificação dos custos em fixos e variáveis, necessária noutras técnicas de custeio, é trabalhosa e implica custos.

Apesar da técnica de custeio por absorção ser utilizada nos relatórios externos o debate custeio por absorção vs. custeio variável tem razão de ser quando

---

[8] DRURY, C., *Management and Cost Accounting*, 6th Edition, Thomson, 2004, Reprinted 2005, p.230.

o objectivo são os relatórios internos. Normalmente, para efeito de gestão, os dirigentes necessitam de informação com periodicidade inferior à dos relatórios externos. Esta informação é utilizada na avaliação de cada um dos segmentos de negócio, na avaliação do desempenho de cada centro de actividade e também dos seus responsáveis.

O conceito de Activo também é importante para o debate, por isso é conveniente abordá-lo. Um Activo[9] pode ser definido como um agregado de serviços potenciais disponíveis ou rendíveis para as operações futuras esperadas. Por isso, pode argumentar-se que a produção de bens para armazenar num certo período permite à empresa realizar rendimentos no futuro sem suportar os custos variáveis daquela produção que não foi vendida no período passado. Este facto é utilizado, como argumento pelos defensores do custeio variável, para afirmarem que a adopção desta técnica de custeio pelas empresas produzirá melhores resultados.

Os argumentos mais fortes a favor da utilização da técnica do custeio variável podem resumir-se:

– O custeio variável fornece informação útil para a tomada de decisões, na medida em que apresenta a vantagem de proporcionar uma análise mais cuidada da classificação dos custos em variáveis e fixos.

– A separação entre custos fixos e variáveis faculta informação relevante, tendo em conta que o conceito de custos relevantes é fundamental para várias decisões a curto prazo, por exemplo, a decisão entre produzir interna ou externamente um determinado bem e/ou decisões sobre a proporção de produtos a fabricar (*product-mix*) no caso dum regime de produção múltipla.

– O custeio variável retira do lucro o efeito das alterações nas existências. Nesta técnica o lucro é apenas função do volume de vendas, enquanto no custeio por absorção, o lucro é função das vendas e da produção. Logo, no custeio por absorção o lucro pode diminuir quando o volume de vendas aumenta. Por outro lado, se o nível de existências sofrer alterações significativas os resultados podem ser distorcidos desde que essas alterações afectem também, num dado período contabilístico, o montante imputado dos GGFF. Como o lucro pode ser distorcido, então, há fortes argumentos para que as empresas adoptem a técnica do custeio variável, principalmente quando o resultado é medido em intervalos frequentes.

---

[9] A estrutura conceptual do Sistema de Normalização Contabilística (SNC) apresenta para Activo o seguinte conceito: «Activo é um recurso controlado pela entidade como resultado de acontecimentos passados e do qual se espera que fluam para a entidade benefícios económico futuros». Estrutura conceptual, "Posição financeira, (parágrafos 49 a 51)" § 49 (a), Aviso nº 15652/2009, DR nº 173, 2ª Série, de 7 de Setembro, p. 36 230.

– O custeio variável evita que os GGFF sejam capitalizados nos produtos não vendidos.

Os argumentos mais fortes em defesa da adopção da técnica do custeio por absorção são os seguintes:

– O custeio por absorção não diminui a importância dos GGFF[10] porque estes custos são sempre considerados no cálculo. Por exemplo, o desgaste do equipamento, representado pelos custos fixos de produção, entra na formação desse custo do mesmo modo que os custos variáveis, logo deve fazer parte do custo de produção.

– O custeio por absorção não permite que existam perdas fictícias porque, quando a produção não é vendida, os GGFF são adicionados para a valorização das existências, e apenas se consideram como gastos na conta de resultados quando os produtos são vendidos.

– As decisões baseadas no custeio variável apenas se concentram nos proveitos das vendas e nos custos variáveis e ignoram o facto de, a longo prazo, os proveitos das vendas serem insuficientes para cobrir todos os custos. Por isso, os GGFF devem entrar na formação do custo de produção.

– Os GGFF são essenciais à produção e, como tal, devem entrar na formação do custo das unidades produzidas e, portanto, na valorização das existências se parte da produção não for vendida.

Para justificar a importância da utilização do custeio por absorção recorre-se ao exemplo das vendas ou actividades sazonais com o argumento de que, os GGFF presentes na valorização das existências vão permitir diferir os custos para que, no período de maiores vendas, sejam então registados em resultados. Assim, nas fases em que a empresa está a produzir sem vender (devido à sazonalidade das vendas) os valores relativos aos GGFF sendo custos do produto não serão registados como gastos nos resultados.

DRURY (2005) utiliza quatro estudos empíricos[11], relativos a outros tantos países, para afirmar que a técnica do custeio por absorção parece apresentar uma forma mais lógica de calcular o resultado tendo em conta a necessidade da sua adopção na preparação dos relatórios externos.

---

[10] Segundo DRURY (2005), «o argumento de que o sistema de custeio variável faz com que os gestores ignorem os GGFF baseia-se no pressuposto de que a gestão não é eficiente e de que os responsáveis não são capazes».

[11] DRURY, C., *Management and Cost Accounting*, 6th Edition, Thomson, 2004, Reprinted 2005, p.243.

CONTABILIDADE ANALÍTICA E DE GESTÃO

O resultado dos estudos está sintetizado no quadro a seguir:

CUSTEIO	Alemanha	Espanha	Finlândia	Reino Unido
Variável	12%	26%	Maioritário	13%

Na Finlândia o custeio variável é largamente utilizado porque não existe a obrigatoriedade de preparar os relatórios externos com base no custeio por absorção.

Na Alemanha (12%) e no Reino Unido (13%) o custeio variável é usado em pequena escala, enquanto em Espanha as empresas que utilizam esta técnica de custeio atingem uma percentagem de 26%.

Segundo GRAY e RICHETTS (1982) «o custeio variável não é considerado um procedimento contabilístico geralmente aceite para determinar o custo das vendas e a mensuração dos stocks (inventários) quando o objectivo da informação é preparar os relatórios externos. Esta técnica apenas pode ser utilizada internamente para efeito de gestão»[12].

6.3. A técnica de custeio racional e os custos de subactividade

A subactividade foi considerada, desde há muito, como uma questão importante para os estudiosos dos custos. No entanto, só nos finais do século XX e face às modificações do contexto empresarial, onde as relações económicas são mais competitivas e que obrigam as organizações a trabalhar com margens mais estreitas, com maior flexibilidade nos processos produtivos e com ciclos da vida dos produtos cada vez mais curtos, as empresas são forçadas a reflectir sobre as consequências dum inadequado tratamento dos custos de subactividade.

A identificação dos custos de subactividade permite aos gestores das empresas analisar mais adequadamente a rendibilidade dos seus produtos. Quando uma empresa, onde existe um grau significativo de subactividade, inclui no custo do produto valores relativos a todos os factores existentes, quer estes sejam utilizados no processo ou não, está a sobrevalorizar os custos dos seus produtos. Neste caso, os produtos suportam, além dos custos necessários à sua produção, também os custos dos factores não necessários.

O inadequado tratamento da subactividade com a consequente sobrevalorização de custos e diminuição da rendibilidade por produto, pode induzir os gestores a propor aumentos nos preços que causam contracção nas vendas com reflexo imediato na produção o que implica, por sua vez, um aumento da

---

[12] GRAY, J. and RICHETTS, D., *Cost and Managerial Acconting*, McGraw-Hill International Edition, 1982, p.308.

AS TÉCNICAS DE CUSTEIO E O IMPACTO NOS RESULTADOS

subactividade e dá início a um círculo vicioso, ou seja, a uma relação causa-efeito-
-causa com consequências nefastas para a empresa.

A imputação racional dos encargos fixos é um correctivo que os promotores do método das secções homogéneas trouxeram ao cálculo dos custos de produção completos. Ela visa tornar o custo das unidades de obra das secções e, por consequência, o custo de produção completo dos produtos, independente do nível de actividade e a fazer surgir distintamente a incidência das variações da actividade sobre o resultado da empresa (DE RONGÉ, 1998)[13].

O custo de produção unitário determinado, por exemplo, pelo método das secções homogéneas é, em alguns casos, muito sensível às variações do nível de actividade da empresa. A não estabilidade no tempo, de um período contabilístico para outro, do custo de produção unitário para um produto, quando as modificações no nível de actividade da empresa são significativas, pode tornar a utilização da informação, facultada por aquele custo, inconveniente para a tomada de decisão e para o controlo da organização.

A técnica de custeio racional é uma variante do custeio por absorção e caracteriza-se pelo facto dos custos industriais variáveis serem todos considerados para o cálculo do custo de produção, enquanto os custos industriais fixos apenas são atribuídos na proporção da utilização da capacidade produtiva na fabricação dos produtos. A não inclusão de parte dos GGFF ou de estrutura no custo da produção, que corresponde à capacidade produtiva ou nível de actividade não utilizada, dá origem a custos que se designam custos de subactividade ou custos de inactividade.

Portanto, na técnica de custeio racional os custos industriais fixos são imputados aos produtos de acordo com uma relação entre a produção real ou efectiva e a produção normal, isto é, a um nível maior ou menor de acordo com a actividade verificada na empresa, ou seja, os custos industriais fixos entram parcialmente na formação do custo de produção e relacionam-se com a capacidade produtiva efectivamente utilizada.

Como ponto prévio para o desenho de qualquer sistema de custos, útil para a gestão, COOPER e KAPLAN (1991)[14] pressupõem a atribuição correcta do custo dos recursos relacionados com a capacidade produtiva e, consequentemente, com a identificação dos custos da capacidade excedentária.

Antes de analisar as causas que originam os custos de subactividade convém destacar a importância do seu cálculo e a sua separação relativamente aos custos de actividade. Assim, tem interesse observar as classes de gastos por natureza

---

[13] DE RONGÉ, Y., *Comptabilité de gestion*, De Boeck & Larcier, SA, Bruxelles, 1998, p.163.

[14] COOPER, R. and KAPLAN, R.S., *The design of cost management systems. Texts, cases and readings*, Prentice Hall International Editions, 1991.

mais comuns numa empresa industrial, com o objectivo de determinar quais as categorias que são susceptíveis de gerar custos de subactividade[15]. Nestas condições pode referir-se a utilização dos equipamentos, os gastos com o pessoal e os serviços contratados externamente por períodos fixos.

O cálculo dos custos de subactividade ou «custos da capacidade excedentária»[16] implica que se distinga capacidade excessiva, cuja causa é conjuntural, de capacidade desnecessária que se relaciona com a estrutura. A capacidade excessiva corresponde à não utilização temporária das instalações e outros factores fixos como resultado, por exemplo, duma diminuição na procura, enquanto a capacidade se refere à aquisição de recursos dispensáveis, ou seja, uma capacidade superior à necessária no presente, mas admitindo necessidades futuras. Ambas dão origem a custos de capacidade excedentária ou a custos de subactividade.

Os custos de subactividade ou inactividade não fazem parte do custo de produção e, por isso, não entram na valorização dos stocks (inventários) dos produtos em curso de fabrico e dos produtos fabricados. Assim, a parcela dos custos fixos que corresponde à capacidade produtiva utilizada entra na formação do custo de produção, enquanto a parcela não utilizada, que representa os custos de subactividade, não entra na formação do custo de produção. O procedimento para com esta segunda parcela dos custos fixos é transferi-los directamente para resultados analíticos ou industriais, como componente negativa do período em causa.

Para calcular o custo de produção adoptando a técnica de custeio racional é necessário:

– Separar os custos em fixos e variáveis;
– Ter presente os vários conceitos de produção que se descrevem adiante;
– Definir coeficiente de actividade (C_a), coeficiente de inactividade ($C_i = 1 - C_a$) e coeficiente de sobreactividade ($C_s = C_a - 1$).

A escolha de um volume de actividade de referência, correspondente à actividade normal de produção da empresa, é complexa e resulta de uma decisão de gestão.

Teoricamente podem ser identificados diferentes níveis de actividade como: (i) a capacidade teórica de produção, (ii) a capacidade prática de produção, (iii) o nível de actividade ou a capacidade utilizada no período anterior, (iv) a capacidade correspondente a um nível julgado "normal" de actividade e (v) a capacidade referente ao volume de produção programado para o próximo período.

---

[15] Sempre que, parte dos factores disponíveis para actividades de produção não são aplicados no processo produtivo.

[16] COOPER, R. and KAPLAN, R.S., The design of cost management systems. Texts, cases and readings, Prentice Hall International Editions, 1991.

AS TÉCNICAS DE CUSTEIO E O IMPACTO NOS RESULTADOS

Na perspectiva de BAGANHA, 1997[17] apresentam-se as seguintes definições de produção (apenas as necessárias no presente capítulo[18]):

Produção programada ou planeada é a «produção estabelecida ex-ante para um determinado período» (confrontar com o conceito de produção efectiva que se diferencia desta no que respeita ao momento do cálculo).

Produção esperada que, «em condições de normalidade, se obterá de uma certa quantidade de factores incorporados no processo produtivo. Trata-se de uma quantificação ex-ante, de assinalável interesse do ponto de vista da gestão e, em certas situações, de grande relevância, no cálculo da produção efectiva e, consequentemente, no dos custos dos produtos».

Produção efectiva (P_e) «de forma sintética é a produção realizada num determinado período de referência».

Produção máxima (P_M) «dados a estrutura do respectivo processo produtivo e os meios técnicos organizacionais disponíveis a produção máxima absoluta (ou, simplesmente, a produção máxima) do produto P_i é definida como a quantidade que é possível produzir num dado período unitário mediante a eficiente utilização daqueles meios na exclusiva elaboração do mesmo produto».

Produção normal (P_n) «quantidade de produto(s) que de conformidade com o seu plano de médio/longo prazo e supondo condições de normalidade, a unidade industrial elaborará por período de referência da produção máxima».

Para assegurar uma utilização óptima da técnica de custeio racional é útil considerar dois níveis de capacidade: a capacidade normal e a capacidade programada ou planeada. A primeira vai ser utilizada conjuntamente com a capacidade realmente utilizada para estabelecer o coeficiente da actividade e calcular o custo de produção. A segunda será utilizada na análise do impacto das variações do nível de actividade.

Tendo em conta as definições de P_e[19] e de P_n, o coeficiente de actividade (C_a) representa-se pela relação entre a produção efectiva e a produção normal:

$$C_a = \frac{P_e}{P_n}$$

---

[17] BAGANHA, M. D., "Conceitos Contabilísticos de Produção", Revista de Contabilidade e Comércio, nº 214, Vol. LIV, 1997, p. 257 a 273.

[18] Estas, e as restantes definições serão inseridas e aprofundadas no Capítulo VIII – A medida da produção.

[19] A produção efectiva (P_e) é a produção real obtida num dado período. Será estudada, neste livro, no Capítulo VIII sob o título «Medida da produção».

CONTABILIDADE ANALÍTICA E DE GESTÃO

Para calcular o coeficiente de actividade (C_a) utiliza-se a produção efectiva (P_e) medida em termos de factores fixos. Os custos fixos decorrem da existência de estruturas instrumentais e organizacionais que conferem à empresa uma determinada capacidade produtiva.

O C_a pode ser inferior ou superior à unidade, então:
- Se o C_a for menor que a unidade verifica-se um custo de subactividade (ou inactividade) e representa-se por C_i, então será:

$$C_i = 1 - C_a$$

- Se o C_a for maior que a unidade verifica-se uma situação de sobre-actividade e representa-se por C_s, então será:

$$C_s = C_a - 1$$

Se, por exemplo, a actividade real representar 90% da actividade normal, apenas 90% dos custos industriais fixos entram na formação do custo de produção, sendo a diferença (10%) considerada como um custo de subactividade e, por isso, registada como um gasto na conta de resultados analíticos.

Isto significa que, da totalidade dos custos industriais fixos, a parte que representa a inactividade tem influência directa nos resultados dado que é registada como um gasto do período. Enquanto a parcela dos custos industriais fixos, que entra na formação do custo de produção, apenas influenciará os resultados, através do custo das vendas, quando a produção for vendida.

Quanto à parcela dos gastos gerais de fabrico a incluir no custo de conversão (transformação – CT), o SNC – Sistema de normalização contabilística, NCRF18, parágrafo nº 13, preconiza o seguinte:

«A imputação de gastos gerais de produção fixos aos custos de conversão é baseada na capacidade normal das instalações de produção.

A capacidade normal é a produção que se espera que seja atingida em média durante uma quantidade de períodos ou de temporadas em circunstâncias normais, tomando em conta a perda de capacidade resultante da manutenção planeada. O nível real de produção pode ser usado se se aproximar da capacidade normal. A quantia de gastos gerais de produção fixos imputada a cada unidade de produção não é aumentada como consequência de baixa produção ou de instalações ociosas. Os gastos gerais não imputados são reconhecidos como um gasto no período em que sejam incorridos. Em períodos de produção anormalmente alta, a quantia de gastos gerais de produção fixos imputados a cada unidade de produção é diminuída a fim de que os inventários não sejam mensurados acima do custo. Os gastos gerais de produção variáveis são imputados a cada unidade de produção na base do uso real das instalações de produção.»[20]

---

[20] SNC, NCRF 18, Norma contabilística e de relato financeiro 18, "Inventários (§ 9 a 33), custo dos inventários (§ 10 a 22), custos de conversão, (§ 12 a 14)", §13", Aviso nº 15655/2009, DR nº 173, 2ª Série de 7 de Setembro, p. 36 320.

AS TÉCNICAS DE CUSTEIO E O IMPACTO NOS RESULTADOS

6.4. O impacto no resultado da opção custeio variável ou custeio por absorção

Para se concluir sobre os impactos no resultado como consequência da utilização de qualquer das técnicas de custeio é necessário encontrar termos de comparação. Neste caso, o melhor termo de comparação é o confronto entre os resultados obtidos quando se utiliza cada uma dessas técnicas, mas tal obriga à elaboração das respectivas demonstrações dos resultados. Neste sentido, recorre-se a um exemplo (adaptado de DRURY, 2005[21]) com o objectivo de demonstrar o impacto nos resultados quando se utiliza a técnica de custeio por absorção ou a técnica de custeio variável.

Uma unidade industrial fabrica um único produto e apresenta a seguinte informação para um determinado ano:

- Preço de venda unitário: € 150,00.
- Custo variável unitário de produção: € 90,00.
- Custos fixos industriais para cada trimestre: € 450 000,00.
- A produção e vendas para os quatro trimestres constam do quadro:

	I trimestre	II trimestre	III trimestre	IV trimestre
Unidades vendidas	15 000	12 000	17 000	16 000
Unidades produzidas	15 000	15 000	15 000	15 000

Assume-se que os custos não industriais são € 150 000,00 por trimestre e que os stocks (inventários) no início do ano são nulos.

Apuramento dos resultados pela **técnica de custeio variável**: (Em €)

	I trimestre	II trimestre	III trimestre	IV trimestre
Stock inicial	-	-	270 000,00	90 000,00
Custos de produção	1 350 000,00	1 350 000,00	1 350 000,00	1 350 000,00
Stock final	-	(270 000,00)	(90 000,00)	-
Custo das vendas	1 350 000,00	1 080 000,00	1 530 000,00	1 440 000,00
Vendas	2 250 000,00	1 800 000,00	2 550 000,00	2 400 000,00
Resultado bruto	900 000,00	270 000,00	1 020 000,00	960 000,00
Custos fixos industriais	450 000,00	450 000,00	450 000,00	450 000,00
Custos fixos não industriais	150 000,00	150 000,00	150 000,00	150 000,00
Resultado operacional	300 000,00	120 000,00	420 000,00	360 000,00

---

[21] DRURY, C., *Management and Cost Accounting*, 6th Edition, Thomson, 2004, Reprinted 2005, p.232.

Apuramento dos resultados pela **técnica de custeio por absorção:**   (Em €)

	I trimestre	II trimestre	III trimestre	IV trimestre
Stock inicial	-	-	360 000,00	120 000,00
Custos de produção	1 800 000,00	1 800 000,00	1 800 000,00	1 800 000,00
Stock final	-	(360 000,00)	(120 000,00)	-
Custo das vendas	1 800 000,00	1 440 000,00	2 040 000,00	1 920 000,00
Vendas	2 250 000,00	1 800 000,00	2 550 000,00	2 400 000,00
Resultado bruto	450 000,00	360 000,00	510 000,00	480 000,00
Custos não industriais	(150 000,00)	(150 000,00)	(150 000,00)	(150 000,00)
Resultado operacional	300 000,00	210 000,00	360 000,00	330 000,00

Conclusão:

– Quando a produção (P) é igual às vendas (V) o resultado é igual, quer seja utilizada a técnica de custeio total ou a de custeio variável.

– Quando a produção é superior às vendas o resultado obtido quando se utiliza a técnica de custeio total (R_t) é superior ao resultado que se obtém quando se utiliza a técnica de custeio variável (R_v).

– Quando a produção é inferior às vendas, o resultado em custeio total (R_t) é inferior ao resultado em custeio variável (R_v).

Em síntese apresentam-se as estruturas analíticas:

P = V	P > V	P < V
$R_t = R_v$	$R_t > R_v$	$R_t < R_v$

A propósito das técnicas de custeio convém referir que em Portugal, com a adopção do Sistema de Normalização Contabilística (SNC), a partir de 1 de Janeiro de 2010 passou a ser aplicada a NCRF 18 que **consigna**, para a mensuração dos stocks (inventários), a utilização da técnica de custeio racional, ou seja, a imputação racional dos gastos fixos.

EXERCÍCIOS DE APLICAÇÃO (As técnicas de custeio e o impacto nos resultados)

CUSTEIO POR ABSORÇÃO vs. CUSTEIO VARIÁVEL

EXERCÍCIO Nº 1

Uma unidade industrial de produção uniforme apresenta, para o produto **P**, os seguintes custos unitários dos factores (valores em €):

Matérias-primas	TDP	GGF variáveis	GGF fixos
9,10	10,50	1,40	3,50

O custo unitário dos GGF fixos foi calculado com base na previsão do nível de actividade da empresa que é de 150 000 UF e no orçamento dos GGF fixos, no montante de € 525 000,00, para cada trimestre. O orçamento dos gastos de distribuição e administrativos (todos fixos) é de € 350 000,00 por trimestre. O preço de venda unitário de **P** é de € 35,00.

A produção e as vendas de cada trimestre, em unidades físicas, são as seguintes:

	TRIMESTRES			
	I	II	III	IV
Produção	150 000	160 000	140 000	150 000
Vendas	150 000	140 000	150 000	160 000

Os stocks (inventários) iniciais são nulos. Admite-se que os custos efectivos são iguais aos custos estimados.

O custo dos stocks (inventários) deve ser atribuído pelo uso da fórmula FIFO.

PEDIDO:

Calcular e comentar os resultados globais obtidos em cada trimestre utilizando as três técnicas de custeio estudadas.

EXERCÍCIO Nº 2 (Resolvido)

A unidade industrial ALFA, Lda. possui dois departamentos de produção e cada um fabrica um único produto, em regime de fabricação contínua. A informação sobre o custo unitário e o preço de venda dos dois produtos está apresentada a seguir (valores em €):

CONTABILIDADE ANALÍTICA E DE GESTÃO

	Departamento A	Departamento B
Matérias-primas	6,00	9,00
Trabalho directo de produção	3,00	6,00
GGF variáveis	3,00	6,00
GGF fixos	18,00	24,00
Custo de produção	30,00	45,00
Margem s/ custo produção	(50%) 15,00	(25%) 11,25
Preço de venda	45,00	56,25

O custo unitário de produção (teórico) é utilizado pelo departamento de contabilidade para mensurar os produtos fabricados e não vendidos.

As demonstrações dos resultados (custeio por absorção) relativamente ao 2.º semestre do ano "N" e ao 1.º semestre do ano "N+1" são as seguintes (valores em €):

Descrição	31.DEZ. "N"		30.JUN. "N+1"	
	Dep. A	Dep. B	Dep. A	Dep. B
Vendas (1)	450 000,00	1 125 000,00	562 500,00	1 012 500,00
Custo das vendas:				
Matérias-primas	78 000,00	171 000,00	45 000,00	198 000,00
TDP	39 000,00	114 000,00	22 500,00	132 000,00
GGF variáveis	39 000,00	114 000,00	22 500,00	132 000,00
GGF fixos	198 000,00	456 000,00	198 000,00	456 000,00
Custo de produção	354 000,00	855 000,00	288 000,00	918 000,00
Stock inicial (PF)	90 000,00	315 000,00	180 000,00	270 000,00
	444 000,00	1 170 000,00	468 000,00	1 188 000,00
Stock final (PF)	180 000,00	270 000,00	30 000,00	450 000,00
	264 000,00	900 000,00	438 000,00	738 000,00
Gastos dist. e adm.	45 000,00	150 000,00	45 000,00	150 000,00
Custos totais (2)	309 000,00	1 050 000,00	483 000,00	888 000,00
Resultados (1) – (2)	141 000,00	75 000,00	79 500,00	124 500,00

O valor das vendas foi o mesmo em cada mês, mas no 2.º semestre a empresa aumentou as vendas do departamento A (que gerou uma margem superior) e reduziu as vendas do departamento B (que gerou uma margem inferior). Foi previsto que os resultados aumentariam no 2.º semestre, mas o lucro atingido foi inferior em € 12 000,00 relativamente ao 1.º semestre. O resultado do departamento A diminuiu de € 61 500,00 enquanto que o do departamento B aumentou de € 49 500,00. Não se verificaram alterações nos custos dos factores produtivos nem no preço de venda dos produtos no 2.º semestre.

PEDIDOS:

1. Determinar a produção programada dos departamentos A e B.

2. Elaborar a demonstração dos resultados utilizando a técnica do custeio variável. Comparar e justificar as diferenças encontradas nos resultados quando se utiliza uma ou outra das técnicas de custeio.
3. Justificar com cálculos a situação descrita no último parágrafo.

CUSTEIO RACIONAL

EXERCÍCIO Nº 3

Informação de enquadramento

Uma unidade industrial de produção múltipla, com um processo produtivo não segmentado, fabrica os produtos P_1 e P_2.

As matérias-primas são incorporadas em ambos os produtos no início do processo de fabrico enquanto os outros factores produtivos são de incorporação linear ao longo do mesmo processo. Por norma o produto P_1 consome metade de todos os factores de produção, relativamente ao produto P_2.

A produção normal é de 120 000 UF de P_1 ou equivalente.

Os gastos gerais de fabrico são obtidos com base em 40% do trabalho directo de produção e o restante a partir do orçamento anual que presentemente é de € 216 000,00.

O custo dos stocks (inventários) deve ser atribuído pelo uso da fórmula FIFO.

Informação relativa a um determinado mês

Produtos em curso de fabrico:

Iniciais	P_1 – 8 000 UF com 70% de acabamento, no valor de € 27 000,00.
	P_2 – 2 000 UF com 80% de acabamento, no valor de € 14 000,00.
Finais	P_1 – 7 000 UF com 80% de acabamento.
	P_2 – 3 500 UF com 60% de acabamento.

Produção terminada: A única informação disponível refere-se a 45 000 UF de P_1.

A unidade industrial trabalhou abaixo da capacidade produtiva instalada em 10%.

Custos dos factores produtivos (valores em €):

Matérias-primas – 272 500,00   Matérias subsidiárias – 3 300,00   TDP – 82 500,00

PEDIDOS:

1. Calcular o custo unitário (k_e) da produção do período (P_e).
2. Efectuar os registos em dispositivo "T" na conta Fabricação.
3. Explicar e justificar o procedimento a adoptar para imputar os GGF fixos, se a empresa trabalhasse acima da sua capacidade.

EXERCÍCIO Nº 4 (Resolvido)

Informação de enquadramento

Uma unidade industrial de produção múltipla, constituída por um processo produtivo segmentado, fabrica dois produtos (P_1 e P_2) nos centros produtivos principais A e B.

No centro A, através da incorporação da matéria M_1 no início do processo, obtém-se um semielaborado (SL) que será a matéria-prima básica do Centro B.

No centro B são elaborados os dois produtos (P_1 e P_2) a partir do SL, ao qual é adicionada a matéria-prima M_2, sendo a sua incorporação efectuada no início do processo produtivo.

Relativamente ao consumo de todos os factores sabe-se que o produto P_1 consome, por unidade produzida, o dobro do produto P_2 e este é obtido à custa de 1,5 kg de SL.

Produção normal: centro A – 150 000 kg de SL; centro B – 104 000 UF de P2 ou equivalente.

O custo dos stocks (inventários) deve ser atribuído pelo uso da fórmula FIFO.

Informação relativa a um determinado período

Produtos em curso de fabrico:

Iniciais	SL – 30 000 kg com 60% de acabamento no valor de € 87 000,00. P_1 – 7 000 UF com 50% de acabamento, no valor de € 94 500,00. P_2 – 6 000 UF com 70% de acabamento, no valor de € 42 660,00.
Finais	SL – 20 000 kg com 90% de acabamento. P_1 – 9 000 UF com 60% de acabamento. P_2 – 8 000 UF com 50% de acabamento.

Produção terminada: P_1 – 25 000 UF P_2 – 40 000 UF

Custos do período (valores em €):

	M_1	M_2	Matérias subsidiárias	TDP
Centro A	268 000,00	-	4 000,00	110 000,00
Centro B	-	57 600,00	6 230,00	77 500,00

Os GGF variáveis representam 60% do valor do TDP de cada um dos centros. Os GGF fixos, obtidos a partir do orçamento anual, estimam-se em € 450 000,00 para o centro A e em € 510 000,00 para o centro B.

PEDIDOS:

1. Calcular o custo unitário (k_e) da produção no período (P_e).
2. Efectuar os registos em dispositivo "T" nas contas de Fabricação centro A e centro B.
3. Determinar as taxas de actividade da unidade industrial e os custos de inactividade se existirem.

EXERCÍCIO Nº 5 (Resolvido)

Informação de enquadramento

Uma unidade industrial de produção múltipla disjunta (P_1 e P_2) dispõe de dois centros produtivos, designados A e B, onde decorre a fabricação.

No centro A através da utilização da matéria M_1, incorporada no início do processo de fabrico, obtém-se um semielaborado (SL) que, após transformação adequada, é transferido para o centro B.

No centro B, são fabricados os produtos P_1 e P_2 a partir do SL, ao qual é adicionada a matéria-prima M_2, sendo a sua incorporação efectuada no início do processo produtivo.

Relativamente ao consumo de todos os factores sabe-se que o produto P_1 incorpora, por unidade produzida, mais 50% do que o produto P_2 e este é obtido à custa de 2 kg de SL.

O custo dos stocks (inventários) deve ser atribuído pelo uso da fórmula FIFO.

Informação relativa a um determinado período

Produtos em curso de fabrico:

Iniciais:	P_1 – 14 000 UF com 50% de acabamento no valor de € 71 505,00.
	P_2 – 12 000 UF com 40% de acabamento no valor de € 39 816,00.
Finais:	SL – 20 000 kg com 40% de acabamento.
	P_1 – 10 000 UF com 70% de acabamento.
	P_2 – 8 000 UF com 50% de acabamento.

Produção terminada: P_1 – 40 000 UF P_2 – 60 000 UF

CONTABILIDADE ANALÍTICA E DE GESTÃO

Produção normal: – Centro A – 200 000 kg de SL;
                  – Centro B – 149 000 kg de P_2 ou equivalente.

Custos do período (€):

	Centro A	Centro B
M_1	180 000,00	-
M_2	-	33 000,00
Matérias subsidiárias	1 140,00	2 280,00
Trabalho directo de produção	57 000,00	45 000,00
GGF fixos orçamentados	468 000,00	495 000,00
GGF variáveis	60% do valor da TDP	60% do valor da TDP

PEDIDOS:

1. Calcular o custo unitário (k_e) da produção do período (P_e).
2. Determinar as taxas de actividade verificadas no período.
3. Efectuar os registos em dispositivo "T" nas contas de "Fabricação" e "Custo de conversão (transformação – CT)".

EXERCÍCIO Nº 6

Uma unidade industrial apresenta as seguintes características estruturais:

- O processo produtivo é constituído por um único segmento (processo produtivo não segmentado);

- No processo de transformação são fabricados vários produtos P_1, P_2 e P_3 (produção múltipla);

- No processo produtivo são incorporados quatro factores produtivos: M_1, M_2, M_3, e CT;

- O regime de incorporação dos factores no processo de fabrico é o seguinte:

M_1: Pontualmente, no início do processo, em todos os produtos;
M_2: Pontualmente, por duas vezes, a 30% (5 kg) e a 80% (3 kg), apenas no produto P_2;
M_3: Pontualmente, no início do processo, apenas no produto P_3;
CT: Linearmente ao longo de todo o processo de fabrico.

Especificações técnicas:

Factores	P_1	P_2	P_3
M_2 (kg)	-	8	-
M_3 (litros)	-	-	1,5
Custo conversão (minutos)	10	20	30
M_1 - o consumo de P_1 é duplo do de P_2 e quíntuplo do de P_3			

A produção normal da empresa é de 100 000 unidades de P_2 ou equivalente.

O custo dos stocks (inventários) deve ser atribuído pelo uso da fórmula FIFO.

Informação relativa a determinado período

Produtos em curso de fabrico:

Iniciais:	P_1 - 4 000 UF com 30% de acabamento no valor de € 40 500,00.
	P_2 - 2 000 UF com 40% de acabamento no valor de € 11 000,00.
	P_3 - 2 000 UF com 70% de acabamento no valor de € 28 000,00.
Finais:	P_1 – 4 000 UF com 50% de acabamento.
	P_2 - 2 000 UF com 80% de acabamento.
	P_3 - 4 000 UF com 40% de acabamento.

Consumos/custos do período (€):

	Quantidade	Valor
M_1		102 965,00
M_2 (kg)	344 320	344 320,00
M_3 (litros)	24 000	36 000,00
Trabalho directo de produção		556 500,00
GGF fixos	Orçamento anual de 4 368 000,00.	
GGF variáveis	20% da TDP	

A empresa trabalhou em média 5% acima da sua actividade.

PEDIDOS:

1. Calcular os custos unitários (k_e) da produção do período.
2. Efectuar os registos do período, em dispositivo "T", nas contas de Fabricação e GGF.

RESOLUÇÃO de alguns dos exercícios propostos para este capítulo

CUSTEIO POR ABSORÇÃO E CUSTEIO VARIÁVEL

Resolução do exercício nº 2

Resposta ao pedido 1)

Cálculo da produção programada:

Departamento A	Departamento B
$\dfrac{€\ 198\ 000,00}{€\ 18,00} = 11\ 000\ UF$	$\dfrac{€\ 456\ 000,00}{€\ 24,00} = 19\ 000\ UF$

Resposta ao pedido 2)

Cálculo auxiliar para o 2º semestre do ano "N" em 31.DEZ.

Descrição	Departamento A	Departamento B
Quantidade vendida:	450 000,00 ÷ 45,00 = 10 000 UF	1 125 000,00 ÷ 56,25 = 20 000 UF
Inventário inicial – S_i:	90 000,00 ÷ 30,00 = 3 000 UF	315 000,00 ÷ 45,00 = 7 000 UF
Inventário final – S_f:	180 000,00 ÷ 30,00 = 6 000 UF	270 000,00 ÷ 45,00 = 6 000 UF
Variação dos stocks:	(3 000 UF) + 6 000 UF = 3 000 UF	(7 000 UF) + 6 000 UF = (1 000 UF)
Quantidade produzida:	10 000 + 6 000 – 3 000 = 13 000 UF	20 000 + 6 000 – 7 000 = 19 000 UF

Cálculo auxiliar para o 1º semestre do ano "N+1" em 30.JUN.

Descrição	Departamento A	Departamento B
Quantidade vendida:	562 500,00 ÷ 45,00= 12 500 UF	1 012 500,00 ÷ 56,25 = 18 000 UF
Inventário inicial – S_i:	180 000,00 ÷ 30,00 = 6 000 UF	270 000,00 ÷ 45,00 = 6 000 UF
Inventário final – S_f:	30 000,00 ÷ 30,00 = 1 000 UF	450 000,00 ÷ 45,00 = 10 000 UF
Variação dos stocks	(6 000 UF) + 1 000 UF = (5 000 UF)	(6 000 UF) + 10 000 = 4 000 UF
Quantidade produzida:	12 500 + 1 000 – 6 000 = 7 500 UF	18 000 + 10 000 – 6 000 = 22 000 UF

AS TÉCNICAS DE CUSTEIO E O IMPACTO NOS RESULTADOS

Demonstração dos resultados pela técnica do custeio variável

Descrição	2º semestre do ano "N"		1º semestre do ano "N+1"	
	Dep. A	Dep. B	Dep. A	Dep. B
Vendas	450 000,00	1 125 000,00	562 500,00	1 012 500,00
Custos variáveis	120 000,00	420 000,00	150 000,00	378 000,00
Margem de contribuição (M)	330 000,00	705 000,00	412 500,00	634 500,00
Gastos industriais fixos	198 000,00	456 000,00	198 000,00	456 000,00
Gastos não industriais fixos	45 000,00	150 000,00	45 000,00	150 000,00
Resultado antes de impostos	87 000,00	99 000,00	169 500,00	28 500,00

Variação dos stocks (inventários) utilizando as duas técnicas de custeio

Descrição	Custeio por absorção		Custeio variável	
	Dep. A	Dep. B	Dep. A	Dep. B
2º S - ano "N"				
S_i (PF)	(90 000,00)	(315 000,00)	(36 000,00)	(147 000,00)
S_f (PF)	180 000,00	270 000,00	72 000,00	126 000,00
Δ inventário	90 000,00	(45 000,00)	36 000,00	(21 000,00)
1º S - ano "N+1"				
S_i (PF)	(180 000,00)	(270 000,00)	(72 000,00)	(126 000,00)
S_f (PF)	30 000,00	450 000,00	12 000,00	210 000,00
Δ inventário	(150 000,00)	180 000,00	(60 000,00)	84 000,00

OBS. Convencionou-se que os valores em custeio variável são subtraídos aos valores em custeio por absorção.

Análise comparativa e justificação das diferenças nos resultados:

DEP.	Semestres	RESULTADOS			EXISTÊNCIAS		
		Custeio por absorção	Custeio variável	Diferenças	Custeio por absorção	Custeio variável	Diferenças
A	2º de "N"	141 000,00	87 000,00	54 000,00	90 000,00	36 000,00	54 000,00
	1º de "N+1"	79 500,00	169 500,00	(90 000,00)	(150 000,00)	(60 000,00)	(90 000,00)
				(36 000,00)			(36 000,00)
B	2º de "N"	75 000,00	99 000,00	(24 000,00)	(45 000,00)	(21 000,00)	(24 000,00)
	1º de "N+1"	124 500,00	28 500,00	96 000,00	180 000,00	84 000,00	96 000,00
				72 000,00			72 000,00

Resposta ao pedido 3)

Diferenças verificadas nos resultados dos dois semestres em ambos os departamentos:

	Departamento A	Departamento B	TOTAL (A+B)
2º Semestre "N"	141 000,00	75 000,00	216 000,00
1º Semestre "N+1"	79 500,00	124 500,00	204 000,00
Diferença (Δ)	Δ^- 61 500,00	Δ^+ 49 500,00	12 000,00

Diferenças verificadas nas quantidades vendidas nos dois semestres em ambos os departamentos:

Vendas (Q)	Departamento A	Departamento B
2º Semestre "N"	10 000 UF	20 000 UF
1º Semestre "N+1"	12 500 UF	18 000 UF
	Δ^+ 2 500 UF	Δ^- 2 000 UF
As unidades vendidas no Departamento A registaram uma variação positiva (Δ^+) de 25%, enquanto as vendidas no Departamento B registaram uma variação negativa (Δ^-) de (10%).		

Diferenças verificadas nas quantidades produzidas nos dois semestres em ambos os departamentos:

Produção (Q)	Departamento A	Departamento B
2º Semestre "N"	13 000 UF	19 000 UF
1º Semestre "N+1"	7 500 UF	22 000 UF
	Δ^- 5 500 UF	Δ^+ 3 000 UF
As unidades produzidas em A Δ^- de (42%) e em B Δ^+ de 16%		

As diferenças nos resultados foram consequência de uma política de vendas irrealista porque a empresa ao diminuir as vendas do departamento B deveria ter diminuído também a sua produção. Como não o fez provocou um aumento dos produtos em armazém que irá reflectir-se no(s) período(s) seguinte(s).

CUSTEIO RACIONAL

Resolução do exercício nº 4

Resposta ao pedido 1)

Cálculo da produção efectiva (P_e) de P_1 e P_2 no CB

		UF	SL		M_2		CT	
			GA[22]	UEA	GA	UEA	GA	UEA
P_1	P_t	25 000	1	25 000	1	25 000	1	25 000
	S_f (PCF)	9 000	1	9 000	1	9 000	0,6	5 400
				34 000		34 000		30 400
	S_i (PCF)	7 000	1	(7 000)	1	(7 000)	0,5	(3 500)
	P_e			27 000		27 000		26 900
P_2	P_t	40 000	1	40 000	1	40 000	1	40 000
	S_f (PCF)	8 000	1	8 000	1	8 000	0,5	4 000
				48 000		48 000		44 000
	S_i (PCF)	6 000	1	(6 000)	1	(6 000)	0,7	(4 200)
	P_e			42 000		42 000		39 800

Cálculo da produção terminada (P_t) de SL no C_A:

$$27\ 000 \times 3 \text{ kg} + 42\ 000 \times 1,5 \text{ kg} = 144\ 000 \text{ kg}$$

Cálculo da produção efectiva (P_e) de SL no CA

Descrição	UF	M_1		CT	
		GA	UEA	GA	UEA
P_t	144 000	1	144 000	1	144 000
S_f (PCF)	20 000	1	20 000	0,9	18 000
			164 000		162 000
S_i (PCF)	30 000	1	(30 000)	0,6	(18 000)
P_e			134 000		144 000

Cálculo do coeficiente de actividade do CA: $\quad C_a = \dfrac{144\ 000 \text{ kg}}{150\ 000 \text{ kg}} = 0,96$

[22] Na resolução de exercícios de aplicação usar-se-á a sigla GA, com o significado de coeficiente ou grau de acabamento, para evitar confusão, quer com a designação dos Centros produtivos, quer com a designação de coeficiente de actividade.

CONTABILIDADE ANALÍTICA E DE GESTÃO

Cálculo do custo de conversão ou transformação (CT) do CA:

$$CT = 110\ 000,00 + 0,6 \times 110\ 000,00 + \frac{450\ 000,00}{12} \times 0,96 + 4\ 000,00 = \text{€}\ 216\ 000,00$$

Cálculo dos custos unitários P_e de CA:

Em termos de M_I:	$k_e = \dfrac{268\ 000,00}{134\ 000} = \text{€}2,00$
Em termos de **CT**:	$k_e = \dfrac{216\ 000,00}{14\ 000} = \text{€}1,50$

Cálculo do custo da produção terminada (P_t) de SL no C_A (FIFO)

144 000 UF	$87\ 000,00 + 12\ 000 \times 1,50 + 114\ 000 \times (2,00 + 1,50) = \text{€}\ 504\ 000,00$

Cálculo do custo unitário da produção efectiva (P_e) no CB

Descrição		P_e	CH	PH	K_t	k_e
SL	P_1	27 000	3	81 000	283 500,00	10,50
	P_2	42 000	1,5	63 000	220 500,00	5,25
				144 000	504 000,00	
M_2	P_1	27 000	2	54 000	32 400,00	1,20
	P_2	42 000	1	42 000	25 200,00	0,60
				96 000	57 600,00	
CT	P_1	26 900	2	53 800	96 840,00	3,60
	P_2	39 800	1	39 800	71 640,00	1,80
				93 600	168 480,00	

Cálculo do coeficiente de actividade do CB: $\quad C_a = \dfrac{26\ 900 \times 2 + 39\ 800 \times 1}{104\ 000} = 0,9$

Cálculo do custo de conversão ou transformação (CT) do CB:

$$CT = 77\ 500,00 + 0,6 \times 77\ 500,00 + \frac{510\ 000,00}{12} \times 0,9 + 6\ 230,00 = \text{€}\ 168\ 480,00$$

Cálculo do custo da produção terminada (P_t) e do valor do S_f de P_1 e P_2 do CB

P_1	Do S_i (PCF) - 7 000 UF	$94\ 500,00 + 3\ 500 \times 3,60 =$	107 100,00
	Da P_e - 18 000 UF	$18\ 000 \times (10,50 + 1,20 + 3,60) =$	275 400,00
		$P_t - 25\ 000$ UF	382 500,00
	S_f (PCF) - 9 000 UF	$9\ 000 \times (10,50 + 1,20) + 5\ 400 \times 3,60 =$	124 740,00
P_2	Do S_i (PCF) 6 000 UF	$42\ 660,00 + 1\ 800 \times 1,80 =$	45 900,00
	Da P_e - 34 000 UF	$34\ 000 \times (5,25 + 0,60 + 1,80) =$	260 100,00
		$P_t - 40\ 000$ UF	306 000,00
	S_f - 8 000 UF	$8\ 000 \times (5,25 + 0,60) + 4\ 000 \times 1,80 =$	54 000,00

Resposta ao pedido 2)

Fabricação CA			
CR - S_i (PCF)	87 000,00	Fabricação CB	504 000,00
CR - M_1	268 000,00	CR - S_f (PCF)	67 000,00
CR - CT	216 000,00		
	571 000,00		571 000,00

CR – Contas reflectidas (implícito o sistema duplo contabilístico)

Fabricação CB					
CR - S_i (PCF)			Produtos fabricados:		
P_1	94 500,00		P_1	382 500,00	
P_2	42 660,00	137 160,00	P_2	306 000,00	688 500,00
Fabricação CA		504 000,00	CR - S_f (PCF)		
CR - M_2		57 600,00	P_1	124 740,00	
CR – CT		168 480,00	P_2	54 000,00	178 740,00
		867 240,00			867 240,00

CR – Contas reflectidas (implícito o sistema duplo contabilístico)

Resposta ao pedido 3)

Cálculo dos custos de subactividade nos dois segmentos:

Centro A – 96%	Custos de inactividade: $37\ 500,00 - 36\ 000,00 = €\ 1\ 500,00$
	Taxa de subactividade ou inactividade: 4%

Centro B – 90%	Custos de subactividade: $42\ 500,00 - 38\ 250,00 = €\ 4\ 250,00$
	Taxa de subactividade ou inactividade: 10%

Resolução do exercício nº 5

Resposta ao pedido 1)

Cálculo da produção efectiva (P_e) de P_1 e P_2 no CB

		UF	SL		M_2		CT	
			GA	UEA	GA	UEA	GA	UEA
P_1	P_t	40 000	1	40 000	1	40 000	1	40 000
	S_f (PCF)	10 000	1	10 000	1	10 000	0,7	7 000
				50 000		50 000		47 000
	S_i (PCF)	14 000	1	(14 000)	1	(14 000)	0,5	(7 000)
	P_e			36 000		36 000		40 000
P_2	P_t	60 000	1	60 000	1	60 000	1	60 000
	S_f (PCF)	8 000	1	8 000	1	4 000	0,5	4 000
				64 000		64 000		64 000
	S_i (PCF)	12 000	1	(12 000)	1	(12 000)	0,4	(4 800)
	P_e			52 000		52 000		59 200

Cálculo da produção efectiva (P_e) no CA:

	UF	SL		CT	
		GA	UEA	GA	UEA
P_t	220 000	1	220 000	1	220 000
E_f (PCF)	20 000	1	20 000	0,4	8 000
P_e	240 000		240 000		228 000

Cálculo da P_t de SL: $56\,000 \times 2\,kg + 36\,000 \times 3\,kg = 220\,000\,kg$

Cálculo dos coeficientes de actividade (C_a) dos centros A e B:

Centro A: $C_a = \dfrac{P_e}{P_n} \Leftrightarrow C_a = \dfrac{228\,000\,kg}{200\,000\,kg} = 1,14, \text{donde: } C_s = C_a - 1 \Leftrightarrow C_s = 0,14$

Centro B: $C_a = \dfrac{40\,000 \times 1,5 + 59\,200 \times 1}{149\,000} = 0,8, \text{donde: } C_i = 1 - C_a \Leftrightarrow C_i = 0,2$

Cálculo do custo unitário da produção efectiva (P_e) de SL no CA:

M_1: $k_e = \dfrac{€\,180\,000,00}{240\,000\,kg} = €\,0,75/kg$

CT: $k_e = \dfrac{€\,136\,800,00}{228\,000\,kg} = €\,0,60/kg$

Determinação do custo de conversão (transformação – CT) CA:

Matérias subsidiárias	1 140,00
Trabalho directo de produção	57 000,00
GGF variáveis (0,6 x 45 000,00)	34 200,00
GGF fixos (39 000,00 × 1,14)	44 460,00
	136 800,00

GGF Fixos/mês: $\dfrac{468\,000,00}{12} = €\,39\,000,00$

Proveitos de sobreactividade: 44 460,00 – 39 000,00 = 5 460,00

Cálculo do custo da produção efectiva (P_e) de P_1 e P_2 no CB

Factores	Produtos	P_e	CH	PH	K_t	k_e
	P_1	36 000	1,5	54 000	16 200,00	0,45
M_2	P_2	56 000	1	56 000	16 800,00	0,30
				110 000	33 000,00	
	P_1	40 000	1,5	60 000	54 000,00	1,35
CT	P_2	59 200	1	59 200	53 280,00	0,90
				119 200	107 280,00	

Determinação do custo de conversão (transformação – CT) do CB:

Matérias subsidiárias	2 280,00
Trabalho directo de produção	45 000,00
GGF variáveis (0,6 × 45 000,00)	27 000,00
GGF fixos (41 250,00 × 0,8)	33 000,00
	107 280,00

GGF Fixos/mês: $\dfrac{495\,000,00}{12} = €\,41\,250,00$

Custos de subactividade: 41 250,00 – 33 000,00 = 8 250,00

Síntese dos custos unitários dos Centros A e B:

Centro A (SL)		Centro B		
Factores	k_e	Factores	$k_e (P_1)$	$k_e (P_2)$
M_1	0,75	SL	4,05	2,70
-	-	M_2	0,45	0,30
CT	0,60	CT	1,35	0,90
	1,35		5,85	3,90

Resposta ao pedido 2)

Fabricação CA			
Matérias (M_1)	180 000,00	Fabricação CB	297 000,00
Custos de conversão	136 800,00	CR - S_f (PCF)	19 800,00
	316 800,00		136 800,00

CR – Contas reflectidas (implícito o sistema duplo contabilístico)

Cálculo auxiliar:

Custo da produção terminada (Pt)	$220\ 000 \times 1,35 = 297\ 000,00$
Valor do Sf (PCF)	$20\ 000 \times (0,75 + 0,4 \times 0,6) = 19\ 800,00$

Custo de conversão (transformação - CT) CA			
Matérias subsidiárias	1 140,00	Fabricação CA	136 800,00
TDP	57 000,00		
GGF variáveis	34 200,00		
GGF fixos	39 000,00		
Resultados analíticos	5 460,00		
	136 800,00		136 800,00

Fabricação CB				
CR – S_i (PCF)			Produtos Fabricados	
P_1 71 505,00			P_1 233 055,00	
P_2 39 816,00	111 321,00		P_2 233 496,00	466 551,00
Fabricação CA	297 000,00		CR - S_f (PCF)	
CR - M_2	33 000,00		P_1 54 450,00	
CR - CT	107 280,00		P_2 27 600,00	82 050,00
	548 601,00			548 601,00

CR – Contas reflectidas (implícito o sistema duplo contabilístico)

Cálculo do custo da produção terminada (P_t) e do valor do S_f de P_1 e P_2 do CB

P_1	Do S_i (PCF) - 14 000 UF	$71\ 505{,}00 + 7\ 900 \times 1{,}35 =$	80 955,00
	Da P_e - 26 000 UF	$26\ 000 \times (4{,}05 + 0{,}45 + 1{,}35) =$	152 100,00
		P_t – 40 000 UF	233 055,00
	S_f - 10 000 UF	$10\ 000 \times (4{,}05 + 0{,}45) + 7\ 000 \times 1{,}35 =$	54 450,00

P_2	Do S_i (PCF) - 12 000 UF	$39\ 816{,}00 + 7\ 200 \times 0{,}90 =$	46 296,00
	Da P_e - 48 000 UF	$48\ 000 \times (2{,}70 + 0{,}30 + 0{,}90) =$	187 200,00
		P_t – 60 000 UF	233 496,00
	S_f - 8 000 UF	$8\ 000 \times (2{,}70 + 0{,}30) + 4\ 000 \times 0{,}90 =$	27 600,00

Custo de conversão (transformação - CT) CB			
Matérias subsidiárias	2 280,00	Fabricação CB	107 280,00
TDP	45 000,00	Resultados analíticos	8 250,00
GGF variáveis	27 000,00		
GGF fixos	41 250,00		
	115 530,00		115 530,00

Resultados analíticos			
CT do CB	8 250,00	CT do CA	5 460,00

Capítulo VII
Dinâmica da relação custo-volume-resultado

As decisões de gestão requerem uma análise atenta do comportamento dos custos e dos resultados em função das expectativas do volume de vendas. A curto prazo, a maioria dos custos e dos preços dos produtos podem ser determinados. A principal incerteza não está relacionada com custos e preços, mas com a quantidade a vender. A análise custo-volume-resultado (doravante CVR) mostra os efeitos na rendibilidade da organização motivados pelas mudanças no volume de vendas.

A partir dos conceitos de custo variável e de margem de contribuição, os modelos de análise CVR foram desenvolvidos como ferramentas de ajuda à tomada de decisões dos dirigentes com funções de gestão.

A análise CVR examina o comportamento dos rendimentos e dos custos totais e do resultado operacional face a mudanças ocorridas no nível de actividade, nos preços de venda, nos custos variáveis unitários e/ou nos custos fixos. Os gestores utilizam esta análise para ajudá-los a responder a questões que envolvam expectativas quanto ao que acontecerá aos rendimentos totais e aos custos totais se o nível de actividade se modificar (HORNGREN *et al.*, 2003, p.60)[1].

7.1. Os pressupostos fundamentais da análise CVR
Na análise CVR é indispensável estabelecer a relação entre os custos, o volume de actividade e os resultados obtidos. Por outro lado, importa compreender os

---

[1] HORNGREN, C. *et al.*, *Cost Accounting: A managerial Emphasis*, 12th Edition, Pearson – Prentice Hall, Upper Saddle River, New Jersey, 2005, Copyright 2006, p.60.

CONTABILIDADE ANALÍTICA E DE GESTÃO

pressupostos subjacentes que determinam a pertinência das conclusões que se podem retirar do modelo.

As principais hipóteses do modelo de análise CVR derivam das que estão na base da classificação dos custos em fixos e variáveis, e são as seguintes:

1. Os rendimentos totais e os custos totais são lineares na faixa do volume denominada intervalo relevante;
2. O preço de venda unitário (p_v), os custos variáveis unitários (k_v) e os custos fixos (K_f) são conhecidos;
3. A análise abrange um único produto;
4. A quantidade produzida é igual à quantidade vendida (perfeito conhecimento das limitações da procura);
5. O rendimento das vendas é função do preço e da quantidade;
6. Existe certeza quanto às condições de mercado e de operacionalidade interna;
7. A análise é efectuada para um único período;
8. Em situação de multiproduto a combinação das respectivas vendas é conhecida.

Face às hipóteses formuladas que fundamentam o modelo do CVR e que parecem reduzir consideravelmente a sua utilização prática, coloca-se a questão de saber qual o interesse do modelo proposto, ao qual todavia é dada preferência na maior parte das obras de contabilidade de gestão. Apesar de tudo, a análise CVR mantém um certo interesse para o apoio à decisão nas empresas.

7.2. A análise CVR numa empresa de produção uniforme[2] ou monoprodução

As relações matemáticas podem ser utilizadas para traduzir a informação da análise CVR em substituição dos tradicionais gráficos. A análise destas relações é de grande utilidade para a tomada de decisão uma vez que constitui uma importante fonte de informação.

A fórmula a desenvolver relaciona o resultado (R), a quantidade produzida e vendida (Q), o preço de venda (p_v) unitário, o custo variável (k_v) unitário e os custos fixos (K_f), ou seja:

$$R = Q \times p_v - Q \times k_v - K_f \Leftrightarrow R = Q \times (p_v - k_v) - K_f$$

---

[2] DRURY, C., *Management and Cost Accounting*, 6th Edition, Thomson, 2004, Reprinted 2005, sp.267-277.

Esta equação mostra que, na análise CVR, o único factor que exerce influência sobre os custos e o resultado é a variação do volume de produção porquanto, de acordo com os pressupostos do modelo, as outras variáveis são conhecidas. No entanto, é conveniente referir que existem outras variáveis como, a produção eficiente, os níveis de preços e a utilização de outros métodos de produção, que exercem uma grande influência sobre os custos e o resultado das vendas.

O modelo de base da análise CVR permite identificar um nível de produção e de vendas mínimo necessário para assegurar rendibilidade da empresa. Como se viu anteriormente, o custo variável unitário do produto (k_v), que compreende todos os custos variáveis, comparado com o preço de venda (p_v) permite encontrar uma margem de contribuição unitária $(m = p_v - k_v)$ que vai possibilitar cobrir os gastos fixos. A análise CVR vai identificar o nível mínimo de unidades de produto que é necessário vender para cobrir o conjunto dos custos variáveis e fixos da empresa. Esse nível mínimo designa-se <u>ponto crítico</u> ou <u>limiar de rendibilidade</u>.

A margem que resulta da comparação entre o preço de venda e o custo variável unitário de produção, atendendo a que se trata de uma margem bruta, designa-se por <u>margem de contribuição unitária industrial</u>.

O <u>ponto crítico</u> atinge-se quando o número de unidades vendidas, que asseguram um volume de negócios correspondente, é igual ao conjunto dos gastos fixos e variáveis. Este ponto corresponde ao volume de vendas onde o benefício da empresa é nulo, ou seja:

$$\text{Vendas} - \text{Custos totais} = \text{zero.}$$

Representado as vendas por V e os custos totais por K_t, e sendo $K_t = K_v + K_f$ vem:

$$V - K_t = 0 \Leftrightarrow V - (K_v + K_f) = 0$$

Uma empresa encontra-se no seu ponto crítico quando não obtém rendimentos nem perdas, limitando-se a cobrir todos os seus custos.

Numa unidade industrial de produção uniforme determina-se o ponto crítico em quantidade (representado por Q^*) a partir da fórmula:

$$\text{Ponto crítico} = \frac{\text{Custos fixos}}{\text{preço de venda unitário} - \text{custo variável unitário}} \Leftrightarrow Q^* = \frac{K_f}{p_v - k_v}$$

Demonstração:

Por definição o ponto crítico (P_c) ou quantidade crítica (Q^*) é o ponto correspondente ao volume de vendas para o qual a empresa apresenta um resultado nulo ($R = 0$).

Seja Q^* a quantidade crítica, ou seja, a quantidade que permite verificar a igualdade, $V = K_t$ (o volume de vendas iguala os custos totais) então:

$$V - K_t = 0 \Leftrightarrow Q^* \times p_v - (K_v + K_f) = 0 \Leftrightarrow Q^* \times p_v - Q^* \times k_v - K_f = 0 \Leftrightarrow K_f = Q^* (p_v - k_v) \Leftrightarrow$$

$$\Leftrightarrow Q^* = \frac{K_f}{p_v - k_v}, \text{ e como}: (p_v - k_v) = m, \text{ vem então}: Q^* = \frac{K_f}{m} \qquad (1)$$

Na fórmula **(1)** o cálculo do ponto crítico vem expresso em número de unidades a vender. Todavia, o ponto crítico pode igualmente ser expresso sob a fórmula do volume de negócios mínimo a realizar pela empresa para cobrir o conjunto dos seus gastos. Neste caso o ponto crítico indica o volume de negócios (V^*) mínimo a realizar para obter um resultado nulo.

Partindo da expressão do ponto crítico em quantidade:

$$Q^* = \frac{K_f}{p_v - k_v} \text{ e multiplicando ambos os membros pelo preço de venda, obtém-}$$

-se o ponto crítico em valor. Logo:

$$Q^* \times p_v = p_v \times \frac{K_f}{p_v - k_v} \Leftrightarrow V^* = V \times \frac{K_f}{V - K_v} \Leftrightarrow V^* = \frac{K_f}{1 - \dfrac{K_v}{V}}$$

Ou então:

$$Q^* \times p_v = p_v \times \frac{K_f}{p_v - k_v} \Leftrightarrow V^* = p_v \times \frac{K_f}{p_v \times \dfrac{p_v - k_v}{p_v}} \Leftrightarrow V^* = \frac{K_f}{1 - \dfrac{k_v}{p_v}} \qquad (2)$$

Na prática, por vezes, é mais vantajoso exprimir o ponto crítico em termos de volume de vendas ou volume de negócios. Assim, a fórmula **(2)** é muito útil porque a margem de contribuição industrial unitária aparece, frequentemente, definida em percentagem do preço de venda.

Então, o ponto crítico vem expresso em termos de volume de vendas e a relação definida por $\dfrac{m}{p_v}$ denomina-se <u>rácio da margem</u> (% m) de contribuição:

DINÂMICA DA RELAÇÃO CUSTO-VOLUME-RESULTADO

$$\text{Volume de negócios mínimo} = \frac{\text{Custos fixos}}{\left[1 - \dfrac{\text{Custo variável unitário}}{\text{preço de venda unitário}}\right]} \Leftrightarrow V^* = \frac{K_f}{1 - \dfrac{k_v}{p_v}} \Leftrightarrow$$

$$\Leftrightarrow V^* = \frac{K_f}{\dfrac{p_v - k_v}{p_v}} \Leftrightarrow V^* = \frac{K_f}{\dfrac{m}{p_v}} \Leftrightarrow V^* = \frac{K_f}{\%m}$$

Um exemplo permitirá ilustrar o cálculo do ponto crítico em monoprodução.

A empresa ALFA fabrica um único produto (P) cuja informação é a seguinte:

Custos fixos anuais	Preço de venda unitário	Custo variável unitário	Vendas
€ 300 000,00	€ 100,00	€ 50,00	8 000 UF

O ponto crítico, aplicando a fórmula **(1)**, será:

$$Q^* = \frac{K_f}{m} \Leftrightarrow Q^* = \frac{300\,000,00}{50,00} = 6\,000 \text{ UF}$$

Onde: $\quad m = p_v - k_v$, logo $\quad m = 100,00 - 50,00 = 50,00$

O ponto crítico em valor pode obter-se utilizando a fórmula **(2)** mas, de uma forma simples, será: 6 000 UF × € 100,00 = € 600 000,00.

Do exemplo conclui-se que por cada unidade vendida resulta uma margem de contribuição unitária (m) de € 50,00. Esta margem, depois de cobrir todos custos fixos, vai concorrer para a formação do lucro.

O ponto crítico em quantidade pode ser determinado de diferentes formas, para além da aplicação da fórmula **(1)**:

1) Pela definição de ponto crítico, ou seja, $V - K_t = 0$ obtém-se:

$$Q^* \times 100,00 - (Q^* \times 50,00 + 300\,000,00) = 0 \Leftrightarrow Q^* = 6\,000 \text{ UF}.$$

2) De acordo com a segunda definição de ponto crítico, em que a margem de contribuição (M) iguala os custos fixos tem-se:

$$M = K_f \Leftrightarrow M = m \times Q^* \Leftrightarrow 50,00 \times Q^* = 300\,000,00; \text{ logo, } Q^* = 6\,000 \text{ UF.}$$

Em termos de representação gráfica tem-se:

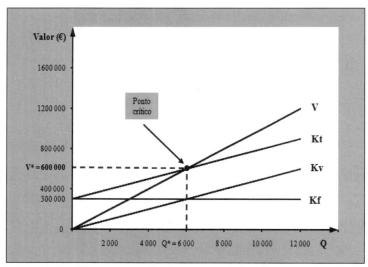

Figura 7.1. – Representação do ponto crítico do exemplo anterior

Os eixos cartesianos representam os custos e os rendimentos (volume de negócios ou de vendas), na linha das ordenadas, e as vendas em quantidade no eixo das abcissas.

O ponto crítico em quantidade pode ser observado na linha das abcissas no ponto 6 000 UF, enquanto o ponto crítico em valor é dado pelo ponto de intercepção da linha das vendas (volume de negócios) com a linha dos custos totais (K_t) e o seu montante é € 600 000,00.

Também por definição, comparando o volume de negócios ou de vendas (V) com os custos variáveis (K_v) obtém-se, por diferença entre ambos, a margem de contribuição total ($M = V - K_v$) que no ponto crítico, conforme já foi referido, é igual aos custos fixos ($M = K_f$). Como na análise CVR, o preço de venda unitário e o custo variável unitário são constantes, a margem unitária também é constante.

Com o exemplo confirma-se: $M = Q^* \times m \Leftrightarrow M = 6\,000 \times 50,00 = €\,300\,000,00$.

No contexto dos negócios a análise CVR permite estudar os efeitos de modificações possíveis dos preços e dos parâmetros de custos, sobre os quais a empresa poderá agir antes de tomar uma decisão. A seguir apresenta-se uma série de análises de sensibilidade que o modelo CVR permite efectuar.

Para além das formas já expressas anteriormente, o ponto crítico pode ser definido em relação ao nível de utilização da capacidade produtiva. Caso seja possível referir o ponto crítico nestas formas pode dizer-se que a empresa atinge o ponto crítico no momento em que a sua actividade produtiva aproveita, por exemplo, 60% da sua capacidade instalada.

Por último, se a referência for a unidade de tempo, pode dizer-se que uma empresa chegou ao seu ponto crítico 6 meses após ter iniciado um determinado período económico.

7.3. As análises de sensibilidade e a tomada de decisão[3]

A análise CVR permite avaliar as consequências (em termos de ponto crítico), sobre a rendibilidade da empresa, de uma variação em parâmetros como o preço de venda, os custos fixos e o custo variável. Consideram-se sucessivamente quatro exemplos:

a) Uma modificação no preço de venda

Quando o preço de venda unitário aumenta, mantendo-se tudo o resto igual, a margem de contribuição também aumenta e, por conseguinte, o ponto crítico, expresso em unidades vendidas, é atingido para um nível de vendas inferior. Inversamente, quando o preço de venda unitário diminui, a margem de contribuição também diminui e o ponto crítico só é atingido para um nível de vendas superior. Para o efeito considere-se o exemplo seguinte:

A empresa BETA, Lda. fabrica um único produto P e apresenta uma capacidade de produção máxima de 5 000 UF. A informação sobre custos consta do seguinte quadro (valores em €):

Custos fixos totais	Custo variável unitário	Preço de venda unitário
575 000,00	150,00	380,00

Ponto crítico <u>inicial</u> em quantidade:

$$Q^* = \frac{K_f}{m} \Leftrightarrow Q^* = \frac{575\,000,00}{230,00} = 2\,500 \text{ UF}$$

Em valor tem-se: $2\,500 \times 150,00 = €\,950\,000,00$

Cálculo do resultado da empresa BETA:

$$R = 2\,500 \times (380,00 - 150,00) - 575\,000,00 = 0$$

---

[3] HORNGREN, C.T. et al., Cost Accounting: A Managerial Emphasis, 12th Edition, Pearson – Prentice Hall, Upper Saddle River, New Jersey, 2005, Copyright 2006, p.68-70.

Representação gráfica do ponto crítico ou limiar de rendibilidade:

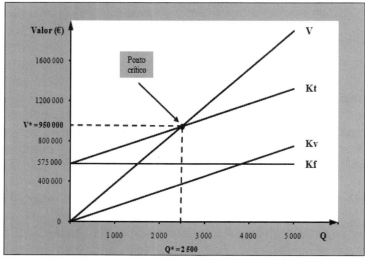

Figura 7.2. – Situação inicial (antes das alterações)

Se o preço de venda unitário passar para € 437,50, mantendo-se inalterada a outra informação, o ponto crítico será:

$$Q^* = \frac{K_f}{m} \Leftrightarrow Q^* = \frac{575\,000,00}{287,50} = 2\,000 \text{ UF}$$

O aumento do p_v reflecte-se na margem de contribuição. Com esta alteração a empresa atinge o ponto crítico e passa a obter lucros mais cedo, ou seja, a um nível de vendas de 2 000 UF, o que se constata analisando o gráfico apresentado a seguir.

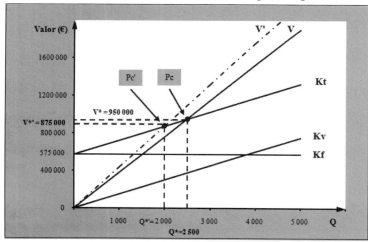

Figura 7.3. – Depois da alteração no preço de venda

b) Uma modificação nos custos fixos

A evolução tecnológica conduz por vezes a uma mecanização e a uma automatização crescente das tarefas de produção. Isto traduz-se por uma modificação da estrutura de custos da empresa. Esta modificação não ocorre sem que haja um efeito sobre o ponto crítico. Um aumento dos custos fixos, tudo o resto igual, provocará um aumento do ponto crítico. Inversamente, qualquer diminuição dos custos fixos reduz o ponto crítico.

Retomando o exemplo da empresa BETA, Lda. e admitindo que os custos fixos passam para € 690 000,00 e que os outros elementos permanecem inalterados, o ponto crítico obtido a partir da fórmula (1) será igual a 3 000 UF. Nesta situação, a empresa terá de vender um número de unidades superior para atingir o ponto crítico. O que se verifica analisando a representação gráfica do ponto crítico inserida a seguir.

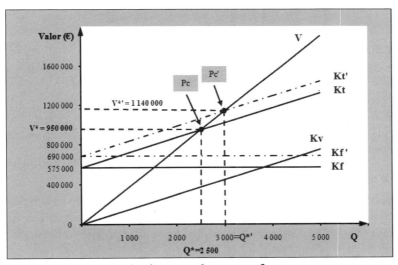

Figura 7.4. – Depois da alteração dos custos fixos

c) O volume de vendas mínimo que permita a atingir o lucro fixado

A análise CVR permite também calcular o volume de produção ou de vendas que assegura, mantendo-se tudo o resto igual, o resultado fixado *exante* pelos responsáveis da empresa. Como, a partir do ponto crítico, cada unidade suplementar vendida gera um lucro igual à margem bruta unitária (margem de contribuição industrial unitária), então, é necessário vender um número de unidades igual ao montante do lucro ou resultado fixado (objectivo) dividido pela margem unitária para lá do ponto crítico. Generalizando vem:

$$\text{Quantidade a produzir} = \frac{\text{Custos fixos} + \text{Objectivo fixado (lucro)}}{\text{Margem de contribuição unitária}} \Leftrightarrow Q = \frac{K_f + R}{m} \quad \textbf{(3)}$$

Retomando o exemplo da empresa BETA e fixando o lucro (objectivo a atingir) em € 345 000,00 para o período seguinte, a aplicação da fórmula **(3)** permite calcular o volume de produção e de vendas necessário para cumprir o objectivo.

$$Q = \frac{575\ 000,00 + 345\ 000,00}{230,00} = 4\ 000\ \text{UF}$$

Logo, confirma-se que para um nível de vendas de 4 000 UF o resultado será € 345 000,00. Então, vem: R = 4 000 × 380,00 – 4 000 × 150,00 – 575 000,00 = 345 000,00.

7.4. A margem de segurança (M$_s$) e o efeito de alavanca

O conceito de margem de segurança (M$_s$) está relacionado com a análise custo--volume-resultado e representa a forma como as empresas lidam com a incerteza e procuram reduzir o risco operacional.

A margem de segurança obtém-se directamente da diferença entre o volume de vendas previsto ou realizado (V) e o volume de vendas correspondente ao ponto crítico (V*), então:

$$M_s = V - V*$$

Se a margem de segurança for expressa em percentagem do volume de vendas, então terá de ser determinada através da relação que se estabelece entre a diferença (V – V*) e o volume de produção ou vendas previsto ou realizado (V), ou seja:

$$M_s = \frac{\text{Vendas efectivas} - \text{Vendas em equilíbrio}}{\text{Vendas efectivas}} = \frac{V - V*}{V}$$

A margem de segurança exprime a distância relativa do nível de actividade alcançado pela empresa em relação ao ponto crítico e significa que, o volume de vendas pode reduzir-se até ao nível dado pela margem que a empresa continuará a não sofrer prejuízos. Daqui resulta que o conceito de rendibilidade constitui uma grandeza de referência para a determinação da margem de segurança.

Para se entender melhor este conceito, admita-se uma empresa que realiza um volume de vendas de € 130 000,00, ao preço de venda unitário de € 1,00.

Sabe-se ainda que o custo variável unitário é € 0,60 e que os custos fixos atingem o montante de € 32 000,00.

O volume de vendas em quantidade correspondente ao ponto crítico, onde R = 0, será:

$$Q^* \times (p_v - k_v) - K_f = 0 \Leftrightarrow Q^* \times (1,00 - 0,60) - 32\,000,00 = 0 \Leftrightarrow Q^* = 80\,000 \text{ UF}$$

Donde o ponto crítico em valor:

$$V^* = Q^* \times p_v \Leftrightarrow V^* = 80\,000 \times € 1,00 \Leftrightarrow V^* = € 80\,000,00.$$

E a margem de segurança será: € 130 000,00 – € 80 000,00 = € 50 000,00 o que representa o excedente das vendas, planeadas ou reais, sobre o ponto crítico.

A informação que os gestores obtêm é a margem entre as vendas correntes e o preço de equilíbrio. Este resultado significa que as vendas da empresa podem reduzir-se até € 50 000,00 sem que o resultado da empresa seja negativo. Se a margem de segurança for expressa em percentagem virá:

$$M_s = \frac{50\,000,00}{130\,000,00} = 0,3846153$$

A margem de segurança (€ 50 000,00) representa 38,46% das vendas (€ 130 000,00) efectivas.

Se a margem de segurança for apresentada pela relação:

$$M_s = \frac{\text{Vendas efectivas} - \text{Vendas em equilíbrio}}{\text{Vendas em equilíbrio}} = \frac{V - V^*}{V^*}$$

possibilita a determinação de um valor que evidencia a segurança que existe para a empresa se esta trabalhar acima de uma rendibilidade operacional nula (no caso da margem de segurança ser positiva), ou seja, acima da fronteira do prejuízo.

Quanto mais baixa (alta) for a margem de segurança maior (menor) será o risco económico (ou operacional) e, no caso de a empresa trabalhar muito próximo do ponto crítico pode a qualquer momento entrar na zona de prejuízos.

Conforme foi anteriormente demonstrado, alterações no preço de venda, nos custos fixos, nos custos variáveis e no volume de vendas têm impacto na margem de segurança.

A análise custo-volume-resultado revela grande utilidade nas tomadas de decisão, pois a informação que se pode retirar dessa análise vai ser essencial para tomar, entre outras, decisões relacionadas com a:

- Determinação do volume de vendas necessário para obter um dado nível de resultados;
- Rendibilidade dos diferentes produtos que a empresa fabrica;
- Selecção das combinações produtivas mais adequadas;
- Escolha dos diversos canais de comercialização.

Um outro conceito associado à análise CVR é o de efeito de alavanca operacional (EAO) ou grau de alavanca operacional (GAO). Este conceito é um indicador do risco económico e traduz o impacto do aumento da margem de contribuição (diferença entre vendas e os custos variáveis) no resultado operacional da empresa, mantendo-se inalterados os custos fixos. Ou seja, indica a sensibilidade dos resultados à variação do volume de vendas ou apresenta a proporcionalidade entre variações nas vendas (e consequentemente na margem de contribuição) e variações nos resultados. O conceito tem subjacente a análise CVR, em particular o conceito de margem de contribuição e de ponto crítico, e é utilizado em análise financeira.

Para descrever o que significa o efeito de alavanca operacional (EAO) apresenta-se uma demonstração dos resultados operacionais através de uma equação:

Vendas – custos variáveis = Margem de contribuição $\Leftrightarrow$ $V - K_v = M$

Margem de contribuição – custos fixos = Resultado operacional $\Leftrightarrow$ $M - K_f = RO$

Este resultado é designado como resultado operacional, pois resulta das actividades normais de produção e de vendas de uma empresa, não sendo afectado por outros rendimentos e gastos que venham a ocorrer.

O efeito de alavanca operacional mede o impacto imediato, de uma variação nas vendas, nos resultados operacionais e está directamente relacionado com os custos fixos da empresa na medida em que, quanto maiores forem estes últimos mais elevado é o efeito de alavanca operacional. Portanto, o efeito de alavanca representa a utilização potencial dos custos operacionais fixos para aumentar os impactos das alterações nas vendas, sobre os resultados da empresa (antes dos juros e dos impostos).

A equação a seguir mostra a forma como se calcula o efeito de alavanca operacional (EAO):

$$EAO = \frac{\text{Variação percentual nos resultados}}{\text{Variação percentual nas vendas}} \Leftrightarrow EAO = \frac{\frac{\Delta R}{R}}{\frac{\Delta V}{V}}$$

Quando uma empresa tem uma proporção elevada de custos fixos relativamente aos custos variáveis os resultados são muito sensíveis a alterações no volume de vendas. Assim, uma variação (aumento ou diminuição) nas vendas pode provocar uma grande variação (aumento ou diminuição) nos resultados.

O efeito de alavanca operacional também pode ser apresentado pela relação entre a margem de contribuição e o resultado operacional, cuja expressão analítica é a seguinte:

$$EAO = \frac{\text{Margem de contribuição}}{\text{Resultado operacional}} \Leftrightarrow EAO = \frac{m}{RO}$$

Primeiro, o efeito combinado de alavanca (ECA) é um indicador de risco global da empresa dado que relaciona o risco operacional e o risco financeiro; mede o impacto das alterações do volume de vendas nos resultados operacionais acrescidos dos gastos financeiros; e avalia a sensibilidade destes resultados relativamente às modificações do volume de vendas.

Segundo, o efeito combinado de alavanca (ECA) quando aplicado a um grupo de empresas, possibilita a análise do impacto que a variação percentual das vendas, de um segmento ou de uma associada causa na variação percentual das vendas do grupo como um todo.

7.5. A extensão da análise do CVR: Caso das empresas de produção múltipla

A determinação do ponto crítico numa unidade de produção múltipla torna-se mais complexa porque, sem o pressuposto da invariabilidade da combinação (*mix*) dos produtos, isto é, da proporção que cada produto representa no volume de negócios, o ponto crítico não é único. Com efeito, cada produto vai gerar uma margem bruta unitária diferente e uma alteração da proporção de cada um dos produtos (com uma margem mais ou menos importante) no volume de vendas, vai modificar o volume de negócios total que é necessário realizar para cobrir o conjunto dos gastos da empresa.

Utilizando um EXEMPLO simples, com dois produtos, analisar o problema:

Informação para a empresa XYZ (valores em €)

	Produto - P_1	Produto - P_2
Preço de venda	60,00	120,00
Custos variáveis	12,00	96,00
Custos fixos directos	240 000,00	120 000,00
Custos fixos indirectos – 600 000,00		

Numa fase inicial é possível determinar o ponto crítico para cada produto. Trata-se do volume de vendas mínimo de cada produto que permite cobrir o conjunto dos gastos variáveis e dos gastos fixos do próprio produto. Utilizando a fórmula (1) anteriormente estudada virá:

$$\text{Ponto crítico} = \frac{\text{Custos fixos directos}}{\text{margem unitário}} \Leftrightarrow Q^* = \frac{K_f}{m}$$

O ponto crítico de P_1 será 5 000 UF $\left(Q^* = \dfrac{240\,000,00}{60,00 - 12,00} = 5\,000\,\text{UF}\right)$ e o de P_2 também será igual a 5 000 UF.

A determinação do ponto crítico da empresa supõe a identificação de uma combinação do volume de vendas dos produtos P_1 e P_2 que permita cobrir, ao mesmo tempo, os custos de produção variáveis e os fixos específicos de cada um dos produtos e garantir também a cobertura dos gastos indirectos no montante de € 600 000,00.

O ponto crítico, para a empresa como um todo, é uma combinação dos volumes de vendas dos dois produtos [quantidade de $P_1 - (Q_{(P1)})$ e quantidade de $P_2 - (Q_{(P2)})$] que permita que a equação **(4)**, inserida a seguir, seja igual a zero.

$$\left[p_{v_{(P_1)}} - k_{v_{(P_1)}}\right] \times Q_{(P_1)} + \left[p_{v_{(P_2)}} - k_{v_{(P_2)}}\right] \times Q_{(P_2)} - K_{f_{(P_1)}} - K_{f_{(P_2)}} - K_{f_{(I)}} = 0 \quad \textbf{(4)}$$

Onde:

$p_{v_{(P_1)}}$ – Preço de venda de P_1	$p_{v_{(P_2)}}$ – Preço de venda de P_2
$k_{v_{(P_1)}}$ – Custo variável unitário de P_1	$k_{v_{(P_2)}}$ – Custo variável unitário de P_2
$Q_{(P_1)}$ – Volume de vendas de P_1	$Q_{(P_2)}$ – Volume de vendas de P_2
$K_{f_{(P_1)}}$ – Gastos fixos directos de P_1	$K_{f_{(P_2)}}$ – Gastos fixos directos de P_2
$K_{f_{(I)}}$ – Gastos fixos indirectos	

Aplicando a fórmula (4) ao caso da empresa XYZ o ponto crítico em valor será:

$$(60,00 - 12,00) \times Q_{(P_1)} + (120,00 - 96,00) \times Q_{(P_2)} - 240\,000,00 - 120\,000,00 - 600\,000,00 = 0$$

Donde: $\qquad 48,00 \times Q_{(P_1)} + 24,00 \times Q_{(P_2)} = €\,940\,000,00$

Esta equação não tem apenas uma solução mas um conjunto de soluções. Porém, o campo de possibilidades pode ser reduzido acrescentando a restrição de que o volume de vendas de cada um dos produtos deve pelo menos cobrir o conjunto dos custos variáveis e fixos respeitantes a cada um deles.

Para evitar uma multiplicidade de soluções e identificar um ponto crítico único no caso das empresas de produção múltipla, é necessário acrescentar uma hipótese quanto à combinação (*mix*) de produtos vendidos.

O caso analisado anteriormente mostra que para utilizar a análise CVR é importante conhecer as hipóteses subjacentes do modelo para evitar retirar conclusões pouco consistentes para a tomada de decisão. O interesse desta análise diminui com o aumento do número e a diversidade dos produtos fabricados e vendidos por uma empresa.

A grande vantagem do estudo das relações CVR na sua forma convencional é a sua simplicidade. As hipóteses assumidas modelam a realidade de forma determinística originando funções lineares de uma variável, facilitando os cálculos e, consequentemente, as análises necessárias. Portanto, a análise CVR é uma ferramenta de grande utilidade para a gestão (a curto prazo), embora sejam de reconhecer as seguintes limitações:

– A utilização previsional do modelo obriga a colocar hipóteses de informação perfeita no que se refere ao preço de venda (p_v), ao custo variável unitário (k_v) e aos custos fixos totais (K_f);

– A análise é desenvolvida para um só produto e apenas é aplicável à produção múltipla formulando a hipótese restritiva da imutabilidade da combinação (*mix*) de produtos no volume de negócios total da empresa;

– O modelo não considera a dimensão do valor do dinheiro no tempo porque é aplicado para análise de resultados e não para análise de fluxos de caixa;

– O pressuposto de que toda a produção é vendida e que não há variação nos stocks (inventários), o que constitui ainda uma simplificação da realidade.

– O volume de produção é um indutor de custo dominante que permite distinguir entre custos variáveis e custos fixos. O modelo exige uma distinção clara entre custo fixo e custo variável, ou a componente fixa e a componente variável de um determinado custo (caso este seja semi-fixo), conceito nem sempre fácil de adaptar ao real comportamento dos custos.

– Os comportamentos do volume de negócios total e do custo total são lineares em relação ao volume de produção (graficamente representam-se por uma recta). A linearidade do volume de negócios total relativamente às quantidades vendidas traduz bem o raciocínio dos economistas segundo o qual o preço de venda permanece estável independentemente dessas quantidades, em situação de concorrência pura e perfeita. Contudo, na prática a diferenciação dos produtos e a segmentação dos mercados torna esta hipótese dificilmente sustentável. Da mesma forma a suposta linearidade da variação do custo total com as quantidades vendidas apenas se verifica em intervalos limitados de actividade

CONTABILIDADE ANALÍTICA E DE GESTÃO

resultantes, nomeadamente, dos efeitos aprendizagem e de saturação próxima da capacidade produtiva máxima disponível.

EXERCÍCIOS DE APLICAÇÃO (Dinâmica da relação custo-volume-resultado)

EXERCÍCIO Nº 1 (Resolvido)

A sociedade ALFA, SA realizou no período "N" um resultado depois de impostos de € 600 000,00.

A Administração deseja, como objectivo para o ano "N+1", um aumento de 20% daquele resultado. Admita ainda que: a taxa de Impostos sobre lucros é de 20% e não está prevista qualquer alteração; os custos fixos estão estimados em € 2 400 000,00/ano; e a margem de contribuição está avaliada em 25% do preço de venda.

PEDIDOS:

1. Calcule o volume de negócios requerido para satisfazer os objectivos do ano N+1.
2. Qual seria o volume de negócios requerido se a sociedade ALFA pudesse melhorar a margem de contribuição até 30% do volume de negócios?
3. Se a sociedade ALFA produzir e comercializar vários produtos em que condições pode conceber-se uma análise do ponto crítico?

EXERCÍCIO Nº 2 (Resolvido)

A unidade industrial ALFA, S.A. pode produzir anualmente um máximo de 200 000 unidades de um único produto – P, cujo preço de venda actual é de € 40,25.

Os custos variáveis de produção atingem € 21,00/UF e os gastos gerais de fabrico (GGF) fixos são de € 1 050 000,00/ano. Os custos variáveis não industriais (venda e administração) são € 8,75/UF, enquanto os custos fixos não industriais representam metade dos GGF fixos.

PEDIDOS:

1. Calcular o ponto crítico de vendas em valor e em quantidade.
2. Determinar a quantidade que a sociedade ALFA, SA deverá vender para obter um resultado líquido anual (suponha uma taxa de Impostos sobre lucros de 20%) de € 336 000,00.
3. As vendas da sociedade ALFA, SA foram de 185 000 unidades no ano anterior. Uma greve numa empresa fornecedora importante provocou

DINÂMICA DA RELAÇÃO CUSTO-VOLUME-RESULTADO

uma falta de matérias-primas, o que implicará, para o ano em curso, que as vendas se situem apenas em 160 000 unidades. O administrador executivo da empresa prevê reduzir os custos fixos de modo que se situem abaixo dos do ano anterior em € 103 250,00; e pretende ainda elevar o preço de venda ou reduzir os custos variáveis, ou aplicar as duas medidas simultaneamente, de forma a manter o resultado do ano anterior. A empresa já vendeu este ano 30 000 unidades ao preço do ano anterior e praticou o mesmo custo variável unitário.

Determinar a margem de contribuição unitária que é necessária obter, de cada uma das 130 000 unidades que ainda faltam vender, para que o resultado previsto se possa realizar.

4. Embora a capacidade instalada permita à sociedade ALFA, S.A. produzir 200 000 unidades/ano, as vendas têm sido sistematicamente inferiores. No entanto, é convicção do administrador executivo da empresa de que, se for realizado um investimento de € 15 000,00 numa campanha publicitária (vida útil 3 anos – NCRF6[4]) e se for praticado um preço de venda inferior ao actual em € 1,00/UF, conseguirá vender toda a produção e, por isso, melhorar o resultado antes de impostos dos próximos três anos. Analisar, justificando, a proposta do administrador executivo da sociedade ALFA, SA.

EXERCÍCIO Nº 3 (Resolvido)

A empresa XYZ, S.A. produz e comercializa dois produtos (P_1 e P_2). O seu volume actual de produção corresponde a um valor de vendas de € 690 000,00, no qual as vendas do produto P_1 representam 60%.

Conhece-se a seguinte informação:	P_1	P_2
Preço de venda (€)	207,00	69,00
Custos de produção (variáveis em função das vendas):		
Matérias directas	25%	40%
Trabalho directo de produção (TDP)	30%	25%
Custos de produção (variáveis em função do TDP):		
Trabalho extraordinário	40%	32%
Trabalho em tempo normal	10%	14%
Custos distribuição/administrativos (variáveis em função das vendas):	6%	7%
Custos fixos totais (€)	76 600,00	

---

[4] NCRF 6, "Activos intangíveis, Vida útil (parágrafos 87 a 95), Activos intangíveis com vidas úteis finitas (parágrafos 96 a 105)", §96, Aviso nº 15655/2009, DR nº 173, 2ª Série de 7 de Setembro, p. 36278.

No sentido de poder satisfazer a procura crescente dos seus produtos, a empresa planeou a aquisição de equipamentos no valor de € 648 000,00, que apresentam um período de vida útil estimado em oito anos e com valor residual nulo.

Ao nível da produção este investimento permitirá:

– Um acréscimo nas quantidades produzidas de 10% para P_1 e 20% para P_2.

– Uma redução significativa nas horas de trabalho extraordinário (75% dos valores indicados).

A direcção de *marketing* afirma poder garantir a colocação do correspondente aumento de produção.

Neste contexto:

1. Apurar o resultado antes de impostos no período presente.
2. Calcular o ponto crítico correspondente à actual estrutura de custos.
3. Apurar o resultado antes de impostos após o investimento.
4. Determinar o ponto crítico após o investimento e, justificando sucintamente, avaliar o projecto.

EXERCÍCIO Nº 4 (Resolvido)

A empresa AGRO, SA dedica-se à produção de rações para animais e iniciou a sua actividade em Janeiro do ano "N". A capacidade produtiva anual é de 200 000 toneladas, que a empresa utiliza para fabricar um único tipo de ração. A curto prazo o objectivo da empresa é satisfazer a procura no mercado interno, embora se tenha deparado com a possibilidade de vender, o produto que fabrica, para o mercado externo.

Informação disponível relativa ao ano "N" (valores em €)

Custos	Fixos	Variáveis
De produção	777 600,00	18,00/ton.
De distribuição	93 000,00	(a) 0,90/ton.
Administrativos	111 000,00	(a) 0,30/ton.
Financeiros	99 600,00	
(a) - Em função das vendas		
Vendas: 130 000 toneladas		
Preço de venda unitário: 27,00/tonelada		
Produção: 180 000 toneladas.		

DINÂMICA DA RELAÇÃO CUSTO-VOLUME-RESULTADO

PEDIDOS:

1. Determinar o ponto crítico das vendas.
2. Elaborar as demonstrações dos resultados por funções para o ano "N", respectivamente, em custeio por absorção, variável e racional.
3. A empresa tem possibilidade de vender no mercado externo 20 000 toneladas de ração, à saída da fábrica, ao preço de € 21,00/tonelada. Esta venda implica custos adicionais de € 1,50/tonelada. Analisar e avaliar, justificando, qual a decisão que deve ser tomada, no pressuposto de que esta venda não tem quaisquer implicações comerciais futuras.

EXERCÍCIO Nº 5

A empresa BETA, SA é um entre os numerosos fornecedores de uma determinada peça para a fabricação de automóveis. As encomendas são distribuídas de um modo uniforme pelos fornecedores; porém, o director de *marketing* da empresa acredita que uma diminuição dos seus preços poderia aumentar em 30% o número de unidades vendidas.

Para que seja possível a análise da proposta do director de *marketing*, com o objectivo de avaliar a sua viabilidade, está disponível a seguinte informação (valores em €):

	Actuais	**Proposta**
Preço unitário	5,00/UF	4,00/UF
Volume de vendas	200 000UF	Superiores em 30%
Custo variável (total)	700 000,00	O mesmo custo variável unitário
Custo fixo	240 000,00	240 000,00

PEDIDOS:

1. Analisar, justificando, a proposta do director de *marketing* da empresa BETA.
2. Determinar a quantidade que deverá ser vendida ao preço de € 4,00/UF para que a empresa obtenha um resultado antes de impostos no montante de € 60 000,00.
3. Calcular o ponto crítico das vendas após a proposta e salientar a utilidade da informação facultada, para a tomada de decisão.

CONTABILIDADE ANALÍTICA E DE GESTÃO

EXERCÍCIO Nº 6

Numa unidade industrial de produção uniforme foi recolhida, em determinado período, a seguinte informação (valores em €):

CUSTOS	VARIÁVEIS	FIXOS
Matérias-primas	25,00/UF	
Custos de conversão	10,00/UF	79 875,00
Custos de distribuição	2,50/UF	9 000,00
Custos administrativos		20 000,00
Custos financeiros		10 000,00

Outra informação	
Vendas do período:	600 000,00
Preço de venda:	60,00/UF
Produtos fabricados:	Inventário inicial - 1 500 UF (valor a determinar)
	Inventário final – 2 000 UF
Produtos em curso de fabrico:	Inventário inicial – 200 UF com 50% de acabamento (valor a determinar)
	Inventário final - 500 UF com 50% de acabamento
Resultado líquido do período:	86 062,50 (taxa de Impostos sobre lucros: 25%)

As matérias-primas são incorporadas no início do processo produtivo e o custo de conversão (transformação) é de incorporação linear ao longo de todo o processo.

Os custos variáveis (K_v) são proporcionais.

A produção é avaliada a custo industrial e o custo dos stocks (inventários) deve ser atribuído pelo uso da fórmula FIFO.

PEDIDOS:

1. Calcular o custo dos produtos vendidos no período.
2. Calcular o valor do stock inicial de produtos fabricados, sabendo que o custo unitário da produção terminada no período foi de €42,50.
3. Calcular o valor do stock inicial de produtos em curso de fabrico.
4. Calcular o ponto crítico das vendas.
5. Elaborar uma demonstração dos resultados para o período seguinte, sabendo que se prevê:
   – Um aumento de 15% no preço das matérias-primas;
   – Um aumento de 12% nos custos de conversão fixos;

- Um aumento de 20% na quantidade vendida;
- Um valor nulo para os stocks (inventários) finais de produtos em curso de fabrico;
- O inventário final de produtos fabricados, em quantidade, será inferior em 20%;
- O preço de venda a praticar deverá assegurar um resultado antes de impostos de 20% do valor das vendas.

EXERCÍCIO Nº 7

A unidade industrial BETA, Lda. dedica-se à produção de componentes para a indústria automóvel e está a estudar a possibilidade de implantação de uma nova fábrica.

Os estudos efectuados permitiram prever para cada um dos quadrimestres, do primeiro ano de actividade, os elementos que se apresentam no quadro seguinte:

Descrição		Quadrimestres			Ano
		1º	2º	3º	
Em unidades:	Capacidade produtiva				65 000
	Produção prevista	15 000	15 000	20 000	50 000
	Vendas	10 000	17 000	20 000	47 000
Em euros (€):	Matérias-primas	180 000	180 000	240 000	600 000
	Custos de conversão:				
	Variáveis	90 000	90 000	120 000	300 000
	Fixos	240 000	240 000	240 000	720 000
	Custos Dist. e Adm.:				
	Variáveis	40 000	68 000	80 000	188 000
	Fixos	24 000	24 000	24 000	72 000
	Custos Financeiros:				
	Variáveis	12 000	20 400	24 000	56 400
	Fixos	80 000	80 000	80 000	240 000
TOTAL		666 000	702 400	808 000	2 176 400

Dispõem-se ainda dos seguintes dados previsionais:

- O preço de venda deverá ser de € 50,00 /unidade.
- A produção em curso de fabrico deverá ser nula.

O custo das saídas dos stocks (inventários) deve ser atribuído pelo uso da fórmula FIFO.

Considerando os elementos apresentados pretende-se:

1. Elaborar as demonstrações de resultados, para cada um dos quadrimestres, pela técnica de custeio por absorção e pela técnica de custeio variável.

2. Explicar, através de cálculos adequados, as diferenças nos resultados apurados, pelas duas técnicas de custeio, retirando as conclusões gerais que os mesmos possibilitam.
3. Calcular o ponto crítico das vendas em quantidade e em valor para o ano.
4. Determinar a margem de segurança da empresa para o mesmo período.

RESOLUÇÃO de alguns dos exercícios propostos para este capítulo

Resolução do exercício nº 1

Resposta ao pedido 1)

Objectivo para o resultado líquido do ano N+1:
$$R = 600\,000,00 \times 1,2 = €\,720\,000,00$$

Determinação do resultado antes de imposto (RAI) no ano N+1 (taxa de impostos sobre lucros – 20%):

$$RAI = \frac{720\,000,00}{0,8} = €\,900\,000,00$$

Partindo de: $V - K_t = R$ tem-se: $p_v \times Q - k_v \times Q - K_f = R \Leftrightarrow Q \times m = K_f + R$

Como: a) $m = 0,25 \times p_v$; b) $K_f + R = 2\,400\,000,00 + 900\,000,00 = €\,3\,300\,000,00$

Para o objectivo volume de negócios vem: $V = \dfrac{3\,300\,000,00}{0,25} = €\,13\,200\,000,00$

Resposta ao pedido 2)

Volume de negócios requerido: $V = \dfrac{2\,400\,000,00 + 900\,000,00}{0,3} = €\,11\,000\,000,00$

Resolução do exercício nº 2

Resposta ao pedido 1)

Objectivo: Calcular o ponto crítico das vendas (em quantidade e em valor)

Custo variável unitário (total): $k_v = 21,00 + 8,75 = 29,75$

Margem de contribuição: $m = 40,25 - 29,75 = €10,50$

Determinação dos K_f da empresa:

$$1\,050\,000,00 + \frac{1\,050\,000,00}{2} = \text{€}\,1\,575\,000,00$$

Ponto crítico em quantidade:

$$Q^* = \frac{1\,575\,000,00}{40,25 - 29,75} = 150\,000\ \text{UF}$$

Ponto crítico em valor (pela fórmula):

$$V^* = \frac{K_f}{1 - \dfrac{k_v}{p_v}} = \frac{1\,575\,000,00}{1 - \dfrac{29,75}{40,50}} = \text{€}\,6\,037\,500,00$$

Ou simplesmente: $Q^* \times p_v = 150\,000 \times 40,25 = \text{€}\,6\,037\,500,00$

Resposta ao pedido 2)

Objectivo: quantidade a vender que permite um resultado líquido anual de € 336 000,00 considerando uma taxa de impostos sobre lucros de 20%.

$$\text{RAI} = \frac{336\,000,00}{0,8} = \text{€}\,420\,000,00$$

$$Q \times 40,25 - Q \times 29,75 = 1\,575\,000,00 + 420\,000,00$$

$$Q = \frac{1\,995\,000,00}{10,50} = 190\,000\ \text{UF}$$

Esta quantidade gera um valor de vendas de €7 647 500,00 e cumpre o objectivo do resultado.

Resposta ao pedido 3)

Objectivo: manutenção do resultado do ano anterior

$R = 185\,000 \times 10,50 - 1\,575\,000,00 \Leftrightarrow R = \text{€}\,367\,500,00$ (ou $R = 35\,000 \times 10,50 = \text{€}\,367\,500,00$)

Para atingir aquele objectivo o director executivo prevê reduzir os K_f, relativamente ao ano anterior, em € 103 250,00.

Custos fixos totais (K_f) desejados: $1\,575\,000,00 - 103\,250,00 = \text{€}\,1\,471\,750,00$.

Margem de contribuição global (M) desejada:
$1\,471\,750,00 + 367\,500,00 = \text{€}\,1\,839\,250,00$.

CONTABILIDADE ANALÍTICA E DE GESTÃO

Contribuição marginal já realizada durante o ano:
30 000 × 10,50 = € 315 000,00.

Contribuição marginal a realizar ainda:
1 839 250,00 − 315 000,00 = € 1 524 250,00.

Quantidade a vender ainda: 130 000 UF.

Cálculo da margem de contribuição unitária a realizar:

$$m = \frac{M}{Q} \Leftrightarrow m = \frac{1\,524\,250,00}{130\,000} = € 11,725$$

A margem de contribuição unitária pode obter-se também do seguinte modo:
30 000 × 10,50 + 130 000 × m = 1 471 750,00 + 367 500,00.

Resposta ao pedido 4)

Análise do efeito no resultado do objectivo proposto pelo director – diminuição do preço de venda e o consequente aumento da quantidade vendida. Esta proposta representa uma alternativa à redução dos custos fixos do pedido 3).

$$R = 200\,000 \times [(40,25 - 1,00) - 29,75] - 1\,575\,000,00 - 5\,000,00 \Leftrightarrow R = € 320\,000,00$$

Resolução parcial do exercício nº 3

Resposta ao pedido 1)

Resultado antes do Investimento (valores em €):

	P_1	P_2	Total
Vendas	414 000,00	276 000,00	690 000,00
Custo das vendas:			
Variáveis de produção	289 800,00	211 140,00	500 940,00
Variáveis de distribuição	24 840,00	19 320,00	44 160,00
Margem de contribuição	99 360,00	45 540,00	144 900,00
Gastos fixos			76 600,00
Resultado antes de impostos			68 300,00

Cálculos auxiliares da demonstração dos resultados (valores em €):

Custos variáveis	P_1	P_2
Matérias directas	$414\,000,00 \times 0,25 = 103\,500,00$	$276\,000,00 \times 0,40 = 110\,400,00$
Trabalho directo de produção	$414\,000,00 \times 0,30 = 124\,200,00$	$276\,000,00 \times 0,25 = \ 69\,000,00$
Trabalho extraordinário (GGF)	$124\,200,00 \times 0,40 = \ \ 49\,680,00$	$69\,000,00 \times 0,32 = \ 22\,080,00$
Trabalho indirecto (GGF)	$124\,200,00 \times 0,10 = \ \ 12\,420,00$	$69\,000,00 \times 0,14 = \ \ \ 9\,660,00$
Variáveis de produção	$289\,800,00$	$211\,140,00$
Gastos de distribuição	$414\,000,00 \times 0,06 = \ \ 24\,840,00$	$276\,000,00 \times 0,07 = \ 19\,320,00$
Variáveis totais	$314\,640,00$	$230\,460,00$

Resposta ao pedido 3)

Vendas em Quantidade:

$$P_1 = \frac{414\,000,00}{207,00} = 2\,000 \text{ UF} \qquad P_2 = \frac{276\,000,00}{69,00} = 4\,000 \text{ UF}$$

Produção admitida com o investimento:

P_1: $2\,000 \times 1,1 = 2\,200$ UF $\qquad$ P_2: $4\,000 \times 1,2 = 4\,800$ UF

<u>Investimento em equipamento</u> (depreciação e amortização):

$$\text{Quota anual} = \frac{648\,000,00}{8} = €\,81\,000,00$$

Resultados depois do investimento (valores em €):

	P_1	P_2	Total
Vendas	455 400,00	331 200,00	786 600,00
Custos das vendas:			
Variáveis	305 118,00	257 040,00	562 158,00
Margem contribuição	150 282,00	74 166,00	224 442,00
Custos fixos			157 600,00
Resultado antes de impostos			66 842,00

Cálculos auxiliares da demonstração dos resultados (valores em €):

P_1	P_2
0,25 × 455 400,00 = 113 850,00	0,4 × 331 200,00 = 132 480,00
0,3 × 455 400,00 = 136 620,00	0,25 × 331 200,00 = 82 800,00
(a) 0,1 × 136 620,00 = 13 662,00	(a) 0,08 × 82 800,00 = 6 624,00
0,1 × 136 620,00 = 13 662,00	0,14 × 82 800,00 = 11 952,00
0,06 × 455 400,00 = 27 324,00	0,07 × 331 200,00 = 23 184,00
305 118,00	257 040,00
(a) – Redução de 75% do trabalho extraordinário (0,25 × 0,4 e 0,25 × 0,32)	

Resolução do exercício nº 4

Resposta ao pedido 1)

$$Q^* = \frac{K_f}{m} \Leftrightarrow Q^* = \frac{777\,600,00 + 93\,000,00 + 111\,000,00 + 99\,600,00}{27,00 - 19,20} = \frac{1\,081\,200,00}{7,80} = 138\,615\,UF$$

Resposta ao pedido 2)

Demonstração dos resultados pelas técnicas de custeio por absorção e racional (valores em €):

	Custeio por absorção	Custeio racional
Vendas	3 510 000,00	3 510 000,00
Custo das vendas	2 901 600,00	2 845 440,00
Resultado bruto ou Margem bruta	608 400,00	664 560,00
Outros gastos (industriais não incorporados)		77 760,00
Gastos não industriais	459 600,00	459 600,00
Resultado antes de impostos	148 800,00	127 200,00

Valor das vendas: 130 000 × 27,00 = € 3 510 000,00

Cálculos auxiliares em <u>custeio por absorção</u>:

Custo de produção:	$K_t = K_v + K_f = 180\,000 \times 18,00 + 777\,600,00 = €\,4\,017\,600,00$ $k_t = \dfrac{K_t}{\text{Produção}} \Leftrightarrow k_t = \dfrac{4\,017\,600,00}{180\,000} = €\,22,32$
Custo das vendas:	$130\,000 \times 22,32 = €\,2\,901\,600,00$
Valor do S_f:	$50\,000 \times 22,32 = €\,1\,116\,000,00$

Cálculos auxiliares em <u>custeio racional</u>:

Coeficiente de actividade:	$C_a = \dfrac{P_e}{P_n} \Leftrightarrow C_a = \dfrac{180\,000}{200\,000} = 0,9$
Custo fixo de produção:	$K_f - 777\,600,00 \times 0,9 = €\,699\,840,00$
Custo da produção:	$K_t - 180\,000 \times 18,00 + 699\,840,00 = €\,3\,939\,840,00$ $k_t = \dfrac{3\,939\,840,00}{180\,000} = €\,21,888$
Custos de subactividade:	$777\,600,00 - 699\,840,00 = €\,77\,760,00$ ou $777\,600,00 \times 0,1$
Custo das vendas:	$130\,000 \times 21,888 = €\,2\,845\,440,00$
Valor do S_f:	$50\,000 \times 21,888 = €\,1\,094\,400,00$

Demonstração dos resultados pela técnica de custeio variável (valores em €):

Vendas	3 510 000,00
Custo das vendas (custeio variável industrial)	2 340 000,00
Resultado bruto ou margem bruta (variável)	1 170 000,00
Gastos não industriais variáveis	156 000,00
Margem de contribuição	1 014 000,00
Outros gastos (fixos industriais)	777 600,00
Gastos fixos não industriais	303 600,00
Resultado antes de impostos	(67 200,00)

Cálculos auxiliares em <u>custeio variável</u>:

Custo de produção variável (K_v):	$180\ 000 \times 18,00 = €\ 3\ 240\ 000,00$
Custo das vendas:	$130\ 000 \times 18,00 = €\ 2\ 340\ 000,00$
Valor do S_f:	$50\ 000 \times 18,00 = €\ 900\ 000,00$

Capítulo VIII
A medida da produção

A acção de produzir é, economicamente, a actividade através da qual os factores de produção básicos como o trabalho, energia, tecnologias (entre outros) transformam as matérias (também factor de produção), conferindo-lhe novos atributos capazes de satisfazer necessidades diferentes daquelas que as matérias originais, no estado original (estado, espaço e tempo), satisfazem, dando assim origem a outros bens e serviços. O conjunto de todas as acções de produção (humanas e instrumentais) que constituem a actividade de produzir origina o processo produtivo.

No domínio da contabilidade de custos a palavra produção assume, convencionalmente, o sentido de efeito das acções de produzir (BAGANHA, 1997[1]). Nas acções de produzir, trabalho e capital são dois factores essenciais. Da combinação eficiente dos factores trabalho e capital depende também a eficácia da produção.

Neste capítulo, a abordagem da medida da produção centra-se em particular nos aspectos quantitativos, porém, os aspectos qualitativos do resultado da acção de produzir não são irrelevantes, nomeadamente tem interesse a distinção entre produção defeituosa e produção útil.

---

[1] BAGANHA, M. D., "Conceitos Contabilísticos de Produção", Revista de Contabilidade e Comércio, VOL. LIV, nº 214, ABR.1997, p.257.

8.1. Quadro conceptual[2]

8.1.1. Conceito de produto

Para uma empresa transformadora ou industrial, produto é o resultado da acção de fabricar ou produzir algo, isto é, resulta da transformação dum factor (matéria-prima) num bem com utilidade que pode ser vendido ou voltar a ser transformado noutro bem. A acção de fabricar ou produzir algo está relacionada com os conceitos de fase e estádio da elaboração dum produto.

Fase de elaboração[3] dum produto – Na produção dos diferentes bens (produtos ou serviços) deve ter-se presente que o consumo dos factores produtivos não é instantâneo. Assim, cada produto vai sofrendo modificações durante o processo de transformação (da matéria-prima em produtos fabricados) passando por diferentes fases. Logo, a fase de elaboração do produto representa cada uma das, sucessivas, mudanças que é possível reconhecer nos bens, durante o respectivo processo produtivo.

O estádio da elaboração dum produto corresponde à parte do processo produtivo já decorrido (ou a decorrer) a qual pode ou não coincidir com uma fase. A cada fase corresponde um dado estádio e o inverso não é verdadeiro.

8.1.2. Conceito de processo produtivo

A organização do processo produtivo (ou de fabrico) está intimamente relacionada com a forma como é apurado o custo de produção. O cálculo do custo de produção envolve aspectos importantes, na medida em que tem de reflectir o custo dos factores incorporados, como a matéria-prima e a sua transformação em produto fabricado.

Antes de desenvolver o conceito de processo produtivo serão apresentados, sucessivamente, os conceitos de "operações do processo produtivo", de "fases do processo produtivo" e de "segmento do processo produtivo".

Genericamente designa-se operação como um conjunto de meios combinados, para conseguir um resultado. Em sentido restrito, operação do processo produtivo entende-se como «acção dum agente, isolada ou concomitante com a de outros agentes, insusceptível, por razões técnicas ou convencionais, de partição em acções menores. Geralmente na operação combinam-se a acção do agente trabalho com as de outros agentes»[4].

---

[2] O quadro conceptual está baseado nos artigos do Professor Manuel Duarte Baganha, publicados em diversos números da Revista de Contabilidade e Comércio, conforme constam da bibliografia.

[3] Dicionário da Língua Portuguesa, 8ª Edição, Porto Editora – Acto ou efeito de elaborar; trabalho; actividade ou resultado de trabalho executado por alguns órgãos num organismo; preparação; composição; produção de um trabalho, obra ou substância.

[4] BAGANHA, M.D., "Processo Produtivo", Revista de Contabilidade e Comércio, VOL. LI, nº 203, SET.1994, p.344.

Em sentido comum chama-se fase à modificação no aspecto que as coisas vão, sucessivamente, apresentando, ou então, qualquer porção homogénea e fisicamente distinta de um sistema, com limites bem definidos. O termo, quando aplicado a uma operação que se repete periodicamente, pode significar quer o grau de desenvolvimento do processo, quer a fracção de período decorrida desde um instante inicial. No âmbito deste trabalho designa-se por fase do processo produtivo o conjunto de operações entre duas sequências sucessivas de elaboração do produto.

Aos conceitos de operações, fases e estádios, relevantes não só do ponto de vista teórico como da aplicação prática, interessa acrescentar o conceito de segmento do processo produtivo, como um conjunto de operações produtivas, que será importante para a abordagem teórica de alguns temas.

Num sentido geral define-se segmento como um conjunto cujos elementos são dois pontos quaisquer de uma recta e os pontos que nessa recta estão compreendidos entre aqueles dois pontos.

O processo produtivo é idealmente representado como um segmento de recta e, eventualmente, pode ser subdividido em segmentos menores. A cada um destes segmentos menores dá-se o nome de segmento do processo produtivo e diz-se que o processo é segmentado. Se idealmente não existe subdivisão do processo em segmentos menores diz-se que se trata dum processo produtivo não segmentado.

Representação de um processo produtivo não segmentado:

Representação de um processo produtivo segmentado:

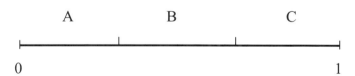

Denomina-se factor produtivo cada agente ou classe de agentes, intervenientes no processo produtivo. Os factores de produção (ou inputs) são bens utilizados para produzir outros bens através da utilização de determinados processos e tecnologias de fabrico. Do ponto de vista económico, o capital e o trabalho são exemplos de factores produtivos.

O número de factores produtivos, a sua natureza e características, o modo como se combinam e as proporções entre eles variam, entre outros, com a natureza e o tipo de produto a fabricar e com a tecnologia utilizada.

CONTABILIDADE ANALÍTICA E DE GESTÃO

A incorporação dos factores será considerada em sentido amplo, ou seja, numa óptica económica e física. Logo, consideram-se no conceito de incorporação, quer os factores produtivos fisicamente incorporáveis, quer os factores simplesmente utilizáveis.

Os regimes de incorporação dos factores produtivos nos processos de fabrico apresentam diversas formas, ou seja:

– Pontualmente (ou instantaneamente), isto é, os factores são incorporados, de uma só vez, num dado ponto, ou por várias vezes, em diversos pontos, do processo produtivo;
– Linearmente (ou uniformemente), isto é, ao longo de todo o processo produtivo ou apenas durante uma parte dele. Neste caso os factores de produção são incorporados nos produtos duma forma constante ou contínua.

Em síntese chama-se processo produtivo, e representa-se por um segmento de recta, ao conjunto de operações fabris necessárias para a transformação das matérias-primas em produtos fabricados.

O processo produtivo é determinado desde que sejam conhecidas a natureza e a ordenação das operações que o integram. Além disso, é necessário especificar os produtos e factores produtivos (e os procedimentos da sua incorporação) bem como as circunstâncias de lugar (a constituição, o aspecto, o tempo, etc.) de ambos.

A estrutura[5] do processo produtivo é a forma como são ordenadas as operações. As principais estruturas dum processo produtivo são quatro: estrutura linear, estrutura convergente, estrutura divergente e estrutura mista.

Estrutura linear – as operações sucedem-se por ordem cronológica formando uma série única de operações fabris.

Sejam A_1, A_2, ... A_n as sucessivas operações, pode representar-se a estrutura linear através do esquema:

$$A_1 \longrightarrow A_2 \longrightarrow \ldots \longrightarrow A_n$$

Estrutura convergente – quando uma dada operação é precedida de duas ou mais séries de operações lineares e paralelas de operações fabris. O esquema seguinte representa este tipo de estrutura:

$$A_1 \longrightarrow A_2 \longrightarrow \ldots \longrightarrow A_n$$
$$B_1 \longrightarrow B_2 \longrightarrow \ldots \longrightarrow B_n \quad C_1$$

[5] BAGANHA, M. D., "Processo Produtivo", Revista de Contabilidade e Comércio, VOL. LI, nº 203, SET.1994, p.348.

Estrutura divergente – se à operação inicial se sucedem duas ou mais séries lineares e paralelas de operações. O esquema seguinte representa este tipo de estrutura:

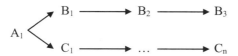

Estrutura mista – quando corresponde a uma combinação das estruturas anteriormente referidas. O esquema seguinte representa um exemplo de estrutura mista:

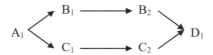

As estruturas típicas apresentadas reportam-se a <u>processos produtivos complexos</u>, isto é, integrados por uma multiplicidade de operações – que são os mais frequentes. Se o processo incluir uma única operação diz-se <u>processo produtivo simples</u> (BAGANHA, 1994)[6].

Se um dado processo produtivo admite segmentação em fases diz-se que a produção é <u>por fases</u>. Se o processo não permite a segmentação em fases diz-se que a produção é <u>ininterrupta</u>. Eventualmente entre duas fases sucessivas do processo produtivo podem ocorrer estádios de simples repouso, isto é, operações em que o único agente de produção é o tempo (BAGANHA, 1994)[7].

O <u>regime de fabrico</u> refere-se ao conjunto de regras adoptadas, em cada caso concreto, no que respeita à forma como os diversos factores produtivos são incorporados na fabricação dos produtos e/ou utilizados na prestação de serviços. Este pode ser, ou não, inerente ao processo produtivo ou à sua estrutura. Neste sentido existem casos típicos de regimes de fabrico como a <u>fabricação padronizada</u> e a <u>fabricação contínua</u> ou <u>descontínua</u>.

A fabricação é contínua quando a empresa está a fabricar sempre o mesmo produto não interrompendo a sua fabricação para produzir outro qualquer diferente.

A fabricação é descontínua quando a empresa para fabricar um ou outros produtos interrompe a fabricação de qualquer outro.

---

[6] BAGANHA, M. D., "Processo Produtivo", Revista de Contabilidade e Comércio, VOL. LI, nº 203, SET.1994, p.347.
[7] BAGANHA, M. D., "Processo Produtivo", Revista de Contabilidade e Comércio, VOL. LI, nº 203, SET.1994, p.347.

CONTABILIDADE ANALÍTICA E DE GESTÃO

A fabricação descontínua pode ser por séries ou por encomenda.

Se a produção se destina ao armazém para ser vendida posteriormente e as características técnicas do produto são definidas pela própria empresa está-se diante do regime de fabricação descontínua por séries.

Se o produto é apenas fabricado mediante encomenda prévia de um cliente, não se destinando ao armazém, e as características técnicas do produto são definidas pelo próprio cliente, trata-se do regime de fabricação descontínua por encomenda.

8.1.3. Conceito de sistema[8] produtivo

De acordo com as características e os padrões da procura existentes até à década de setenta, a indústria procurava a eficiência dos processos através de vantagens competitivas nos custos de produção e no domínio de todo o ciclo de produção. Este modelo, ainda muito influenciado pelos princípios de Taylor, caracterizava-se por processos produtivos verticais e a produção acontecia preferencialmente no interior das empresas para que a dependência dos fornecedores fosse mínima.

Os processos de globalização, o desenvolvimento da sociedade da informação (conhecimento) e os choques petrolíferos na década de setenta, romperam com o modelo vigente. Estes factos tiveram várias repercussões nas economias e, como consequência, a capacidade produtiva tornou-se maior do que a procura, fazendo surgir uma nova variável – a incerteza quanto à existência dessa procura, ou seja, o desconhecimento do comportamento real do consumidor ao longo do tempo.

Face a esta realidade, as empresas passaram a incentivar uma melhor gestão da cadeia de valor. As economias de escala foram substituídas pela rapidez e pela fiabilidade na entrega e a flexibilidade do volume de produção tornou-se numa das formas de estimular a procura. A diversificação de modelos, o aumento do conteúdo tecnológico dos produtos e a criação de necessidades, através da introdução no mercado de produtos novos, provocaram a redução do ciclo de vida desses produtos.

Neste contexto de incerteza, as empresas que procuravam maior produtividade optaram por maior independência do factor trabalho e pela utilização da automação dos sistemas de produção. Num cenário em que a procura é menor do que a capacidade de produção a estratégia de oferecer ao consumidor o que ele realmente necessita, em tempo aceitável, tornou-se a chave do sucesso das empresas.

---

[8] O dicionário da Língua Portuguesa, tomo II da Texto Editores, define sistema como: «conjunto de princípios reunidos de modo a que formem um corpo de doutrina» ou «combinação de partes coordenadas entre si e que concorrem para um resultado ou para formarem um conjunto».

Os sistemas tornaram-se mais flexíveis e a produção mais diversificada tendo surgido propostas para uma organização da produção mais eficaz. Assim, acredita-se que o ambiente produtivo, apoiado em terceiros, em parcerias, em alianças e em organizações virtuais, possa atingir maior diversificação, agilidade e custos competitivos. A competitividade de um produto não fica limitada pela fronteira da empresa detentora da marca, antes se expõe e relaciona-se com a envolvente.

Actualmente, um produto é o resultado da associação entre empresas industriais e de serviços, chamada cadeia de aprovisionamentos (supply chain), e pode assumir diferentes configurações de produção e de gestão que influenciam a sua flexibilidade.

As empresas são organizações consideradas unidades apenas para fins legais e de responsabilidade. Logo, as empresas são conjuntos de sistemas produtivos interligados, podendo no limite integrar apenas um sistema produtivo. As empresas podem ter várias fábricas, com comunicação muito limitada entre elas ou que funcionam independentemente. Por outro lado, a unidade empresa não corresponde a um único sistema produtivo, contudo, a unidade que será objecto de estudo é a unidade sistema produtivo.

O sistema produtivo pode ser visto numa perspectiva macro ou micro. Na primeira identifica-se com um país ou com uma indústria. Relativamente a uma indústria o sistema produtivo pode ser entendido do ponto de vista da sua coesão e o seu funcionamento deve entender-se a partir das inter-relações que se estabelecem entre as empresas que constituem essa indústria.

A nível micro o sistema produtivo é um conjunto de componentes interativos (factores, processos, tecnologia, etc.) que torna objectiva a produção de bens ou a prestação de serviços. Quanto ao sistema produtivo de uma empresa constata-se que o planeamento produtivo e a utilização de técnicas adequadas de exploração representam a melhor opção para o seu desenvolvimento e sucesso.

Segundo GIL, J. (1997) um «sistema produtivo é o conjunto de meios humanos, de equipamentos e organizacionais, afectos à actividade produtiva de uma empresa». Continuando, o autor afirma que «por motivos organizacionais, os sistemas produtivos podem ser divididos em subsistemas, a cuja forma mais elementar e, por isso, indivisível, chamaremos de centro produtivo». E ainda «um segmento do processo produtivo de um produto é, finalmente, o conjunto constituído por todas as operações desse processo, efectuadas num determinado centro produtivo»[9].

---

[9] GIL, J. V. T., "A equação da produção efectiva de um produto num segmento do processo produtivo", Revista de Contabilidade e Comércio, VOL. LIV, nº 214, ABR.1997, p. 316.

CONTABILIDADE ANALÍTICA E DE GESTÃO

Hitomi (1979) afirma que «para caracterizar um sistema são necessários quatro atributos – a ideia de conjunto, a relação entre os elementos, a procura de objectivos e a adaptabilidade ao contexto»[10]. No modelo de Hitomi (1979) as variáveis de entrada do sistema são os factores de produção e as de saída são os produtos e o único contacto com o exterior são as variáveis de entrada e de saída, tudo o resto passa-se dentro das fronteiras do sistema produtivo. De acordo com o modelo, qualquer que seja o sistema que transforma os factores de produção em produtos pode ser considerado um sistema produtivo. Assim, um sistema produtivo pode ser encarado como um conjunto de elementos interligados que permite gerar produtos a partir de factores de produção. Entretanto, esses elementos interligados podem ser considerados, eles próprios, sistemas produtivos, logo, subsistemas que fazem parte do sistema produtivo.

Numa abordagem simples quase tudo pode ser considerado como um sistema produtivo, bastando que, para isso, existam parâmetros reguladores, um gestor e um resultado que possa ser cedido a um cliente.

Os sistemas produtivos podem ser uniformes e múltiplos. Assim, conforme o número de produtos resultantes do processo produtivo, num dado ciclo de produção, o sistema produtivo denomina-se uniforme ou único (produção única), quando se fabrica um só produto, ou múltiplo (produção múltipla) quando se fabricam vários produtos.

Se uma unidade industrial elabora um único produto diz-se produção uniforme. Se elabora mais do que um produto designa-se produção múltipla. Assim, a produção uniforme é compatível com as estruturas, linear, convergente e mista e a estrutura divergente corresponde a situações de produção múltipla. No entanto, em uma dada unidade industrial da produção múltipla podem coexistir processos produtivos com estruturas diferenciadas (Baganha, 1994)[11].

A produção múltipla pode ainda ser disjunta ou conjunta. Diz-se disjunta se de um dado processo produtivo resulta em cada ciclo e de um mesmo lote de matérias-primas um único produto. E é conjunta se no mesmo ciclo produtivo, isto é, simultaneamente, e do mesmo processo produtivo resultam mais do que um produto (Baganha, 1994)[12].

---

[10] Hitomi, K., *Manufacturing Systems Engineering*, – An Unified Approach to Manufacturing Technology and Production Management, Taylor & Francis, Ltd., London, 1979.

[11] Baganha, M. D., "Processo Produtivo", Revista de Contabilidade e Comércio, VOL. LI, nº 203, SET.1994, p. 348.

[12] Baganha, M. D., "Processo Produtivo", Revista de Contabilidade e Comércio, VOL. LI, nº 203, SET.1994. p. 348.

Figura 8.1. – Sistema produtivo

A noção de produção conjunta prende-se com uma situação em que a fabricação de um produto torna inevitável a produção de outro. Por conseguinte, do mesmo processo produtivo, que se designa conjunto, resultam pelo menos dois produtos, sendo pelo menos um deles considerado o produto principal, que é o objecto do negócio normal da empresa, e o outro que é de natureza secundária, de valor claramente inferior ao do primeiro e que tem o nome de subproduto. Este tema será estudado com mais pormenor em capítulo próprio.

8.2. Os conceitos de medida da produção

A palavra produção assume por convenção, no domínio da contabilidade de custos, o sentido de efeito das acções de produzir. Mesmo que os aspectos qualitativos, do que se produz, não sejam irrelevantes, para esta abordagem são os aspectos quantitativos que assumem evidência particular. Em geral entende-se por produção a quantidade produzida (óptica retrospectiva) ou a produzir (óptica prospectiva) (BAGANHA, 1994)[13].

No plano operacional o conceito de produção obriga que seja plenamente explicitado: 1) a especificação dos produtos ou lotes de produtos; 2) o período de referência; 3) o processo produtivo, ou os segmentos desse processo, a que se reporta a produção; 4) a unidade de medida física.

Produção programada ou produção planeada é a produção estabelecida ex-ante para um determinado período (BAGANHA, 1997)[14].

Produção esperada é a produção que, em condições de normalidade, se obterá de uma certa quantidade de factores incorporados no processo produtivo. Trata-se de uma quantificação ex-ante, de assinalável interesse do ponto de vista

---

[13] BAGANHA, M. D., "Processo Produtivo", Revista de Contabilidade e Comércio, VOL. LI, nº 203, SET.1994, p. 343
[14] BAGANHA, M. D., "Conceitos Contabilísticos de Produção", Revista de Contabilidade e Comércio, VOL. LIV, nº 214, ABR.1997, p.257.

da gestão e, em certas situações de grande relevância no cálculo da produção efectiva e, por essa via, no dos custos dos produtos. Dando ao termo "factores incorporados", um sentido amplo, o conceito estende-se a quaisquer fluxos ou stocks de produtos em curso de fabrico (BAGANHA, 1997)[15].

No campo operativo torna-se necessária, além da explicitação do produto, a explicitação do ponto de referência (ponto de espera) e do(s) ponto(s) de origem do(s) fluxo(s) ou de localização do(s) stock(s): produção esperada de produto P, no termo do segmento S, das matérias-primas incorporadas no ponto p do processo; produção esperada de produto P, no termo do segmento S, da produção terminada no segmento j; produção esperada de produto P, no termo do processo global, dos stocks em curso de fabrico no segmento j; etc. (BAGANHA, 1997)[16].

São duas as situações em que o conceito de produção esperada assume grande importância. Em processos produtivos com inerência de defeituosos e nos casos em que a unidade de medida física da produção é diferente da unidade de contagem. No primeiro caso (tema que será estudado em capítulo próprio), tratando-se de um processo produtivo segmentado e supondo que no termo de cada segmento são detectados os produtos defeituosos, sabe-se que, em condições de normalidade, as unidades que transitam de um segmento para outro são em quantidade inferior, porque os defeituosos são retirados no termo do primeiro segmento.

Quando a produção não é fisicamente medida em unidades de contagem, mas num dos vários módulos do sistema métrico tem de se recorrer ao conceito de produção esperada.

Denomina-se taxa de rendimento do factor ou produtividade do factor à relação entre a quantidade de produto obtido e a quantidade de factor incorporado, cada uma expressa na unidade de medida que em cada caso concreto seja a adequada.

$$\text{Taxa de rendimento} = \frac{\text{Quantidade de produto obtido}}{\text{Quantidade de factor incorporado}}$$

Dadas as características do factor, do processo produtivo e dos produtos, será geralmente possível definir uma taxa de rendimento normal ou produtividade normal.

---

[15] BAGANHA, M. D., "Conceitos Contabilísticos de Produção", Revista de Contabilidade e Comércio, VOL. LIV, nº 214, ABR.1997, p.267.

[16] BAGANHA, M. D., "Conceitos Contabilísticos de Produção", Revista de Contabilidade e Comércio, VOL. LIV, nº 214, ABR.1997, p.267.

A MEDIDA DA PRODUÇÃO

Produção acabada – A produção que atinge o termo de um processo parcelar ou do processo global chama-se produção acabada (BAGANHA, 1997)[17].

Pode, pois, falar-se de produção acabada com referência a um segmento do processo ou com referência à unidade industrial como um todo. Sempre que seja possível distinguir inequivocamente se o termo se refere a um segmento ou à unidade como um todo, usa-se a expressão abreviada – produção acabada; mas quando do seu emprego possa resultar ambiguidade reserva-se esta para a segunda acepção, recorrendo-se então, quando necessário, a – produção acabada no segmento tal (BAGANHA, 1997)[18].

Também se pode falar de produção acabada em termos de um factor produtivo, ou seja, quando uma dada produção já incorporou a totalidade de um factor diz-se que essa produção está acabada em termos desse factor.

Produção terminada (P_t) – do ponto de vista contabilístico a produção terminada (também designada produção fabricada) pressupõe convencionalmente um fluxo: a produção terminada de um certo segmento j é a que, tendo sido nele acabada, transita para o segmento j+1; a produção terminada na unidade industrial como um todo é a que, tendo sido acabada no segmento w, último integrante do processo, transita daí para os pontos de armazenagem dos produtos para venda (BAGANHA, 1997)[19].

A produção terminada é designada por produção fabricada, quando num dado período está acabada em termos de todos os factores e é transferida para o armazém de produtos.

Como já foi referido, contabilisticamente, a produção terminada implica um fluxo ou transferência, o que significa que se por qualquer motivo uma parte da produção totalmente acabada não foi transferida para o armazém ou fase de produção seguinte, ela deve ser considerada como produção em curso de fabrico (PCF) com 100% de acabamento.

Produção em curso de fabrico (ou em vias de fabrico) ou produção inacabada é a produção medida em termos reais, em unidades físicas (UF), que num dado momento não incorporou ainda a totalidade dos factores de produção. Sempre que seja possível falar de produção acabada ou inacabada, com referência a um ou vários factores produtivos, diz-se que a produção em curso de fabrico está

---

[17] BAGANHA, M. D., "Conceitos Contabilísticos de Produção", Revista de Contabilidade e Comércio, VOL. LIV, nº 214, ABR.1997, p.258.
[18] BAGANHA, M. D., "Conceitos Contabilísticos de Produção", Revista de Contabilidade e Comércio, VOL. LIV, nº 214, ABR.1997, p.258.
[19] BAGANHA, M. D., "Conceitos Contabilísticos de Produção", Revista de Contabilidade e Comércio, VOL. LIV, nº 214, ABR.1997, p. 258.

acabada, em termos desse factor, se este foi já incorporado na totalidade. Diz-se que a produção em curso de fabrico está inacabada, em termos de um factor, se este foi apenas parcialmente incorporado.

A produção equivalente a acabada – o conceito de produção equivalente a acabada, que é relevante para o cálculo da produção efectiva, relaciona-se com as seguintes realidades: 1) o processo produtivo não é instantâneo, sendo que a sua duração não é coincidente com a segmentação temporal definida pelo calendário civil que serve de referência aos períodos contabilísticos; 2) verifica--se frequentemente uma sobreposição parcial dos ciclos de efectiva elaboração de diferentes lotes de um mesmo produto (BAGANHA, 1997)[20].

Admite-se que em um certo momento se encontram em curso de fabrico (produção inacabada) no ponto L do processo produtivo, que se supõe não segmentado, X unidades de um dado produto cuja elaboração exige o consumo ou a utilização de um determinado factor f. Ou seja, graficamente:

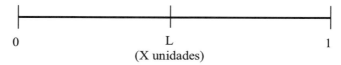

Designa-se por taxa, grau ou coeficiente de acabamento (GA[21] ou CA) referido ao factor f a razão ou relação:

Coeficiente de acabamento (CA): $\theta_{f,L} = \dfrac{q_{f[0,L]}}{q_{f[0,1]}}$

Em que: – $q_{f[0,L]}$ simboliza a quantidade do factor f que, em condições normais, é incorporada no intervalo [0,L].
– $q_{f[0,1]}$ simboliza a quantidade de factor f que, em condições normais, é incorporada no intervalo [0,1], ou seja, o processo produtivo global.

As quantidades $q_{f[0,L]}$ e $q_{f[0,1]}$ referem-se sempre a uma unidade de produto.

Quando se quer transformar as unidades inacabadas (produção em curso de fabrico) em unidades equivalentes a acabadas (UEA) multiplicam-se as unidades inacabadas pelo coeficiente de acabamento. Relativamente às **X** unidades

---

[20] BAGANHA, M. D., "Conceitos Contabilísticos de Produção", Revista de Contabilidade e Comércio, VOL. LIV, nº 214, ABR.1997, p. 258.
[21] Por razões de ordem prática, na resolução dos exercícios de aplicação, usar-se-á a sigla GA, com o significado de coeficiente ou grau de acabamento, para evitar confusão, quer com a designação dos Centros produtivos, quer com a designação de coeficiente de actividade.

em produção, define-se produção equivalente a acabada, o resultado da multiplicação de **X** pelo coeficiente de acabamento, ou seja:

$$X_{(UF)} \times q_{f,L} = X_{(UEA)}$$

Assim, transformam-se contabilisticamente as unidades inacabadas (produção em curso de fabrico) em unidades equivalentes a acabadas, multiplicando as primeiras pelo coeficiente de acabamento.

A não coincidência entre os ciclos de elaboração dos produtos e os ciclos contabilísticos definidos pelo calendário civil, por um lado, e, por outro, a diferenciação nas intensidades de aplicação dos factores que concorrem no processo produtivo impõe a introdução do conceito de <u>produção efectiva</u>, que, sob forma sintética, podemos definir como <u>produção realizada em um determinado período de referência</u>. Com efeito, o conceito só é operacionalmente definido quando referido a um certo factor ou conjunto de factores homogéneos do ponto de vista da lei de utilização ou incorporação. Assim, a expressão "produção efectiva do produto P no período tal" só tem sentido no caso particular de um processo produtivo não segmentado em que todos os factores estejam sujeitos ao mesmo regime de incorporação ou utilização (BAGANHA, 1997)[22].

Se o processo é segmentado e, em cada segmento, há unicidade de regime de incorporação de factores, tem significado falar de "produção efectiva do produto P, referida ao segmento S no período tal". Mas se o processo é segmentado e a incorporação dos diferentes factores não obedece, em cada um dos segmentos, a uma única lei – e este é o caso mais geral – haverá que explicitar o(s) factor(es) e o segmento: "produção efectiva do produto P, referida ao factor f incorporado no segmento S, no período tal" (BAGANHA, 1997)[23].

Então, considere-se para um dado período, para o produto P_i, com referência ao segmento j e ao factor f, incorporado naquele segmento, o seguinte:

$P_{e\,(i,j,f)}$ – produção efectiva total, conforme designado;

$\theta_{(i,j,f)}$ – taxa, grau ou coeficiente de acabamento (CA), referida ao factor f incorporado no segmento j, das unidades de produto que se encontram em curso de fabrico naquele segmento (no início do período será θ_i; e no fim do período será θ_f);

$S_{(i,j)}$ – número de unidades que se encontram em curso de fabrico no segmento j (se respeitar ao início do período será S_i; se disser respeito ao fim do período virá S_f);

---

[22] BAGANHA, M. D., "Conceitos Contabilísticos de Produção", Revista de Contabilidade e Comércio, VOL. LIV, nº 214, ABR.1997, p.273-274.

[23] BAGANHA, M. D., "Conceitos Contabilísticos de Produção", Revista de Contabilidade e Comércio, VOL. LIV, nº 214, ABR.1997, p.274.

$P_{t(i,j)}$ – produção terminada do produto P_i no segmento j.

Analiticamente, para a produção efectiva, tem-se:

$$P_{e\,(i,j,f)} = P_{t\,(i,j)} + \theta_{f\,(i,j,f)} \times S_{f\,(i,j)} - \theta_{i\,(i,j,f)} \times S_{i\,(i,j)}$$

De uma forma simplificada e designando $\theta_{(i,j,f)}$ por CA (coeficiente de acabamento) tem-se:

$$P_e = P_t + CA \times S_{f\,(PCF)} - CA \times S_{i\,(PCF)}$$

A produção efectiva, no método indirecto do seu cálculo, obtém-se através da expressão anterior. A parcela da produção terminada, de acordo com o seu conceito, está acabada em termos de todos os factores; enquanto a parcela da produção em curso de fabrico está inacabada em termos de factores.

As unidades inacabadas têm apenas um certo grau ou coeficiente de acabamento sendo necessário transformá-las, através dos coeficientes de acabamento ($CA = q_{i,j,f}$), em unidades equivalentes a acabadas, para que a soma algébrica seja possível.

$CA \times S_{f(PCF)}$ – Esta operação permite transformar as unidades inacabadas (unidades que se encontram em curso de fabrico no segmento j) em unidades equivalentes a acabadas (UEA), ou seja, a produção inacabada em produção equivalente e acabada.

Figura 8.2. – Representação esquemática do cálculo da produção efectiva

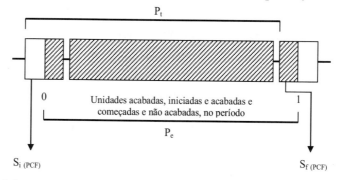

Contabilisticamente, à produção efectiva do período correspondem os custos suportados com a fabricação desse período, ou seja, o custo das matérias-primas consumidas, o custo do trabalho utilizado e o custo dos outros gastos para além das matérias-primas e do trabalho.

8.3. A medida da produção efectiva dum produto num segmento do seu processo produtivo

Anteriormente foi apresentado o conceito de produção efectiva. Agora, importa acrescentar que a produção efectiva não é única e calcula-se para cada um dos factores produtivos, na medida em que a produção em curso de fabrico apresenta graus de acabamento diferentes em função dos factores que incorpora e da forma como ocorre a incorporação desses factores.

Para o cálculo dos graus ou coeficientes de acabamento existem dois problemas que devem ser considerados:

1. A incorporação dos factores de produção, isto é, o modo como são incorporados nos processos produtivos os diversos factores;
2. A localização, no processo produtivo ou de fabrico, das unidades em produção, isto é, o ponto ou pontos, o intervalo ou intervalos do processo produtivo onde estão localizadas essas unidades em produção ou produção em curso de fabrico.

Relativamente ao modo de incorporação dos factores produtivos e às diferentes hipóteses de localização das unidades em produção, ou produção em curso de fabrico, podem verificar-se várias situações[24].

Normalmente, a cada factor de produção corresponde um método de incorporação próprio, pelo que, para cada um desses factores, deverá ser calculado um determinado grau ou coeficiente de acabamento. Então, não se pode definir apenas um coeficiente de acabamento para uma produção em curso de fabrico mas vários coeficientes, tantos quantos os regimes de incorporação dos factores no segmento do processo produtivo.

Tendo em consideração o exposto no parágrafo anterior, a <u>incorporação</u> pode ser <u>pontual</u> (instantânea) e <u>linear</u> (contínua). Se for <u>pontual</u> pode ocorrer apenas de uma só vez (num ponto) ou por diversas vezes (em múltiplos pontos). Se for <u>linear</u>, os factores produtivos são incorporados ao longo de todo o processo produtivo, apenas em parte do processo ou em vários intervalos desse mesmo processo.

A <u>localização</u> das unidades em produção também pode ser <u>pontual</u> ou <u>linear</u>. Se a distribuição for linear, refere-se que as unidades estão uniformemente ou igualmente distribuídas no processo produtivo. Por outro lado, quer no caso de localização pontual, quer no caso da localização linear, pode haver unidades em produção em vários pontos ou intervalos do processo produtivo, respectivamente.

---

[24] Para um estudo original deste tema ver: GIL, J.V., "Equação da produção efectiva de um produto num segmento do processo produtivo", Revista de Contabilidade e Comércio, VOL. LIV, nº 214, 1997.

No caso da localização <u>linear</u> diz-se que as unidades em produção estão linearmente (uniformemente ou igualmente) distribuídas:

– Ao longo de todo o processo produtivo, ou seja, as unidades em produção encontram-se distribuídas no intervalo [0,1].
– Em parte do processo produtivo, ou seja, as unidades em produção encontram-se distribuídas no intervalo $[L_1, L_2]$.

No caso da localização <u>pontual</u> as unidades em produção podem encontrar-se localizadas num ponto, ou em diversos pontos, do processo produtivo.

Para definir o grau ou coeficiente de acabamento há que conjugar os modos de incorporação e as localizações das unidades em produção. No entanto, pode acontecer que se encontrem cruzados, ou seja, interceptados e daqui resultam diferentes hipóteses.

	Localização das UF em produção (L)	Incorporação dos factores (f)
1ª hipótese	Pontual	Pontual
2ª hipótese	Pontual	Linear
3ª hipótese	Linear	Pontual
4ª hipótese	Linear	Linear

1ª Hipótese: Localização (L):   Pontual   Incorporação (I):   Pontual

No esquema apresentado a seguir as unidades em produção estão localizadas em três pontos:

1. <u>Antes do ponto de incorporação</u> do factor f o grau ou coeficiente de acabamento das unidades em produção é <u>zero</u>, porque essas unidades ainda não atingiram o ponto de incorporação do factor f;

2. <u>Depois do ponto de incorporação</u> do factor f o grau ou coeficiente de acabamento das unidades em produção é <u>um</u>, ou seja, 100% porque essas unidades ultrapassaram o ponto de incorporação do factor f. Logo, o factor está totalmente incorporado na produção em curso.

3. No caso da incorporação pontual do factor f considera-se que, no ponto de incorporação, as unidades em curso já incorporaram esse factor (a incorporação é instantânea).

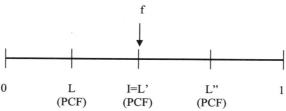

A MEDIDA DA PRODUÇÃO

Antes do ponto de incorporação tem-se: L < I ⇨ CA = 0
Depois do ponto de incorporação tem-se: L" > I ⇨ CA = 1
No ponto de incorporação tem-se: L' = I ⇨ CA = 1

Generalizando as três localizações tem-se: Se L < I ⇨ CA = 0
    Se L ≥ I ⇨ CA = 1

<u>Exemplos</u> da hipótese anteriormente estudada:

O factor f é incorporado no processo produtivo pontualmente a 50% do processo produtivo. Neste, encontram-se em produção 2 000 UF localizadas no ponto 40%.

Neste caso o CA é <u>zero</u> e consequentemente a produção equivalente a acabada também.

Admite-se agora que as unidades em produção estão localizadas precisamente no ponto 50% do processo, ou seja, coincidente com o ponto de incorporação do factor f. Neste caso o grau de acabamento é <u>um</u> e consequentemente a produção equivalente a acabada ou unidades equivalentes a acabadas (UEA) é 2 000, ou seja, 2 000 UF × 1 = 2 000 UEA.

Por último admite-se que as unidades estão localizadas a 60% do processo e o factor continua a ser incorporado a 50% do processo. Tal como anteriormente o CA é igual a <u>um</u> e as UEA são 2 000.

Analisem-se algumas situações em que existem unidades em produção localizadas em diferentes pontos.

Continua a assumir-se que o factor f é incorporado no ponto 50%, mas as unidades em produção (2 000 UF) estão localizadas do seguinte modo:

– 50% a 20% do processo; e
– as restantes a 50% do processo.

Em esquema:

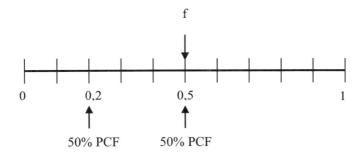

Utilizando o procedimento da separação por lotes tem-se:

1º lote – 50% das unidades em produção está localizado no ponto 20%:
2 000 UF × 0,5.
2º lote – 50% das unidades em produção está localizado no ponto 50%:
2 000 UF × 0,5.

Sendo as unidades equivalentes a acabadas (UEA):
$$1\,000\ UF \times 0 + 1\,000\ UF \times 1$$

Usando o coeficiente de acabamento médio tem-se:
CAM = 0,5 × 0 + 0,5 × 1 = 0,5
UEA ⇨ 2 000 × 0,5 = 1 000

No exemplo a seguir vai ser analisada uma situação em que a incorporação do factor f ocorre mais do que uma vez no processo produtivo.
Admita-se então que o factor f é incorporado da seguinte forma:
– 40% no início do processo de fabrico;
– 60% no ponto 60% do processo de fabrico.

As unidades em produção – 3 000 UF – estão localizadas no ponto 40%.

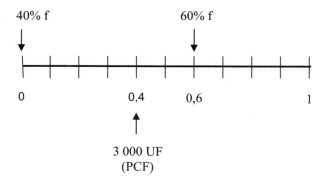

Neste caso, considerando o esquema e a localização da PCF, deve calcular-se o coeficiente de acabamento médio (CAM):
$$CAM = 0,4 \times 1 + 0,6 \times 0 = 0,4;$$

Sendo as unidades equivalentes a acabadas (UEA):
$$3\,000\ UF \times 0,4 = 1\,200$$

A MEDIDA DA PRODUÇÃO

Veja-se um exemplo onde o factor f é incorporado por diversas vezes e as unidades em produção se encontram localizadas em vários pontos do processo produtivo:

O factor f é incorporado por duas vezes:

– 40% no início do processo;
– 60% no ponto 60% do processo.

A produção em curso de fabrico, que representa 4 000 UF, está localizada do seguinte modo:

– 60% das unidades estão localizadas no ponto 30% do processo;
– as restantes unidades estão localizadas no ponto 80% do processo.

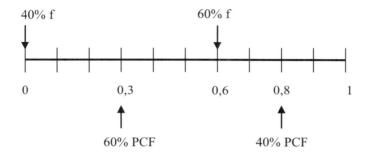

Neste caso o coeficiente de acabamento médio (CAM) pode ser calculado do seguinte modo:

Existem dois lotes em produção com graus de acabamento diferentes.

1º lote que incorporou 100% de 40% de f e zero de 60% de f, ou seja, 0,6 (0,4 × 1 + 0,6 × 0).

2º lote que incorporou a totalidade (100%) do factor f, ou seja, 0,4 (0,4 × 1 + 0,6 × 1).

$$CAM = 0,6 \times (0,4 \times 1 + 0,6 \times 0) + 0,4 \times (0,4 \times 1 + 0,6 \times 1) = 0,64$$

As unidades equivalentes a acabadas (UEA) são:

$$4\ 000\ UF \times 0,64 = 2\ 560$$

2ª Hipótese: Localização (L): Pontual   Incorporação (I): Linear

No esquema apresentado a seguir, se as unidades em produção estão localizadas <u>antes</u> do intervalo de incorporação do factor f, então o CA é <u>zero</u>, porque essas unidades ainda não atingiram o intervalo de incorporação desse factor.

Então: $L < I_1 < I_2 \Rightarrow CA = 0$

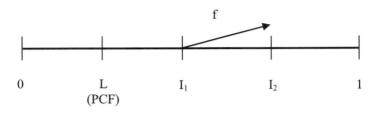

No esquema apresentado a seguir as unidades em produção estão localizadas <u>depois</u> do intervalo de incorporação do factor f, então o CA é <u>um</u>, neste caso as unidades ultrapassaram o intervalo de incorporação desse factor.

Então: $I_1 < I_2 < L \Rightarrow CA = 1$

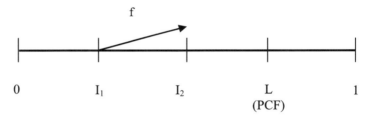

No esquema apresentado a seguir as unidades em produção estão localizadas no limite inferior do intervalo de incorporação. No caso da incorporação linear do factor f considera-se que a PCF ainda não iniciou a incorporação desse factor (o intervalo de incorporação é aberto no limite inferior e fechado no limite superior).

Então: $L = I_1 < I_2 \Rightarrow CA = 0$

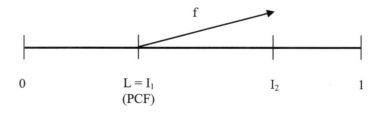

A MEDIDA DA PRODUÇÃO

No esquema apresentado a seguir as unidades em produção estão localizadas no limite superior do intervalo de incorporação. Logo, o CA é <u>um</u> porque a PCF já incorporou a totalidade desse factor.

Então: $I_1 < I_2 = L \Rightarrow CA = 1$

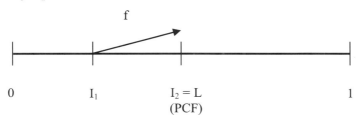

Generalizando para os quatro esquemas anteriores vem:

$L \leq I_1 < I_2 \Rightarrow CA = 0$
$I_1 < I_2 \leq L \Rightarrow CA = 1$

No esquema seguinte a produção em curso de fabrico está localizada no interior do intervalo de incorporação, logo, já realizou parte dessa incorporação que é definida pela relação entre a extensão do intervalo já percorrida e a extensão total desse intervalo.

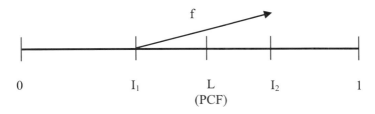

Quando as unidades em produção estão localizadas no interior do intervalo de incorporação do factor f, o coeficiente de acabamento (CA) é dado pela seguinte relação:

$$I_1 < L < I_2 \Rightarrow CA = \frac{L - I_1}{I_2 - I_1}$$

O numerador representa a parte do factor f que as unidades físicas em produção já incorporaram, enquanto o denominador representa a totalidade do factor f a incorporar no intervalo.

Observe-se um caso particular relativamente a esta 2ª hipótese – o factor f é incorporado linearmente ao longo de todo o processo produtivo, conforme apresentado no esquema:

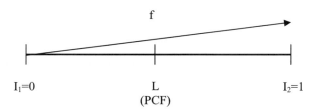

Como $I_1 = 0$ e $I_2 = 1$, e aplicando a fórmula: $CA = \dfrac{L - I_1}{I_2 - I_1}$ tem-se CA = L, ou seja, o coeficiente de acabamento é dado pelo ponto onde estão localizadas as unidades em produção.

Exemplos da hipótese anteriormente estudada:

O factor f é incorporado linearmente entre 40% e 80% do processo de fabrico. Existem 2000 UF em produção que estão localizadas no ponto 60% do processo produtivo, ou seja, no interior do intervalo de incorporação do factor f.

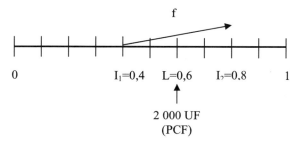

Deste modo, o CA e as respectivas UEA são:

$$CA = \dfrac{0,6 - 0,4}{0,8 - 0,4} = 0,5; \qquad UEA \Rightarrow 2\,000\ UF \times 0,5 = 1\,000.$$

Neste segundo exemplo o factor f é incorporado entre 40% e 80% do processo e as unidades em produção (2000 UF) estão localizadas em dois pontos distintos:

– 40% da PCF está localizada no ponto 20% do processo;
– 60% da PCF está localizada no interior do intervalo de incorporação do factor f, ou seja, no ponto 70% do processo produtivo.

Neste caso o coeficiente de acabamento médio e as UEA são determinados da seguinte forma:

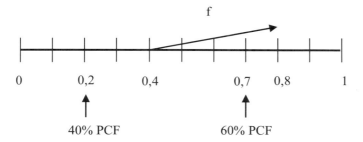

Existem dois lotes em produção com graus de acabamento diferentes. O 1º lote, que representa 40% da PCF, ainda não atingiu o intervalo de incorporação do factor f e, por isso, o seu grau de acabamento é <u>zero</u>.

O 2º lote que está localizado no interior do intervalo de incorporação do factor tem um grau de acabamento que é dado pela fórmula: $CA = \dfrac{L - I_1}{I_2 - I_1}$

Assim, o coeficiente de acabamento médio (CAM) e as UEA são:

$$CAM = 0,4 \times 0 + 0,6 \times \left(\dfrac{0,7 - 0,4}{0,8 - 0,4}\right) = 0,45;$$

$$UEA \Rightarrow 2\,000 \text{ UF} \times 0,45 = 900.$$

No terceiro exemplo admite-se que se encontram em curso de fabrico 3000 UF, localizadas da seguinte forma:

40% das unidades no ponto 20% do processo;
60% das unidades no ponto 90% do processo.

A incorporação do factor f ocorre linearmente, por duas vezes, nos seguintes intervalos:

60% linearmente entre 0 e 40% do processo;
40% linearmente entre 80% e o fim do processo.

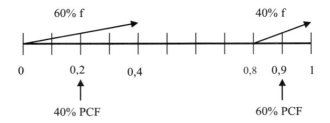

Neste exemplo existem dois lotes em produção com graus de acabamento diferentes. O 1º lote, que representa 40% da PCF (3 000 x 0,4 = 1 200 UF), está localizado no interior do 1º intervalo de incorporação do factor f e, por isso, tem um grau de acabamento dado pela fórmula:

$$CA = \frac{L-I_1}{I_2-I_1}, \text{ ou seja, } CA = \frac{0,2-0}{0,4-0}$$

O 2º lote, que representa 60% da PCF (3 000 x 0,6 = 1 800 UF), está localizado no interior do 2º intervalo de incorporação do factor f. Este lote já incorporou a totalidade dos 60% do factor f (relativa ao 1º intervalo de incorporação) e está a incorporar os restantes 40% cujo grau de acabamento é dado pela fórmula:

$$CA = \frac{L-I_1}{I_2-I_1}, \text{ ou seja, } CA = \frac{0,9-0,8}{1-0,8}$$

Assim, o coeficiente de acabamento médio e as UEA são:

$$CAM = 0,4 \times \left[0,6 \times \left(\frac{0,2-0}{0,4-0}\right) + 0,4 \times 0\right] + 0,6 \times \left[0,6 \times 1 + 0,4 \times \left(\frac{0,9-0,8}{1-0,8}\right)\right] = 0,6$$

UEA ⇨ 3 000 UF × 0,6 = 1 800.

3ª Hipótese: Localização(L): Linear   Incorporação (I): Pontual

Quando a incorporação dos factores é pontual e a localização das unidades em produção é linear verifica-se o seguinte:

1. Se a incorporação de factor ocorre antes do intervalo de localização das unidades em produção, ou no início do mesmo, o CA é <u>um</u> porque toda a PCF já passou pelo ponto de incorporação do factor;

2. Se a incorporação do factor ocorre no limite superior do intervalo de localização das unidades em produção, ou para além deste, o CA é <u>zero</u> porque o intervalo de localização é aberto no limite superior.

A MEDIDA DA PRODUÇÃO

Assim, relativamente à situação 1) apresentam-se dois esquemas com os processos produtivos onde a incorporação do factor f ocorre <u>antes</u> do intervalo de localização – $[L_1, L_2]$ – das unidades em produção, ou no limite inferior do mesmo.

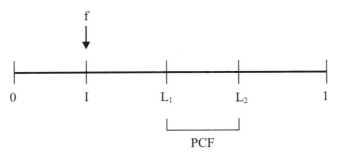

$I < L_1 < L_2 \Rightarrow CA = 1$

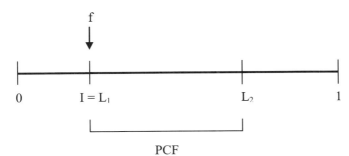

$I = L_1 < L_2 \Rightarrow CA = 1$

Generalizando para os dois esquemas anteriores tem-se: $I \leq L_1 < L_2 \Rightarrow CA = 1$.
Relativamente à situação 2) apresentam-se dois esquemas com os processos produtivos onde a incorporação do factor f ocorre <u>depois</u> do intervalo de localização – $[L_1, L_2]$ – das unidades em produção, ou no limite superior do mesmo.

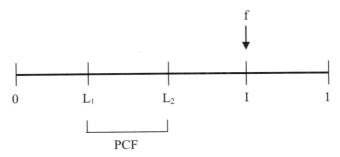

$L_1 < L_2 < I \Rightarrow CA = 0$

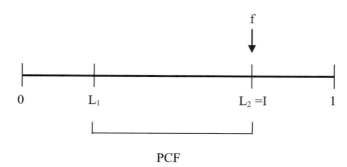

$L_1 < L_2 = I \Rightarrow CA = 0$

Generalizando para os dois esquemas anteriores tem-se: $L_1 < L_2 \leq I \Rightarrow CA = 0$

O factor f é incorporado pontualmente no interior do intervalo de localização das unidades em produção. Neste caso, definem-se dois lotes com graus de acabamento diferentes.

O 1º lote, linearmente distribuído no intervalo $[L_1, I]$, é dado por $\dfrac{I - L_1}{L_2 - L_1}$; como está localizado antes do ponto de incorporação (I) do factor f, tem um $CA = 0$.

O 2º lote, linearmente distribuído no intervalo $[I, L_2]$, é dado por $\dfrac{L_2 - I}{L_2 - L_1}$; como está localizado depois do ponto de incorporação (I) do factor f, têm um $CA = 1$.

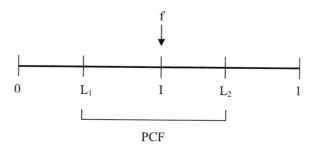

$L_1 < I < L_2 \Rightarrow CAM = \dfrac{I - L_1}{L_2 - L_1} \times 0 + \dfrac{L_2 - I}{L_2 - L_1} \times 1$

Analise-se o caso particular que apresenta as unidades em produção linearmente distribuídas ao longo de todo o processo produtivo.

A MEDIDA DA PRODUÇÃO

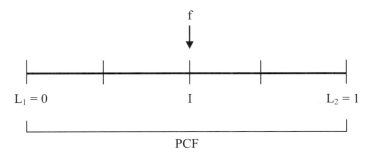

Como $L_1 = 0$ e $L_2 = 1$, e aplicando a fórmula: $CAM = \dfrac{I - L_1}{L_2 - L_1} \times 0 + \dfrac{L_2 - I}{L_2 - L_1} \times 1$, tem-se para o coeficiente o seguinte:

$$\boxed{CAM = 1 - I}$$

Exemplo da hipótese anteriormente estudada:
Neste exemplo o factor f é incorporado pontualmente, por duas vezes, no processo produtivo:

– 40% de f é incorporado no ponto 20%;
– 60% de f é incorporado no ponto 80%.

As unidades em produção (2 000 UF) estão linearmente distribuídas ao longo de todo o processo produtivo.
Neste caso, o grau ou coeficiente de acabamento médio e as unidades equivalentes a acabadas são determinados da seguinte forma:

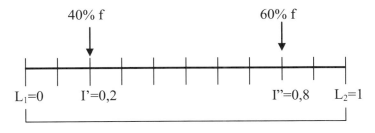

$CAM = 0{,}4 \times \dfrac{L_2 - I'}{L_2 - L_1} \times 1 + 0{,}6 \times \dfrac{L_2 - I''}{L_2 - L_1} \times 1 = 0{,}4 \times \dfrac{1 - 0{,}2}{1 - 0} + 0{,}6 \times \dfrac{1 - 0{,}8}{1 - 0} = 0{,}44$

UEA ⇨ 2 000 UF × 0,44 = 880.

4ª Hipótese: Localização(L): Linear   Incorporação (I): Linear

Quando a localização das unidades em produção e a incorporação dos factores é linear podem ocorrer diversas situações.

Esquema de representação dos casos de estudo seguintes:

– O limite inferior do intervalo de localização das unidades em produção é coincidente ou posterior ao limite superior do intervalo de incorporação do factor f. Então, o grau de acabamento da PCF é <u>um</u>, porque estas unidades já passaram pelo intervalo de incorporação do factor.

– O limite superior do intervalo de localização das unidades em produção é coincidente ou anterior ao limite inferior do intervalo de incorporação do factor f. Então, o grau de acabamento da PCF é <u>zero</u>, porque estas unidades ainda não passaram pelo intervalo de incorporação do factor.

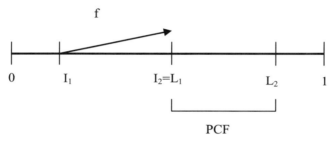

$I_1 < I_2 \leq L_1 < L_2 \Rightarrow CA = 1$

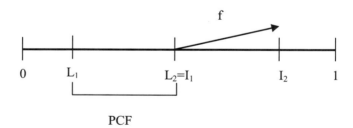

$L_1 < L_2 \leq I_1 < I_2 \Rightarrow CA = 0$

Representação, em esquema, do caso em que o intervalo de localização das unidades em produção se encontra no interior do intervalo de incorporação do factor f.

A MEDIDA DA PRODUÇÃO

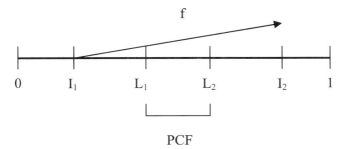

Nesta situação o CAM é dado pela média dos extremos, ou seja, o grau de acabamento mínimo do factor f, que é calculado através de:

$\frac{L_1 - I_1}{I_2 - I_1}$ – Mínimo de f incorporado relativamente à incorporação total (obtido no ponto L_1).

E o grau de incorporação máximo do factor f que é calculado através de:

$\frac{L_2 - I_1}{I_2 - I_1}$ – Máximo de f incorporado relativamente à incorporação total (obtido no ponto L_2).

Ou seja: $CAM = \dfrac{\dfrac{L_1 - I_1}{I_2 - I_1} + \dfrac{L_2 - I_1}{I_2 - I_1}}{2}$ (média da incorporação dos pontos extremos).

Análise de variantes do caso apresentado.

1. Nos três casos a seguir o intervalo de incorporação do factor f coincide com o intervalo de localização das unidades em produção.

Estudo da 1ª variante:

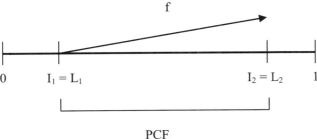

Como $I_1 = L_1$ e $I_2 = L_2$, aplicando a fórmula estudada vem:

$$CAM = \frac{\frac{L_1 - I_1}{I_2 - I_1} + \frac{L_2 - I_1}{I_2 - I_1}}{2} = \frac{0+1}{2} = \frac{1}{2} = 0,5$$

Estudo da 2ª variante:

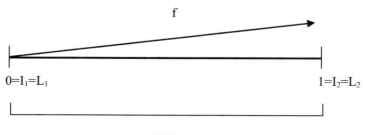

Utilizando a fórmula anterior tem-se: $CAM = \frac{0+1}{2} = 0,5$.

Conclusão: Sempre que os intervalos de incorporação e de localização coincidem, o grau ou coeficiente de acabamento médio (CAM) é 0,5.

Estudo da 3ª variante:

Nesta variante, que é um caso particular, o intervalo de localização das unidades em produção está contido no intervalo de incorporação do factor f, mas este é incorporado ao longo de todo o processo produtivo.

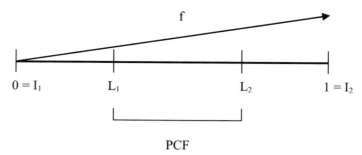

Como $I_1 = 0$ e $I_2 = 1$, aplicando a fórmula vem: $CAM = \frac{L_1 + L_2}{2}$

Representação, em esquema, do caso em que o intervalo de localização das unidades em produção contém o intervalo de incorporação do factor f.

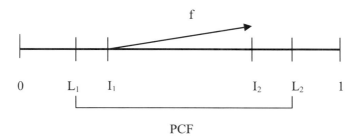

Neste caso, para calcular o grau de acabamento, é necessário dividir as unidades em produção em três lotes, em função da sua localização face ao intervalo de incorporação, que apresentam situações de acabamento diferentes:

O 1º lote, linearmente distribuído no intervalo $[L_1, I_1]$, é dado por $\frac{I_1 - L_1}{L_2 - L_1}$; como está localizado antes do intervalo de incorporação $[I_1, I_2]$ do factor f, tem um CA = 0.

O 2º lote, linearmente distribuído no intervalo $[I_1, I_2]$, é dado por $\frac{I_2 - I_1}{L_2 - L_1}$ e está a incorporar linearmente o factor f. Ora, neste intervalo de incorporação existe coincidência com o intervalo de localização, logo, o grau de acabamento médio destas unidades é 50% (CAM = $\frac{0+1}{2} = 0,5$).

O 3º lote, linearmente distribuído no intervalo $[I_2, L_2]$, é dado por $\frac{L_2 - I_2}{L_2 - L_1}$ e já incorporou a totalidade do factor f, por isso tem um CA = 1.

Então o CAM é dado por: $CAM = \frac{I_1 - L_1}{L_2 - L_1} \times 0 + \frac{I_2 - I_1}{L_2 - L_1} \times \frac{0+1}{2} + \frac{L_2 - I_2}{L_2 - L_1} \times 1$

Apresenta-se o estudo de dois casos onde os intervalos de incorporação do factor f e de localização das unidades em produção não coincidem e nenhum dos intervalos contém, ou está contido no outro.

Estudo do 1º caso:

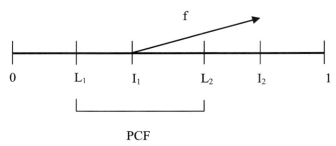

$L_1 < I_1 < L_2 < I_2$

Neste caso, para calcular o CAM, é necessário definir dois lotes para as unidades em produção que apresentam situações de acabamento diferentes.

O 1º lote, linearmente distribuído no intervalo $[L_1, I_1]$, é dado por $\dfrac{I_1 - L_1}{L_2 - L_1}$; como se encontra localizado antes do intervalo de incorporação $[I_1, I_2]$ do factor f, tem um CA = 0.

O 2º lote, linearmente distribuído no intervalo $[I_1, L_2]$, é dado por $\dfrac{L_2 - I_1}{L_2 - L_1}$ e está a incorporar linearmente o factor f. Ora, neste intervalo de incorporação existe coincidência com o intervalo de localização, logo, o grau de acabamento médio destas unidades é dado pela média dos extremos do grau de acabamento mínimo do factor f incorporado, obtido em I_1, que é zero e do grau de acabamento máximo de f incorporado, obtido em L_2, igual a $\dfrac{L_2 - I_1}{I_2 - I_1}$.

Então, o coeficiente ou grau de acabamento médio é dado por:

$$CAM = \frac{I_1 - L_1}{L_2 - L_1} \times 0 + \frac{L_2 - I_1}{L_2 - L_1} \times \frac{0 + \dfrac{L_2 - I_1}{I_2 - I_1}}{2}$$

Estudo do 2º Caso:

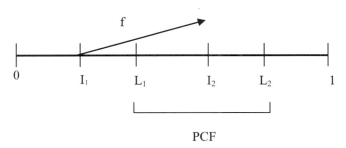

$I_1 < L_1 < I_2 < L_2$

Neste caso, para calcular o CAM, é necessário definir dois lotes para as unidades em produção que apresentam situações de acabamento diferentes.

O 1º lote, linearmente distribuído no intervalo $[L_1, I_2]$, é dado por $\dfrac{I_2 - L_1}{L_2 - L_1}$ e está a incorporar linearmente o factor f. Ora, neste intervalo de incorporação existe coincidência com o intervalo de localização, logo, o grau de acabamento médio destas unidades é dado pela média dos extremos, ou seja o grau de acabamento mínimo, do factor f incorporado, obtido em L_1, igual a $\dfrac{L_1 - I_1}{I_2 - I_1}$ e o grau de acabamento máximo, do factor f incorporado, obtido em I_2, igual a um.

O 2º lote, linearmente distribuído no intervalo $[I_2, L_2]$ é dado por ; como está localizado depois do intervalo de incorporação $[I_1, I_2]$, apresenta 100% de acabamento em termos do factor f, logo, tem um CA = 1.

Deste modo, $\quad CAM = \dfrac{I_2 - L_1}{L_2 - L_1} \times \dfrac{\dfrac{L_1 - I_1}{I_2 - I_1} + 1}{2} + \dfrac{L_2 - I_2}{L_2 - L_1} \times 1$

8.4. A produção diferenciada e a produção homogeneizada – os coeficientes

A produção referida a cada um dos produtos e expressa em termos da(s) respectiva(s) unidade(s) de medida física designa-se por <u>produção diferenciada</u>: 1 000 unidades de produto P_1, 4 000 kg de produto P_2, 3 000 litros de produto P_3, etc. exprimem produções diferenciadas (BAGANHA, 1997)[25].

---

[25] BAGANHA, M. D., "Conceitos Contabilísticos de Produção", Revista de Contabilidade e Comércio, VOL. LIV, nº 214, ABR.1997, p.272.

No contexto deste trabalho, e de uma forma elementar, fala-se em produção diferenciada quando a produção de cada um dos produtos, relativa a um determinado período, é medida em unidades diferentes.

Numa abordagem simples pode definir-se produção homogeneizada como a produção expressa numa unidade de medida que permita a imediata agregação com outras produções.

O conceito de produção homogeneizada é relevante em duas situações: 1) sempre que as produções a agregar estejam expressas em diferentes unidades de medida física; 2) ainda que as produções estejam expressas na mesma unidade de medida física, quando nas unidades industriais de produção múltipla as combinações dos distintos factores são diferentes.

Se, por exemplo, numa unidade industrial de produção múltipla (P_1 e P_2), o produto P_1 consome, por unidade física, 1 kg da matéria-prima M e o produto P_2 consome, por unidade física, 2 kg da mesma matéria-prima, e se pretende exprimir a produção dos dois diferentes produtos numa unidade comparável, então essa unidade é o kg de matéria-prima M.

O coeficiente de homogeneização (coeficiente técnico ou custo tecnológico) exprime a relação normal entre os consumos de um mesmo factor pelos diversos produtos e serve para transformar a produção diferenciada em produção homogeneizada. Este coeficiente pode ser expresso em termos absolutos ou em termos relativos.

$\alpha_{i,f}$ – coeficiente de homogeneização relativamente ao produto i (P_i) e ao factor f.

Então, seja $\alpha_{i,f}$ o consumo ou utilização normal por unidade de produto P_i de um dado factor f. Utilizando o símbolo P_i para exprimir a produção diferenciada daquele produto, diz-se que a produção homogeneizada do produto P_i com referência ao factor f, é dada por:

$$\text{Produção Homogeneizada (PH)} = \alpha_{i,f} \times P_i$$

No caso particular de assumir o valor 1, o coeficiente de homogeneização ($\alpha_{i,f}$) designa-se unidade homogeneizadora.

Com a definição de coeficiente de homogeneização criam-se as condições para redefinir o conceito de produção homogeneizada. Assim, a produção homogeneizada pode significar a produção expressa em uma unidade de medida física que torne possível a imediata agregação com outras produções e pode significar o resultado operatório de uma agregação (BAGANHA, 1997)[26].

---

[26] BAGANHA, M. D., "Conceitos Contabilísticos de Produção", Revista de Contabilidade e Comércio, VOL. LIV, nº 214, ABR.1997, p.273.

A produção homogeneizada referida a um factor exprime o consumo normal do mesmo factor exigido pelas produções diferenciadas que integram a primeira. Donde decorre que através do(s) conceito(s) de produção homogeneizada, relevante(s) no cálculo dos custos, se medem as produções pela óptica dos factores nelas envolvidos.

No caso da produção uniforme ou única não se levantam problemas quanto ao cálculo do custo unitário da produção porque este determina-se pela simples divisão do custo total pelo número de unidades produzidas.

No regime de produção múltipla disjunta, onde são fabricados vários produtos, para calcular o custo unitário de cada produto é necessário repartir o custo total (custos comuns) de cada factor pelos produtos, e a questão que se coloca é a seguinte: Como individualizar os custos de cada produto que a unidade industrial fabrica?

Para dar resposta à questão e exemplificar o procedimento a adoptar quando se pretende transformar a produção diferenciada em produção homogeneizada, assume-se a seguinte informação:

Produção terminada: P_1 – 2 400 UF P_2 – 1 200 UF

Stocks (inventários) de produtos em curso de fabrico: nulos.

Custos dos factores:
    Matérias – € 50 400,00;
    Custos de conversão (transformação – CT) – € 48 000,00.

Os coeficientes de homogeneização (custo tecnológico), expressos em unidades de medida física, são:

	MP (kg)	CT (horas)
P_1	2,5	1,5
P_2	1	1

Então, calcule-se os custos globais e unitários (valores em €) dos produtos P_1 e P_2.

Cálculo dos custos unitários em termos do factor matérias:

Produtos	PD (P_e)	CH[27]	PH	Custo total	Custo unitário
P_1	2 400	2,5	6 000	42 000,00	17,50
P_2	1 200	1	1 200	8 400,00	7,00
			7 200	50 400,00	

---

[27] Na resolução de exercícios de aplicação usar-se-á a sigla CH, com o significado de coeficiente de homogeneização.

Cálculo dos custos unitários em termos do factor custo de conversão (transformação – CT):

Produtos	PD (P_e)	CH	PH	Custo total	Custo unitário
P_1	2 400	1,5	3 600	36 000,00	15,00
P_2	1 200	1	1 200	12 000,00	10,00
			4 800	48 000,00	

Síntese dos custos calculados:

Factores	P_1		P_2	
	Custo total	Custo unitário	Custo total	Custo unitário
MP	42 000,00	17,50	8 400,00	7,00
CT	36 000,00	15,00	12 000,00	10,00
	78 000,00	32,50	20 400,00	17,00

Análise ao cálculo dos custos unitários de cada um dos produtos (P_1 e P_2).

Os coeficientes de homogeneização, através dos quais a produção diferenciada foi homogeneizada, tornaram possível a repartição dos custos comuns de cada factor pelos diversos produtos, e permitiram ultrapassar as dificuldades do cálculo do custo unitário, de cada produto, no regime de produção múltipla disjunta.

Esta repartição não pode basear-se directamente nas produções efectivas porque:

1) A produção efectiva é medida em unidades físicas, logo, na maior parte das vezes não se pode somar. Por exemplo, se uma unidade física de P_1 corresponder a uma garrafa de litro e uma unidade física de P_2 corresponder a um garrafão de 5 litros, não faz qualquer sentido somar garrafas com garrafões.

2) Mesmo que pudessem somar-se as produções efectivas, por exemplo, se cada unidade física de P_1 e de P_2 correspondessem ambas a um litro, ainda assim, teria de considerar-se a proporcionalidade dos consumos.

No exemplo, P_1 gasta por unidade física 2,5 kg de matéria-prima enquanto o P_2 gasta apenas um 1 kg, então, em termos relativos pode dizer-se que P_1 gasta duas vezes e meia (2,5/1) mais do que P_2. Consequentemente, deve atribuir-se a P_1 duas vezes e meia mais custos de matéria-prima por unidade física do que a P_2.

Homogeneizar produções efectivas com base nos consumos dos factores cujos custos pretendem repartir-se corresponde no essencial a traduzir produções diferentes em algo que elas têm de comum – o factor – passando assim a poder relacionar o custo do factor directamente com a produção (homogeneizada) e consequentemente repartir esse custo.

A MEDIDA DA PRODUÇÃO

Tomando o exemplo da matéria-prima, pode dizer-se que, em termos deste factor a produção foi de 7 200 kg e custou um total de € 50 400,00. Logo, cada kg de matéria-prima incorporado tem um custo de € 7,00 (€ 50 400,00/7 200 kg). Como a produção de P_1 medida em kg de matéria-prima foi de 6 000, o custo da matéria a imputar a P_1 será de € 42 000,00 (6 000 × € 7,00), pelo que cada unidade física de P_1 tem um custo de € 17,50 (€ 42 000,00/2 400). O raciocínio repete-se para P_2.

No caso dos custos de conversão (transformação – CT), a única diferença é que a unidade de medida do factor comum cujo custo se pretende repartir é a hora e não o kg. Em tudo o resto o raciocínio é análogo. Finalmente, importa deixar claro que, para efeito de repartição, a unidade de medida do factor é irrelevante desde que se mantenha a proporcionalidade dos consumos unitários.

EXERCÍCIOS DE APLICAÇÃO[28] (A Medida da Produção)

Processo produtivo não segmentado (PPNS)

EXERCÍCIO Nº 1

Uma unidade industrial apresenta as seguintes características estruturais:

– O processo produtivo é constituído por um segmento apenas (processo produtivo não segmentado).

– No processo de transformação é fabricado um único produto P (produção uniforme ou única).

Informação relativa a um determinado período:

Produtos em curso de fabrico (PCF):

| Iniciais: | 1 000 UF com 50% de acabamento. |
| Finais: | 2 000 UF com 30% e 1 000 UF com 60% de acabamento. |

Produção transferida, no período, para o armazém de produtos fabricados: P – 20 000 UF.

---

[28] De notar que a resolução de alguns dos exercícios propostos tem subjacente apenas o grau de dificuldade dos mesmos.

PEDIDO:

Calcular a produção efectiva do período no caso da incorporação dos factores ocorrer linearmente ao longo de todo o processo.

EXERCÍCIO Nº 2

Uma unidade industrial apresenta as seguintes características estruturais:

– O processo produtivo é constituído por um segmento apenas (processo produtivo não segmentado).

– No processo de transformação é fabricado um único produto P (produção uniforme ou única).

Informação relativa a um determinado período:

Produtos em curso de fabrico (PCF):

Iniciais:	2 000 UF com 50% de acabamento.
Finais:	Nulos.

Produção transferida, no período, para o armazém de produtos fabricados: P – 15 000 UF.

PEDIDO:

Calcular a produção efectiva do período, sendo a incorporação dos factores efectuada do seguinte modo:

1. Linearmente ao longo de todo o processo de produção;
2. Linearmente entre 0 e 50% do processo produtivo;
3. Linearmente entre 50% e o final do processo de fabrico;
4. Pontualmente no início do processo, quanto a 50% dos factores e os restantes a 60% desse processo.

EXERCÍCIO Nº 3

Uma unidade industrial apresenta as seguintes características estruturais:

– O processo produtivo é constituído por um segmento apenas (processo produtivo não segmentado).

– No processo de transformação é fabricado um único produto P (produção uniforme ou única).

A MEDIDA DA PRODUÇÃO

– O regime de incorporação dos factores no processo é o seguinte:

Matérias-primas (MP):	Instantaneamente no início do processo.
Trabalho directo de produção (TDP):	Linearmente, desde o ponto 0,4 até ao fim do processo.
Gastos gerais de fabrico (GGF):	Linearmente ao longo de todo o processo.

Informação relativa a um determinado período:

Produtos em curso de fabrico (PCF):

Iniciais:	2 400 UF com 20% e 2 000 UF com 40 % de acabamento.
Finais:	2 100 UF com 80% de acabamento.

Produção transferida no período para o armazém de produtos fabricados: P – 25 000 UF.

PEDIDO:

Calcular as produções efectivas do período, com referência a todos os factores.

EXERCÍCIO Nº 4

Uma unidade industrial apresenta as seguintes características estruturais:

– O processo produtivo é constituído por um só segmento (processo produtivo não segmentado).

– No processo de transformação é fabricado um único produto P (produção uniforme ou única).

– No processo são incorporados três factores produtivos: MP, TDP e GGF.

– O regime de incorporação dos factores no processo é o seguinte:

MP:	Pontualmente, 60% no início e o restante a 50% do processo.
TDP:	Linearmente, desde o ponto 0,5 até ao fim do processo.
GGF:	Linearmente ao longo de todo o processo.

Informação relativa a um determinado período:

Produtos em curso de fabrico (PCF):

Iniciais	3 500 UF com 25% de acabamento.
Finais	2 000 UF 60% de acabamento.

CONTABILIDADE ANALÍTICA E DE GESTÃO

Produção transferida no período para o armazém de produtos fabricados:
P – 30 000 UF.

PEDIDO:

Calcular as produções efectivas do período, com referência a todos os factores.

EXERCÍCIO Nº 5 (Resolvido)

Uma unidade industrial apresenta as seguintes características estruturais:

– O processo produtivo é constituído por um só segmento (processo produtivo não segmentado).

– No processo de transformação são fabricados os produtos P_1 e P_2 (produção múltipla disjunta).

– No processo são incorporados três factores produtivos: M_1, TDP e GGF.

– O regime de incorporação dos factores no processo é o seguinte:

M_1:	Instantaneamente, no início do processo.
TDP:	Instantaneamente, no ponto 0,4.
GGF:	Linearmente, desde o ponto 0,2 até ao fim do processo.

Informação relativa a um determinado período:

Produtos em curso de fabrico (PCF):

Produtos	Iniciais	Finais
P_1	2 500 UF com 20% de acabamento	2 000 UF com 65% de acabamento
P_2	3 000 UF com 70% de acabamento	2 400 UF com 20% de acabamento

Produções terminadas: P_1 – 30 000 UF P_2 – 35 000 UF

PEDIDO:

Calcular as produções efectivas do período com referência a todos os factores.

EXERCÍCIO Nº 6 (Resolvido)

Uma unidade industrial apresenta as seguintes características estruturais:

– O processo produtivo é constituído por um só segmento (processo produtivo não segmentado).

A MEDIDA DA PRODUÇÃO

– No processo de transformação são fabricados os produtos P_1 e P_2 (produção múltipla disjunta).

– No processo são incorporados quatro factores produtivos: M_1, M_2, TDP e GGF.

– O regime de incorporação dos factores no processo é o seguinte:

M_1:	Instantaneamente, no início do processo.
M_2:	Instantaneamente, no ponto 0,6.
TDP:	Linearmente, desde o ponto 0,3 até ao fim do processo.
GGF:	Linearmente, entre o início e o ponto 0,4 do processo.

Informação relativa a um determinado período:

Produtos em curso de fabrico (PCF):

Iniciais	P_2 - 3 000 UF uniformemente distribuídas ao longo do processo.
Finais	P_1 - 2 000 UF com 70% de acabamento. P_2 - 4 000 UF com 30% de acabamento.

Produções terminadas: P_1 – 20 000 UF P_2 – 45 000 UF

PEDIDO:

Calcular as produções efectivas do período com referência a todos os factores.

Processo produtivo segmentado (PPS)

EXERCÍCIO Nº 7

Uma unidade industrial apresenta as seguintes características estruturais:

– O processo produtivo é constituído por um três segmentos (processo produtivo segmentado) aos quais correspondem os centros principais A, B e C.

– No processo de transformação, decorrente em três fases sucessivas, é fabricado um único produto P (produção uniforme ou única).

– No processo são incorporados quatro factores produtivos: M_1, M_2, M_2 e CT.

CONTABILIDADE ANALÍTICA E DE GESTÃO

– O regime de incorporação dos factores no processo é o seguinte:

Matérias-primas:	M_1 no início da 1ª fase (centro A). M_2 no início da 2ª fase (centro B). M_3 no início da 3ª fase (centro C).

O custo de conversão (transformação - CT)	Linear nas 3 fases.

Informação relativa a um determinado período:

Produtos em curso de fabrico (PCF):

	Iniciais	**Finais**
Centro A	500 UF com 50% de acabamento	5 000 UF com 20% de acabamento
Centro B	4 000 UF com 70% de acabamento	2 000 UF com 30% de acabamento
Centro C	3 000 UF com 60% de acabamento	1 800 UF com 40% de acabamento

Produção terminada no centro C: 24 650 UF.

PEDIDO:

Calcular as produções efectivas, por factores e por centros de responsabilidade.

EXERCÍCIO Nº 8 (Resolvido)

Uma unidade industrial apresenta as seguintes características estruturais:

– O processo produtivo é constituído por dois segmentos (processo produtivo segmentado) aos quais correspondem os centros principais A e B.

– No processo de transformação, decorrente em duas fases sucessivas, são fabricados dois produtos P_1 e P_2 (produção múltipla disjunta).

– No processo são incorporados quatro factores produtivos: M_1, M_2, TDP e GGF.

202

A MEDIDA DA PRODUÇÃO

– O regime de incorporação dos factores no processo é o seguinte:

M_1	Instantaneamente no início da 1ª fase (centro A).
M_2	Instantaneamente no ponto 0,5 da 2ª fase (centro B).
TDP	Linearmente em toda a 1ª fase; linearmente entre 0,5 e o final na 2ª fase.
GGF	Linearmente ao longo de toda a 1ª fase e de toda a 2ª fase.

Informação relativa a um determinado período:

Stocks (inventários) de produtos fabricados (UF):

Produtos	Iniciais	Finais
P_1	3 000	5 000
P_2	7 000	5 000

Produtos em curso de fabrico (PCF):

	CENTRO A	CENTRO B
Iniciais	3 000 UF de P_1 c/ 30% de acabamento	1 500 UF de P_1 c/ 80% de acabamento
	4 000 UF de P_2 c/ 40% de acabamento	2 500 UF de P_2 c/ 60% de acabamento
Finais	1 000 UF de P_1 c/ 45% de acabamento	1 200 UF de P_1 c/ 20% de acabamento
	1 600 UF de P_2 c/ 75% de acabamento	3 300 UF de P_2 c/ 25% de acabamento

Vendas: P_1 – 10 000 UF; P_2 – 20 000 UF.

PEDIDO:

Calcular as produções efectivas do período para P_1 e P_2, em ambos os centros e com referência a todos os factores.

EXERCÍCIO Nº 9

Uma unidade industrial apresenta as seguintes características estruturais:

– O processo produtivo é constituído por quatro segmentos (processo produtivo segmentado) aos quais correspondem os centros principais A, B, C e D.

– No processo de transformação, decorrente em quatro fases sucessivas, é fabricado apenas um produto P (produção uniforme ou única).

– No processo são incorporados quatro factores produtivos: MP, TDP, GGFD e GGFI.

– O regime de incorporação dos factores no processo é o seguinte:

Matérias-primas:	No início de cada segmento.
Trabalho directo de produção:	Linearmente em cada segmento.
Gastos gerais de fabrico directos:	No ponto 0,8 do 4º segmento.
Gastos gerais de fabrico indirectos:	Linearmente em cada segmento.

Informação relativa a um determinado período:

Produtos em curso de fabrico (PCF):

	INICIAIS (linearmente distribuídas)	FINAIS
Centro A	2 000 UF	2 000 UF com 40% de acabamento
Centro B	2 500 UF	1 500 UF com 80% de acabamento
Centro C	2 000 UF	1 200 UF com 50% de acabamento
Centro D	3 000 UF	3 000 UF com 90% de acabamento

Produção terminada no centro C: 20 000 UF de P.

PEDIDO:

Calcular as produções efectivas relativamente a cada centro e a cada um dos factores.

EXERCÍCIO Nº 10 (Resolvido)

Uma unidade industrial apresenta as seguintes características estruturais:

– O processo produtivo é constituído por três segmentos (processo produtivo segmentado) aos quais correspondem os centros principais A, B e C.

– No processo de transformação, decorrente em três fases sucessivas, é fabricado apenas um produto P (produção uniforme ou única).

– No processo são incorporados três factores produtivos: MP, TDP e GGF.

– O regime de incorporação dos factores no processo é o seguinte:

Matérias-primas:	No início do segmento A e a 50% nos segmentos B e C.
Trabalho directo de produção:	Linearmente em cada segmento.
Gastos gerais de fabrico:	Linearmente entre 10% e 90% em cada segmento.

Informação relativa a um determinado período:

Produtos em curso de fabrico (linearmente distribuídos):

	INICIAIS (ao longo de todo o processo)	**FINAIS**
Centro A	4 000 UF	2 000 UF entre 0% e 50%
Centro B	5 000 UF	1 500 UF entre 50% e o fim
Centro C	3 000 UF	1 200 UF entre 30% e 80%

Produção terminada no centro C: 30 000 UF de P.

PEDIDO:

Calcular as produções efectivas relativamente a cada centro e a cada um dos factores.

EXERCÍCIO Nº 11

Uma unidade industrial apresenta as seguintes características estruturais:

– O processo produtivo é constituído por três segmentos (processo produtivo segmentado).

– No processo de transformação é fabricado um único produto P (produção uniforme ou única).

– A produção decorre em 3 fases sucessivas, a que correspondem os centros produtivos A, B, e C.

– No processo produtivo são incorporados quatro factores de produção: M_1, M_2, M_3 e CT.

– O regime de incorporação dos factores no processo de fabrico é o seguinte:

Matérias-primas:	M_1 no início da 1ª fase (centro A).
	M_2 no início da 2ª fase (centro B).
	M_3 no início da 3ª fase (centro C).
Custo de conversão (transformação - CT):	Linear nas 3 fases.

Informação relativa a um determinado período:

Produtos em curso de fabrico (PCF):

Iniciais	Centro A - 1 000 UF com 80% de acabamento.
	Centro B - 2 000 UF uniformemente distribuídas entre 0,5 e o fim do processo.
	Centro C - 3 000 UF uniformemente distribuídas ao longo de todo o segmento.
Finais	Centro A - 2 000 UF com 40% de acabamento.
	Centro B - 1 000 UF uniformemente distribuídas ao longo do processo de fabrico.
	Centro C - 3 000 UF uniformemente distribuídas entre o início e 0,5 do segmento.

Produção terminada no centro C: 20 000 UF de P.

PEDIDO:

Calcular as produções efectivas do período, por factores e por centros.

EXERCÍCIO Nº 12 (Resolvido)

Uma unidade industrial apresenta as seguintes características estruturais:

– O processo produtivo é constituído por dois segmentos (processo produtivo segmentado).

– No processo de transformação são fabricados vários produtos (produção múltipla disjunta – P_1 e P_2).

– A produção decorre em 2 fases sucessivas a que correspondem os centros produtivos A e B.

– No processo são incorporados quatro factores produtivos: M_1, M_2, TDP e GGF.

– O regime de incorporação dos factores no processo é o seguinte:

M_1:	Instantaneamente no início do centro A (incorporação pontual).
M_2:	Instantaneamente no ponto 0,5 do centro B.
TDP:	Linearmente na 1ª fase (centro A) e desde o ponto 0,5 até ao fim da 2ª fase (centro B).
GGF:	Linearmente entre 0 e 0,5 na 1.ª fase (centro A) e ao longo de toda a 2ª fase (centro B).

Informação relativa a um determinado período:

	P_1 (UF)	P_2 (UF)
Vendas	20 000	30 000
S_i de produtos fabricados	2 000	5 000
S_f de produtos fabricados	4 000	3 000

Produtos em curso de fabrico (PCF):

Iniciais	Centro A	2 000 UF de P_1 com 25% de acabamento.
		3 000 UF de P_2 com 50% de acabamento.
	Centro B	4 000 UF de P_1 com 50% de acabamento.
		5 000 UF de P_2 com 75% de acabamento.
Finais	Centro A	2 000 UF de P_1 linearmente distribuídas ao longo do processo.
		3 000 UF de P_2 linearmente distribuídas ao longo do processo.
	Centro B	4 000 UF de P_1 linearmente distribuídas ao longo do processo.
		5 000 UF de P_2 linearmente distribuídas ao longo do processo.

PEDIDO:

Calcular as produções efectivas de P_1 e P_2, no período, em ambos os segmentos e com referência a todos os factores de produção.

EXERCÍCIO Nº 13 (Resolvido)

Uma unidade industrial apresenta as seguintes características estruturais:

– O processo produtivo é constituído por três segmentos (processo produtivo segmentado).

– No processo de transformação é fabricado um único produto P (produção uniforme ou única).

– A produção decorre em 3 fases sucessivas a que correspondem os centros produtivos A, B, e C.

– No processo são incorporados quatro factores produtivos: MP, TDP, GGFD e GGFI.

– O regime de incorporação dos factores no processo é o seguinte:

Matérias-primas:	Pontualmente no início de cada segmento.
TDP:	Linearmente em cada segmento.
GGF directos:	No ponto 0,5 de cada segmento.
GGF indirectos:	Linearmente entre 0 e 0,5 no 1.º segmento, entre 0,5 e o final do processo no 2.º segmento e pontualmente a 60% do processo no 3.º segmento.

Informação relativa a um determinado período:

Produtos em curso de fabrico (PCF):

Iniciais	Centro A - 2 000 UF com 50% de acabamento.
	Centro B - 3 000 UF uniformemente distribuídas ao longo do segmento.
	Centro C - 4 000 UF uniformemente distribuídas entre 0 e 50% do segmento.
Finais	Centro A - 3 000 UF uniformemente distribuídas ao longo do segmento.
	Centro B - 2 000 UF uniformemente distribuídas entre 50% e o fim do segmento.
	Centro C - 5 000 UF com 60% de acabamento.

Produção terminada no Centro C: 40 000 UF de produto P.

PEDIDO:

Calcular as produções efectivas dos centros A, B e C, em termos de cada um dos factores.

RESOLUÇÃO de alguns dos exercícios propostos para este capítulo

Resolução do exercício nº 5

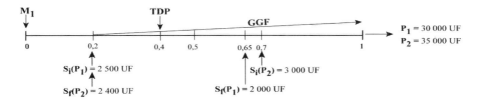

Cálculo da produção efectiva (P_e) de P_1 e P_2

		UF	M_1 GA	M_1 UEA	TDP GA	TDP UEA	GGF GA	GGF UEA
P_1	P_t	30 000	1	30 000	1	30 000	1	30 000
	S_f	2 000	1	2 000	1	2 000	0,5625	1 125
				32 000		32 000		31 125
	S_i	2 500	1	(2 500)	0	-	0	-
	P_e			29 500		32 000		31 125
P_2	P_t	35 000	1	35 000	1	35 000	1	35 000
	S_f	2 400	1	2 400	0	-	0	-
				37 400		35 000		35 000
	S_i	3 000	1	(3 000)	1	(3 000)	0,625	(1 875)
	P_e			34 400		32 000		33 125

Cálculo dos graus ou coeficientes de acabamento (GA):

S_f (PCF) de P_1 em termos de gastos gerais de fabrico:

$$GA = \frac{L - I_1}{I_2 - I_1} = \frac{0,65 - 0,2}{1 - 0,2} = 0,5625$$

S_f (PCF) de P_2 em termos de gastos gerais de fabrico:

$$GA = \frac{L - I_1}{I_2 - I_1} = \frac{0,7 - 0,2}{1 - 0,2} = 0,625$$

Resolução do exercício nº 6

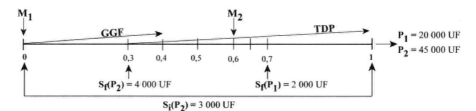

Cálculo da produção efectiva (P_e) de P_1 e P_2

Descrição		UF	M_1		M_2		TDP		GGF	
			GA	UEA	GA	UEA	GA	UEA	GA	UEA
P_1	P_t	20 000	1	20 000	1	20 000	1	20 000	1	20 000
	S_f (PCF)	2 000	1	2 000	1	2 000	0,57	1 143	1	2 000
	P_e			22 000		22 000		21 143		22 000
P_2	P_t	45 000	1	45 000	1	45 000	1	45 000	1	45 000
	S_f (PCF)	4 000	1	4 000	0	-	0	-	0,75	3 000
				49 000		45 000		45 000		48 000
	S_i (PCF)	3 000	1	(3 000)	0,4	(1 200)	0,35	(1 050)	0,8	(2 400)
	P_e			46 000		43 800		43 950		45 600

Cálculo dos graus ou coeficientes de acabamento (GA):

S_f (PCF) de P_1, relativamente ao factor TDP:

$$GA = \frac{0,7 - 0,3}{1 - 0,3} = 0,57$$

S_i (PCF) de P_2, relativamente ao factor M_2:

$$GA = \frac{1 - 0,6}{1 - 0} = 0,4$$

S_i (PCF) de P_2, relativamente ao factor TDP:

$$GA = \frac{1 - 0,3}{1 - 0} \times \frac{0 + 1}{2} = 0,35$$

S_f (PCF) de P_2, relativamente ao factor GGF:

$$GA = \frac{0,3 - 0}{0,4 - 0} = 0,75$$

A MEDIDA DA PRODUÇÃO

S_i (PCF) de P_2, relativamente ao factor GGF:

$$GA = \frac{0,4-0}{1-0} \times \frac{0+1}{2} + \frac{1-0,4}{1-0} \times 1 = 0,8$$

Resolução do exercício nº 7

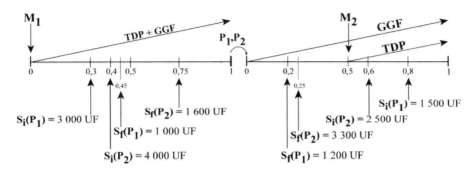

Cálculo da produção terminada (P_t)

Descrição	P_1	P_2
Vendas	10 000	20 000
S_f (PF)	5 000	5 000
	15 000	25 000
S_i (PF)	(3 000)	(7 000)
P_t	12 000	18 000

Cálculo da produção efectiva (P_e) de P_1 e P_2 no CB

Descrição		UF	P_1/P_2 GA	P_1/P_2 UEA	M_2 GA	M_2 UEA	TDP GA	TDP UEA	GGF GA	GGF UEA
P_1	P_t	12 000	1	12 000	1	12 000	1	12 000	1	12 000
	S_f (PCF)	1 200	1	1 200	0	-	0	-	0,2	240
				13 200		12 000		12 000		12 240
	S_i (PCF)	1 500	1	(1 500)	1	(1 500)	0,6	(900)	0,8	(1 200)
	P_e			11 700		10 500		11 100		11 040
P_2	P_t	18 000	1	18 000	1	18 000	1	18 000	1	18 000
	S_f (PCF)	3 300	1	3 300	0	-	0	-	0,25	825
				21 300		18 000		18 000		18 825
	S_i (PCF)	2 500	1	(2 500)	1	(2 500)	0,2	(500)	0,6	(1 500)
	P_e			18 800		15 500		17 500		17 325

Cálculo dos graus ou coeficientes de acabamento (GA):

S_i (PCF) de P_1, relativamente ao factor TDP:

$$GA = \frac{L - I_1}{I_2 - I_1} = \frac{0,8 - 0,5}{1 - 0,5} = 0,6$$

S_i (PCF) de P_2, relativamente ao factor TDP:

$$GA = \frac{L - I_1}{I_2 - I_1} = \frac{0,6 - 0,5}{1 - 0,5} = 0,2$$

Cálculo da produção efectiva (P_e) de P_1 e P_2 no CA

Descrição		UF	M_1		CT	
			GA	UEA	GA	UEA
P_1	P_t	11 700	1	11 700	1	11 700
	S_f (PCF)	1 000	1	1 000	0,45	450
				12 700		12 150
	S_i (PCF)	3 000	1	(3 000)	0,3	900
	P_e			9 700		11 250
P_2	P_t	18 800	1	18 800	1	18 800
	S_f (PCF)	1 600	1	1 600	0,75	1 200
				20 400		20 000
	S_i (PCF)	4 000	1	(4 000)	0,4	(1 600)
	P_e			16 400		18 400

Resolução do exercício nº 8

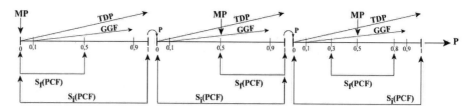

A MEDIDA DA PRODUÇÃO

Cálculo da produção efectiva (P_e) do produto P por centros de produção

Descrição		UF	MP		TDP		GGF	
			GA	UEA	GA	UEA	GA	UEA
C_A	P_t	24 700	1	24 700	1	24 700	1	24 700
	S_f (PCF)	2 000	1	2 000	0,25	500	0,2	400
		26 700		26 700		25 200		25 100
	S_i (PCF)	(4 000)	1	(4 000)	0,5	(2 000)	0,5	(2 000)
	P_e	22 700		22 700		23 200		23 100
C_B	P_t	28 200	1	28 200	1	28 200	1	28 200
	S_f (PCF)	1 500	1	1 500	0,75	1 125	0,8	1 200
		29 700		29 700		29 325		29 400
	S_i (PCF)	(5 000)	0,5	(2 500)	0,5	(2 500)	0,5	(2 500)
	P_e	24 700		27 200		26 825		26 900
C_C	P_t	30 000	1	30 000	1	30 000	1	30 000
	S_f (PCF)	1 200	0,6	720	0,55	660	0,5625	675
		31 200		30 720		30 660		30 675
	S_i (PCF)	(3 000)	0,5	(1 500)	0,5	(1 500)	0,5	(1 500)
	P_e	28 200		29 220		29 160		29 175

Cálculo dos graus ou coeficientes de acabamento (GA):

Em termos de trabalho directo de produção (TDP):

S_i (PCF), em todos os centros, o grau de acabamento médio é dado por:

$$GAM = \frac{0+1}{2} = 0,5$$

S_f (PCF), Centro A:

$$GAM = \frac{\dfrac{L_1 - I_1}{I_2 - I_1} + \dfrac{L_2 - I_1}{I_2 - I_1}}{2} = \frac{0+0,5}{2} = 0,25$$

S_f (PCF), Centro B:

$$GAM = \frac{0,5+1}{2} = 0,75$$

S_f (PCF), Centro C:

$$GAM = \frac{\dfrac{0,3-0}{1-0} + \dfrac{0,8-0}{1-0}}{2} = 0,55$$

Em termos de gastos gerais de fabrico (GGF):

S_i (PCF), em todos os centros, o coeficiente de acabamento médio é dado por:

$$GAM = \frac{I_2 - I_1}{L_2 - L_1} \times \frac{0+1}{2} + \frac{L_2 - I_2}{L_2 - L_1} \times 1 = \frac{0,9 - 0,1}{1 - 0} \times 0,5 + \frac{1 - 0,9}{1 - 0} \times 1 = 0,5$$

S_f (PCF), Centro A:

$$GAM = \frac{L_2 - I_1}{L_2 - L_1} \times \frac{0 + \frac{L_2 - I_1}{I_2 - I_1}}{2} = \frac{0,5 - 0,1}{0,5 - 0} \times \frac{0 + \frac{0,5 - 0,1}{0,9 - 0,1}}{2} = 0,2$$

S_f (PCF), Centro B:

$$GAM = \frac{I_2 - L_1}{L_2 - L_1} \times \frac{\frac{L_1 - I_1}{I_2 - I_1} + 1}{2} + \frac{L_2 - I_2}{L_2 - L_1} \times 1 = \frac{0,9 - 0,5}{1 - 0,5} \times \frac{\frac{0,5 - 0,1}{0,9 - 0,1} + 1}{2} + \frac{1 - 0,9}{1 - 0,5} \times 1 = 0,8$$

S_f (PCF), Centro C:

$$GAM = \frac{\frac{L_1 - I_1}{I_2 - I_1} + \frac{L_2 - I_1}{I_2 - I_1}}{2} = \frac{\frac{0,3 - 0,1}{0,9 - 0,1} + \frac{0,8 - 0,1}{0,9 - 0,1}}{2} = \frac{0,25 + 0,875}{2} = 0,5625$$

Resolução do exercício nº 9

Processo produtivo de P_1 e P_2 – segmento A e segmento B

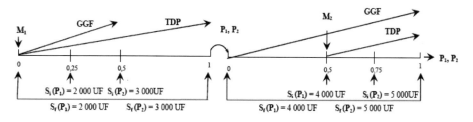

Cálculo da produção terminada (P_t):

Descrição	P_1	P_2
Vendas	20 000	30 000
S_f (PF)	4 000	3 000
	24 000	33 000
S_i (PF)	(2 000)	(5 000)
P_t	22 000	28 000

Cálculo da produção efectiva (P_e) de P_1, P_2 do CB

Descrição		UF (P_1/P_2)		M_2		TDP		GGF	
		GA	UEA	GA	UEA	GA	UEA	GA	UEA
P_1	P_t	1	22 000	1	22 000	1	22 000	1	22 000
	S_f (PCF)	1	4 000	0,5	2 000	0,25	1 000	0,5	2 000
			26 000		24 000		23 000		24 000
	S_i (PCF)	1	(4 000)	1	(4 000)	0	-	0,5	(2 000)
	P_e		22 000		20 000		23 000		22 000
P_2	P_t	1	28 000	1	28 000	1	28 000	1	28 000
	S_f (PCF)	1	5 000	0,5	2 500	0,25	1 250	0,5	2 500
			33 000		30 500		29 250		30 500
	S_i (PCF)	1	(5 000)	1	(5 000)	0,5	(2 500)	0,75	(3 750)
	P_e		28 000		25 500		26 750		26 750

Cálculo dos graus ou coeficientes de acabamento (GA):

S_f (PCF) de P_1 e S_f (PCF) P_2 em termos do factor M_2 no CB:

$$GA = \frac{1 - 0,5}{1 - 0} \times 1 = 0,5$$

S_f (PCF) de P_1 e S_f (PCF) P_2 em termos do factor TDP no CB:

$$GAM = \frac{I_2 - I_1}{L_2 - L_1} \times \frac{0 + 1}{2} = \frac{1 - 0,5}{1 - 0} \times 0,5 = 0,25$$

S_f (PCF) de P_1 e S_f (PCF) P_2 em termos do factor GGF no CB:

$$GA = \frac{0 + 1}{2} = 0,5$$

S_i (PCF) de P_2 em termos do factor TDP no CB:

$$GA = \frac{0,75 - 0,5}{1 - 0,5} = 0,5$$

Cálculo da produção efectiva (P_e) de P_1, P_2 do CA

Descrição		UF	M_1		TDP		GGF	
			GA	UEA	GA	UEA	GA	UEA
P_1	P_t	22 000	1	22 000	1	22 000	1	22 000
	S_f (PCF)	2 000	1	2 000	0,5	1 000	0,75	1 500
				24 000		23 000		23 500
	S_i (PCF)	2 000	1	(2 000)	0,25	(500)	0,5	(1 000)
	P_e			22 000		22 500		22 500
P_2	P_t	28 000	1	28 000	1	28 000	1	28 000
	S_f (PCF)	3 000	1	3 000	0,5	1 500	0,75	2 250
				31 000		29 500		30 250
	S_i (PCF)	3 000	1	(3 000)	0,5	(1 500)	1	(3 000)
	P_e			28 000		28 000		27 250

Cálculo dos graus ou coeficientes de acabamento (GA):

S_i (PCF) de P_1 em termos do factor GGF no CA:

$$GA = \frac{0,25 - 0}{0,5 - 0} = 0,5$$

S_f (PCF) de P_1 e S_f (PCF) P_2 em termos do factor GGF no CA:

$$GAM = \frac{I_2 - L_1 (= I_1)}{L_2 - L_1} \times \frac{0+1}{2} + \frac{L_2 - I_2}{L_2 - L_1} \times 1 = \frac{0,5 - 0}{1 - 0} \times 0,5 + \frac{1 - 0,5}{1 - 0} \times 1 = 0,75$$

Resolução do exercício nº 10

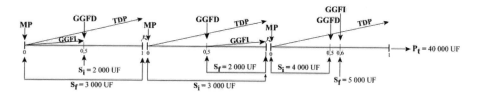

A MEDIDA DA PRODUÇÃO

Cálculo da produção efectiva (P_e) do segmento A

	UF	MP		TDP		GGFD		GGFI	
		GA	UEA	GA	UEA	GA	UEA	GA	UEA
P_t	40 000	1	40 000	1	40 000	1	40 000	1	40 000
S_f (PCF)	3 000	1	3 000	0,5	1 500	0,5	1 500	0,75	2 250
			43 000		41 500		41 500		42 250
S_i (PCF)	2 000	1	(2 000)	0,5	(1 000)	1	(2 000)	1	(2 000)
P_e			41 000		40 500		39 500		40 250

Cálculo da produção efectiva (P_e) do segmento B

	UF/P	MP		TDP		GGFD		GGFI	
		GA	UEA	GA	UEA	GA	UEA	GA	UEA
P_t	41 000	1	41 000	1	41 000	1	41 000	1	41 000
S_f (PCF)	2 000	1	2 000	0,75	1 500	1	2 000	0,5	1 000
	43 000		43 000		42 500		43 000		42 000
S_i (PCF)	(3 000)	1	(3 000)	0,5	(1 500)	0,5	(1 500)	0,25	(750)
P_e	40 000		40 000		41 000		41 500		41 250

Cálculo da produção efectiva (P_e) do segmento C

	UF/P	MP		TDP		GGFD		GGFI	
		GA	UEA	GA	UEA	GA	UEA	GA	UEA
P_t	40 000	1	40 000	1	40 000	1	40 000	1	40 000
S_f (PCF)	5 000	1	5 000	0,6	3 000	1	5 000	1	5 000
	45 000		45 000		43 000		45 000		45 000
S_i (PCF)	(4 000)	1	(4 000)	0,25	(1 000)	0	-	0	-
P_e	41 000		41 000		42 000		45 000		45 000

Cálculo dos graus ou coeficientes de acabamento médio (GA):

Segmento A – S_f (PCF) relativamente ao factor GGFD:

$$GAM = \frac{\dfrac{L_1 - I_1}{I_2 - I_1} + \dfrac{L_2 - I_1}{I_2 - I_1}}{2} = \frac{1 - 0,5}{1 - 0} = 0,5$$

Segmento A – S_f (PCF) relativamente ao factor GGFI:

$$GAM = \frac{0,5 - 0}{1 - 0} \times \frac{0 + 1}{2} + \frac{1 - 0,5}{1 - 0} \times 1 = 0,75$$

Segmento B – S_f (PCF) relativamente ao factor TDP:

$$GAM = \frac{\dfrac{L_1 - I_1}{I_2 - I_1} + \dfrac{L_2 - I_1}{I_2 - I_1}}{2} = \frac{0,5+1}{2} = 0,75$$

Segmento B – S_i (PCF) relativamente ao factor GGFD:

$$GAM = \frac{\dfrac{L_1 - I_1}{I_2 - I_1} + \dfrac{L_2 - I_1}{I_2 - I_1}}{2} = \frac{1-0,5}{1-0} = 0,5$$

Segmento B – S_i (PCF) relativamente ao factor GGFI:

$$GAM = \frac{1-0,5}{1-0} \times \frac{0+1}{2} = 0,25$$

Segmento C – S_i (PCF) relativamente ao factor TDP:

$$GAM = \frac{0+0,5}{2} = 0,25$$

Capítulo IX
Métodos de acumulação de custos
e formas de organização da produção

No que se refere à determinação do custo de produção as empresas apresentam numerosas e variadas situações. Seguidamente referem-se algumas dessas situações:

– Fabricação de um único produto a partir de uma ou mais matérias-primas comuns, embora trabalhadas através de diferentes fases ou estádios do processo produtivo;

– Fabricação de diversos produtos a partir de matérias-primas comuns, diferindo esses produtos apenas no seu peso, comprimento ou volume;

– Fabricação de produtos de qualidade ou de natureza diferentes a partir de matérias-primas diferentes.

Desde que a fabricação corresponda a produtos ou serviços idênticos, o custo de cada produto ou de cada serviço obtém-se dividindo o custo total da fabricação pelo número de unidades produzidas, determinando-se então um "custo unitário médio".

Se a fabricação compreende produtos ou serviços diferentes, é necessário calcular separadamente o custo de cada produto ou de cada serviço. Neste caso, trata-se de um sistema de "custos específicos" que pode também contemplar os "custos por encomenda", desde que a fabricação se submeta, total ou parcialmente, a este regime.

Estas considerações permitem sustentar que o custo de produção, num dado período, pode ser determinado através de duas categorias de métodos, ou seja, o método indirecto de cálculo de custos ou custos por processos e o método

CONTABILIDADE ANALÍTICA E DE GESTÃO

directo de cálculo de custos ou custos por ordens de produção. Portanto, o método directo e o método indirecto são os dois principais métodos para atribuir aos produtos os custos de produção. Por outro lado, o método de cálculo de custos que uma empresa deve utilizar depende principalmente do modo como o produto é fabricado.

No método indirecto de cálculo de custos (custos por processos) considera-se, relativamente a cada segmento, a totalidade dos custos com a produção nele realizada, isto é, o custo das matérias-primas[1] e subsidiárias, o custo do trabalho directo aplicado na produção e também os gastos gerais de fabrico. A este propósito BAGANHA (1953, p.5) afirma «o cálculo das parcelas que no custo contabilístico dos produtos correspondem aos gastos directos (consumos de matérias-primas e subsidiárias, trabalho directo de produção e, eventualmente, certas classes de gastos gerais de fabrico) pode fazer-se pelo *método directo* ou pelo *método indirecto*»[2].

No método directo (custos por ordens de produção), cada elemento do custo é acumulado separadamente, segundo uma ordem específica de produção emitida pela secção de fabrico. O método é adequado para o cálculo do custo de uma ordem de produção, ou uma encomenda, caracterizada pelo fabrico de um pequeno número de produtos heterogéneos e por uma produção mais diferenciada e realizada por encomenda. A heterogeneidade dos produtos define a tarefa em si, que é normalmente diferente para cada produto.

9.1. Custos por processos ou fases: método indirecto

O método indirecto (custo por processos) é caracterizado pela acumulação dos custos de produção de cada uma das fases de um processo contínuo de fabricação em massa. Os custos apurados numa fase são transferidos para as fases seguintes até que os produtos estejam acabados em termos de todos os factores. O método permite o apuramento dos custos de um processo produtivo.

O processo produtivo apresenta como características fundamentais: 1) a existência de uma produção em série e diversificada; 2) o processamento de um número elevado de produtos homogéneos; 3) as unidades em produção são semelhantes e os produtos são movimentados continuamente no processo produtivo; e 4) todos os procedimentos de fabrico são padronizados.

---

[1] Ou o custo de produção no estádio precedente, quando o produto terminado num segmento j é a matéria-prima do centro imediato (segmento j+1) e quando se trata de um processo de fabricação por fases.

[2] BAGANHA, M. D., "O método indirecto de cálculo de custos", Revista de Contabilidade e Comércio, nºs 159 e 160, Porto, 1973, p.5.

O custo total da produção obtém-se directamente à saída de cada segmento do processo produtivo. Para se determinar o custo de produção, em cada segmento, basta adicionar todos os gastos cuja titularidade pertence ao segmento, havendo que distinguir: 1) A produção de um único produto através de vários segmentos sucessivamente (fabricação por processos ou fases); 2) A produção de vários produtos de acordo com as diversas fases do processo produtivo a que são submetidos.

De acordo com BAGANHA (1973), ao contrário do método directo, «a adopção do método indirecto só é possível nas situações redutíveis ao regime de produção uniforme (processos distintos para cada um dos produtos ou elaboração de um único produto em cada período ou fracção do período) e nos casos de produção padronizada»[3].

<u>A produção de um único produto</u> – custo da produção armazenada corresponde à totalidade dos gastos do último centro, desde que nele não existam produtos em curso de fabrico. Os saldos porventura apresentados pelos centros anteriores correspondem à produção que neles se encontre por terminar ou já terminada, mas que ainda não foi transferida para os centros imediatos, ou seja, para a fase seguinte do processo, ou para o armazém de produtos. Quer numa hipótese, quer noutra constituem igualmente produtos em curso de fabrico.

<u>A produção de vários produtos diferentes</u> – se, por exemplo, um produto designado por A é obtido na primeira fase de fabrico, podendo ser comercializado ou continuar a sua laboração na segunda fase dando origem a um novo produto designado por B. Por sua vez, o produto B pode ser vendido ou prosseguir a sua laboração na terceira fase, resultando o produto C e assim sucessivamente.

Nestas condições, o custo da fabricação do produto A corresponde à totalidade dos gastos suportados na primeira fase, na hipótese de não existirem produtos por terminar (PCF).

O custo da produção de B corresponde, por sua vez, à totalidade dos gastos com os factores da segunda fase, acrescido do custo da fabricação do produto A, que é a matéria-prima base da segunda fase, transferido da primeira fase.

Da mesma forma, o custo da fabricação do produto C resulta da adição dos gastos da terceira fase, incluindo ainda o custo de fabricar o produto de B que, para o efeito, tinha sido transferido da segunda fase.

Portanto, trata-se do método indirecto, ou custos por processos, de acumulação periódica dos custos industriais. Este método pode ser aplicado a uma empresa que fabrica várias unidades do mesmo produto durante um dado período.

---

[3] BAGANHA, M. D., "O método indirecto de cálculo de custos", Revista de Contabilidade e Comércio, nºs 159 e 160, Porto, 1973, p.6.

O custo unitário do produto obtém-se dividindo o custo de produção, para o período, pelo número de unidades produzidas. O total dos custos é acumulado para um determinado período de tempo e para cada uma dessas operações ou processos. O custo médio unitário é calculado periodicamente para cada processo.

Se no final do período de referência do cálculo do custo de produção existir, num segmento ou fase, produção inacabada em termos de alguns factores[4], no método indirecto levantam-se dificuldades para valorizar essa produção. Então, tem de avaliar-se o grau de elaboração dos produtos em curso de fabrico (PCF) de modo que possa ser-lhes atribuída uma quota-parte dos custos do centro[5].

No cálculo de custos pelo método indirecto assumem especial relevância, os conceitos relativos à medida contabilística da produção, como se confirma a seguir:

– O custo dos produtos terminados e armazenados: Produtos que para efeito de comercialização já não serão objecto de mais operações de transformação.

– O custo dos produtos semielaborados: Produtos terminados num segmento e que serão ainda objecto de transformação noutro, constituindo a matéria-prima desta nova fase.

– O custo dos produtos em curso de fabrico: Produtos por terminar (PCF) em cada segmento, e também os semielaborados que não foram transferidos ainda para a fase seguinte do processo produtivo.

Mesmo que a empresa fabrique um único tipo de produtos verifica-se que a fabricação por fases conduz, face à existência de produtos em curso de fabrico (PCF), à determinação de vários custos de produção. Para uma determinação mais correcta do custo de produção convém, pelo menos, criar tantas contas de fabricação quantas as fases ou estádios do processo produtivo.

No caso mais simples, que é a fabricação contínua de um único produto, a quota dos GGF pode ser determinada através de uma relação entre as estimativas dos gastos a suportar durante o período (ano), baseadas nas experiências dos anos anteriores, e o número de unidades que se espera produzir durante o mesmo período. Então, obtém-se uma quota dos GGF, por unidade de produto:

---

[4] Esta situação ocorre porque o ritmo de consumo desses factores é diferente, ao longo do ciclo de produção.

[5] Um mesmo produto pode ser sujeito a sucessivas transformações, podendo mesmo, ao longo delas, retirar-se um maior ou menor número de unidades em diferentes estádios de laboração, que se comercializam como produtos distintos.

$$\text{Quota} = \frac{\text{Gastos previstos para o ano}}{\text{Nº de unidades a produzir no ano}}$$

Para determinar o montante dos GGF a imputar em cada mês ao custo de produção basta multiplicar esta quota pelo nº de unidades a produzir nesse período. Esquematicamente:

$$\text{GGF}_{(mês)} = \text{quota} \times \text{nº de unidades a produzir no período}$$

Figura 9.1. – Esquema de custos por processos

Em resumo apresenta-se o funcionamento do método indirecto – custo por processos ou fases:

– Os gastos com as matérias-primas, com o trabalho aplicado na produção e os GGF são acumulados durante o período (mês).
– Calculam-se as quantidades fabricadas no período (as unidades em produção ou produção em curso de fabrico transformam-se em unidades equivalentes a acabadas).
– O custo de cada unidade fabricada obtém-se dividindo os custos totais do período pela produção desse mesmo período.
– Apura-se o custo da produção terminada (P_t), considerando os custos da produção efectiva (P_e) e os custos do período anterior relativos à produção em curso de fabrico, tendo em conta as fórmulas de custeio a utilizar para as saídas da fabricação.

Conforme foi referido anteriormente, neste método de custeio, as empresas fabricam continuamente uma grande quantidade de produtos muito semelhantes e homogéneos; acumulam os custos de produção, por processos ou por departamentos, para um dado período de tempo; o resultado do processo é calculado para esse período; e o custo unitário obtém-se dividindo os custos do processo pela produção realizada (unidades produzidas) no período considerado, logo, o custo de uma unidade de produto é igual para todas as unidades.

CONTABILIDADE ANALÍTICA E DE GESTÃO

EXERCÍCIOS DE APLICAÇÃO[6] (CUSTOS POR PROCESSOS – método indirecto)

Processo produtivo não segmentado (PPNS) e produção uniforme (única)

EXERCÍCIO Nº 1

Informação de enquadramento

Uma unidade industrial dedica-se, num processo produtivo não segmentado, à fabricação de um único produto P.

O custo dos stocks (inventários) deve ser atribuído pelo uso da fórmula FIFO.

Informação contabilística obtida no final de um determinado mês

Demonstração dos resultados por naturezas (incompleta)   Valores em 10^3 €

Stocks (inventários) iniciais			Stocks finais:		
Matérias-primas (3 000 kg)	22 500		Produtos Fabricados		
Compras Matérias (50 000 kg)	375 000		2000 UF	?	
Stocks (inventários) finais			Stocks iniciais:		
Matérias-primas (? kg)	?	382 500	Produtos Fabricados		
Fornecimentos e serviços externos		17 250	1 000 UF	60 000	?
Gastos com o pessoal		41 250	Vendas		446 250
Outros gastos e perdas		2 250			
Gastos de depreciação e amortização		10 875			
Juros e gastos similares[7]		1 625			

---

[6] A resolução de alguns dos exercícios propostos tem subjacente apenas o grau de dificuldade dos mesmos.

[7] O título desta conta nos anexos à Portaria nº 986/2009 de 7.SET. (DR, I Série, nº 173) é "Juros e gastos similares suportados", não há comentários a um tal reforço do gasto.

224

MÉTODOS DE ACUMULAÇÃO DE CUSTOS E FORMAS DE ORGANIZAÇÃO DA PRODUÇÃO

Para o cálculo dos custos respectivos procedeu-se à seguinte reclassificação por funções (valores em milhares de €):

Gastos por naturezas	Produção	Distribuição	Administrativa
Fornecimentos e serviços externos	11 250	3 750	2 250
Gastos com o pessoal	33 750	3 750	3 750
Gastos de depreciação e de amortização	7 500	1 125	2 250
Outros gastos e perdas	-	750	1 500

Outros dados:

Consumo de matérias-primas (kg):	51 000;
Trabalho directo de produção aplicado (10^3 €):	30 000;
Produção terminada (UF):	8 000.

PEDIDOS:

1. Calcular o custo industrial total e unitário da produção vendida.
2. Completar a demonstração dos Resultados apresentada nos dados e elaborar a demonstração dos resultados por funções.
3. Efectuar os registos em dispositivo "T" na conta de "Fabricação".

EXERCÍCIO Nº 2 (Resolvido)

Informação de enquadramento

Uma unidade industrial fabrica um único produto (P) através de um processo produtivo não segmentado.

Na produção são utilizadas duas matérias-primas M_1 e M_2. M_1 é incorporada no início do processo e M_2 a 60% do processo de transformação.

Os custos de conversão (transformação – CT) são incorporados linearmente, ao longo de todo o processo produtivo.

O custo dos stocks (inventários) deve ser atribuído pelo uso da fórmula FIFO (custo cronológico directo).

Informação relativa a um determinado mês do ano "N"

Stocks (inventários) de produtos fabricados:

	UNIDADES	VALOR (€)
Iniciais	400	8 800,00
Finais	2 400	-
Vendas	32 000	980 000,00

Produtos em curso de fabrico (PCF):

Iniciais	1 200 UF com 50% de acabamento, no valor de € 22 050,00.
Finais	800 UF com 80% de acabamento.

Custo das matérias-primas: M_1 – € 588 000,00; M_2 – € 95 700,00.

Outros gastos e rendimentos:

Gastos diversos	Valor (€)	Rendimentos	Valor (€)
De transformação	59 570,00	Financeiros	6 000,00
De distribuição	160 000,00	Outros rendimentos	6 000,00
Administrativos	40 000,00		
De financiamento	30 000,00		
Outros	10 000,00		

Para a empresa, a taxa de impostos sobre os lucros é de 25%.

PEDIDOS:

1. Calcular o custo unitário (k_e) da produção efectiva (P_e) no mês.
2. Calcular o custo da produção terminada e o valor dos stocks (inventários) finais de produtos em curso de fabrico.
3. Determinar o custo das vendas ou do custo dos produtos vendidos (CPV).
4. Apresentar uma demonstração do resultado por naturezas, sabendo que foram suportados os seguintes custos:

FSE: € 99 570,00	Gastos c/ pessoal: € 140 000,00	Gastos de depreciação: € 30 000,00

5. Apresentar uma demonstração do resultado por funções.

Processo produtivo não segmentado (PPNS) e *produção múltipla*

EXERCÍCIO Nº 3 (Resolvido)

Informação de enquadramento

Considere uma unidade industrial de produção múltipla que, num processo produtivo não segmentado, fabrica os produtos P_1 e P_2, a partir da transformação de uma matéria-prima (M).

A incorporação da matéria-prima ocorre no ponto inicial do segmento, enquanto o custo de transformar (CT) a matéria em produtos é de aplicação linear ao longo do segmento.

Para efeito de cálculo do custo industrial, ou custo de produção, são as seguintes as especificações técnicas:

	Produto P_1	Produto P_2
M	0,75	1
CT	1	1,05

O custo dos stocks (inventários) deve ser atribuído pelo uso da fórmula FIFO.

Informação relativa a um determinado período:

Movimento da matéria-prima – M

	Kg	Euros (€)
Stocks (inventários) iniciais	6 000	69 570,00
Compras	16 650	203 130,00
Consumo	18 150	?
Stocks (inventários) finais	?	?

Movimento de produções armazenadas (produtos fabricados):

	P_1		P_2	
	UF	Euros (€)	UF	Euros (€)
Stocks (inventários) iniciais	3 200	49 600,00	1 800	34 740,00
Vendas	13 800	288 420,00	8 600	240 800,00
Stocks (inventários) finais	2 400	?	1 600	?

As contas integrantes do resultado foram analisadas e concluiu-se o seguinte (valores em €):

	Gastos industriais	Gastos comerciais
Fornecimentos e serviços externos	25 800,00	33 000,00
Gastos com o pessoal	90 500,00	56 400,00
Gastos de depreciação	27 440,00	12 720,00
Outros gastos	9 000,00	-

PEDIDOS:

1. Calcular o custo industrial, total e unitário, da produção armazenada (P_t) no período.
2. Determinar os valores das interrogações constantes da informação do período.
3. Elaborar uma demonstração de resultados por funções e por produtos.

EXERCÍCIO Nº 4

Informação de enquadramento

Uma unidade industrial de produção múltipla, em processo não segmentado, dedica-se à fabricação de dois produtos, P_1 e P_2.

As matérias, o TDP e os GGF são incorporados linearmente ao longo do processo de fabrico. Em todos os factores, P_1 consome mais 40% do que P_2.

Informação, de que a empresa dispõe, relativa a um determinado mês, do ano "N"

Quadro de custos por funções (valores em €):

	Industrial	Comercial	Totais
Consumo de matérias-primas	330 400,00		330 400,00
Fornecimentos e serviços externos	141 440,00	51 360,00	192 800,00
Gastos com o pessoal	170 880,00	68 080,00	238 960,00
Gastos de depreciação e de amortização	83 560,00	25 200,00	108 760,00
Gastos de financiamento			60 880,00

Na função industrial estão incluídos trabalhos para a própria entidade no valor de € 6 720,00.

Quadro de produções (quantidades e valores):

		UF	Valores (€)
Produção terminada	P_1	8 520	?
	P_2	3 480	164 632,00
Stocks (inventários) iniciais de PCF	P_1	?	19 200,00
	P_2	?	11 000,00
Stocks (inventários) finais de PCF	P_1	300	9 900,00
	P_2	360	8 280,00
Stocks (inventários) iniciais de produtos fabricados	P_1	1 460	93 440,00
	P_2	600	26 400,00
Stocks (inventários) finais de produtos fabricados	P_1	1 300	?
	P_2	660	?

Os stocks (inventários) iniciais de produtos em curso de fabrico (PCF) estão linearmente distribuídos ao longo do processo de fabrico.

A produção é avaliada ao custo industrial e o custo dos stocks (inventários) deve ser atribuído pelo uso da fórmula FIFO.

PEDIDOS:

1. Calcular o custo unitário (k_e) da produção efectiva (P_e).
2. Determinar o custo dos produtos vendidos ou custo das vendas no período.
3. Apresentar uma demonstração dos resultados por funções admitindo que em ambos os produtos as margens brutas obtidas foram de 35% sobre o preço de venda.
4. Apresentar uma demonstração dos resultados por naturezas.

CONTABILIDADE ANALÍTICA E DE GESTÃO

EXERCÍCIO Nº 5 (Resolvido)

Informação de enquadramento

Uma unidade industrial de produção múltipla disjunta fabrica três produtos P_1, P_2 e P_3 através de um processo produtivo não segmentado.

Elementos sobre o regime de fabrico e a incorporação e utilização dos factores de produtivos:

Todos os produtos consomem a matéria-prima básica M_1, cuja incorporação ocorre no início do processo; cada unidade de M_1 dá origem a uma unidade de P_1; para produzir P_2 e P_3 são necessárias 2 UF e 1,5 UF de M_1, respectivamente.

Os produtos P_1 e P_2 consomem também a matéria M_2:

Em P_1, esta matéria é incorporada, linearmente, entre o ponto 50% e o final do processo; com uma unidade de matéria obtém-se duas unidades de produto;

Em P_2, a matéria M_2 é incorporada em dois momentos, a 30% do processo (0,6 UF de M_2/UF de produto) e a 60% (0,4 UF de M_2/UF de produto).

O produto P_3 consome também a matéria M_3 que é incorporada linearmente entre 40% e 80% do processo.

No que respeita ao custo de conversão (transformação – CT) a sua aplicação, no processo de fabrico, é linear, sendo aplicado no produto P_1 mais 20% do que P_2 e no produto P_3 mais 10% do que P_1.

O custo dos stocks (inventários) deve ser atribuído pelo uso da fórmula FIFO.

Informação relativa a um determinado mês do ano "N" (valores em €)

Produtos em curso de fabrico (PCF):

Iniciais	P_1 – 3 000 UF linearmente distribuídas ao longo do processo produtivo.
	P_2 – 400 UF com 75% de acabamento.
Finais	P_1 – 2 000 UF linearmente distribuídas ao longo do processo produtivo.
	P_2 – 800 UF com 50% de acabamento.
	P_3 – 1 000 UF com 50% de acabamento.

230

Stocks (inventários) produtos fabricados (UF):

	P_1	P_2	P_3
Iniciais	1 000	3 500	1 000
Finais	1 000	1 500	2 000

Custos do período:

	M_1	M_2	M_3	Total
Matérias Consumidas	448 000,00	59 820,00	23 125,00	530 945,00
Fornecimento e serviços externos				108 950,00
Gastos com o pessoal				208 500,00
Gastos de depreciação e amortização				65 100,00
Gastos e perdas de financiamento				25 000,00
Trabalhos para a própria entidade				7 500,00
Juros, dividendos e outros rendimentos				17 500,00

Distribuição de alguns gastos por funções:

	Fabris	Distribuição	Administrativos
Fornecimentos e serviços externos	75 200,00	21 250,00	12 500,00
Gastos com o pessoal	155 000,00	36 000,00	17 500,00
Gastos de depreciação e de amortização	32 600,00	12 500,00	20 000,00

Os trabalhos para a própria entidade dizem respeito apenas a FSE e a Gastos com pessoal

Outra informação:

	P_1		P_2		P_3	
	UF	Valor	UF	Valor	UF	Valor
Vendas	10 000	248 475,00	12 000	446 750,00	8 000	261 480,00
S_i de produtos fabricados	-	20 000,00	-	105 000,00	-	26 100,00
S_i de PCF	-	42 850,00	-	11 300,00	-	-

CONTABILIDADE ANALÍTICA E DE GESTÃO

PEDIDOS:

1. Calcular o custo unitário (k_e) da produção do mês (P_e).
2. Elaborar a conta de fabricação da empresa.
3. Apresentar uma demonstração dos resultados por funções.

EXERCÍCIO Nº 6

Informação de enquadramento

Uma unidade industrial dedica-se à fabricação de dois produtos designados P_1 e P_2 através de um processo produtivo não segmentado.

Os dois produtos fabricam-se a partir da matéria M_1, a qual é incorporada da seguinte forma:

P_1 – 1,4 kg de uma só vez, no início do processo de fabrico;
P_2 – 1,5 kg, sendo 3/4 no início e 1/4 no ponto 0,4 do processo produtivo.

Ambos os produtos consomem ainda a matéria M_2, que é incorporada da forma seguinte:

Em P_1 – 6 unidades linearmente entre o ponto 0,7 e o final do processo de fabrico;
Em P_2 – 4 unidades linearmente no intervalo de 0,7 a 0,9 do processo de fabrico.

O custo dos stocks (inventários) deve ser atribuído pelo uso da fórmula do custeio médio ponderado.

MÉTODOS DE ACUMULAÇÃO DE CUSTOS E FORMAS DE ORGANIZAÇÃO DA PRODUÇÃO

Informação relativa a um determinado mês do ano "N"

Produção em curso de fabrico (igualmente distribuída ao longo do processo produtivo):

Iniciais	P_1 – 600 UF; valor a determinar.
	P_2 – 500 UF; valor € 109 375,00 (84 375,00 para M_1, 2 500,00 para M_2 e 22 500,00 para CT).
Finais	P_1 – 500 UF
	P_3 – 300 UF

Produção transferida para armazém: P_1 – 6 100 UF; P_2 – 4 800 UF.

Consumos/custos:

M_1 – 16 100 kg no valor de € 1 916 250,00; M_2 – € 347 187,50;

TDP – € 630 000,00;   GGF – € 500 850,00.

PEDIDOS:

1. Calcular o custo unitário (k_e) da produção do mês (P_e).
2. Determinar o custo da produção terminada e o valor dos stocks (inventários) finais de produtos em curso de fabrico.
3. Pronunciar-se sobre o nível de rendimento obtido do consumo de M_1 (em quantidade), justificando a resposta.

EXERCÍCIO Nº 7

Informação de enquadramento

Uma unidade industrial, através de um processo de fabrico não segmentado, dedica-se à fabricação de dois produtos P_1 e P_2.

Ambos os produtos são fabricados com base na matéria M_1 incorporada de uma só vez no início do processo de fabrico. O produto P_1 consome ainda a matéria M_2, incorporada ao longo do processo de transformação, entre o ponto 0,6 e o ponto 0,9. O produto P_2 consome também a matéria M_3, a qual é incorporada em dois pontos do processo de fabrico: 2/5 no ponto 0,4 e 3/5 no ponto 0,9.

O custo de conversão (transformação – CT) é incorporado linearmente ao longo do processo de fabrico; e os coeficientes de homogeneização são para determinar.

CONTABILIDADE ANALÍTICA E DE GESTÃO

O custo dos stocks (inventários) deve ser atribuído pelo uso da fórmula do custeio médio ponderado.

Informação relativa ao 2º mês de actividade da empresa

Produção em curso fabrico (valores em €):

Iniciais	P_1 – 1 700 UF linearmente distribuídas ao longo do processo, no valor de 71 950,00, assim repartidos: M_1 – 64 600,00; M_2 – 550,00; CT – 6 800,00.
	P_2 – 300 UF com 20% de acabamento, no valor de 14 280,00 (M_1 – 13 680,00).
Finais	P_1 – 1 500 UF igualmente distribuídas ao longo do processo de transformação.
	P_2 – 200 UF com 50% de acabamento.

Produção entrada no armazém (P_t): P_1 – 44 050 UF; P_2 – 11 730 UF.

Custos do período (em €):

Matérias directas: M_1 – 2 196 628,00; M_2 – 59 400,00; M_3 – 101 566,00.

Custo de conversão (transformação – CT): 469 300,00.

PEDIDOS:

1. Determinar os coeficientes de homogeneização em termos de M_1 e de custo de conversão (transformação – CT).
2. Calcular o custo unitário (k_e) da produção do período (P_e).
3. Determinar o custo da produção terminada e o valor dos stocks (inventários) finais de PCF.
4. Efectuar os registos, em dispositivo "T", dos movimentos da conta de Fabricação.

234

Processo produtivo segmentado (PPS) e produção uniforme (única)

EXERCÍCIO Nº 8 (Resolvido)

Informação de enquadramento

Considere uma unidade industrial que apresenta as seguintes características:

– O processo de fabrico é constituído por dois segmentos (processo produtivo segmentado);
– No processo de transformação é fabricado um único produto P (produção uniforme ou única);
– A produção decorre em 2 fases sucessivas a que correspondem os centros produtivos A e B;
– No processo produtivo são consumidos dois factores de produção: MP e custo de conversão (transformação – CT);
– O regime de incorporação dos factores no processo de fabrico é o seguinte:

MP – no início do processo de fabrico;
CT – linearmente ao longo das duas fases.

O custo dos stocks (inventários) deve ser atribuído pelo uso da fórmula FIFO.

Informação relativa a um determinado mês

Produção em curso de fabrico (PCF):

Centro A	Iniciais	5 000 UF com 40% de acabamento, no valor de € 47 300,00.
	Finais	8 000 UF com 25% de acabamento.
Centro B	Iniciais	2 000 UF com 50% de acabamento, no valor de € 33 300,00.

Stocks (inventários) no armazém de produtos:

Iniciais		Finais	
UF	Valor (€)	UF	Valor (€)
12 000 UF	312 000,00	8 000 UF	?

Vendas durante o mês: 40 000 UF a € 30,00/UF.

Custo das matérias consumidas no período: € 277 500,00.

CONTABILIDADE ANALÍTICA E DE GESTÃO

Trabalho directo relativo ao sector fabril:	CA – € 102 000,00; CB – € 210 000,00.
Gastos gerais de fabrico:	CA – € 122 400,00; CB – € 252 000,00.
Gastos de distribuição e administrativos:	€ 45 000,00.

PEDIDOS:

1. Calcular o custo unitário (k_e) da produção do mês (P_e).
2. Registar os movimentos do mês, em dispositivo "T", nas contas de Fabricação CA e CB.
3. Apresentar uma demonstração do resultado por funções para o mês.

Processo produtivo segmentado (PPS) e *produção múltipla*

EXERCÍCIO Nº 9

Informação de enquadramento

Uma unidade industrial de produção múltipla (P_1, P_2 e P_3) cujo sector fabril, segmentado, é constituído por três centros produtivos principais (A, B e C).

Produtos fabricados e factores incorporados nos três centros:

	Centro A	Centro B	Centro C
Produções	P_0	P_1 e P_2	P_3
Factores de produção	M_1	P_0 e M_2	P_2 e M_3

Especificações técnicas (após as quebras):

	P_0	P_1	P_2	P_3
M_1	1 kg	-	-	-
M_2	-	2 kg	1 kg	-
M_3	-	-	-	3 kg
P_0	-	1,5 kg	1 kg	-
P_2	-	-	-	2 UF

Modo de incorporação dos factores produtivos:

M_1, P_0 e P_2:	no início do processo produtivo;
M_2:	linearmente após 60% do processo produtivo em P_1 e P_2;
M_3:	linearmente entre 50% e 70% do processo produtivo;
Custos de conversão (CT):	linearmente ao longo do processo, em todos os segmentos.

Os custos de conversão (transformação – CT) no centro B são repartidos proporcionalmente às unidades produzidas.

Quebras normais: 5% na transformação de M_1 em P_0;
                                 10% na utilização de P_0 em P_1.

O custo dos stocks (inventários) deve ser atribuído pelo uso da fórmula FIFO.

Informação relativa a um determinado período

Produtos em curso de fabrico no Centro B:

Iniciais	P_1 – 1 000 UF uniformemente distribuídas, no valor de € 26 500,00.
Finais	P_1 – 500 UF uniformemente distribuídas

Elementos sobre os consumos/custos do período:

– Matérias: M_1 – 30 000 kg no valor de € 199 500,00
                 M_2 – € 2,50/kg M_3 – ?

– Custos de conversão (transformação – CT):
Centro A – € 142 500,00;
Centro B – € 173 250,00;
Centro C – € 75 000,00.

– Custo das vendas (CPV) – € 258 000,00.

Vendas do período:

P_0: 10 000 kg P_1: ? P_2: 5 000 UF P_3: 3 000 UF

PEDIDOS:

1. Determinar a produção do período (P_e).
2. Calcular o custo unitário (k_e) da produção efectiva (P_e).
3. Registar os movimentos do mês, em dispositivo "T", nas contas de Fabricação CA e CB.
4. Calcular o custo unitário da matéria-prima M_3.

EXERCÍCIO Nº 10 (Resolvido)

Informação de enquadramento

Uma unidade industrial fabrica, em regime de produção múltipla disjunta, os produtos P_1, P_2 e P_3, dispondo para o efeito de dois centros fabris principais (processo produtivo segmentado), designados A e B.

No centro A são incorporadas as matérias M_1 e M_2 do seguinte modo:

M_1 – pontualmente no início do processo produtivo;

M_2 – 40% no início da fabricação e o restante linearmente entre 70 e 90% do processo produtivo.

No centro B são consumidas as matérias M_1, M_3 e M_4 e a sua incorporação ocorre da forma seguinte:

M_1 – pontualmente a 40% do processo e apenas no produto P_3;

M_3 – linearmente entre 30 e 80% do processo produtivo;

M_4 – em dois momentos pontualmente: 75% no início e o restante a 60% do processo de fabrico.

Os custos de conversão (transformação – CT) são incorporados linearmente ao longo dos segmentos.

A produção terminada de P_1 no centro A é <u>toda transferida</u> para o centro B. Parte de P_1 é acabada neste centro e sofre uma quebra de 10% no início da sua utilização. A parte restante é incorporada no início do processo na produção de P_3.

No consumo de M_1 verifica-se uma quebra de 20% apenas na fabricação do produto P_1.

Consumos normais após quebras

	P_1	P_2	P_3
M_1	2 kg	5 kg	3 kg
M_2	3 kg	4 kg	-
M_3	1,5 kg	-	2 kg
M_4	1 kg	-	2 kg
CT (CA)	2 horas	1,5 horas	-
CT (CB)	1 horas	-	2 horas
P_1	1 UF	-	4 UF

O custo dos stocks (inventários) deve ser atribuído pelo uso da fórmula FIFO.

Informação relativa a um determinado mês

Stocks (inventários) de produtos fabricados (UF):

	P_1	P_2	P_3
Iniciais	400	500	200
Finais	200	320	600

Produtos em curso de fabrico (PCF):

Centro A:	Iniciais	P_1 – 1 000 UF com 60% de acabamento, no valor de € 58 160,00. P_2 – 400 UF com 85% de acabamento, no valor de € 48 120,00.
	Finais	P_1 – 1 400 UF com 80% de acabamento. P_2 – 200 UF com 40% de acabamento.
Centro B:	Iniciais	P_1 – 400 UF com 70% de acabamento, no valor de € 34 460,00. P_3 – 200 UF com 80% de acabamento, no valor de € 61 600,00.
	Finais	P_1 – 600 UF com 30% de acabamento. P_3 – 800 UF com 50% de acabamento.

CONTABILIDADE ANALÍTICA E DE GESTÃO

Consumos/custos do período:

Matérias-primas:	M_1 – 87 000 kg no valor de € 1 740 000,00	M_2 – € 428 300,00
	M_3 – 18 260 kg no valor de € 54 780,00	M_4 – € 15 850,00
Custo de conversão (transformação – CT):	Centro A – € 222 440,00	Centro B – € 138 420,00

Vendas: P_1: 7 200 UF P_2: ? P_3: ?

PEDIDOS:

1. Calcular o custo unitário (k_e) da produção do mês (P_e).
2. Analisar do rendimento da matéria M_4, sabendo que o consumo efectivo foi de 17 118 kg.
3. Registar, em dispositivo "T", os movimentos das contas de Fabricação centros A e B.

EXERCÍCIO Nº 11

Informação de enquadramento

Uma unidade industrial integra um processo produtivo segmentado que se descreve a seguir.

A produção decorre em dois centros principais (A e B). No centro A fabrica--se o produto P_1, sendo parte comercializada como tal e a parte restante transferida para o centro B onde mediante transformação adequada se obtêm os produtos P_2 e P_3. A produção do centro A é medida em kg de P_1, enquanto que no centro B é medida em UF de P_2 e P_3.

As matérias-primas são incorporadas do seguinte modo: M_1 no início do processo no centro A e M_2 a 50% do processo no centro B.

Sobre estas matérias sabe-se ainda que:

No centro A o desperdício para M_1 é de 10%.

No centro B:

- Cada unidade de P_2 consome 1 kg de M_2 e 2 kg de P_1;
- Cada unidade de P_3 consome 2 kg de M_2 e 1 kg de P_1.

Os tempos de elaboração no centro B são de 20 minutos para cada unidade de P_2 e 40 minutos para cada unidade de P_3.

MÉTODOS DE ACUMULAÇÃO DE CUSTOS E FORMAS DE ORGANIZAÇÃO DA PRODUÇÃO

O custo de conversão (transformação – CT) é imputado com base nos orçamentos anuais de: € 750 000,00 para o TDP e € 1 500 000,00 para GGF.
O custo dos stocks (inventários) deve ser atribuído pelo uso da fórmula FIFO.

Informação relativa a um determinado mês

Stocks (inventários) na fábrica:

Centro A	Iniciais	P_1 – 2 000 kg com 50% de acabamento, no valor de € 9 875,00.
Centro B	Finais	P_2 – 4 000 UF com 75% de acabamento.
		P_3 – 1 000 UF com 30% de acabamento.

Stocks (inventários) no armazém de produtos:

Produtos fabricados	Iniciais	P_1 – 10 000 kg no valor de € 50 000,00.
		P_2 – 4 000 UF no valor de € 50 000,00.
		P_3 – 3 000 UF no valor de € 27 000,00.
	Finais	P_1 – 10 000 kg.

Custos do período:

Matérias	M_1 – € 2,70/kg	M_2 – € 27 000,00
TDP	Centro A – € 49 200,00	Centro B – € 26 800,00

Vendas: P_1 – 25 000 kg a € 5,35/kg
P_2 – 20 000 UF a € 13,50/UF
P_3 – 20 000 UF a € 10,50/UF

PEDIDOS:

1. Calcular o custo unitário (k_e) da produção do mês (P_e).
2. Determinar o custo da produção armazenada e o custo da produção vendida.
3. Registar em dispositivo "T" os movimentos nas contas de Fabricação centro A e centro B.
4. Analisar, justificando, se é mais vantajoso para a empresa "produzir e vender P_2" ou "P_3".
5. Analisar, justificando, se é mais vantajoso para a empresa "vender P_1 sem transformação" ou "vender P_1 transformado em P_2 e P_3".

EXERCÍCIO Nº 12 (Resolvido)

Informação de enquadramento

Uma unidade industrial integra dois segmentos, aos quais correspondem os centros de produção A (CA) e B (CB), e fabrica os produtos P_1 e P_2 em regime de produção múltipla.

No centro A é fabricado um semielaborado à custa da matéria-prima M_1 que, quando utilizada, dá uma quebra de 10%. Da totalidade do semielaborado obtido, neste centro, 75% é transferido para o centro B, enquanto o restante é vendido a uma empresa associada.

No centro B são fabricados dois produtos, sendo o produto P_1 obtido com 2 kg e o produto P_2 com 3 kg do semielaborado transferido do centro A.

Quando ambos os produtos atingem 30% do seu processo de fabricação no centro B é incorporada a matéria-prima M_2 consumindo o produto P_2 mais 25%, deste factor, do que o produto P_1.

Tempo de elaboração no centro B: 12 minutos para P_1;   18 minutos para P_2.

O custo dos stocks (inventários) deve ser atribuído pelo uso da fórmula FIFO.

Informação relativa a um determinado período

Stocks (inventários) na fábrica:

Iniciais	Centro B	P_2 – 6 000 UF c/ 50% de acabamento, no valor de € 89 250,00.
Finais	Centro A	SL – 20 000 kg com 60% de acabamento.
	Centro B	P_1 – 4 000 UF com 25% de acabamento.

Stocks (inventários) no armazém de produtos:

Iniciais	P_1 – 5 000 UF, no valor de € 50 000,00.
	P_2 – 7 000 UF, no valor de € 108 500,00.
Finais	P_1 – 2 000 UF.
	P_2 – 4 000 UF.

Custos período (€):

Matérias-primas: M_1 – 540 000,00; M_2 – 84 000,00.

Conversão (transformação – CT):   CA – 172 000,00;   CB – 55 350,00.

Produção terminada no centro B: P_1 – 20 000 UF; P_2 – 30 000 UF.

Preços de venda (€): P_1 – 12,50; P_2 – 18,50.

PEDIDOS:
1. Calcular o custo unitário (k_e) da produção do mês (P_e).
2. Determinar o preço de aquisição da matéria-prima M_1.
3. Registar, em dispositivo em "T", os movimentos nas contas de Fabricação CA e CB.
4. Apurar o resultado bruto.

RESOLUÇÃO de alguns dos exercícios propostos para este capítulo

Resolução do exercício nº 2

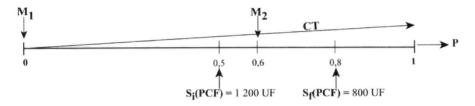

Resposta ao pedido 1)

Cálculo da produção terminada (P_t) do produto P:
P_t = Vendas + S_f (PF) - S_i (PF) ⇔ P_t = 32 000 + 2 400 – 400 = 34 000 UF

Cálculo da produção efectiva (P_e) de P

Descrição	UF	M_1 GA	M_1 UEA	M_2 GA	M_2 UEA	CT GA	CT UEA
P_t	34 000	1	34 000	1	34 000	1	34 000
S_f (PCF)	800	1	800	1	800	0,8	640
			34 800		34 800		34 640
S_i (PCF)	1 200	1	(1 200)	0	-	0,5	(600)
P_e			33 600		34 800		34 040

Cálculo do custo unitário (k_e) da produção efectiva (P_e) em termos de cada factor (€):

M_1	M_2	CT
$k_e = \dfrac{€\,588\,000,00}{33\,600\ UF} = €\,17,50$	$k_e = \dfrac{€\,95\,700,00}{34\,800\ UF} = €\,2,75$	$k_e = \dfrac{€\,59\,570,00}{34\,040\ UF} = €\,1,75$

Resposta ao pedido 2)

Cálculo do custo da produção terminada (P_t) de P – fórmula FIFO (€):

Descrição	M_1			M_2			CT			K_t
	UEA	k_e	$K_{t(M1)}$	UEA	k_e	$K_{t(M2)}$	UEA	k_e	$K_{t(CT)}$	
S_i (PCF)	1 200	-	-	-	-	-	600	-	-	22 050,00
Acabar S_i	-	-	-	1 200	2,75	3 300,00	600	1,75	1 050,00	4 350,00
	1 200			1 200			1 200			26 400,00
Da P_e	32 800	17,50	574 000,00	32 800	2,75	90 200,00	32 800	1,75	57 400,00	721 600,00
P_t	34 000			34 000			34 000			748 000,00
S_f(PCF)	800	17,50	14 000,00	800	2,75	2 200,00	640	1,75	1 120,00	17 320,00

Quadro alternativo para apresentar o custo da produção terminada (P_t) no período (mês):

Cálculo do custo da produção terminada (P_t) de P – fórmula FIFO (€):

S_i (PCF) – 1 200 UF	$22\,050,00 + 1\,200 \times 2,75 + 1\,200 \times 0,5 \times 1,75 =$	26 400,00
Da P_e – 32 800 UF	$32\,800 \times (17,50 + 2,75 + 1,75) =$	721 600,00
	(P_t = 34 000 UF)	748 000,00
	Custo unitário da P_t: $\dfrac{€\,748\,000,00}{34\,000\ UF} = €\,22,00$	
Mensuração do S_f (PCF): $800 \times (17,50 + 2,75) + 800 \times 0,8 \times 1,75 = 17\,320,00$		

Resposta ao pedido 3)

Cálculo do custo das vendas (CPV) – fórmula FIFO (€)

Descrição	Unidades	Custo unitário	Valor
Do S_i (PF)	400		8 800,00
Da P_t	31 600	22,00	695 200,00
Vendas	32 000		704 000,00

Resposta ao pedido 4) Para resolver

Resposta ao pedido 5)

Demonstração dos resultados por funções

Rubricas	Valores (€)
Vendas	980 000,00
Custo das vendas	704 000,00
Resultado bruto	276 000,00
Outros rendimentos	+ 12 000,00
Gastos de distribuição	160 000,00
Gastos administrativos	40 000,00
Outros gastos	10 000,00
Resultado operacional	78 000,00
Gastos de financiamento	30 000,00
Resultados antes de impostos	48 000,00
Imposto sobre o rendimento do período	12 000,00
Resultado líquido do período	36 000,00

CONTABILIDADE ANALÍTICA E DE GESTÃO

Resolução do exercício nº 3

Resposta ao pedido 1)

Produção terminada (P_t) no período

	S_i (PF)	Vendas	S_f (PF)	P_t
P_1	3 200	13 800	2 400	13 000
P_2	1 800	8 600	1 600	8 400

Nota: P_t = Vendas + S_f (PF) - S_i (PF)

Cálculo do custo da produção do período em que $P_e = P_t$ (€)

Factores	Produtos	$P_e = P_t$	CH	PH	K_t	k_e
	P_1	13 000	0,75	9 750	117 000,00	9,00
M	P_2	8 400	1	8 400	100 800,00	12,00
				18 150	**(a)** 217 800,00	
	P_1	13 000	1	13 000	91 000,00	7,00
CT	P_2	8 400	1,05	8 820	61 740,00	7,35
				21 820	**(b)** 152 740,00	

(a) 69 570,00 + 203 130,00/16 650 × 12 150 = € 217 800,00
(b) 25 800,00 + 90 500,00 + 27 440,00 + 9 000,00 = 152 740,00

Custos da produção terminada (P_t) e armazenada no período (€):

	Unitário (k_e)		Total (K_t)	
	P_1	P_2	P_1	P_2
M	9,00	12,00	117 000,00	100 800,00
	7,00	7,35	91 000,00	61 740,00
CT	16,00	19,35	208 000,00	162 540,00

Resposta ao pedido 2)

Matérias-primas		
Valor do consumo:	Stocks (inventários) finais:	
217 800,00	**UF** – 4 500	**Valor** - 4 500 × 12,20 = 54 900,00

Produtos fabricados – Valor dos stocks (inventários) finais:	
P_1 - 2 400 × 16,00 = 38 400,00	P_2 – 1 600 × 19,35 = 30 960,00

Resposta ao pedido 3)

Determinação do custo das vendas   Valores €

	P_1			P_2		
	UF	k_c	Valor	UF	k_c	Valor
Do S_i	3 200		49 600,00	1 800		34 740,00
Da produção	10 600	16,00	169 600,00	6 800	19,35	131 580,00
	13 800		219 200,00	8 600		166 320,00

Demonstração dos resultados por funções e produtos   Valores €

	P_1	P_2	Total
Vendas	288 420,00	240 800,00	529 220,00
Custo das vendas	219 200,00	166 320,00	385 520,00
Resultado bruto	69 220,00	74 480,00	143 700,00
Gastos Comerciais (D+A)			102 120,00
Resultado operacional			41 580,00

Resolução do exercício nº 5

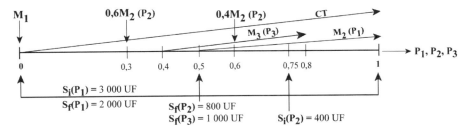

CONTABILIDADE ANALÍTICA E DE GESTÃO

Resposta ao pedido 1)

Cálculo da produção terminada (P_t):

Descrição	P_1	P_2	P_3
Vendas	10 000	12 000	8 000
S_f (PF)	1 000	1 500	2 000
	11 000	13 500	10 000
S_i (PF)	(1 000)	(3 500)	(1 000)
P_t	10 000	10 000	9 000

Cálculo da produção efectiva (P_e) de P_1, P_2 e P_3:

Descrição		UF	M_1		M_2		M_3		CT	
			GA	UEA	GA	UEA	GA	UEA	GA	UEA
P_1	P_t	10 000	1	10 000	1	10 000	-	-	1	10 000
	S_f (PCF)	2 000	1	2 000	0,25	500	-	-	0,5	1 000
				12 000		10 500				11 000
	S_i (PCF)	3 000	1	(3 000)	0,25	(750)	-	-	0,5	(1 500)
	P_e			9 000		9 750				9 500
P_2	P_t	10 000	1	10 000	1	10 000	-	-	1	10 000
	S_f (PCF)	800	1	800	0,6	480	-	-	0,5	400
				10 800		10 480				10 400
	S_i (PCF)	400	1	(400)	1	(400)	-	-	0,75	(300)
	P_e			10 400		10 080				10 100
P_3	P_t	9 000	1	9 000	-	-	1	9 000	1	9 000
	S_f (PCF)	1 000	1	1 000	-	-	0,25	250	0,5	500
	P_e			10 000	-	-		9 250		9 500

Cálculo dos graus ou coeficientes de acabamento (GA):

S_f (PCF) de P_3 em termos do factor M_3: $GA = \dfrac{0,5 - 0,4}{0,8 - 0,4} = 0,25$

S_i (PCF) e S_f (PCF) de P_1 em termos do factor M_2:

$$GAM = \frac{I_1 - L_1}{L_2 - L_1} \times 0 + \frac{L_2 - I_1}{L_2 - L_1} \times \frac{0 + \dfrac{L_2 - I_1}{I_2 - I_1}}{2} = \frac{1 - 0,5}{1 - 0} \times \frac{0 + \dfrac{1 - 0,5}{1 - 0,5}}{2} = 0,25$$

Cálculo do custo da produção efectiva (P_e) (€):

Descrição		P_e	CH	PH	K_t	k_e
M_1	P_1	9 000	1	9 000	90 000,00	10,00
	P_2	10 400	2	20 800	208 000,00	20,00
	P_3	10 000	1,5	15 000	150 000,00	15,00
				44 800	448 000,00	
M_2	P_1	9 750	0,5	4 875	19 500,00	2,00
	P_2	10 080	1	10 080	40 320,00	4,00
				14 955	59 820,00	
M_3	P_3	9 250	-	-	23 125,00	2,50
CT	P_1	9 500	1,2	11 400	85 500,00	9,00
	P_2	10 100	1	10 100	75 750,00	7,50
	P_3	9 500	1,32	12 540	94 050,00	9,90
				34 040	*255 300,00	

*CT = 75 200,00 + 155 000,00 + 32 600,00 – 7 500,00 = 255 300,00

Custo unitário (k_e) da P_e de cada produto (€)

Factores	P_1	P_2	P_3
M_1	10,00	20,00	15,00
M_2	2,00	4,00	-
M_3	-	-	2,50
CT	9,00	7,50	9,90
Total	21,00	31,50	17,40

Resposta ao pedido 2)

Cálculo do custo da produção terminada (P_t) e do valor do S_f (PCF) – fórmula FIFO (€):

P_1	S_i (PCF) – 3 000 UF	$42\,850,00 + 2\,250 \times 2,00 + 1\,500 \times 9,00 =$	60 850,00
	Da P_e – 7 000 UF	$7\,000 \times (10,00 + 2,00 + 9,00) =$	147 000,00
		$P_t = 10\,000$ UF	207 850,00
	S_f (PCF) – 2 000 UF	$2\,000 \times (10,00 + 0,25 \times 2,00 + 0,5 \times 9,00) =$	30 000,00

P_2	S_i (PCF) – 400 UF	$11\,300,00 + 100 \times 7,50 =$	12 050,00
	Da P_e – 9 600 UF	$9\,600 \times (20,00 + 4,00 + 7,50) =$	302 400,00
		$P_t = 10\,000$ UF	314 450,00
	S_f (PCF) – 800 UF	$800 \times (20,00 + 0,6 \times 4,00 + 0,5 \times 7,50) =$	20 920,00

P_3	P_t – 9 000 UF	$9\,000 \times (15,00 + 2,50 + 9,90) =$	246 600,00
	S_f (PCF) – 1 000 UF	$1\,000 \times (15,00 + 0,25 \times 2,50 + 0,5 \times 9,90) =$	20 575,00

Por razões de dimensão, nesta resolução optou-se por um único quadro para o cálculo do custo da P_t.

Fabricação (€)					
CR – S_i (PCF) – P_1	42 850,00		Produtos Fabricados		
CR – S_i (PCF) – P_2	11 300,00	54 150,00	P_1	207 850,00	
CR			P_2	314 450,00	
M_1	448 000,00		P_3	246 600,00	768 900,00
M_2	59 820,00		CR – S_f (PCF) – P_1	30 000,00	
M_3	23 125,00	530 945,00	CR – S_f (PCF) – P_2	20 920,00	
CR – CT		255 300,00	CR – S_f (PCF) – P_3	20 575,00	71 495,00
		840 395,00			840 395,00

CR – Contas reflectidas (implícito o sistema duplo contabilístico)

Demonstração dos resultados por funções (€)

Descrição	P_1	P_2	P_3	TOTAL
Vendas	248 475,00	446 750,00	261 480,00	956 705,00
Custo das Vendas	207 065,00	372 282,50	217 900,00	797 247,50
Resultado bruto	41 410,00	74 467,50	43 580,00	159 457,50
Outros rendimentos				+ 17 500,00
Gastos distribuição				69 750,00
Gastos administrativos				50 000,00
Resultado operacional				57 207,50
Gastos de financiamento				25 000,00
Resultado líquido do período				32 207,50

Custo das vendas (CPV) – uso da fórmula FIFO

	P_1		P_2		P_3		Valor total
	Q	Valor (€)	Q	Valor (€)	Q	Valor (€)	
Do S_i	1 000	20 000,00	3 500	105 000,00	1 000	26 100,00	151 100,00
Da P_t	9 000	187 065,00	8 500	267 282,50	7 000	191 800,00	646 147,50
Vendas	10 000	207 065,00	12 000	372 282,50	8 000	217 900,00	797 247,50

Resolução do exercício nº 8

Resposta ao pedido 1)

Produção terminada (P_t) no CB (P) no mês

S_i (PF)	Vendas	S_f (PF)	P_t
12 000	40 000	8 000	36 000

Cálculo da produção efectiva (P_e) do CB (P)

Descrição	UF	TDP		GGF	
		GA	UEA	GA	UEA
P_t	36 000	1	36 000	1	36 000
S_i (PCF)	(2 000)	0,5	(1 000)	0,5	(1 000)
P_e	34 000		35 000		35 000

CONTABILIDADE ANALÍTICA E DE GESTÃO

Cálculo da produção efectiva (P_e) do CA (P)

Descrição	UF	M		TDP		GGF	
		GA	UEA	GA	UEA	GA	UEA
P_t	34 000	1	34 000	1	34 000	1	34 000
S_f (PCF)	8 000	1	8 000	0,25	2 000	0,25	2 000
			42 000		36 000		36 000
S_i (PCF)	5 000	1	(5 000)	0,4	(2 000)	0,4	(2 000)
P_e			37 000		34 000		34 000

Cálculo do custo unitário (k_e) da P_e do CA em termos de cada factor (€)

M	TDP	GGF
$k_e = \dfrac{€277\,500,00}{37\,000} = € 7,50$	$k_e = \dfrac{€102\,000,00}{34\,000} = € 3,00$	$k_e = \dfrac{€122\,400,00}{34\,000} = € 3,60$

Cálculo do k_e da P_e do CB, em termos dos factores incorporados neste centro (€)

TDP	GGF
$k_e = \dfrac{€\,210\,000,00}{35\,000} = € 6,00$	$k_e = \dfrac{€\,252\,000,00}{35\,000} = € 7,20$

Custo unitário (k_e) da produção efectiva (P_e) do produto "P" no mês (€)

	P	M	TDP	GGF	TOTAL
Centro A	-	7,50	3,00	3,60	14,10
Centro B	14,10	-	6,00	7,20	27,30

Resposta ao pedido 2)

Cálculo do custo da produção terminada (P_t) no CA – fórmula FIFO (€):

Descrição	M			CT			K_t
	UEA	k_e	$K_{t(M)}$	UEA	k_e	$K_{t(CT)}$	
S_i (PCF)	5 000	-	-	2 000	-	-	47 300,00
Acabar S_i	-	-	-	3 000	6,60	19 800,00	19 800,00
	5 000			5 000			67 100,00
Da P_e	29 000	7,50	217 500,00	29 000	6,60	191 400,00	408 900,00
P_t	34 000			34 000			476 000,00
S_f (PCF)	8 000	7,50	60 000,00	2 000	6,60	13 200,00	73 200,00

Quadro alternativo para apresentar o custo da produção terminada (P_t) no período (mês):

Cálculo do custo da produção terminada (P_t) no CA – fórmula FIFO (€):

S_i (PCF) – 5 000 UF; Da P_e – 29 000 UF	$47\,300,00 + 5\,000 \times 0,6 \times (3,00 + 3,60) =$ $29\,000 \times (7,50 + 3,00 + 3,60) =$	67 100,00 408 900,00
	(P_t = 34 000 UF)	476 000,00
$$\text{Custo unitário da Pt} = \frac{476\,000,00}{34\,000} = €\,14,00$$		
Mensuração do S_f (PCF): $8\,000 \times 7,50 + 8\,000 \times 0,25 \times 6,60 = 73\,200,00$		

Fabricação CA (€)			
CR – S_i (PCF)		Fabricação CB	
P	47 300,00	P	476 000,00
CR – M	277 500,00		
CR – TDP	102 000,00	CR – S_f(PCF)	
CR – GGF	122 400,00	P	73 200,00
	549 200,00		549 200,00

CR – Contas reflectidas (implícito o sistema duplo contabilístico)

Cálculo do custo da produção terminada (P_t) no CB – fórmula FIFO (€):

Descrição	P			CT			K_t
	UEA	k_e	$K_{t(M)}$	UEA	k_e	$K_{t(CT)}$	
S_i (PCF)	2 000	-	-	1 000	-	-	33 300,00
Acabar S_i	-	-	-	1 000	13,20	13 200,00	13 200,00
	2 000			2 000			46 500,00
Da P_e	34 000	14,00	476 000,00	34 000	13,20	448 800,00	924 800,00
P_t	36 000			36 000			971 300,00

CONTABILIDADE ANALÍTICA E DE GESTÃO

Quadro alternativo para apresentar o custo da produção terminada (P_t) no período (mês):

Cálculo do custo da produção terminada (P_t) no CB – fórmula FIFO (€):

S_i (PCF) – 2 000 UF	$33\,300,00 + 2\,000 \times 0,5 \times (6,00 + 7,20) =$	46 500,00
Da P_e – 34 000 UF	$34\,000 \times (14,00 + 6,00 + 7,20) =$	924 800,00
	(P_t = 36 000 UF)	971 300,00

Fabricação CB (€)			
CR – S_i(PCF)		Produtos fabricados	
P	33 300,00	P	971 300,00
Fabricação CA	476 000,00		
CR – TDP	210 000,00		
CR – GGF	252 000,00		
	971 300,00		971 300,00

CR – Contas reflectidas (implícito o sistema duplo contabilístico)

Resposta ao pedido 3)

Determinação do custo das vendas   Valores €

	P		
	UF	k_e	Valor
Do S_i (PF)	12 000	26,00	312 000,00
Da produção do mês	28 000	27,075	758 100,00
	40 000		1 070 100,00
Valor do S_f (PF)	8 000	27,075	216 600,00

Demonstração dos resultados por funções

	Valores €
Vendas (40 000 × 30,00)	1 200 000,00
Custo das vendas	1 070 100,00
Resultado bruto	129 900,00
Gastos Comerciais (D+A)	45 000,00
Resultado operacional	84 900,00

Resolução do exercício nº 10

Esquema do processo produtivo do segmento A:

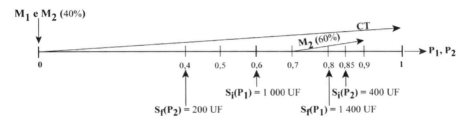

Esquema do processo produtivo do segmento B:

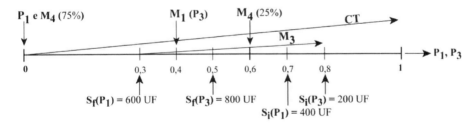

CONTABILIDADE ANALÍTICA E DE GESTÃO

Resposta ao pedido 1)

Cálculo da produção terminada para venda

Descrição	P_1	P_2	P_3
Vendas	7 200	*1 320	*3 600
S_f (PF)	200	320	600
	7 400	1 640	4 200
S_i (PF)	(400)	(500)	(200)
P_t	7 000	1 140	4 000

*Obtidas durante a resolução

Cálculo da produção efectiva (P_e) de P_1 e P_2 no CB

		UF	P_1		$M_1 (P_3)$		M_3		M_4		CT	
			GA	UEA	GA	UEA	GA	UEA	GA	UEA	GA	UEA
P_1	P_t	7 000	1	7 000	-	-	1	7 000	1	7 000	1	7 000
	S_f	600	1	600	-	-	-	-	0,75	450	0,3	180
				7 600		-		7 000		7 450		7 180
	S_i	400	1	(400)	-	-	0,8	(320)	1	(400)	0,7	(280)
	P_e			7 200	-	-		6 680		7 050		6 900
P_3	P_t	4 000	1	4 000	1	4 000	1	4 000	1	4 000	1	4 000
	S_f	800	1	800	1	800	0,4	320	0,75	600	0,5	400
				4 800		4 800		4 320		4 600		4 400
	S_i	200	1	(200)	1	(200)	1	(200)	1	(200)	0,8	(160)
	P_e			4 600		4 600		4 120		4 400		4 240

<u>Cálculo dos graus ou coeficientes de acabamento (GA) da PCF no CB:</u>

S_i (PCF) de P_1, em termos de M_3 (CB): $GA = \dfrac{0,7 - 0,3}{0,8 - 0,3} = 0,8$

S_f (PCF) de P_3, em termos de M_3 (CB): $GA = \dfrac{0,5 - 0,3}{0,8 - 0,3} = 0,4$

Cálculo da produção terminada (P_t) e da produção efectiva (P_e) no CB:

Cálculo da P_e de P_3 em termos do consumo de M_3:
$18\,260\ \text{kg} = 6\,680 \times 1{,}5\ \text{kg} + P_e\,(P_3)_{M3} \times 2\ \text{kg}$, logo $P_e\,(P_3)_{M3} = 4\,120\ \text{UF}$
Cálculo da produção terminada (P_t) de P_1 no CA (transferida para o CB):
$7\,200 \times \dfrac{1}{0{,}9} + 4\,600 \times 4 = 26\,400\ \text{UF}$

Cálculo da produção efectiva (P_e) de P_1 e P_2 no CA:

		UF	M_1		M_2		CT	
			GA	UEA	GA	UEA	GA	UEA
P_1	P_t	26 400	1	26 400	1	26 400	1	26 400
	S_f	1 400	1	1 400	0,7	980	0,8	1 120
				27 800		27 380		27 520
	S_i	1 000	1	(1 000)	0,4	(400)	0,6	(600)
	P_e			26 800		26 980		26 920
P_2	P_t	1 440	1	(b) 1 440	1	1 440	1	1 440
	S_f	200	1	200	0,4	80	0,4	80
				1 640		1 520		1 520
	S_i	400	1	(400)	0,85	(340)	0,85	(340)
	P_e			(a) 1 240		1 180		1 180

(b) Obtido por diferença

Cálculo da produção efectiva (P_e) de P_2 no CA:

M_1		Consumo total de M_1 – 87 000 kg
	CB	P_3: $4\,600 \times 3\ \text{kg} = 13\,800\ \text{kg}$ (consumo de M_1 em P_3)
	CA	P_1: $26\,800 \times \dfrac{2\ \text{kg}}{0{,}8} = 67\,000\ \text{kg}$ (consumo de M_1 em P_1)
		P_2: $P_{e\,(M1)} \times 5\ \text{kg} = ?$
		$87\,000\ \text{kg} = 13\,800\ \text{kg} + 67\,000\ \text{kg} + P_{e\,(M1)} \times 5\ \text{kg}$, logo $P_{e\,(M1)} = 1\,240\ \text{UF}$ (a)

Cálculo dos graus ou coeficientes de acabamento (GA) em termos do factor M_2:

S_f (PCF) do produto P_1: $GA = 0,4 + 0,6 \times \dfrac{0,8 - 0,7}{0,9 - 0,7} = 0,7$

S_i (PCF) do produto P_2: $GA = 0,4 + 0,6 \times \dfrac{0,85 - 0,7}{0,9 - 0,7} = 0,85$

Cálculo do custo da produção efectiva (P_e) de P_1 e P_2 no CA (€):

Factores	Produtos	P_e	CH	PH	K_t	k_e
	P_1	26 800	2/0,8	67 000	1 340 000,00	50,00
M_1	P_2	1 240	5	6 200	124 000,00	100,00
				73 200	1 464 000,00	
	P_1	26 980	3	80 940	404 700,00	15,00
M_2	P_2	1 180	4	4 720	23 600,00	20,00
				85 660	428 300,00	
	P_1	26 920	2	53 840	215 360,00	8,00
CT	P_2	1 180	1,5	1 770	7 080,00	6,00
				55 610	222 440,00	

Cálculo do custo da produção efectiva (P_e) do CB (€):

		P_e	CH	PH	Custo total (K_t)	k_e
M_1	P_3	4 600	3	13 800	276 000,00	60,00
	P_1	6 680	1,5	10 020	30 060,00	4,50
M_3	P_3	4 120	2	8 240	24 720,00	6,00
				18 260	54 780,00	
	P_1	7 050	1	7 050	7 050,00	1,00
M_4	P_3	4 400	2	8 800	8 800,00	2,00
				15 850	15 850,00	
	P_1	6 900	1	6 900	62 100,00	9,00
CT	P_3	4 240	2	8 480	76 320,00	18,00
				15 380	138 420,00	

MÉTODOS DE ACUMULAÇÃO DE CUSTOS E FORMAS DE ORGANIZAÇÃO DA PRODUÇÃO

Custo unitário (k_e) da produção efectiva (P_e) no mês (Em €)

Centro A			Centro B		
Factores	**P_1**	**P_2**	**Factores**	**P_1**	**P_3**
M_1	50,00	100,00	P_1	**(a)** 81,11	**(b)** 292,00
M_2	15,00	20,00	M_1	-	60,00
CT	8,00	6,00	M_3	4,50	6,00
Total	73,00	126,00	M_4	1,00	2,00
			CT	9,00	18,00
			Total	95,61	378,00

(a) $1/0,9 \times 73,00 = 81,1(1)$; **(b)** $4 \times 73,00 = 292,00$.

Resposta ao pedido 2)

Análise do rendimento da matéria M_4: $\dfrac{\text{Consumo efectivo}}{\text{Consumo normal}} = \dfrac{17\,118\,\text{kg}}{15\,850\,\text{kg}} = 1,08$

Perda de rendimento no processo produtivo, ou seja, um rendimento inferior ao normal em 8%.

Resposta ao pedido 3)

Cálculo do custo da P_t e do valor do S_f de P_1 e P_2 do CA (€):

P_1	Do S_i (PCF) – 1 000 UF	$58\,160,00 + 600 \times 15,00 + 400 \times 8,00 =$	70 360,00
	Da P_e – 25 400 UF	$25\,400 \times (50,00 + 15,00 + 8,00) =$	1 854 200,00
		P_t – 26 400 UF	1 924 560,00
	S_f (PCF) – 1 400 UF	$1\,400 \times (50,00 + 0,7 \times 15,00 + 0,8 \times 8,00) =$	93 660,00
P_2	Do S_i (PCF) – 400 UF	$48\,120,00 + 60 \times (20,00+6,00) =$	49 680,00
	Da P_e – 1 040 UF	$1\,040 \times (100,00 +20,00 + 6,00) =$	131 040,00
		P_t – 1 440 UF	180 720,00
	S_f (PCF) – 200 UF	$200 \times 100,00 + 80 \times (20,00 + 6,00) =$	22 080,00

CONTABILIDADE ANALÍTICA E DE GESTÃO

Fabricação CA (€)					
CR - S_i (PCF)			Produtos fabricados		
P_1	58 160,00		P_2		180 720,00
P_2	48 120,00	106 280,00	Fabricação CB		
CR - M_1	1 464 000,00		P_1		1 924 560,00
CR - M_2	428 300,00		CR - S_f (PCF)		
CR - CT	222 440,00	2 114 740,00	P_1	93 660,00	
			P_2	22 080,00	115 740,00
		2 221 020,00			2 221 020,00

CR – Contas reflectidas (implícito o sistema duplo contabilístico)

Cálculo do custo da produção terminada (P_t) e do valor do S_f de P_1 e P_2 do CB (€):

P_1	Do S_i (PCF) - 400 UF	34 460,00 + 80 × 4,50 + 120 × 9,00 =	35 900,00
	Da P_e – 6 600 UF	6 600 × (81,00 + 4,50 + 1,00 + 9,00) =	630 300,00
		P_t – 7 000UF	666 200,00
	S_f (PCF) – 600 UF	600 × 81,00 + 450 × 1,00 + 180 × 9,00 =	50 670,00

P_3	Do S_i (PCF) – 200 UF	61 600,00 + 40 × 18,00 =	62 320,00
	Da P_e – 3 800 UF	3 800×(291,60+60,00+6,00+2,00+18,00) =	1 434 880,00
		P_t – 4 000 UF	1 497 200,00
	S_f (PCF) – 800×(291,60+60,00)+320×6,00+600×2,00+400×18,00 =		291 600,00

Fabricação CB (€)					
CR - S_i (PCF)			Produtos fabricados		
P_1	34 460,00		P_1	666 200,00	
P_2	61 600,00	96 060,00	P_3	1 497 200,00	2 163 400,00
Fabricação CA		1 924 560,00	CR - S_f (PCF)		
CR - M_1	276 000,00		P_1	50 670,00	
CR - M_3	54 780,00		P_3	291 600,00	342 270,00
CR - M_4	15 850,00				
CR - CT	138 420,00	485 050,00			
		2 505 670,00			2 505 670,00

CR – Contas reflectidas (implícito o sistema duplo contabilístico)

260

Resolução do exercício nº 12

Esquema do processo produtivo do segmento B:

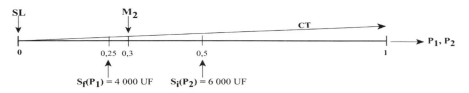

Resposta ao pedido 1)

Cálculo da produção efectiva (P_e) de P_1 e P_2 no CB:

Descrição		UF	SL		M_2		CT	
			GA	UEA	GA	UEA	GA	UEA
P_1	P_t	20 000	1	20 000	1	20 000	1	20 000
	S_f (PCF)	4 000	1	4 000	-	-	0,25	1 000
	P_e			24 000		20 000		21 000
P_2	P_t	30 000	1	30 000	1	30 000	1	30 000
	S_i (PCF)	6 000	1	(6 000)	1	(6 000)	0,5	(3 000)
	P_e			24 000		24 000		27 000

Cálculo da produção terminada (P_t) de SL no CA:

Transferido para o C_B:		
P_1 – 24 000 × 2 kg	48 000 kg	
P_2 – 24 000 × 3 kg	72 000 kg	120 000 kg
Transferido para a empresa associada:		
25% do SL produzido		40 000 kg
		160 000 kg

Cálculo da produção efectiva (P_e) do SL no CA:

Descrição	kg	M_1		CT	
		GA	UEA	GA	UEA
P_t	160 000	1	160 000	1	160 000
S_f (PCF)	20 000	1	20 000	0,6	12 000
P_e			180 000		172 000

Cálculo do custo unitário (k_e) do SL fabricado no CA (€):

Custo unitário da P_e	
M_1: $k_{M_1} = \dfrac{€\,540\,000,00}{180\,000\,kg} = €\,3,00/kg$; CT: $k_{CT} = \dfrac{€\,172\,000,00}{172\,000} = €\,1,00$	
Custo da P_t	$160\,000 \times (3,00 + 1,00) = 640\,000,00$
Valor do S_f (PCF)	$20\,000 \times 3,00 + 12\,000 \times 1,00 = 72\,000,00$

Cálculo do custo unitário (k_e) da produção efectiva (P_e) do CB:

Descrição		P_e	CH	PH	K_t	k_e
	P_1	20 000	1	20 000	33 600,00	1,68
M_2	P_2	24 000	1,25	30 000	50 400,00	2,10
				50 000	84 000,00	
	P_1	21 000	1	21 000	18 900,00	0,90
CT	P_2	27 000	1,5	40 500	36 450,00	1,35
				61 500	55 350,00	

Custo unitário (k_e) da produção efectiva (P_e) no mês (Em €)

Centro A		Centro B		
Factores	SL	Factores	P_1	P_3
M_1	3,00	SL	(a) 8,00	(b) 12,00
CT	1,00	M_2	1,68	2,10
Total	4,00	CT	0,90	1,35
		Total	10,58	14,45

(a) $2 \times 4,00 = 8,00$; (b) $3 \times 4,00 = 12,00$

Resposta ao pedido 2)

Consumo de M_1 em quantidade considerando a quebra de 10%:

$$\frac{180\,000}{0,9} = 200\,000 \text{ kg}$$

Resposta ao pedido 3)

Cálculo do custo da P_t de SL e do valor do S_f (PCF) no CA (€):

Custo da P_t	$160\,000 \times (3,00 + 1,00) = 640\,000,00$
Valor do S_f (PCF)	$20\,000 \times 3,00 + 12\,000 \times 1,00 = 72\,000,00$

Cálculo do custo da P_t de P_1 e P_2 e do valor do S_f (PCF) de P_1 no CB (€):

P₁	P_t - 20 000 UF	$20\,000 \times (8,00 + 1,68 + 0,90) =$	211 600,00
	S_f (PCF) - 4 000 UF	$4\,000 \times 8,00 + 1\,000 \times 0,90 =$	32 900,00
	S_i (PCF) - 6 000 UF	$89\,250,00 + 3\,000 \times 1,35 =$	93 300,00
P₂	P_e - 24 000 UF	$24\,000 \times (12,00 + 2,10 + 1,35) =$	370 800,00
		P_t – 30 000 UF	464 100,00

Cálculo custo unitário da produção terminada P_t de P_1:

$$k_{Pt} = \frac{€\,211\,600,00}{20\,000} = €\,10,58$$

Cálculo custo unitário da produção terminada P_t de P_2:

$$k_{Pt} = \frac{€\,464\,100,00}{30\,000} = €\,15,47$$

CONTABILIDADE ANALÍTICA E DE GESTÃO

Fabricação CA (€)				
CR - M$_1$	540 000,00	Fabricação CB	480 000,00	
CR - CT	172 000,00	Produtos fabricados	160 000,00	640 000,00
		CR - S$_f$ (PCF)		72 000,00
	712 000,00			712 000,00

CR – Contas reflectidas (implícito o sistema duplo contabilístico)

Valor da produção de SL transferida (€):

– Para o CB: $120\ 000 \times 4,00 = 480\ 000,00$
– Para a empresa associada: $40\ 000 \times 4,00 = 160\ 000,00$

Fabricação CB (€)				
CR - S$_i$ (PCF)	89 250,00	Produtos fabricados		
Fabricação CA	480 000,00	P$_1$	211 600,00	
CR - M$_2$	84 000,00	P$_2$	464 100,00	675 700,00
CR - CT	55 350,00	CR - S$_f$ (PCF)		32 900,00
	708 600,00			708 600,00

CR – Contas reflectidas (implícito o sistema duplo contabilístico)

Resposta ao pedido 4)

Cálculo da quantidade vendida: $P_1 - 5\ 000 + 20\ 000 - 2\ 000 = 23\ 000$ UF

$P_2 - 7\ 000 + 30\ 000 - 4\ 000 = 33\ 000$ UF

Cálculo do custo das vendas de P_1 e P_2

Descrição	P$_1$			P$_2$		
	Q	k	Valor	Q	k	Valor
Do S$_i$ (PF)	5 000		50 000,00	7 000		108 500,00
Da P$_t$	18 000	10,58	190 440,00	26 000	15,47	402 220,00
Vendas	23 000		240 440,00	33 000		510 720,00
S$_f$	2 000	10,58	21 160,00	4 000	15,47	61 880,00

Resultado bruto das vendas

	P_1	P_2	TOTAL
Vendas	287 500,00	610 500,00	898 000,00
Custo das vendas	240 440,00	510 720,00	751 160,00
Resultado bruto	47 060,00	99 780,00	146 840,00

9.2. Custos por ordens de produção ou tarefas: método directo[8]

O método directo é, pelo menos teoricamente, susceptível de aplicação universal. Mediante adequados dispositivos de *apreensão dos factos* há sempre possibilidade de identificar os gastos directos com os produtos que os originam (BAGANHA, 1973)[9].

Dada a forma como é caracterizado, o método directo é uma compilação de custos retrospectivos porque exige que o objecto imediato dos custos seja o produto ou produtos, isto é, que os consumos de bens e serviços se identifiquem com esses produtos (identificação que só pode obter-se *expost*).

O procedimento mais comum neste método passa por incluir, em cada centro de custos, apenas os custos de fabricação relativos a esse centro, ou seja, os custos próprios do centro. Logo, a participação dos custos de cada centro na produção realizada calcula-se, através da imputação aos produtos da totalidade dos gastos do centro, em função de uma unidade de base – o elemento da actividade do centro.

Comummente, os produtos fabricados pelas empresas, que utilizam o método directo para o cálculo de custos, são diferentes e, por conseguinte, os custos também o são. Resulta que, de um modo geral, é necessário manter os registos de custos para cada produto ou ordem de produção. Em muitas empresas de serviços, que trabalham por encomenda, também se utiliza este método de acumulação de custos (GARRISON e NOREEN, 2000)[10].

Contudo, o método directo é mais adequado em empresas que fabricam por lotes, como é o caso da indústria farmacêutica, de cosméticos, de lacticínios, etc. Os factores produtivos são adquiridos especialmente para essa produção. O consumo desses factores é controlado individualmente, isto é, conhece-se perfeitamente o que está a ser consumido, por quem e com que finalidade.

---

[8] Este método é conhecido também por custos específicos, custos por tarefas, custos por encomenda e custos por lotes.

[9] BAGANHA, M. D., "O método indirecto de cálculo de custos", Separata da Revista de Contabilidade e Comércio, nºs 159 e 160, PORTO, 1973, p.6.

[10] GARRISON, R. H. and NOREEN, E. W., *Managerial Accounting*, 9th Edition, McGrawHill Companies, Inc., 2000, p.58.

A melhoria introduzida pela evolução tecnológica permite que as empresas possam fabricar produtos para uma determinada ordem especial, favorecendo a utilização do método.

Este método é muito útil para as empresas que fabricam uma grande variedade de produtos ou ordens de produção e que, por norma, essas ordens são diferentes umas das outras. Pode mesmo acontecer que cada ordem de produção seja única e necessite de um volume diferente de trabalho, de matérias e de gastos gerais de fabrico, logo os produtos fabricados por encomenda encaixam nesta categoria. Na transformação, uma tarefa pode corresponder a uma simples unidade de produto ou a um único bem (uma casa) ou pode ser um lote de unidades de um produto (500 livros ou 12 cadeiras).

Se a produção se realiza exclusivamente, ou em parte, em regime de encomenda ou de empreitada e, se cada produto ou conjunto de produtos é objecto de uma fabricação especial e cuja duração é limitada, o apuramento do custo de produção obedece a processos que, embora nos aspectos fundamentais não divirjam de métodos já estudados, apresentam particularidades como o trabalho de preparação da encomenda. Este compreende várias etapas que convém descrever: 1) a preparação do ensaio/amostra; 2) a confirmação da amostra; e o orçamento e a sua confirmação.

Consequentemente, no caso da fabricação por encomenda e, duma forma geral, sempre que a produção é diversificada e descontínua organiza-se uma ordem de produção para apurar o custo industrial, sendo os custos acumulados por tarefas. A característica principal do método é que o custo duma tarefa é diferente do custo de outra e deve ser registado separadamente, daí a designação de custo por encomendas.

O método directo pode também ser utilizado para calcular o custo de ordens de produção cujos produtos são para armazenar com o objectivo de serem vendidos, posteriormente, num dado mercado.

Os exemplos mais comuns, de empresas que trabalham por encomendas, são as tipografias, as indústrias metalomecânicas, as carpintarias, as indústrias de construção civil e obras públicas e as oficinas de reparação de veículos automóveis. Por outro lado, nas indústrias em que o trabalho é executado em regime de encomenda, a fabricação ou a prestação de serviços (por exemplo na reparação de automóveis), deve sujeitar-se a uma preparação prévia desse trabalho.

Como características fundamentais do método podem ser referidas:

– O produto é reconhecido ao longo de todo o processo de fabrico;
– Todos os custos de produção directos relativos ao produto são calculados e reconhecidos, ao longo de todo o processo de fabrico.

A identificação do produto é possibilitada pela "ordem de produção". Esta "ordem" é um documento que define o "produto" a fabricar, a data em que se deve iniciar essa fabricação e pode conter ainda outras informações importantes.

Para apurar o custo da "ordem de produção" é necessário determinar, desde o início até ao fim da produção, o seguinte:

– O custo das matérias directas consumidas (frequentemente designadas por materiais nas actividades que recorrem a este método);
– O custo do trabalho directo aplicado;
– O custo do trabalho executado no exterior (subcontratação):
– Os gastos gerais de fabrico.

Contabilisticamente o procedimento, a adoptar em relação a cada encomenda, consiste na elaboração de uma ficha (fichas individuais de custos) onde se registam:

– O custo das matérias-primas de acordo com as guias de saída;
– O valor do trabalho conforme as fichas de imputação ou outros elementos adequados;
– Os custos de fabricação (relativos à participação das diferentes secções na execução da encomenda e/ou imputação de gastos gerais de fabrico).

A ficha de custo representa assim a conta individual correspondente ao custo de produção de cada encomenda.

A conta de "Encomendas em Curso" corresponde à integração dos valores registados nas contas individuais. Então, a débito encontra-se o total dos custos registados nas fichas individuais de custos e a crédito o custo das encomendas já executadas e prontas para entrega aos clientes ou entradas nos armazéns, correspondendo-lhe, por via de regra, o débito numa conta denominada "Encomendas Ultimadas".

O saldo da conta "Encomendas em Curso", naturalmente, deverá corresponder ao valor das encomendas que se encontrem por terminar no fim de cada período de referência. Trata-se de um caso em que se torna fácil a determinação do valor dos produtos em curso de fabrico. Portanto, o valor global dos PCF é o saldo referido anteriormente e, o valor específico para as encomendas não ultimadas é o resultado da adição dos gastos registados em cada ficha individual da encomenda.

CONTABILIDADE ANALÍTICA E DE GESTÃO

EXERCÍCIOS DE APLICAÇÃO[11] (Custos por ordens de produção – método directo)

EXERCÍCIO Nº 1 (Resolvido)

Informação de enquadramento

Uma unidade industrial exerce a sua actividade, em regime custos por ordens de produção, através de dois centros principais que, por razões de simplificação, se denominam A e B e um centro auxiliar.

O custo das matérias-primas deve ser atribuído pelo uso da fórmula do custo médio ponderado.

Informação relativa a um determinado mês (valores em €):

Stocks (inventários) no armazém de produtos:

Iniciais:					
Encomenda	Valor (€)	Encomenda	Valor (€)	Encomenda	Valor (€)
n.º 24	12 375,00	n.º 25	10 125,00	n.º 27	18 750,00
Finais:					
Encomenda n.º 28		Encomenda n.º 29		Encomenda n.º 30	

Encomendas em curso de fabrico:

Iniciais:	MP	MS	TDP	GGFI	CA	CB	TOTAL
Enc. n.º 28	2 700,00	180,00	1 320,00	660,00	255,00	-	5 115,00
Enc. n.º 26	4 125,00	270,00	1 800,00	900,00	540,00	210,00	7 845,00
Finais: Encomenda n.º 32.							

---

[11] A resolução de alguns dos exercícios propostos tem subjacente apenas o grau de dificuldade dos mesmos.

Consumos/custos do mês:

Matérias-primas:

M-1	Aquisições:	3 000 kg a € 4,185/kg;			6 000 kg a € 4,23/kg.	
	Consumos:	Enc. n.º 28	Enc. n.º 29	Enc. n.º 30	Enc. n.º 31	Enc. n.º 32
		500 kg	3 000 kg	2 500 kg	2 000 kg	1 000 kg
M-2	Aquisições:	1 200 kg a € 0,735/kg;		600 kg a € 0,78/kg.		
	Consumos:	Enc. n.º 26	Enc. n.º 28	Enc. n.º 29	Enc. n.º 30	Enc. n.º 31
		360 kg	210 kg	400 kg	330 kg	500 kg
M-3	Custos:	Centro A - € 120,00;		Centro B - € 315,00.		

Matérias Subsidiárias:

	n.º 26	n.º 28	n.º 29	n.º 30	n.º 31	n.º 32
Encomendas	30,00	165,00	300,00	300,00	270,00	60,00
Consumos diversos	Centro auxiliar		Centro A	Centro B	Outros gastos fabris	
	240,00		210,00	180,00	540,00	

Trabalho directo de produção:

	n.º 26	n.º 28	n.º 29	n.º 30	n.º 31	n.º 32
Encomendas	720,00	1 770,00	2 310,00	1 470,00	1 650,00	390,00
Consumos diversos	Centro auxiliar		Centro A	Centro B	Outros gastos fabris	
	1 350,00		1 800,00	1 200,00	4 050,00	

Outros gastos:

	Centros auxiliares	Centro A	Centro B	Outros gastos fabris
Energia eléctrica	360,00	1 050,00	900,00	210,00
FSE	255,00	120,00	225,00	375,00
Depreciações	120,00	600,00	540,00	1 200,00

Distribuição dos serviços prestados pelo centro auxiliar:

Para o centro A – 40%	Para o centro B – 58%	Para serviços outros do sector fabril – 2%

Tempo de laboração por encomenda/mês:

Centro A	Enc. n.º 28	Enc. n.º 29	Enc. n.º 30	Enc. n.º 31	Enc. n.º 32
	128 horas	205 horas	212 horas	162 horas	93 horas

Centro B	Enc. n.º 26	Enc. n.º 28	Enc. n.º 29	Enc. n.º 30	Enc. n.º 31
	145 horas	250 horas	295 horas	115 horas	195 horas

PEDIDOS:

1. Determinar o custo das encomendas concluídas e em curso de fabricação, elaborando as respectivas folhas de custeio.
2. Efectuar os registos, em dispositivo em "T", do movimento do período.

EXERCÍCIO Nº 2 (Resolvido)

Informação de enquadramento

Uma unidade industrial exerce a sua actividade, em regime de produção por ordens de fabrico, através de dois centros principais (A e B) e um centro auxiliar.

Os GGF são atribuídos à taxa de 25% sobre o custo do trabalho directo de produção.

O custo das matérias-primas deve ser atribuído pelo uso da fórmula do custo médio ponderado.

Informação relativa a um determinado mês (valores em €):

Stocks (inventários) em armazém:

Iniciais	Matérias-primas	M_1 – 2 500 kg a 31,00/kg. M_2 – 800 kg a 10,00/kg.
	Matérias subsidiárias	200 kg, no valor de 510,00.
	Produtos fabricados	Encomenda nº 123 no valor de 70 000,00. Encomenda nº 124 no valor de 63 000,00.
Finais	Matérias-primas	A determinar.
	Produtos fabricados	Encomenda nº 127.

Encomendas em curso de fabrico:

Iniciais:					
	Matéria-prima	**TDP**	**GGFI**	**Centro A**	**TOTAL**
Encomenda nº 125	30 000,00	5 000,00	1 250,00	700,00	36 950,00
Finais: Encomenda nº 128					

270

Compras efectuadas a 30 dias com isenção de IVA:

		Quantidade	Preço de aquisição
Matérias-primas:	M_1	10 000 kg	31,25/kg
	M_2	4 000 kg	10,15/kg
Matérias subsidiárias:	M_S	1 800 kg	2,55/kg
Pagaram-se compras aos fornecedores, no mês, no montante de 100 000,00.			

Outras aquisições e gastos:

Electricidade	22 800,00
Outros fornecimentos e serviços externos	7 350,00
Ordenados da Direcção (encargos incluídos)	12 300,00
Ordenados das funções não fabris (encargos incluídos)	129 500,00
Descontos p.p. concedidos, gastos financeiros, etc.	30 000,00
Gastos de depreciação e amortização	16 250,00
Outros gastos operacionais	7 500,00
Multas fiscais	300,00
Pagamento dos impostos sobre lucros do ano anterior	5 000,00

Consumos/custos do período:

Matérias-primas:

	Enc. n.º 125	Enc. n.º 126	Enc. n.º 127	Enc. n.º 128
M_1	200 kg	1 800 kg	1 400 kg	1 600 kg
M_2	100 kg	300 kg	600 kg	-

Matérias subsidiárias:

	C. Auxiliar	Centro A	Centro B	GGF
M_S	50 kg	200 kg	150 kg	100 kg

Trabalho directo de produção:

Encomendas	**n.º 125**	**n.º 126**	**n.º 127**	**n.º 128**
	20 000,00	25 000,00	24 000,00	18 000,00

Consumos diversos	**Centro auxiliar**	**Centro A**	**Centro B**	**GGF**
	5 000,00	12 500,00	10 000,00	9 000,00

Outros gastos:

	Centros auxiliares	Centro A	Centro B	GGF
Energia eléctrica	1 375,00	7 677,50	10 055,00	2 250,00
Outros fornecimentos e serviços	997,50	3 432,50	-	3 432,50
Depreciação e amortização	625,00	1 500,00	1 250,00	750,00

Distribuição dos serviços prestados pelo centro auxiliar:

Para o Centro A – 20%.	Para o Centro B – 30%.	Para GGF – 50%.

Distribuição da actividade dos centros principais (horas):

	Enc. 125	Enc. 126	Enc. 127	Enc. 128	TOTAL
Centro A	28	230	190	52	500
Centro B	114	136	150	-	400

Facturação das encomendas nºs 123, 124, 125 e 126 com uma margem bruta de 40% sobre o preço de custo (as vendas foram efectuadas a 15 dias e cobraram--se dos fornecedores 400 000,00);

Descontos de pronto pagamento obtidos: 2 450,00;

Reembolso de um crédito reconhecido como incobrável, em exercício anterior, no montante de 3 750,00.

PEDIDOS:

1. Calcular o custo de cada encomenda;
2. Proceder ao apuramento do resultado bruto, por encomenda e total, do período.
3. Efectuar, em dispositivo "T", o registo do movimento decorrente dos dados, em sistema duplo contabilístico.

EXERCÍCIO Nº 3

Informação de enquadramento

Uma unidade industrial, através de um processo produtivo segmentado constituído por dois centros de produção (A e B), elabora os seus produtos segundo especificações dos seus clientes. As matérias-primas são incorporadas no centro A enquanto no centro B tem lugar o acabamento dos produtos.

Normalmente esta unidade valoriza o trabalho directo de produção e os gastos gerais de fabrico, em ambos os centros, à taxa horária de € 7,50 e € 6,00, respectivamente.

Informação relativa ao período "N" (valores em €):

Stocks (inventários) iniciais de encomendas em curso de fabrico:

	CENTRO A			CENTRO B		TOTAL
	MP	TDP	GGF	TDP	GGF	
Encomenda 004	2 400,00	240,00	300,00	-	-	2 940,00
Encomenda 005	3 600,00	450,00	600,00	150,00	240,00	5 040,00
TOTAL	6 000,00	690,00	900,00	150,00	240,00	7 980,00

Custo de matérias-primas:

Encomenda 004 – 150,00	Encomenda 006 – 900,00	Encomenda 007 – 1 500,00

Tempos aplicados na fabricação (horas):

Encomendas	Centro A	Centro B
004	10	30
005	-	8
006	20	28
007	12	-

Produção transferida para o armazém: encomendas números 004, 005 e 006.

PEDIDOS:

1. Elaborar as folhas de custeio de todas as encomendas.
2. Registar em dispositivo "T" o movimento do período utilizando apenas uma conta de "Encomendas em curso de fabrico".
3. Proceder ao registo, em dispositivo "T", do movimento do período nas contas de "Encomendas em curso de fabrico centro A" e "Encomendas em curso de fabrico centro B".

CONTABILIDADE ANALÍTICA E DE GESTÃO

EXERCÍCIO Nº 4

Informação de enquadramento

A unidade industrial GAMA, Lda. trabalha sob encomenda e integra dois centros principais (A e B) e diversos centros auxiliares.

O trabalho directo de produção e os gastos gerais de fabrico são atribuídos ao custo contabilístico das encomendas segundo taxas predeterminadas:

	Centro A	**Centro B**
TDP (taxa horária)	€ 3,30	€ 3,60
GGF	30% s/ o custo das MP	200% s/ o custo da TDP

O plano contabilístico da empresa prevê para cada centro, além de outras, as seguintes contas:

Trabalho directo de produção, Trabalho indirecto de produção, Gastos gerais de fabrico, GGF indirectos, Diferenças de imputação em TDP e Diferenças de imputação em GGF.

O custo dos stocks (inventários) deve ser atribuído pelo uso da fórmula FIFO.

Informação relativa a um dado mês do ano "N" (valores em €):

Stocks (inventários) iniciais:

Descrição	MP		TDP		GGF		TOTAL
	CA	CB	CA	CB	CA	CB	
Encomenda nº 201	1 500,00	150,00	300,00	96,00	450,00	186,00	2 682,00
Encomenda nº 202	300,00	-	150,00	-	75,00	-	525,00
TOTAL	1 800,00	150,00	450,00	96,00	525,00	186,00	3 207,00

– Matérias-primas – 500 kg – 1 350,00.

– Encomendas em curso de fabrico:

Compras de matérias-primas:

Dias	Quantidade (kg)	Preço/kg
2	800	3,00
15	1 000	3,30

Requisições de matérias ao armazém:

DIAS	REQUISIÇÃO	QUANTIDADE	CENTRO	ENCOMENDAS
4	01	500	A	202
13	02	150	B	201
25	03	750	A	203
28	04	100	B	Consumos diversos

Horas de trabalho de cada colaborador fabril:

Colaboradores	Centro	Ordenado/hora (€)	Horas de Trabalho
Joaquim	A	3,15	62
Francisco	A	3,30	80
José	A	3,15	72
António	B	3,75	75
Paulo	B	3,60	63

Horas atribuídas directamente às encomendas:

Colaboradores	Encomenda 201	Encomenda 202	Encomenda 203
Joaquim	-	20	40
Francisco	-	50	20
José	-	30	40
António	30	40	-
Paulo	30	30	-

Alguns GGF efectivos:

	Centro A	Centro B
Energia eléctrica	450,00	180,00
Depreciações	360,00	90,00
Serviços dos centros auxiliares	240,00	360,00
Diversos	60,00	90,00

Foram terminadas as encomendas números 201 e 202.

A encomenda nº 202 foi vendida com um lucro de 40% sobre o preço de custo.

PEDIDOS:

1. Elaborar as folhas de custeio de todas as encomendas.
2. Registar, em dispositivo "T", o movimento do mês em sistema duplo contabilístico.

RESOLUÇÃO de alguns dos exercícios propostos

Resolução do exercício nº 1

Resposta ao pedido 1)

Consumo de matérias-primas:

	M_1			M_2		
	Q (kg)	k_u	Valor	Q (kg)	k_u	Valor
	3 000	4,185	12 555,00	1 200	0,735	882,00
	6 000	4,230	25 380,00	600	0,780	468,00
Consumo a C_m	9 000	4,215	37 935,00	1 800	0,750	1 350,00

Repartição dos consumos de matérias pelas encomendas:

M_1				M_2			
Encomenda	Q (kg)	C_m	Custo total	Encomenda	Q (kg)	C_m	Custo total
28	500	4,215	2 107,50	26	360	0,75	270,00
29	3 000	4,215	12 645,00	28	210	0,75	157,50
30	2 500	4,215	10 537,50	29	400	0,75	300,00
31	2 000	4,215	8 430,00	30	330	0,75	247,50
32	1 000	4,215	4 215,00	31	500	0,75	375,00
	9 000		37 935,00		1 800		1 350,00

Cálculo da quota de imputação dos GGF (q) a partir das encomendas em curso de fabrico no início do mês:

Enc. nº 26: $\quad q = \dfrac{€\ 660,00}{€\ 1\ 320,00} = 0,5$ $\qquad$ Enc. nº 28: $\quad q = \dfrac{€\ 900,00}{€\ 1\ 800,00} = 0,5$

A identificação, o cálculo e a atribuição dos custos indirectos:

Descrição	Total	CA	CB	C. Auxiliar	GGF
M_3	435,00	120,00	315,00	-	-
Matérias Subsidiárias	1 170,00	210,00	180,00	240,00	540,00
TDP	8 400,00	1 800,00	1 200,00	1 350,00	4 050,00
Energia Eléctrica	2 520,00	1 050,00	900,00	360,00	210,00
Depreciações	2 460,00	600,00	540,00	120,00	1 200,00
Outros FSE	975,00	120,00	225,00	255,00	375,00
GGFI	2 175,00	900,00	600,00	675,00	-
Centros Auxiliares		1 200,00	1 740,00	(3 000,00)	60,00
TOTAL	18 135,00	6 000,00	5 700,00	-	6 435,00

Repartição dos custos dos centros A e B pelas encomendas

Centro A				Centro B			
Encomenda	Horas	t/h	Custo total	Encomenda	Horas	t/h	Custo total
28	128	7,50	960,00	26	145	5,70	826,50
29	205	7,50	1 537,50	28	250	5,70	1 425,00
30	212	7,50	1 590,00	29	295	5,70	1 681,50
31	162	7,50	1 215,00	30	115	5,70	655,50
32	93	7,50	697,50	31	195	5,70	1 111,50
	800		6 000,00		1 000		5 700,00

Custo horário do trabalho prestado pelos Centros A e B:

$$\text{Taxa horária (t/h) do CA} = \frac{\text{€ 6 000,00}}{800\,\text{h}} = \text{€7,50/h}$$

$$\text{Taxa horária (t/h) do CB} = \frac{\text{€ 5 700,00}}{1\,000\,\text{h}} = \text{€ 5,70/h}$$

Elaboração das folhas de custeio de cada encomenda:

Encomenda nº 26

Descrição	MP	MS	TDP	GGFI	CA	CB	Total
Si	4 125,00	270,00	1 800,00	900,00	540,00	210,00	7 845,00
Do mês	270,00	30,00	720,00	360,00	-	826,50	2 206,50
	4 395,00	300,00	2 520,00	1 260,00	540,00	1 036,50	10 051,50

Encomenda nº 28

Descrição	MP	MS	TDP	GGFI	CA	CB	Total
Si	2 700,00	180,00	1 320,00	660,00	255,00	-	5 115,00
Do mês	2 107,50	165,00	1 770,00	885,00	960,00	1 425,00	7 312,50
Do mês	157,50	-	-	-	-	-	157,50
	4 965,00	345,00	3 090,00	1 545,00	1 215,00	1 425,00	12 585,00

Encomenda nº 29

Descrição	MP	MS	TDP	GGFI	CA	CB	Total
Do mês	12 645,00	300,00	2 310,00	1 155,00	1 537,50	1 681,50	19 629,00
Do mês	300,00	-	-	-	-	-	300,00
	12 945,00	300,00	2 310,00	1 155,00	1 537,50	1 681,50	19 929,00

Encomenda nº 30

Descrição	MP	MS	TDP	GGFI	CA	CB	Total
Do mês	10 537,50	300,00	1470,00	735,00	1590,00	655,50	15 288,00
Do mês	247,50	-	-	-	-	-	247,50
	10 785,00	300,00	1470,00	735,00	1590,00	655,50	15 535,50

Encomenda nº 31

Descrição	MP	MS	TDP	GGFI	CA	CB	Total
Do mês	8 430,00	270,00	1 650,00	825,00	1 215,00	1 111,50	13 501,50
Do mês	375,00	-	-	-	-	-	375,00
	8 805,00	270,00	1 650,00	825,00	1 215,00	1 111,50	13 876,50

Encomenda nº 32

Descrição	MP	MS	TDP	GGFI	CA	CB	Total
Do mês	4 215,00	60,00	390,00	195,00	697,50	-	5 557,50

Resposta ao pedido 2)

Registo do movimento do período, em sistema duplo contabilístico, apenas na contabilidade interna:

Descrição	Débito	Crédito	Valor
Transferências	Matérias-primas e subsidiárias	-	42 015,00
	Trabalho directo de produção	-	16 710,00
	Gastos gerais de fabrico efectivos	-	5 955,00
		Contas reflectidas	64 680,00
Movimento dos GGF	GGF efectivos		4 590,00
		Matérias-primas e subsidiárias	540,00
		Trabalho directo de produção	4 050,00
	GGF imputados		6 330,00
	Resultados analíticos		105,00
		GGF efectivos	6 435,00

CONTABILIDADE ANALÍTICA E DE GESTÃO

Descrição	Débito	Crédito	Valor
	Fabricação CA (a)		6 000,00
		Matérias-primas e subsidiárias	330,00
Pelos débitos ao CA		Trabalho directo de produção	1 800,00
		GGF efectivos	1 770,00
		GGF imputados	900,00
		Fabricação centro auxiliar	1 200,00
	Fabricação CB (a)		5 700,00
		Matérias-primas e subsidiárias	495,00
Pelos débitos ao CB		Trabalho directo de produção	1 200,00
		GGF efectivos	1 665,00
		GGF imputados	600,00
		Fabricação centro auxiliar	1 740,00
	Fabricação centro auxiliar (a)		3 000,00
		Matérias-primas e subsidiárias	240,00
Pelos débitos ao Centro Auxiliar		Trabalho directo de produção	1 350,00
		GGF efectivos	735,00
		GGF imputados	675,00
	GGF efectivos	Fabricação centro auxiliar	60,00
(a) Ver resolução do pedido 1)			

MÉTODOS DE ACUMULAÇÃO DE CUSTOS E FORMAS DE ORGANIZAÇÃO DA PRODUÇÃO

Descrição	Débito	Crédito	Valor
Movimentos da Fabricação	Encomendas em curso fabrico		77 535,00
		Contas reflectidas [Si (PCF)]	12 960,00
		Matérias-primas e subsidiárias	40 410,00
		Trabalho directo de produção	8 310,00
		Fabricação CA	6 000,00
		Fabricação CB	5 700,00
		GGF imputados	4 155,00
	Encomendas ultimadas	Encomendas em curso fabrico	77 535,00

Resolução do exercício nº 2

Resposta ao pedido 1)

Cálculo do custo médio ponderado da matéria M_i:

Descrição	Quantidade (kg)	Custo unitário	Valor
S_i	2 500	31,00	77 500,00
Compras	10 000	31,25	312 500,00
	12 500	(C_m) 31,20	390 000,00

$$\text{Custo médio ponderado} (M_1) = \frac{€\ 390\ 000,00}{12\ 500\ \text{kg}} = €\ 31,20/\text{kg}$$

Valorização dos consumos e dos S_f da matéria-prima M_i:

Encomendas	Quantidade (kg)	Custo médio	Valor
nº 125	200	31,20	6 240,00
nº 126	1 800	31,20	56 160,00
nº 127	1 400	31,20	43 680,00
nº 128	1 600	31,20	49 920,00
	5 000		156 000,00
S_f	7 500	31,20	234 000,00

Cálculo do custo médio ponderado da matéria M_2:

Descrição	Quantidade (kg)	Custo unitário	Valor
S_i	800	10,00	8 000,00
Compras	4 000	10,15	40 600,00
	4 800	(C_m) 10,125	48 600,00

$$\text{Custo médio ponderado}\,(M_2) = \frac{€\,48\,600,00}{4\,800\,kg} = €\,10,125/kg$$

Valorização dos consumos e dos S_f da matéria-prima M_2:

Encomendas	Quantidade (kg)	Custo médio	Valor
nº 125	100	10,125	1 012,50
nº 126	300	10,125	3 037,50
nº 127	600	10,125	6 075,00
	1 000		10 125,00
S_f	3 800	10,125	38 475,00

Consumo de matérias subsidiárias:

Descrição	Quantidade (kg)	Custo unitário	Valor
S_i	200		510,00
Compras	1 800	2,55	4 590,00
	2 000	(C_m) 2,55	5 100,00

$$\text{Custo médio ponderado}\,(M_S) = \frac{€\,5\,100,00}{2\,000\,kg} = €\,2,55/kg$$

Valorização dos consumos e dos S_f das matérias subsidiárias:

Descrição	Quantidade (kg)	Custo médio	Valor
Centro auxiliar	50	2,55	127,50
Centro A	200	2,55	510,00
Centro B	150	2,55	382,50
GGF	100	2,55	255,00
	500		1 275,00
S_f	1 500	2,55	3 825,00

Repartição dos gastos pelos objectos de custo:

Descrição	Total	CA	CB	C. Aux.	GGF
Matérias subsidiárias	1 275,00	510,00	382,50	127,50	255,00
TDP	36 500,00	12 500,00	10 000,00	5 000,00	9 000,00
Electricidade	21 375,50	7 677,50	10 055,00	1 375,00	2 250,00
Outros FSE	4 430,00	-	-	997,50	3 432,50
Depreciações	4 125,00	1 500,00	1 250,00	625,00	750,00
GGFI	6 875,00	3 125,00	2 500,00	1 250,00	-
Centro Auxiliar **(a)**	-	1 875,00	2 812,50	(9 375,00)	4 687,50
	74 580,50	27 187,50	27 000,00	0,00	20 375,00

Repartição dos custos dos centros principais:

Centro A				Centro B			
Enc.	Horas	t/h	Valor	Enc.	Horas	C. hora	Valor
125	28	54,375	1 522,50	125	114	67,50	7 695,00
126	230	54,375	12 506,25	126	136	67,50	9 180,00
127	190	54,375	10 331,25	127	150	67,50	10 125,00
128	52	54,375	2 827,50	-	-	-	-
	500		27 187,50		400		27 000,00

$$\text{Custo hora ou taxa horária (t/h) do centro A} = \frac{€\,27\,187,50}{500\,h} = €\,54,375/h$$

$$\text{Custo hora ou taxa horária (t/h) do centro B} = \frac{€\,27\,000,00}{400\,h} = €\,67,50/h$$

Elaboração das folhas de custeio de cada encomenda:

Encomenda nº 125

Descrição	MP	TDP	GGFI (a)	CA	CB	Total
Da Si	30 000,00	5 000,00	1 250,00	700,00	-	36 950,00
Do mês	6 240,00	20 000,00	5 000,00	1 522,50	7 695,00	40 457,50
Do mês	1 012,50	-	-	-	-	1 012,50
	37 252,50	25 000,00	6 250,00	2 222,50	7 695,00	78 420,00

Cálculo da quota de imputação dos GGF (q):

$$q = \frac{€\,1\,250,00}{€\,5\,000,00} = 0,25$$

CONTABILIDADE ANALÍTICA E DE GESTÃO

Encomenda nº 126

Descrição	MP	TDP	GGFI (a)	CA	CB	Total
Do mês	56 160,00	25 000,00	6 250,00	12 506,25	9 180,00	109 096,25
Do mês	3 037,50	-	-	-	-	3 037,50
	59 197,50	25 000,00	6 250,00	12 506,25	9 180,00	112 133,75

Encomenda nº 127

Descrição	MP	TDP	GGFI (a)	CA	CB	Total
Do mês	43 680,00	24 000,00	6 000,00	10 331,25	10 125,00	94 136,25
Do mês (M2)	6 075,00	-	-	-	-	6 075,00
	49 755,00	24 000,00	6 000,00	10 331,25	10 125,00	100 211,25

Encomenda nº 128

Descrição	MP (M1)	TDP	GGFI (a)	CA	CB	Total
Do mês	49 920,00	18 000,00	4 500,00	2 827,50	-	75 247,50
	49 920,00	18 000,00	4 500,00	2 827,50	-	75 247,50

Resposta ao pedido 2)

Apuramento do resultado bruto por encomenda no período:

Descrição	Enc. nº 123	Enc. nº 124	Enc. nº 125	Enc. nº 126	TOTAL
Vendas	98 000,00	88 200,00	109 788,00	156 987,25	452 975,25
Custo das vendas	70 000,00	63 000,00	78 420,00	112 133,75	323 553,75
Resultado bruto	28 000,00	25 200,00	31 368,00	44 853,50	129 421,50

Resposta parcial ao pedido 3)

Registo do movimento do período, em sistema duplo contabilístico, apenas na contabilidade interna:

Descrição	Débito	Crédito	Valor
Transferências	Matérias-primas e subsidiárias	-	443 700,00
	Trabalho directo de produção	-	123 500,00
	GGF efectivos	-	29 912,50
	Encomendas em curso fabrico (S_i)	-	36 950,00
	Encomendas ultimadas (S_i)	-	133 000,00
		Contas reflectidas	767 062,50
Movimento dos GGF	GGF efectivos		22 192,50
		Matérias-primas e subsidiárias	255,00
		Trabalho directo de produção	9 000,00
		Centro auxiliar	4 687,50
		Resultados analíticos	8 250,00
	GGF imputados		28 625,00
		GGF efectivos	28 625,00

CONTABILIDADE ANALÍTICA E DE GESTÃO

Descrição	Débito	Crédito	Valor
	Fabricação CA (a)		27 187,50
		Matérias-primas e subsidiárias	510,00
Pelos débitos ao CA		Trabalho directo de produção	12 500,00
		GGF efectivos	9 177,50
		GGF imputados	3 125,00
		Fabricação Centro Auxiliar	1 875,00
	Fabricação CB (a)		27 000,00
		Matérias-primas e subsidiárias	382,50
Pelos débitos ao CB		Trabalho directo de produção	10 000,00
		GGF efectivos	11 305,00
		GGF imputados	2 500,00
		Fabricação Centro Auxiliar	2 812,50
	Fabricação Centro Auxiliar (a)		9 375,00
		Matérias-primas e subsidiárias	127,50
Pelos débitos ao Centro Auxiliar		Trabalho directo de produção	5 000,00
		GGF efectivos	2 997,50
		GGF imputados	1 250,00
(a) Ver resolução do pedido 1)			

Descrição	Débito	Crédito	Valor
	Encomendas em Curso Fabrico		329 062,50
		Matérias-primas e subsidiárias	166 125,00
		Trabalho directo de produção	87 000,00
Movimentos do mês na Fabricação		Fabricação CA	27 187,50
		Fabricação CB	27 000,00
		GGF imputados	21 750,00
	Encomendas ultimadas	Encomendas em curso fabrico	290 765,00

Capítulo X
Processos produtivos com inerência de defeituosos

Nos actuais contextos empresariais, a melhoria da qualidade e a redução da produção defeituosa é uma preocupação muito presente na agenda dos gestores. Dum ponto de vista intuitivo os dirigentes acreditam que, se os defeitos nos produtos, nos serviços e nas actividades forem reduzidos os custos também diminuirão e, por isso, as empresas tornam-se mais competitivas.

O comportamento dos dirigentes evidencia as conclusões a que chegaram quanto às taxas dos defeituosos que, consideradas normais em meados do século passado, não podem ser admitidas actualmente graças às melhorias introduzidas nos processos, através de sistemas de controlo cada vez mais eficazes, e do surgimento dos modelos do tempo justo e da qualidade total ou, na linguagem anglo-saxónica, Just-in-time (JIT) e Total Quality Management (TQM), respectivamente.

No entanto, pela essência do processo produtivo ou em decorrência de anomalias são frequentes as situações em que uma parte da produção se apresenta defeituosa (BAGANHA, 1997)[1]. Neste sentido, a problemática do tratamento de custos em processos produtivos com inerência de defeituosos mantém toda a actualidade.

10.1. Causas da existência e tipos de defeituosos – sua aceitabilidade

A produção defeituosa pode ter origem em diversos factores, quer internos, quer externos. A nível interno encontram-se: 1) Matérias-primas de qualidade inadequada; 2) Equipamentos com funcionamento deficiente, que avariam

---

[1] BAGANHA, M. D., "Conceitos Contabilísticos de produção", Revista de Contabilidade e Comércio, VOL. LIV, nº 214, ABR.1997, p. 260.

CONTABILIDADE ANALÍTICA E DE GESTÃO

durante o processo produtivo; 3) Falhas humanas. Dentro de certos limites haverá, em qualquer dos casos, alguma inevitabilidade na ocorrência de produção defeituosa e esta inevitabilidade pode ser de carácter técnico ou económico. Por outro lado, a nível exógeno existem causas que não são controladas, ou não é possível esse controlo.

Partindo do pressuposto de que as matérias-primas são de boa qualidade, os equipamentos funcionam normalmente e não existem falhas humanas, ainda assim, por razões inerentes às próprias características tecnológicas do processo produtivo, as unidades defeituosas persistem. Entretanto, como a existência de produção defeituosa é inevitável, logo normal, o custo dos factores variáveis, incorporados uns e aplicados outros, nessas unidades defeituosas normais, deve ser considerado como um custo adicional ou sobrecarga do custo das unidades úteis, sempre que as unidades defeituosas têm valor económico nulo.

Em alguns casos, através de um investimento adicional, podem obter-se acréscimos de produtividade, por exemplo, investimentos em equipamento tecnologicamente avançado que reduziria a zero a produção defeituosa, mas a decisão correcta implica também que se analisem os custos induzidos por esse investimento, já que esses podem ser de tal modo elevados que, de um ponto de vista económico, seja preferível suportar uma certa percentagem de produção defeituosa.

Face ao exposto, quando um determinado número ou taxa/percentagem de defeituosos é considerado inevitável, então deve assumir-se que esses defeituosos são inerentes ao processo produtivo. Assim, a unidade económica tem de definir um limite de normalidade para cada período, isto é, a quantidade de defeituosos que deve ser considerada aceitável, relativamente ao número de unidades úteis.

Os defeituosos ocorrem quando as unidades não atingem a qualidade padrão e podem ser disponibilizadas para venda a um preço inferior. Esta produção defeituosa pode ocorrer porque as unidades fabricadas apresentam dimensões erradas, ou ficaram deformadas ou partiram-se no processo produtivo, ou têm os acabamentos indevidamente aplicados (GRAY e RICKETTS, 1982)[2].

Relativamente ao tipo de defeituosos enumerados pode falar-se de três situações distintas:

1) Os defeitos detectados impedem os produtos de satisfazer necessidades económicas tratando-se, por isso, de inutilizáveis;

---

[2] GRAY, J. and RICKETTS, D., *Cost and Managerial Accounting*, McGraw-Hill International Edition, 1982, p.160.

2) Os defeitos apenas limitam a utilidade (logo o valor económico) dos produtos, mas não anulam a sua individualidade, podendo ser vendidos a um preço mais baixo com a designação de refugos;

3) Os defeitos podem ser corrigidos total ou parcialmente, podendo os produtos ser submetidos, ou não, a reelaboração.

Perante uma situação de defeitos, em que a produção não atingiu os padrões de qualidade desejados, a unidade industrial tem de decidir se os produtos são, de facto, refugos ou se devem ser reelaborados. Ora, há processos tecnológicos onde o atributo de refugo resulta unicamente da natureza do produto ou das características do processo produtivo, mas esse atributo pode ser adquirido como resultado da decisão da empresa de não reelaborar o produto defeituoso.

10.2. Conceitos e classificações de produção

Relativamente ao conceito de produção útil, BAGANHA (1997) afirma: «chamaremos produção útil, com referência a um dado segmento do processo produtivo, àquela que no termo do mesmo segmento se encontra em condições de poder ser transferida para o segmento seguinte, para prossecução do processo, ou ser utilizada para os específicos fins que motivaram os actos produtivos. Evidentemente que a produção útil do segmento terminal do processo será, quando tal tenha significado, a produção útil da unidade industrial como um todo»[3].

A produção útil (P_u) é a produção que satisfaz as condições que determinaram o seu lançamento em produção. Assim, num processo de fabrico com ocorrência de produção defeituosa denomina-se produção útil a que no fim de um segmento j se encontra em condições de ser transferida para o segmento j+1, para continuar o processo de fabrico, ou para o armazém de produtos fabricados para ser vendida.

Quanto ao conceito de produção defeituosa o mesmo autor acentua: «designaremos por produção defeituosa, com referência a um dado segmento do processo produtivo, aquela que no termo do mesmo segmento não satisfaz os requisitos especificados para ser qualificada de útil. Quando tal possa ter significado, a produção defeituosa do segmento terminal do processo global é a produção defeituosa da unidade industrial como um todo»[4].

Como já foi referido, a produção defeituosa é retirada do processo de fabrico porque não cumpre, em termos de qualidade, o objectivo para que foi lançada em

---

[3] BAGANHA, M. D., "Conceitos Contabilísticos de produção", Revista de Contabilidade e Comércio, VOL. LIV, nº 214, ABR.1997, p. 261.

[4] BAGANHA, M. D., "Conceitos Contabilísticos de produção", Revista de Contabilidade e Comércio, VOL. LIV, nº 214, ABR.1997, p. 261.

fabricação. Estas unidades são rejeitadas porque apresentam um grau de defeito que não permite a sua passagem para outro segmento de produção nem a sua normal comercialização. Assim, pode acontecer que devido às características do processo produtivo ou a qualquer das outras causas referidas, as unidades apresentem defeitos de tal modo graves que lhes retira totalmente a sua utilidade para satisfazer necessidades e consequentemente qualquer valor económico.

BAGANHA (1997) afirma: «a produção defeituosa, no sentido literal do termo, compreende, pois, os produtos inutilizáveis, os produtos de refugo e os produtos sujeitos a reelaboração»[5].

Partindo desta classificação, os produtos inutilizáveis são produção com inaptidão absoluta. As razões podem ser de ordem técnica (anomalias no processo produtivo) ou de outro tipo, como por exemplo, deficiente qualidade das matérias-primas. O seu valor económico é considerado nulo, pois o produto é inútil e não serve para venda e, muitas vezes, a empresa ainda suporta custos para remover e eliminar estes produtos.

Os produtos de refugo não reúnem as condições de qualidade exigidas pelos padrões definidos na empresa, mas embora não seja técnica ou economicamente possível a sua reelaboração, com vista à obtenção do produto com a qualidade exigida, são objecto de venda. Portanto, trata-se de produtos imperfeitos para os quais não existe possibilidade de reconversão em produtos de primeira qualidade porém, podem ser comercializados no seu estado actual como produtos de 2ª escolha, 2ª categoria ou 2ª qualidade, enquanto as unidades perfeitas, não defeituosas, são denominadas de "1ª escolha" ou de 1ª classe. Por outro lado, devido ao custo de reelaboração ser muito significativo não compensa a sua recuperação. Os produtos defeituosos podem ainda apresentar categorias diversas consoante o grau de defeito que apresentam.

Os produtos sujeitos a reelaboração, numa primeira fase da produção podem detectar-se unidades inaceitáveis do ponto de vista da sua utilidade, isto é, os produtos defeituosos apresentam uma qualidade inferior à exigida. Todavia, os defeitos têm possibilidade de ser recuperados através dum processamento adicional permitindo obter produtos de primeira qualidade, ou pelo menos, produtos com condições de venda mais favoráveis do que as iniciais, porque a sua qualidade foi melhorada.

Como a produção defeituosa tem condições de reelaboração voltará ao processo produtivo para ser recuperada, melhorando assim o seu valor de venda. Do reprocessamento podem resultar unidades de produto aceitáveis ou mesmo unidades perfeitas.

---

[5] BAGANHA, M. D., "Conceitos Contabilísticos de produção", Revista de Contabilidade e Comércio, VOL. LIV, nº 214, ABR.1997, p. 261.

A decisão de reelaborar tem subjacentes as seguintes etapas de análise: 1) A reelaboração deve ser tecnicamente possível; e 2) Tendo em conta o grau de utilização da capacidade instalada deve proceder-se a uma comparação custos (gastos)/proveitos (rendimentos) adicionais, ou seja, efectuar uma análise custo benefício.

Se a capacidade produtiva está subutilizada, a decisão de reelaborar não oferece problemas, caso contrário, para proceder à reelaboração dum produto com defeito haverá, por exemplo, que prescindir do lançamento de unidades novas em produção. Seja qual for a situação, a decisão assentará sempre em critérios económicos. Se a reelaboração se situar fora dos parâmetros normais, o seu custo vai reflectir-se na taxa de rendimento dos factores em causa.

Sempre que se trate de um processo produtivo com inerência de produção defeituosa, a produção efectiva total é representada, analiticamente, do seguinte modo:

$$P_e = P_u + D_e$$

Onde: P_e – produção efectiva total;
P_u – produção efectiva útil;
D_e – produção efectiva defeituosa.

A produção defeituosa efectiva é a produção defeituosa que em cada período ocorreu efectivamente e corresponde à adição da produção defeituosa normal com a produção defeituosa anormal. Analiticamente apresenta-se:

$$D_e = D_n + D_a$$

Onde: D_n – produção defeituosa normal;
D_a – produção defeituosa anormal

A taxa de defeituosos efectivos (δ_e) é dada pela relação entre a produção defeituosa efectiva e a produção útil e representa-se por:

$$\delta_e = \frac{D_e}{P_u}$$

A produção defeituosa normal (D_n) é a esperada, ou seja, mesmo que o processo produtivo decorra de forma eficiente do ponto de vista operacional, pode haver lugar à ocorrência de produção defeituosa que se designa produção defeituosa normal. Esta produção defeituosa é inerente ao processo produtivo pois resulta do seu normal funcionamento ou simplesmente não é possível evitar.

De um modo geral os responsáveis da empresa, e particularmente os do sector produtivo, prevêem a ocorrência de uma dada percentagem de produção defeituosa que é considerada normal (D_n). A taxa esperada de produção defeituosa normal, taxa de produtos defeituosos normais (δ_n) relaciona a produção defeituosa normal e a produção útil, ou seja:

$$\delta_n = \frac{D_n}{P_u}$$

A produção defeituosa normal, conforme foi referido, já é esperada e resulta do processo produtivo em condições normais de elaboração.

A produção defeituosa anormal (D_a) é a que durante o processo produtivo ocorra de forma "acidental", anormal ou extraordinária. Por outro lado, trata-se de produção defeituosa que ultrapassa os limites estabelecidos, pelos responsáveis, quanto à ocorrência de defeitos. Analiticamente, e uma vez que $D_e = D_n + D_a$, a produção defeituosa anormal é representada pela seguinte diferença:

$$D_a = D_e - D_n$$

Neste âmbito, a produção defeituosa anormal é considerada como evitável e controlável, pelo que, o objectivo dos dirigentes é a eliminação da produção defeituosa anormal.

A taxa de defeituosos anormais é dada pela diferença entre as taxas de defeituosos efectivos e a taxa de defeituosos normais, ou seja:

$$\delta_a = \delta_e - \delta_n$$

Quanto ao controlo da produção defeituosa convém referir que, logo que seja detectada, esta produção deve ser retirada do processo de fabrico. Os pontos de detecção podem ser no fim de cada fase de fabrico, no fim de uma das fases ou num ponto intermédio de uma fase de fabrico. Neste último caso, a produção defeituosa retirada não estará acabada em termos de todos os factores.

Os pontos de detecção são também designados pontos de inspecção ou pontos de medida do controlo de qualidade. O conceito de ponto de inspecção refere que se trata de um ponto do processo produtivo onde os produtos são inspeccionados com o objectivo de verificar se as unidades são perfeitas ou defeituosas. A existência de produtos defeituosos pode ocorrer em diversos pontos do processo produtivo, mas são somente detectados em pontos específicos de inspecção.

10.3. Valorização da produção útil e da produção defeituosa

Genericamente, a valorização da produção do período e o procedimento a adoptar depende das seguintes situações:

– O defeito é considerado dentro dos padrões normais de fabricação, logo o custo da produção defeituosa é suportado pela produção útil, o que representa um acréscimo ou sobrecarga de custos para esta produção.

– O defeito é considerado anormal, logo o custo da produção defeituosa anormal é deduzido ao custo da produção útil e será considerado como componente negativa dos resultados analíticos. Estes produtos com defeito são valorizados ao custo da produção efectiva, pelo que o seu custo é igual ao dos restantes produtos fabricados, ou seja, são valorizados ao custo unitário da produção efectiva. O valor ou o custo dos defeituosos anormais será registado como componente negativa do resultado do período por contrapartida de fabricação.

Tendo presentes os conceitos de produções apresentados, bem como as alternativas de classificação atribuídas às produções defeituosas quanto à sua capacidade para satisfazer necessidades, inserem-se seguidamente dois quadros. O primeiro contém a simbologia a adoptar. O segundo inclui diversas fórmulas, importantes para o cálculo do custo da produção útil e das produções defeituosas.

Quadro 10.1 – Simbologia a utilizar

K_t – Custo total	P_e – Produção efectiva (total – P_u + D)
k_e – Custo unitário da P_e	P_u – Produção efectiva útil
k_u – Custo unitário da P_u	D – Produção defeituosa
$K_a = D_a \times k_e$ – Custo dos D_a	D_e – Produção defeituosa efectiva
θ – Taxa de recuperação (%)	D_n – Produção defeituosa normal
$\theta \times D_e$ – Defeituosos efectivos recuperados	D_a – Produção defeituosa anormal
k_r – Custo unitário da recuperação ($k_r = \theta \times \delta_e \times k_e$)	δ_e – Taxa efectiva de defeituosos
K_r – Custo da recuperação ($D_e \times k_r$)	δ_n – Taxa normal de defeituosos
v_d – Valor de venda unitário dos refugos	v_r – Valor unitário da recuperação
$V_d = D_e \times v_d$ – Valor total da venda	$V_r = D_e \times v_r$ – Valor total da recuperação

De acordo com o tipo de defeitos detectados foram definidas as categorias para os produtos defeituosos. Assim, conforme o grau de defeito, obtêm-se (i) unidades inutilizáveis, (ii) unidades com a sua utilidade limitada, que podem ser vendidas como refugos, (iii) e unidades que tem condições de ser reelaboradas, para corrigir o defeito, ou ser possível recuperar, em parte, os factores variáveis incorporados e/ou aplicados nessas produções.

CONTABILIDADE ANALÍTICA E DE GESTÃO

Quadro 10.2 – Fórmulas para aplicar no cálculo dos custos da produção útil e da defeituosa

Hipótese	Inutilizáveis **(a)**	Recuperados **(b)**	Refugos **(c)**
$\delta_e < \delta_n$	$k_u = k_e (1 + \delta_e)$	$k_u = k_e [1 + \delta_e (1 - \theta)]$ $k_r = k_e \, \theta \, \delta_e$	$k_u = k_e + \delta_e (k_e - v_d)$ $V_d = v_d \times D_e$
$\delta_e = \delta_n$	$k_u = k_e (1 + \delta_n)$	$k_u = k_e [1 + \delta_n (1 - \theta)]$ $k_r = k_e \, \theta \, \delta_n$	$k_u = k_e + \delta_n (k_e - v_d)$ $V_d = v_d \times D_n$
$\delta_e > \delta_n$	$k_u = k_e (1 + \delta_n)$ $K_a = k_e \times D_a$	$k_u = k_e [1 + \delta_n (1 - \theta)]$ $k_r = k_e \, \theta \, \delta_n$ $K_a = k_e (1 - \theta) \times D_a$ **(d)**	$k_u = k_e + \delta_n (k_e - v_d)$ $V_d = v_d \times D_n$ $K_a = k_e \times D_a$ **(e)**

(a) Quando os defeituosos não têm valor de venda ou não se considera esse valor na formação do custo de produção e também não há lugar a recuperação dos factores variáveis incorporados e/ou aplicados nas unidades defeituosas.

(b) Quando os factores variáveis incorporados e/ou aplicados nas unidades defeituosas são objecto de recuperação.

(c) Quando a produção defeituosa tem a sua utilidade limitada, mas é vendida com a classificação ou de 2ª escolha ou de 2ª classe, ou seja, o que vulgarmente se designa por Refugos.

(d) $K_a = k_e (1 - \theta) \times D_a = k_e \times D_a - k_e \times \theta \times D_a$.

(e) Se os defeituosos anormais também forem vendidos, esse valor (V_d ou valor de realização) é considerado um proveito/rendimento.

<u>Cálculo do custo da produção útil</u> (P_u) – Recapitule-se que, num processo produtivo com ocorrência de produção defeituosa, a produção que no fim do segmento se encontra em condições de poder ser transferida para o segmento seguinte, para continuação do processo de fabrico, ou para o armazém de produtos para ser vendida, denomina-se produção útil.

No cálculo do custo da produção útil deve considerar-se como sobrecarga desse custo uma taxa correspondente aos defeituosos normais (δ_n), se estes forem inferiores aos defeituosos efectivos. Ou seja, custo unitário da P_e adicionado da sobrecarga:

$$k_u = k_e + k_e \times \delta_n \quad (1)$$

Note-se que o custo unitário da produção efectiva de um processo produtivo sem produção defeituosa é representado por k_e. Se a convenção relativa ao cálculo do custo da produção útil, no caso de um processo produtivo com inerência de defeituosos, não obrigasse à utilização de uma sobrecarga, o custo unitário da produção útil seria igual ao custo unitário da produção efectiva.

Quando os defeituosos efectivos são inferiores aos defeituosos normais, no cálculo do custo da produção útil, deve considerar-se, como sobrecarga, uma taxa correspondente aos defeituosos efectivos (δ_e) pois, de outro modo, o custo da produção útil estaria sobrecarregado com um custo de defeituosos que não existiram. Ou seja:

$$k_u = k_e + k_e \times \delta_e \quad (2)$$

294

Em síntese, utiliza-se sempre a taxa normal, como sobrecarga do custo da produção útil, a menos que a taxa efectiva de defeituosos seja inferior à primeira. Portanto a sobrecarga a afectar à produção útil é calculada utilizando sempre a menor das taxas. Concluindo, o custo unitário da produção útil é sempre representado por:

$$k_u = k_e (1+\delta_n); \text{ sendo o valor da sobrecarga dado por: } k_e \times \delta_n$$

Excepto quando $\delta_e < \delta_n$ em que o custo unitário da produção útil será:

$$k_u = k_e (1+\delta_e); \text{ e, neste caso, o valor da sobrecarga será: } k_e \times \delta_e$$

Apresenta-se uma resumida demonstração da relação estabelecida **(1)** para o cálculo do custo unitário da produção útil. Assim, a taxa de defeituosos normais, conforme estudo anterior, é dada pela relação:

$$\delta_n = \frac{D_n}{P_u}$$

Logo, a expressão da sobrecarga será: $k_e \times \delta_n = \dfrac{k_e \times D_n}{P_u}$

A partir desta expressão da sobrecarga e de **(1)** obtém-se: $k_u = k_e + \dfrac{k_e \times D_n}{P_u}$

Donde: $\qquad k_u = k_e (1+\delta_n) \qquad\qquad$ c.q.d.

<u>Demonstração</u> da relação estabelecida **(2)** para o cálculo do custo unitário da produção útil:

A taxa de defeituosos efectivos, conforme estudo anterior, é dada pela relação: $\delta_e = \dfrac{D_e}{P_u}$

Logo, a expressão da sobrecarga será: $k_e \times \delta_e = \dfrac{k_e \times D_e}{P_u}$

A partir desta expressão da sobrecarga e de **(2)** obtém-se: $k_u = k_e + \dfrac{k_e \times D_e}{P_u}$

Donde: $\qquad k_u = k_e (1+\delta_e) \qquad\qquad$ c.q.d.

Quanto à <u>valorização da produção defeituosa</u>, como regra geral, pode assumir-se que é valorizada a custos sem sobrecarga. Por definição a sobrecarga é acrescentada ao custo das produções terminadas úteis.

Quando se trata de um processo produtivo com inerência de defeituosos, a produção terminada útil ($P_t = P_t$ útil) designa-se simplesmente por produção terminada (P_t) e a restante será produção defeituosa.

Quanto ao tratamento dos custos da produção, genericamente, tem-se duas situações:

1. Os defeituosos <u>não têm valor de venda</u> ou não se considera este na formação do custo de produção (no quadro trata-se do caso dos inutilizáveis).

2. Os defeituosos <u>têm valor de venda</u> e considera-se este na formação do custo de produção (no quadro trata-se do caso da venda de refugos).

Na análise de cada uma das situações anteriores serão consideradas as três hipóteses seguintes:

a) A produção defeituosa efectiva é inferior à produção defeituosa normal ($D_e < D_n$);

b) A produção defeituosa efectiva é igual à produção defeituosa normal ($D_e = D_n$);

c) A produção defeituosa efectiva é superior à produção defeituosa normal ($D_e > D_n$).

1. <u>Os defeituosos não têm valor de venda ou não se considera este na formação do custo de produção (no quadro trata-se do caso dos inutilizáveis).</u>

1.a) Quando os defeituosos <u>não têm valor de venda</u> e na hipótese de:

$$D_e < D_n \text{ e também } \delta_e < \delta_n \text{, o custo da } P_u \text{ é dado por: } k_u = k_e (1+\delta_e).$$

<u>Demonstração:</u>
Tendo presente a seguinte informação:

$$(i) \ k_u = \frac{K_t}{P_u}; \quad (ii) \ K_t = k_e \times P_e; \quad (iii) \ P_e = P_u + D_e; \quad (iv) \ \delta_e = \frac{D_e}{P_u}$$

Obtém-se (por substituição):

$$k_u = \frac{k_e (P_u + D_e)}{P_u} \Leftrightarrow k_u = \frac{k_e \times P_u + k_e \times D_e}{P_u} \Leftrightarrow k_u = k_e + \frac{k_e \times D_e}{P_u} \Leftrightarrow k_u = k_e (1 + \delta_e)$$

1.b) Quando os defeituosos <u>não têm valor de venda</u> e na hipótese de $D_e = D_n$, logo, $\delta_e = \delta_n$, o custo total (K_t) diz respeito à produção útil (P_u) e são válidas as duas relações, isto é, torna-se indiferente a utilização de uma ou outra. Logo, o custo da P_u será: $k_u = k_e (1+\delta_n)$ e também $k_u = k_e (1+\delta_e)$.
Demonstração: igual à anterior 1.a).

1.c) Quando os defeituosos <u>não têm valor de venda</u> e na hipótese de $D_e > D_n$, logo, $\delta_e > \delta_n$, o custo da P_u é dado por: $\qquad k_u = k_e (1+\delta_n)$.

Neste caso como $D_e > D_n$ há lugar a defeituosos anormais, logo $D_e = D_n + D_a$. O valor dos defeituosos anormais que se obtém da igualdade: $K_a = k_e \times D_a$ (D_a valorizado ao custo unitário da P_e), não entra na formação do custo de produção e, por isso, será registado directamente em resultados analíticos, constituindo uma componente negativa do resultado. Logo, <u>deve ser deduzido ao custo da produção efectiva útil</u>.

$$\text{Partindo de: } \quad k_u = \frac{K_t}{P_u} \qquad \text{neste caso tem-se: } \quad k_u = \frac{K_t - k_e \times D_a}{P_u}$$

<u>Demonstração:</u>
Tendo presente a seguinte informação:

$$\text{(i) } K_t = k_e \times P_e; \quad \text{(ii) } P_e = P_u + D_e; \quad \text{(iii) } D_a = D_e - D_n; \quad \text{(iv) } \delta_n = \frac{D_n}{P_u}$$

Obtém-se (por substituição):

$$k_u = \frac{k_e \left(P_u + D_e\right) - k_e \times \left(D_e - D_n\right)}{P_u} \Leftrightarrow k_u = \frac{k_e \times P_u + k_e \times D_e - k_e \times D_e + k_e \times D_n}{P_u} \Leftrightarrow$$

$$\Leftrightarrow k_u = \frac{k_e \times P_u}{P_u} + \frac{k_e \times D_n}{P_u} \Leftrightarrow k_u = k_e (1 + \delta_n)$$

Generalizando, em relação à taxa a aplicar como sobrecarga, obtém-se para cálculo do custo unitário da P_u a seguinte fórmula:
$$k_u = k_e (1+\delta), \text{ em que } \delta \text{ é a menor das taxas.}$$
Portanto, conclui-se que, na escolha entre δ_e e δ_n se utiliza a menor das duas.

2. <u>A produção defeituosa tem valor de venda, embora por vezes inferior ao seu custo, e considera-se esse valor na formação do custo de produção.</u>

Nesta situação, o custo unitário da P_u obtém-se deduzindo ao custo total (K_t) o valor de venda $(V_d = v_d \times D_e)$ ou o valor realizável líquido (VRL), sendo este o provável preço de venda deduzido dos custos suportados para além do ponto de detecção da produção defeituosa.

Então: $$k_u = \frac{K_t - v_d \times D_e}{P_u}$$

2.a) Na hipótese de $D_e < D_n$, logo, $\delta_e < \delta_n$ e na situação de venda de refugos, o custo da P_u será obtido por:

$$k_u = k_e + \delta_e\, (k_e - v_d)$$

Demonstração:
Tendo presente a seguinte informação:

$$\text{(i) } K_t = k_e \times P_e; \quad \text{(ii) } P_e = P_u + D_e; \quad \text{(iii) } \delta_e = \frac{D_e}{P_u}$$

Obtém-se (por substituição):

$$k_u = \frac{k_e(P_u + D_e) - v_d \times D_e}{P_u} \Leftrightarrow k_u = \frac{k_e \times P_u}{P_u} + \frac{k_e \times D_e - v_d \times D_e}{P_u} \Leftrightarrow k_u = k_e + \frac{D_e\,(k_e - v_d)}{P_u} \Leftrightarrow$$

$$\Leftrightarrow k_u = k_e + \delta_e\,(k_e - v_d)$$

2.b) Na hipótese de $D_e = D_n$, logo, $\delta_e = \delta_n$, o custo da P_u é indiferentemente obtido pelas duas fórmulas:

$$k_u = k_e + \delta_e\,(k_e - v_d) \text{ ou } k_u = k_e + \delta_n\,(k_e - v_d)$$

Nesta situação, o custo unitário da P_u obtém-se deduzindo ao custo total (K_t) o valor de venda ou $(V_d = v_d \times D_e$ e $D_e = D_n)$ o valor realizável líquido (VRL), sendo este o provável preço de venda subtraído dos custos suportados para além do ponto de detecção da produção defeituosa.

Mas, como $D_e = D_n$ vem: $k_u = \dfrac{K_t - v_d \times D_n}{P_u}$ e também $k_u = \dfrac{K_t - v_d \times D_e}{P_u}$

Portanto, a demonstração é igual a 2.a).

2.c) Nesta hipótese $D_e > D_n$, logo, $\delta_e > \delta_n$. Então, existe produção defeituosa anormal (D_a), sendo $D_e = D_n + D_a$, cujo valor é considerado como um custo do exercício.

O custo da produção defeituosa anormal, que se obtém da igualdade:

$K_a = k_e \times D_a$ (sendo D_a valorizada ao custo unitário da P_e), não entra na formação do custo de produção e, por isso, será registado directamente em resultados analíticos constituindo uma componente negativa destes. Por isso, <u>deve ser deduzido ao custo da produção efectiva útil</u>.

Nesta situação, o custo unitário da P_u obtém-se deduzindo ao custo total (K_t) além do valor de venda $(V_d = v_d \times D_n)$, também o custo dos defeituosos anormais $(K_a = k_e \times D_a)$. Então:

$$k_u = \frac{K_t - v_d \times D_n - k_e \times D_a}{P_u}$$

<u>Demonstração:</u>
Tendo presente a seguinte informação:

$$\text{(i) } K_t = k_e \times P_e; \quad \text{(ii) } P_e = P_u + D_e; \quad \text{(iii) } D_a = D_e - D_n; \quad \text{(iv) } \delta_n = \frac{D_n}{P_u}$$

Obtém-se (por substituição):

$$k_u = \frac{k_e(P_u + D_e) - v_d \times D_n - k_e(D_e - D_n)}{P_u} \Leftrightarrow k_u = \frac{k_e \times P_u}{P_u} + \frac{k_e \times D_e - v_d \times D_n - k_e \times D_e + k_e \times D_n}{P_u} \Leftrightarrow$$

$$\Leftrightarrow k_u = k_e + \frac{D_n(k_e - v_d)}{P_u} \Leftrightarrow k_u = k_e + \delta_n(k_e - v_d)$$

Por último, e de acordo com as categorias adoptadas para referenciar os produtos defeituosos que se encontra no **Quadro nº 10.2**, tem-se os designados "recuperados". Nesta situação os produtos defeituosos não têm qualidade para serem caracterizados como refugo ou o seu valor de venda é inferior ao valor dos factores variáveis recuperáveis, incorporados nesses defeituosos. Por outro lado, pode acontecer que do ponto de vista técnico, a reelaboração não seja possível porque os defeitos não permitem obter um produto com os padrões de qualidade exigidos pela empresa e, por outro, pode ser incomportável, do ponto de vista económico, a sua reelaboração.

Nestas circunstâncias a opção mais correcta é a recuperação de uma parte dos factores variáveis incorporados na produção defeituosa, nomeadamente as

CONTABILIDADE ANALÍTICA E DE GESTÃO

matérias-primas, na medida em que podem ser reutilizados em novo processo produtivo e quando as decisões alternativas forem menos vantajosas.

Os defeituosos são então recuperados numa dada percentagem que se representa por $-\theta$. Nesta hipótese as taxas de defeituosos δ_e ou δ_n (genericamente $-\delta$) devem ser influenciadas pela percentagem de recuperação. Por isso, apenas deve ser utilizada como sobrecarga do custo da produção útil (P_u), a parte ou a percentagem dos defeituosos não recuperada. Logo, na sua valorização, a produção útil não será sobrecarregada com δ (δ_e ou δ_n conforme as situações) mas apenas com $-\delta$ $(1-\theta)$ onde θ é a taxa de recuperação da matéria-prima incorporada na produção defeituosa no período.

As hipóteses, relativamente à proporção de defeituosos gerados pelos processos produtivos, estabelecidas inicialmente serão de novo analisadas: a) $D_e < D_n$;   b) $D_e = D_n$;   c) $D_e > D_n$

a) Se a produção defeituosa efectiva é inferior à produção defeituosa normal, então a taxa efectiva de defeituosos também é inferior à taxa normal ($\delta_e < \delta_n$). Nesta hipótese o custo unitário da produção útil é obtido da expressão:

$$k_u = k_e [1 + \delta_e (1 - \theta)],$$

Conforme se verifica, o custo da P_u é determinado de forma semelhante ao custo dos produtos inutilizáveis (ver 1.a)), mas a taxa a aplicar como sobrecarga da produção útil é deduzida da taxa de recuperação, conforme foi anteriormente referido. Por isso, não é necessário fazer a demonstração.

O custo de recuperação unitário calcula-se através da expressão:

$$k_r = k_e \times \theta \times \delta_e$$

Onde: k_e – o custo unitário da produção efectiva
θ – a taxa de recuperação dos defeituosos
δ_e – a taxa de defeituosos efectivos

b) Se a produção defeituosa efectiva é igual à produção defeituosa normal, então a taxa efectiva também é igual à taxa normal ($\delta_e = \delta_n$). Nesta hipótese o custo unitário da P_u é obtido indiferentemente pelas expressões:

$$k_u = k_e [1 + \delta_n (1 - \theta)] \text{ ou } k_u = k_e [1 + \delta_e (1 - \theta)]$$

O custo de recuperação unitário também é indiferente obter-se de uma ou outra das expressões:

$$k_r = k_e \times \theta \times \delta_n \text{ ou } k_r = k_e \times \theta \times \delta_e$$

Não é importante a demonstração pelas mesmas razões, ou seja, o custo é determinado de forma semelhante ao custo dos produtos inutilizáveis (ver 1.b)), a principal diferença está na subtracção da taxa de recuperação à sobrecarga da produção útil, conforme referido anteriormente.

c) Se produção defeituosa efectiva é superior à produção defeituosa normal, então a taxa de efectiva também é superior à taxa normal $(\delta_e > \delta_n)$. Nesta situação, o custo unitário da P_u obtém-se deduzindo ao custo total (K_t) o custo dos defeituosos anormais, ou seja:

$$K_a = k_e (1 - \theta) \times D_a$$

Portanto, como consta do quadro, o custo unitário da produção útil (P_u) é dado pela expressão:

$$k_u = k_e [1 + \delta_n (1 - \theta)]$$

Não é importante a demonstração porque o custo é determinado de forma semelhante ao custo dos produtos inutilizáveis (ver 1.c)), a principal diferença está na subtracção da taxa de recuperação à sobrecarga da produção útil.

O custo de recuperação unitário determina-se através de:

$$k_r = k_e \times \theta \times \delta_n$$

10.4. A gestão da qualidade

A evolução económica e tecnológica mundial tem obrigado as organizações a manterem-se num processo constante de aperfeiçoamento e racionalização das suas actividades. Neste âmbito, parece não haver razão para a ocorrência de produção defeituosa mas, por vezes, conforme foi referido anteriormente, são os próprios processos produtivos que geram esses defeitos.

Os progressos contínuos do processo produtivo, ao longo de vários anos, conceberam inovadores sistemas de gestão da produção, caracterizados particularmente pela optimização dos processos (redução de custos, aumento da qualidade e da flexibilidade operacional e valorização dos recursos humanos), que permitem reduzir ou eliminar actividades que não acrescentam valor para o cliente.

As limitações dos modelos preconizados pela doutrina da administração científica, de onde se destaca o trabalho de Frederick Taylor, e da estrutura organizacional de Henri Fayol e Max Weber, implantado em larga escala na primeira metade do século XX, estão na origem das novas lógicas produtivas e organizacionais. Neste modelo o crescimento económico era sustentado à custa da utilização da força de trabalho em massa e a sua principal preocupação era conseguir uma eficiência produtiva cada vez maior.

O aparecimento de novas estratégias de produção e organização, nas últimas três ou quatro décadas, colocaram as questões organizacionais no centro das preocupações das empresas e dos que têm a seu cargo a responsabilidade pela sua gestão. Na década de noventa, as empresas confrontaram-se com a ideia de que a vantagem competitiva está na resposta rápida às solicitações de mercado, donde resultaram novos conceitos e metodologias como: a produção magra (*lean production*), a gestão da cadeia de valor (*value chain*), a produção ágil (*agile manufacturing*) e as indústrias de âmbito mundial (*world class manufacturing*).

O contexto actual exige grande flexibilidade e capacidade de adaptação e, além de pôr em causa os modelos clássicos de organização e produção, determina que as empresas, para se manterem competitivas, evoluam para formas de organização mais globais tendo em atenção a maior variabilidade da procura, a contínua evolução das novas tecnologias, as novas exigências no tempo de resposta às solicitações dos clientes e as crescentes exigências da qualidade.

A filosofia de produção magra é o resultado de um estudo (baseado no modelo Toyota) de Womack *et al.* (1990)[6] e tem como princípio básico "utilizar apenas o necessário". Isto significa menos factores (materiais, pessoas, espaço e outros), menos stocks, ou seja, eliminação de desperdícios, enquanto se pretende mais qualidade, mais flexibilidade, redução de custos e de tempo, em particular o intervalo entre o pedido do cliente e a entrega dos bens e serviços.

A produção magra corresponde a um modo de pensar (*lean thinking*) que adopta princípios económicos centrados nas operações de produção, na gestão de fornecedores e na gestão de clientes. Segundo os autores do modelo a premissa central é mudar a atenção dos dirigentes de onde esta está concentrada – activos, organização e tecnologias – para o que designam de "fluxo de valor". Assim, o objectivo é partir do consumidor final, indagando o que de facto cria valor para ele, considerando também as suas expectativas quanto à qualidade, ao preço e à disponibilidade dos bens e serviços que valoriza.

Por outro lado, ocorrem constantes transformações nos métodos e nas ferramentas de produção, de que são exemplo o *Kanban*, a automação, a filosofia da melhoria contínua (*Kaizen*), a gestão dos stocks (JIT), a gestão da qualidade total (TQM) e a gestão dos processos. Estes novos métodos de produção vieram reforçar a preocupação com o controlo da qualidade, sendo hoje muito mais cuidado e com objectivos muito mais ambiciosos.

O JIT (gestão dos stocks) é um conceito cujo objectivo é aumentar a competitividade das empresas, criando ou modificando processos, a ponto de serem capazes de entregar ao cliente o produto, na quantidade, no local, nas condições e com os atributos de qualidade previamente definidos. E fazer tudo isso com

---

[6] Womack, J. Jones, D. e Roos, D., *The machine that changed the world*, Macmillan, New York, 1990.

menos stocks e consequentemente menos custos. Esta filosofia de produção aplica-se especialmente em empresas que fabricam em série e visa, além da redução dos custos, o aumento da flexibilidade da empresa para esta dar resposta às oscilações do mercado.

A redução dos custos consegue-se, entre outras, das seguintes formas: 1) Redução do nível de stocks; 2) Redução do espaço físico necessário às várias actividades; 3) Redução dos níveis de refugo na produção; 4) Aumento da utilização do equipamento; e 5) Aumento do rendimento do trabalho.

Na prática, o termo JIT é muitas vezes confundido com o termo *Kanban*. A visão do que é a filosofia JIT, e os objectivos que se propõe, e do que é ferramenta *Kanban*, para atingir esses objectivos, não são muito claras.

O *Kanban* é um pequeno cartão utilizado para indicar a peça a fabricar (*Kanban* de produção) ou para a requisitar do processo anterior (*Kanban* de requisição). O *Kanban* deve ainda incluir as referências do produto e o processo a que a peça se destina. A função dos *Kanban* é unir os elementos de optimização da configuração (*layout*), a autonomização das máquinas, o nivelamento da produção diária e o controlo da qualidade total dessa produção de forma a criar uma estrutura flexível de produção orientada para o mercado.

O *Kanban* sendo uma ferramenta, contribui, quando aplicado à produção, para a redução e eliminação dos desperdícios para que o processo atinja um nível mais elevado de competitividade.

A filosofia de gestão designada pela expressão *Kaisen* corresponde ao modelo japonês da gestão da qualidade, e significa melhoria contínua dos processos produtivos através da introdução permanente de pequenas melhorias que, apesar de pouco dispendiosas e de fácil execução, conduzem à redução de custos, à melhoria da qualidade e/ou ao aumento da produtividade e da eficiência.

O objectivo principal do *Kaizen* é eliminar de vez as ineficiências no local de trabalho[7]. A essência da melhoria contínua está na capacidade de identificar a origem do desperdício nas empresas e eliminá-lo. A filosofia *Kaisen* pode ser aplicada a todos os processos no interior da organização entre os quais as compras, os aprovisionamentos, a configuração (*layout*) da linha de produção, os processos de controlo da qualidade, os processos de fabrico, o serviço ao cliente, entre outros.

Os grupos *Kaizen*, devido ao seu carácter integral, para além de fomentarem a discussão permanente sobre as melhorias a introduzir no processo produtivo e nas condições reais de trabalho, motivam o aproveitamento e o desenvolvimento das capacidades individuais e as relações entre os colaboradores.

---

[7] IMAI, Masaaki, Gemba Kaisen: A Commonsense, Low-Cost Approach to Management, 1997.

CONTABILIDADE ANALÍTICA E DE GESTÃO

O modelo da qualidade total (TQM) é uma "importação" pelo Ocidente da filosofia da melhoria contínua japonesa (*Kaisen*). De acordo com esta filosofia, que deve ser dirigida pelo topo da hierarquia da organização, a melhoria contínua dos processos apenas poderá ter sucesso se existir o envolvimento e a colaboração de todos os membros das equipas. O princípio base de *Kaisen* é incentivar os colaboradores a, permanentemente, colocarem em questão os processos da organização a fim de identificarem áreas de potencial melhoria.

A utilização, pelas empresas, de métodos e princípios que visem a gestão de custos e a melhoria dos processos com reflexos na produção, diminuindo os níveis de refugo, contribuirá positivamente para um controlo mais eficiente da produção defeituosa.

EXERCÍCIOS DE APLICAÇÃO[8] (Processos produtivos com inerência de defeituosos)

EXERCÍCIO Nº 1 (Resolvido)

Informação de enquadramento

Uma unidade industrial de produção múltipla disjunta é constituída por um processo produtivo segmentado que integra dois centros de produção A e B e onde decorre, <u>sucessivamente</u>, a fabricação dos produtos P_1 e P_2.

As matérias-primas são consumidas do seguinte modo: M_1 no início do processo e M_2 quando os produtos atingem 40% de elaboração no Centro A.

Todos os factores são atribuídos ao custo dos produtos, de acordo com o seu consumo relativo que é 1 para P_1 e 1,5 para P_2.

O custo de conversão (transformação – CT) é incorporado linearmente ao longo do processo de fabrico.

A produção defeituosa, existindo, é isolada no termo do processo produtivo decorrente no centro A e a taxa normal de defeituosos é de 5%.

O custo dos stocks (inventários) deve ser atribuído pelo uso da fórmula FIFO.

---

[8] A resolução de alguns dos exercícios propostos tem subjacente apenas o grau de dificuldade dos mesmos.

Informação relativa a um determinado período

Stocks (inventários) de produtos em curso de fabrico:

Centro A:	Iniciais	P_1 – 2 000 UF com 20% de acabamento no valor de € 10 992,00
		P_2 – 4 000 UF com 15% de acabamento no valor de € 32 312,00
	Finais	P_1 – 6 000 UF com 50% de acabamento
		P_2 – 7 000 UF com 80% de acabamento
Centro B:	Iniciais	P_2 – 5 000 UF com 60% de acabamento no valor de € 77 680,00
	Finais	P_1 – 4 000 UF com 30% de acabamento

Produção transferida para o centro B: P_1 – 54 000 UF P_2 – 55 000 UF

Produção defeituosa isolada no termo do centro A: P_1 – 3 000 UF P_2 – 2 610 UF

Custos do período (€):

Matérias-primas:	M_1 – 729 192,00	M_2 – 255 864,00
Custo de conversão (CT):	Centro A – 368 436,00	Centro B – 273 400,00

PEDIDOS:

1. Calcular o custo unitário (k_e) da produção do período (P_e).
2. Registar, em dispositivo em "T", todos os movimentos nas contas de Fabricação centros A e B.

EXERCÍCIO Nº 2

Informação de enquadramento

Uma unidade industrial de produção múltipla disjunta é constituída por um processo produtivo segmentado que integra dois centros de produção A e B e onde decorre sucessivamente a fabricação dos produtos P_1 e P_2.

No processo produtivo são utilizadas duas matérias-primas: M_1 incorporada no início da fabricação e M_2 incorporada imediatamente após a separação da produção defeituosa. Esta é isolada a 70% do processo de fabrico no Centro A.

A taxa normal de defeituosos para ambos os produtos é de 5%.

A matéria-prima existente na produção defeituosa é recuperada em 80%.

O custo de conversão (transformação – CT) é incorporado nos dois centros produtivos, linearmente ao longo de todo o processo.

CONTABILIDADE ANALÍTICA E DE GESTÃO

Especificações técnicas:

	M_1	M_2	CT (centros A e B)
P_1	4 kg	3 kg	30 minutos
P_2	2 kg	2 kg	20 minutos

O custo dos stocks (inventários) deve ser atribuído pelo uso da fórmula FIFO.

Informação relativa a um determinado mês

Stocks (inventários) de produtos em curso de fabrico

Centro A:	Iniciais	P_1 – 6 000 UF com 50% de acabamento no valor de € 83 250,00
		P_2 – 5 000 UF com 80% de acabamento no valor de € 59 500,00
	Finais	P_1 – 4 000 UF com 75% de acabamento
		P_2 – 7 000 UF com 20 % de acabamento
Centro B:	Iniciais	P_1 – 2 000 UF com 60% de acabamento no valor de € 48 580,00
		P_2 – 9 000 UF com 30% de acabamento no valor de € 119 430,00
	Finais	P_1 – 8 000 UF com 50% de acabamento
		P_2 – 3 000 UF com 80% de acabamento

Consumos/custos do período:

Matérias-primas:	M_1 – 331 620 kg por € 994 860,00	M_2 – 272 000 kg por € 544 000,00
CT:	Centro A – € 342 672,50	Centro B – € 407 700,00
Produção defeituosa isolada:	P_1 – 2 280 UF	P_2 – 3 250 UF

PEDIDOS:

1. Calcular o custo unitário (k_e) da produção do período (P_e).
2. Efectuar os registos, em dispositivo "T", nas contas de Fabricação centros A e B.

EXERCÍCIO Nº 3 (Resolvido)

Informação de enquadramento

Uma unidade industrial de produção múltipla disjunta fabrica dois produtos distintos (P_1 e P_2), através de um único centro principal, utilizando apenas uma matéria-prima. A matéria M é incorporada, em ambos os produtos, totalmente no início do processo produtivo. O consumo de matéria por unidade de P_1 é inferior em 20% ao consumo de P_2.

306

Em termos de custo de conversão (transformação – CT), cuja incorporação é linear ao longo do processo, cada unidade de P_2 consome mais 20% do que cada unidade de P_1.

Quando o processo produtivo atinge 75% do seu curso são isolados os produtos defeituosos que são susceptíveis de venda, respectivamente, a € 1,67 e a € 2,03 por unidade de P_1 e P_2.

A taxa normal de defeituosos é de 8% para ambos os produtos.

Os gastos de distribuição correspondem a 20% do preço de venda.

O custo dos stocks (inventários) deve ser atribuído pelo uso da fórmula FIFO.

Informação relativa a um determinado mês

Stocks (inventários) de produtos em curso de fabrico:

Centro principal	Iniciais	P_1 – 15 000 UF com 60% de acabamento no valor de € 35 454,60
		P_2 – 8 000 UF com 90% de acabamento no valor de € 25 117,00
	Finais	P_1 – 10 000 UF com 40% de acabamento
		P_2 – 2 000 UF com 80% de acabamento

Produção armazenada: P_1 – 25 000 UF P_2 – 36 000 UF

Defeituosos separados durante o período: P_1 – 1 400 UF P_2 – 2 460 UF

Custos suportados: Matéria-prima – € 123 950,00   CT – € 29 872,00

Preços de venda: P_1 – € 4,00 P_2 – € 5,00

PEDIDOS:

1. Calcular o custo unitário (k_e) da produção do período (P_e).
2. Apresentar, em dispositivo "T", o movimento da conta de Fabricação.
3. Registar, em dispositivo em "T", todo o movimento do período, em sistema duplo contabilístico, com abertura e encerramento das contas.

EXERCÍCIO Nº 4

Informação de enquadramento

Uma unidade industrial de produção múltipla disjunta fabrica os produtos P_1 e P_2 num processo produtivo constituído por dois segmentos aos quais correspondem os centros produtivos A e B.

No centro A, com base na matéria-prima M_1 incorporada no início do processo produtivo, é fabricado o semielaborado (SL) transferido na totalidade para o centro B.

No centro B, à custa do semielaborado transferido de centro A, são obtidos os produtos P_1 e P_2 no termo do processo de produção. Para fabricar uma unidade de P_1 são necessários 2 kg de SL, enquanto para fabricar uma unidade de P_2 são necessários 3 kg de SL.

O tempo de trabalho atribuído a cada produto é proporcional à quantidade incorporada de semielaborado. O custo de conversão (CT) é incorporado linearmente ao longo de todo o processo produtivo.

Neste centro, pode haver lugar à ocorrência de produção defeituosa que é isolada quando o processo produtivo atinge o ponto 70%. A taxa normal de defeituosos é de 5% para os dois produtos.

O custo dos stocks (inventários) deve ser atribuído pelo uso da fórmula FIFO.

Informação relativa a um determinado mês

Stocks (inventários) de produtos em curso de fabrico:

Iniciais:	P_1 – 6 000 UF com 80% de acabamento, no valor de € 22 050,00
	P_2 – 12 000 UF com 50% de acabamento, no valor de € 62 550,00
Finais:	SL – 6 000 kg uniformemente distribuídos ao longo do processo
	P_1 – 10 000 UF com 40% de acabamento
	P_2 – 8 000 UF com 75% de acabamento

Produção armazenada:	P_1 – 40 000 UF	P_2 – 60 000 UF
Produção defeituosa isolada:	P_1 – 1 980 UF	P_2 – 3 000 UF

Custos do período:

Matérias-primas:	M_1 – € 247 464,00	
Custos de conversão (transformação – CT):	CA – € 163 176,00	CB – € 100 302,00

PEDIDOS:

1. Calcular o custo unitário (k_e) da produção do período (P_e).
2. Registar em dispositivo "T" todo o movimento da conta de Fabricação.
3. Qual seria o custo unitário de P_1 se fosse possível a recuperação de 80% da matéria-prima incorporada na produção defeituosa?

EXERCÍCIO Nº 5 (Resolvido)

Informação de enquadramento

Uma unidade industrial de produção múltipla disjunta (P_1 e P_2) é constituída por um processo produtivo não segmentado com inerência de produção defeituosa.

Os produtos P_1 e P_2 são obtidos à custa da matéria M_1 incorporada no início do processo de fabrico sendo o consumo P_1, por unidade produzida, inferior ao de P_2 em 30%.

O custo de conversão (transformação) é incorporado linearmente ao longo de todo o processo de fabrico sendo o consumo de P_2, por unidade produzida, superior ao de P_1 em 10%.

Os produtos defeituosos são isolados no ponto 60% do processo e podem ser vendidos ao preço de € 15,00 por unidade de P_1 e € 30,00 por unidade de P_2. Os gastos de venda representam 20% daqueles preços.

A taxa normal de defeituosos é igual para ambos os produtos.

O custo dos stocks (inventários) deve ser atribuído pelo uso da fórmula FIFO.

Informação relativa a um determinado mês

Stocks (inventários) de produtos em curso de fabrico:

Iniciais:	P_1 – 6 000 UF com 20% de acabamento, no valor de € 252 000,00
	P_2 – 4 000 UF com 70% de acabamento, no valor de € 246 560,00
Finais:	P_1 – 2 000 UF com 50% de acabamento
	P_2 – 1 000 UF com 80% de acabamento

Produção transferida para armazém: P_1 – ? P_2 – 40 000 UF

Defeituosos isolados durante o mês: P_1 – 1 170 UF P_2 – 2 000 UF

Defeituosos anormais: P_2 – 150 UF

Taxa efectiva de defeituosos para P_1 em termos de M_1:   4,5%

Custos do mês: M_1 – € 3 481 140,00   CT – € 368 110,00

PEDIDOS:

1. Calcular o custo unitário (k_e) da produção do período (P_e).

CONTABILIDADE ANALÍTICA E DE GESTÃO

2. Proceder ao registo, em dispositivo "T", dos movimentos da conta de Fabricação apresentando todos os cálculos necessários.

EXERCÍCIO Nº 6

Informação de enquadramento

A empresa industrial CONTA, SA fabrica e comercializa os produtos P_1, P_2 e P_3 resultantes da produção realizada num processo de fabrico composto por dois segmentos denominados centros A e B.

Na sua unidade industrial a empresa adopta a técnica do custeio racional. Sabe-se também que os gastos de fabrico variáveis representam 125% dos gastos de fabrico fixos e que o custo dos stocks (inventários) deve ser atribuído pelo uso da fórmula FIFO.

No centro A é fabricada a pasta P com base na matéria M_1 incorporada neste centro. A matéria antes de ser triturada é misturada com água (na proporção de 0,5 litros para cada kg de M_1 incorporada). Após a trituração procede-se à separação de impurezas que constituem resíduos com um peso correspondente a 10% do peso da pasta P transferida para armazém.

Toda a produção é transferida para o armazém de pasta para posteriormente ser requisitada pelo centro B. Os GGF, são atribuídos com base em 56,25% do TDP. A produção programada é de 100 000 kg de P.

No centro B, com base na pasta P, são fabricados os produtos P_1, P_2 e P_3. A meio do processo de fabrico é efectuado o controlo de qualidade procedendo-se à separação de produção defeituosa da qual é recuperada, em 60%, a pasta nela contida. Os defeituosos são sempre transferidos pela totalidade, no final de cada mês, para o armazém de Pasta e incorporados na produção do mês seguinte. Imediatamente após a separação dos produtos defeituosos é incorporado 1 kg de matéria M_2 em cada unidade de produto, que ficam com os seguintes pesos finais:

$$P_1 - 2\,kg \qquad\qquad P_2 - 3\,kg \qquad\qquad P_3 - 4\,kg$$

As taxas normais de defeituosos são de 5% para P_1 e 6% para P_2 e para P_3.

O tempo de elaboração de P_1 é idêntico ao de P_3 e excede o de P_2 em 25%.

Os gastos gerais de fabrico (GGF) são atribuídos com base em 90% do trabalho directo de produção (TDP).

A produção programada é de 103 916 unidades de P_2 ou equivalente.

Informação relativa a um determinado período

Produtos em curso de fabrico (PCF)

Iniciais:	Centro A	P – 10 000 kg, prontos para entrega, no valor de € 51 000,00
	Centro B	P_1 – 18 000 UF com 10% de acabamento, no valor de € 90 000,00
Finais:	Centro B	P_1 – 9 000 UF com 20% de acabamento P_3 – 4 000 UF prontas para entrega em armazém

Stocks (inventários) iniciais em armazém:

M_1 – 20 000 kg no valor de € 49 500,00
P – 50 000 kg no valor de € 255 000,00
P_1 – 10 000 UF no valor de € 125 000,00

Produção transferida para armazém:

P – 115 000 kg P_1 – 40 000 UF P_2 – 15 000 UF P_3 – 16 000 UF

Produção defeituosa transferida para armazém:

P_1 – 2 000 kg P_2 – 4 000 kg P_3 – 3 000 kg

Compras de matérias:

M_1 – 70 000 kg a € 3,00/kg M_2 – 75 000 kg a € 1,00/kg

Trabalho directo de produção (TDP):

Centro A – € 200 000,00   Centro B – € 250 000,00

Preços de venda: P_1 – € 15,00/UF P_2 – € 25,00/UF P_3 – € 30,00/UF

Vendas: P_1 – 50 000 UF P_2 – 10 000 UF P_3 – 10 000 UF

Os gastos comerciais representam 10% do valor das vendas.

PEDIDOS:

1. Calcular o custo unitário (k_e) da produção do mês (P_e).
2. Apurar o resultado líquido das vendas do mês.
3. Registar em "T", em sistema duplo contabilístico (com abertura e encerramento) todos os movimentos do período.

CONTABILIDADE ANALÍTICA E DE GESTÃO

RESOLUÇÃO de alguns dos exercícios propostos para este capítulo

Resolução do exercício nº 1

Resposta ao pedido 1)

Cálculo da produção efectiva (Pe) de P1 e P2 no CB

Descrição		UF	P_1/P_2		CT	
			GA	UEA	GA	UEA
P_1	P_t	50 00	1	50 000	1	50 000
	S_f (PCF)	4 000	1	4 000	0,3	1 200
	P_e			54 000		51 200
P_2	P_t	60 000	1	60 000	1	60 000
	S_i (PCF)	5 000	1	(5 000)	0,6	(3 000)
	P_e			55 000		57 000

Cálculo da produção efectiva (P_e) de P_1 e P_2 no CA

Descrição		UF	M_1		M_2		CT	
			GA	UEA	GA	UEA	GA	UEA
P_1	P_t	54 000	1	54 000	1	54 000	1	54 000
	S_f (PCF)	6 000	1	6 000	1	6 000	0,5	3 000
	S_i (PCF)	2 000	1	60 000 (2 000)	0	60 000 -	0,2	57 000 (400)
	P_u			58 000		60 000		56 600
	D_e	3 000	1	3 000	1	3 000	1	3 000
	P_e			61 000		63 000		59 600
P_2	P_t	55 000	1	55 000	1	55 000	1	55 000
	S_f (PCF)	7 000	1	7 000	1	7 000	0,8	5 600
	S_i (PCF)	4 000	1	62 000 (4 000)	0	62 000 -	0,15	60 600 (600)
	P_u			58 000		62 000		60 000
	D_e	2 610	1	2 610	1	2 610		2 610
	P_e			60 610		64 610		62 610

Cálculo da taxa de defeituosos a considerar como sobrecarga da produção útil

Produtos	Factores	P_u	δ_n	D_n	D_e	D_a	δ_e	δ
	M_1	58 000	0,05	2 900	3 000	100	0,0517241	0,05
P_1	M_2	60 000	0,05	3 000	3 000	-	0,05	0,05
	CT	56 600	0,05	2 830	3 000	170	0,0530035	0,05
	M_1	58 000	0,05	2 900	2 610	-	0,045	0,045
P_2	M_2	62 000	0,05	3 100	2 610	-	0,0420967	0,0420967
	CT	60 000	0,05	3 000	2 610	-	0,0435	0,0435

Cálculo do custo da produção efectiva (P_e) do CA (€)

Descrição		P_e	CH	PH	K_t	k_e	$k_u = k_e (1 + \delta)$
	P_1	61 000	1	61 000	292 800,00	4,80	5,04
M_1	P_2	60 610	1,5	90 915	436 392,00	7,20	7,524
				151 915	729 192,00		
	P_1	63 000	1	63 000	100 800,00	1,60	1,68
M_2	P_2	64 610	1,5	96 915	155 064,00	2,40	2,501032
				159 915	255 864,00		
	P_1	59 600	1	59 600	143 040,00	2,40	2,52
CT	P_2	62 610	1,5	93 915	225 396,00	3,60	3,7566
				153 515	368 436,00		

Cálculo da produção efectiva (P_e) no CB

Descrição		UF	P_1/P_2		CT	
			GA	UEA	GA	UEA
	P_t	50 000	1	50 000	1	50 000
P_1	S_f (PCF)	4 000	1	4 000	0,3	1 200
	P_e			54 000		51 200
	P_t	60 000	1	60 000	1	60 000
P_2	S_i (PCF)	5 000	1	(5 000)	0,6	(3 000)
	P_e			55 000		57 000

Cálculo do custo da P_e, em termos de CT, do Centro B

Descrição	P_e	CH	PH	K_t	k_e
P_1	51 200	1	51 200	102 400,00	2,00
P_2	57 000	1,5	85 500	171 000,00	3,00
			136 700	273 400,00	

CONTABILIDADE ANALÍTICA E DE GESTÃO

Custo unitário (k_e) da produção efectiva (P_e) no mês (€)

Centro A			Centro B		
Factores	P_1	P_2	**Factores**	P_1	P_2
M_1	5,04	7,52	P_1	8,24	-
M_2	1,68	2,50	P_2	-	13,78
CT	2,52	3,76	CT	2,00	3,00
Total	8,24	13,78	Total	10,24	16,78

Resposta ao pedido 2)

Cálculo do custo da produção terminada (P_t) e do valor do S_f de P_1 e P_2 do CA (€)

P_1	Do S_i (PCF) – 2 000 UF	10 992,00 + 2 000 × 1,68 + 1 600 × 2,52 =	18 384,00
	Da P_e – 52 000 UF	52 000 × (5,04 + 1,68 + 2,52) =	480 480,00
		P_t – 54 000 UF	498 864,00
	S_f (PCF) – 6 000 UF	6 000 × (5,04 + 1,68) + 3 000 × 2,52 =	47 880,00
P_2	Do S_i (PCF) – 4 000 UF	32 312,00 + 4 000 × 2,501032 + 3 400 × 3,7566 =	55 088,57
	Da P_e – 51 000 UF	51 000 × (7,524 + 2,501032 + 3,7566) =	702 863,23
		P_t – 55 000 UF	757 951,80
	S_f (PCF) – 7 000 UF	7 000 × (7,524 + 2,501032) + 5 600 × 3,7566 =	91 212,20

Custo unitário da produção terminada de P_1 e P_2 no CA:

$$P_1: \quad k_e = \frac{€\,498\,864,00}{54\,000\;UF} = €\,9,2382(2) \qquad P_2: \quad k_e = \frac{€\,757\,951,80}{55\,000\;UF} = €\,13,780941$$

Cálculo do custo dos defeituosos anormais no produto P_1:

$$100 × 4,80 + 170 × 2,40 = 888,00$$

Fabricação CA (€)					
CR – S_i (PCF)			Fabricação CB		
P_1	10 992,00		P_1	498 864,00	
P_2	32 312,00	43 304,00	P_2	757 951,80	1 256 815,80
CR			CR – S_f (PCF)		
M_1	729 192,00		P_1	47 880,00	
M_2	255 864,00		P_2	91 212,20	139 092,20
CT	368 436,00	1 353 492,00	Resultados analíticos		888,00
		1 396 796,00			1 396 796,00

CR – Contas reflectidas (implícito o uso do sistema duplo contabilístico)

Cálculo do custo da produção terminada (P_t) no CB (€)

Descrição		P_1/P_2			CT			Custo total global
		UF	k_c	Custo total	UF	k_c	Custo total	
P_1	P_t (da P_e)	50 000	9,238(2)	461 911,10	50 000	2,00	100 000,00	561 911,10
	S_f (PCF)	4 000	9,238(2)	36 952,90	1 200	2,00	2 400,00	39 352,90
P_2	S_i (PCF)	5 000	-	-	3 000	-	-	77 680,00
	Acabar S_i	-	-	-	2 000	3,00	6 000,00	6 000,00
		5 000	-	-	5 000	-	-	83 680,00
	Da P_e	55 000	13,780941	757 951,80	55 000	3,00	165 000,00	922 951,80
	P_t	60 000	-	-	60 000	-	-	1 006 631,80

Fabricação CB (€)					
CR – S_i (PCF)		77 680,00	Produtos fabricados		
Fabricação CA			P_1	561 911,10	
P_1	498 864,00		P_2	1 006 631,80	1 568 542,90
P_2	757 951,80	1 256 815,80	CR – S_f (PCF)		39 352,90
CR – CT		273 400,00			
		1 607 895,80			1 607 895,80

CR – Contas de reflectidas (implícito o uso do sistema duplo contabilístico)

CONTABILIDADE ANALÍTICA E DE GESTÃO

Resolução do exercício nº 3

Resposta ao pedido 1)

Cálculo da produção efectiva (P_e) do período para P_1 e P_2

Descrição		UF	M		CT	
			GA	UEA	GA	UEA
P_1	P_t	25 000	1	25 000	1	25 000
	S_f (PCF)	10 000	1	10 000	0,4	4 000
	S_i (PCF)	15 000	1	35 000 (15 000)	0,6	29 000 (9 000)
	P_u			20 000		20 000
	D_e	1 400	1	1 400	0,75	1 050
	P_e			21 400		21 050
P_2	P_t	36 000	1	36 000	1	36 000
	S_f (PCF)	2 000	1	2 000	0,8	1 600
	S_i (PCF)	8 000	1	38 000 (8 000)	0,9	37 600 (7 200)
	P_u			30 000		30 400
	D_e	2 460	1	2 460	0,75	1 845
	P_e			32 460		32 245

Cálculo da taxa a aplicar como sobrecarga da produção útil

Produtos	Factores	P_u	δ_n	D_n	D_e	D_a	δ_e	δ
P_1	M	20 000	0,08	1 600	1 400	-	0,07	0,07
	CT	20 000	0,06	1 200	1 050	-	0,0525	0,0525
P_2	M	30 000	0,08	2 400	2 460	60	0,082	0,08
	CT	30 400	0,06	1 824	1 845	21	0,0606907	0,06

Cálculo do custo unitário da produção efectiva P_e em termos de M (€)

Descrição	P_e	CH	PH	K_t	k_e	$(k_e - v_d)$	$k_u = k_e + \delta (k_e - v_d)$
P_1	21 400	0,8	17 120	42 800,00	2,00	0,664	2,00+0,07×0,0664 = 2,04648
P_2	32 460	1	32 460	81 150,00	2,50	0,876	2,50+0,08×0,0876 = 2,57008
			49 580	123 950,00			

VRL de DP_1: $v_d = 1,67 \times 0,8 = 1,336$ VRL de DP_2: $v_d = 2,03 \times 0,8 = 1,624$

PROCESSOS PRODUTIVOS COM INERÊNCIA DE DEFEITUOSOS

Cálculo do custo unitário da produção efectiva P_e em termos de CT (€)

Descrição	P_e	CH	PH	K_t	k_e	$k_u = k_e (1 + \delta)$
P_1	21 050	1	21 050	10 525,00	0,50	0,50 (1 + 0,0525) = 0,52625
P_2	32 245	1,2	38 694	19 347,00	0,60	0,60 (1 + 0,06) = 0,636
			59 774	29 872,00		

Resposta ao pedido 2)

Cálculo do custo da produção terminada (P_t) e do valor do S_f de P_1 e P_2 (€)

P_1	Do S_i (PCF) – 15 000 UF	35 454,60 + 6 000 × 0,52625 =	38 612,10
	Da P_e – 10 000 UF	10 000 × (2,04648 + 0,52625) =	25 727,30
		P_t – 25 000 UF	64 339,40
	S_f (PCF) – 10 000 UF	10 000 × 2,04648 + 4 000 × 0,52625 =	22 569,80

P_2	Do S_i (PCF) – 8 000 UF	25 117,00 + 800 × 0,636 =	25 625,80
	Da P_e – 28 000 UF	28 000 × (2,57008 + 0,636) =	89 770,24
		P_t – 36 000 UF	115 396,04
	S_f (PCF) – 2 000 UF	2 000 × 2,57008 + 1 600 × 0,636 =	6 157,76

Custo dos defeituosos (€):	Custo dos defeituosos anormais – D_a (€):
P_1 (D_e): 1 400 × 1,67 × 0,8 = 1 870,40	P_2: 60 × 2,50 + 21 × 0,60 = 162,60
P_2 (D_n): 2 400 × 2,03 × 0,8 = 3 897,60	

Fabricação (€)					
CR – S_i (PCF)			Produtos fabricados		
P_1	35 454,60		P_1	64 339,40	
P_2	25 117,00	60 571,60	P_2	115 396,04	179 735,44
CR – MP		123 950,00	Subprodutos,... e refugos		
CR – CT		29 872,00	P_1	1 870,40	
			P_2	3 897,60	5 768,00
			Resultados analíticos (D_a)		162,60
			CR – S_f (PCF)		
			P_1	22 569,80	
			P_2	6 157,76	28 727,56
		214 393,60			214 393,60

CR – Contas reflectidas (implícito o uso sistema duplo contabilístico)

CONTABILIDADE ANALÍTICA E DE GESTÃO

Resolução do exercício nº 5

Resposta ao pedido 1)

Cálculo da produção efectiva (P_e) do período para P_1 e P_2

Descrição		UF	M_1		CT	
			GA	UEA	GA	UEA
P_1	P_t	30 000	1	30 000	1	30 000
	S_f(PCF)	2 000	1	2 000	0,5	1 000
				32 000		31 000
	S_i(PCF)	6 000	1	(6 000)	0,2	(1 200)
	P_u			26 000		29 800
	D_e	1 170	1	1 170	0,6	702
	P_e			27 170		30 502
P_2	P_t	40 000	1	40 000	1	40 000
	S_f(PCF)	1 000	1	1 000	0,8	800
				41 000		40 800
	S_i(PCF)	4 000	1	(4 000)	0,7	(2 800)
	P_u			37 000		38 000
	D_e	2 000	1	2 000	0,6	1 200
	P_e			39 000		39 200

Cálculo da P_u de P_1 em termos de M_1: $\delta_e = \dfrac{D_e}{P_u} \Leftrightarrow 0,045 = \dfrac{1170}{P_u} \Leftrightarrow P_u = 26\,000$ UF

Taxa de defeituosos a considerar como sobrecarga da P_u

Produtos	Factores	P_u	δ_n	D_n	D_e	D_a	δ_e	δ
P_1	M_1	26 000	0,05	1 300	1 170	-	0,045	0,045
	CT	29 800	0,03	894	702	-	0,023557	0,023557
P_2	M_1	37 000	0,05	1 850	2 000	150	0,054054	0,05
	CT	38 000	0,03	1 140	1 200	60	0,031579	0,03

Cálculo da taxa de defeituosos normais: $\delta_n = \dfrac{D_n}{P_u} = \dfrac{2\,000 - 150}{37\,000} = 0,05$

PROCESSOS PRODUTIVOS COM INERÊNCIA DE DEFEITUOSOS

Cálculo do custo unitário da produção efectiva P_e em termos de M_1 (€)

Descrição	P_e	CH	PH	K_t	k_e	$(k_e - v_d)$	$k_u = k_e + \delta (k_e - v_d)$
P_1	27 170	0,7	19 019	1 141 140,00	42,00	30,00	$42,00 + 0,045 \times 30,00 = 43,35$
P_2	39 000	1	39 000	2 340 000,00	60,00	36,00	$60,00 + 0,05 \times 36,00 = 61,80$
			58 019	3 481 140,00			

VRL de DP_1: $v_d = 15,00 \times 0,8 = 12,00$ VRL de DP_2: $v_d = 30,00 \times 0,8 = 24,00$

Cálculo do custo unitário da produção efectiva P_e em termos de custo conversão – CT (€)

Descrição	P_e	CH	PH	K_t	k_e	$k_u = k_e (1 + \delta)$
P_1	30 502	1	30 502	152 510,00	5,00	$5,00 \times (1 + 0,023557) = 5,117785$
P_2	39 200	1,1	43 120	215 600,00	5,50	$5,50 \times (1 + 0,03) = 5,665$
			73 622	368 110,00		

Resposta ao pedido 2)

Cálculo do custo da produção terminada (P_t) e do valor do S_f de P_1 e P_2 (€)

P_1	Do S_i (PCF) – 6 000 UF	$252\,000,00 + 4\,800 \times 5,117785 =$	276 565,40
	Da P_e – 24 000 UF	$24\,000 \times (43,35 + 5,117785) =$	1 163 226,80
		P_t – 30 000 UF	1 439 792,20
	S_f (PCF) – 2 000 UF	$2\,000 \times (43,35 + 0,5 \times 5,117785) =$	91 817,80

P_2	Do S_i (PCF) – 4 000 UF	$246\,560,00 + 1\,200 \times 5,665 =$	253 358,00
	Da P_e – 36 000 UF	$36\,000 \times (61,80 + 5,665) =$	2 428 740,00
		P_t – 40 000 UF	2 682 098,00
	S_f (PCF) – 1 000 UF	$1\,000 \times (61,80 + 0,8 \times 5,665) =$	66 332,00

Custo dos defeituosos normais – D_n (€):	Custo dos defeituosos anormais – D_a (€):
P_1: $1\,170 \times 15,00 \times 0,8 = 14\,040,00$	P_2: $150 \times 60,00 + 60 \times 5,50 = 9\,330,00$
P_2: $1\,850 \times 30,00 \times 0,8 = 44\,400,00$	

CONTABILIDADE ANALÍTICA E DE GESTÃO

Fabricação (€)			
CR – S_i (PCF)		Produtos fabricados	
P_1	252 000,00	P_1	1 439 792,20
P_2	246 560,00	P_2	2 682 098,00
CR – M_1	3 481 140,00	Refugos	
CR – CT	368 110,00	P_1	14 040,00
		P_2	44 400,00
		Resultados analíticos	
		$D_a (P_2)$	9.330,00
		CR – S_f (PCF) – P_1	91 817,80
		CR – S_f (PCF) – P_2	66 332,00
	4 347 810,00		4 347 810,00

CR – Contas reflectidas (implícito o sistema duplo contabilístico)

Capítulo XI
O tratamento dos custos de um processo produtivo conjunto

Nos dois capítulos anteriores estudou-se o modo como os custos, de matérias-primas, de trabalho directo de produção e de gastos gerais de fabrico aplicados, são acumulados e atribuídos a uma ordem de produção ou ao produto. O próprio regime de fabrico recomenda como deve ser acumulada a informação sobre custos usando o método indirecto (ou custos por processos) ou o método directo (ou custos por ordens de produção ou fabrico). Neste capítulo vai analisar-se de que modo a natureza do processo de fabrico determina o procedimento a utilizar para calcular o custo específico do produto.

Também já ficou claro que, quando se acumula os custos, seja por ordem de produção ou por processo de fabrico, o que basicamente ocorre é o cálculo dos custos de produção e a sua atribuição a um determinado objecto de custo. Logo, este é o momento de analisar as unidades industriais que fabricam vários produtos, a partir do mesmo recurso e do mesmo processo produtivo e de estudar como são acumulados e atribuídos os custos a cada um desses produtos (objecto de custo).

Quando da mesma acção produtiva, e do mesmo processo produtivo, resultam simultaneamente produtos com qualidade e características distintas, cuja obtenção isolada e independente é, umas vezes, física e quimicamente impossível e noutras economicamente incomportável em termos de custos, está-se perante uma situação de produção conjunta.

Se não é um imperativo físico ou químico mas uma conveniência económica, os objectivos podem ser (i) conseguir um aproveitamento eficiente das matérias, do trabalho e da capacidade de produção instalada; (ii) diversificar os produtos obtidos num mesmo processo produtivo; (iii) aumentar o volume potencial das vendas totais; e/ou, (iv) reduzir os custos de conversão (transformação – CT).

Da transformação de uma matéria-prima, através de um processo produtivo conjunto, resulta um grupo de produtos distintos, fabricados simultaneamente, que são designados *produtos conjuntos*. Por outro lado, os produtos conjuntos não se podem identificar, como unidades diferenciadas, antes de um determinado estado do ciclo de produção onde tem origem esse grupo de produtos. Todos os custos incorridos antes deste estado são chamados *custos dos produtos conjuntos* e repartem-se entre os diferentes produtos que compõem o grupo e cujo valor de venda é significativo. Este grupo caracteriza-se pelo facto de que nenhum dos produtos poder ser fabricado independentemente dos outros produtos do grupo que se apresentam em proporções diferentes.

Dado que a forma como os custos são acumulados e atribuídos é determinada pelo modo como o produto é fabricado (GRAY e RICKETTS, 1982)[1], antes de analisar o processo produtivo conjunto, convém especificar claramente as características da produção disjunta e da produção conjunta, e distinguir os custos conjuntos dos custos comuns.

Neste capítulo ainda serão estudados (i) os métodos de repartição dos custos conjuntos pelos diferentes produtos, (ii) a influência dessa repartição para a tomada de decisões e (iii) o tratamento contabilístico dos subprodutos.

11.1. Produção disjunta e produção conjunta

Importa distinguir claramente entre produção múltipla disjunta e produção múltipla conjunta.

No regime de produção múltipla disjunta, a fabricação de cada produto realiza-se independentemente da fabricação de qualquer dos demais. Por exemplo, uma empresa que fabrique paralelamente fogões, frigoríficos, máquinas de lavar roupa e louça e esquentadores «pode, pelo menos dentro de certos limites, alterar à vontade as quantidades relativas de cada um desses produtos, nenhuma razão de ordem técnica impede a empresa de reduzir ou suspender a fabricação de qualquer deles» (GONÇALVES da Silva, 1977)[2].

Neste regime de produção, a unidade industrial pode fabricar um produto sem ter a obrigatoriedade de fabricar outro qualquer porque as matérias consumidas se identificam com cada um dos produtos. Por exemplo, uma empresa

---

[1] GRAY, J. e RICKETTS, D., *Cost and Managerial Accounting*, McGraw-Hill International Edition, 1982, p.186.

[2] GONÇALVES DA SILVA, *Contabilidade Industrial*, 7ª Edição, Livraria Sá da Costa, Lisboa, 1977, p. 284.

de confecções pode produzir, durante determinado período, somente camisas de homem e não produzir uma única unidade de blusas de senhora. Por isso, nos processos de produção disjunta é possível estudar empiricamente a relação de causa e efeito entre cada um dos factores produtivos e os produtos obtidos.

Pelo contrário, no caso da produção múltipla conjunta a unidade industrial não fabrica apenas um produto. No aspecto técnico, existe produção conjunta sempre que a obtenção de um produto implica a obtenção simultânea de outro, ou outros, a partir da mesma matéria-prima.

No processo de produção conjunta, em diversas indústrias, conjuntamente com o produto que é o objecto do negócio principal da empresa, obtêm-se produtos de natureza secundária que, independentemente da vontade dos gestores surgem de forma obrigatória. Nos processos produtivos conjuntos a obtenção de um produto implica inevitavelmente a obtenção de um outro ou mais, todos resultantes da utilização de um único recurso e do mesmo processo produtivo (conforme já dito), de tal modo que, até ao momento da separação, que ocorre forçosamente neste regime de produção, os produtos não são identificáveis.

Embora seja uma problemática muito específica o tema da repartição, ou não, dos custos conjuntos é tratado pelos mais diversos autores de manuais publicados na área da Contabilidade de Gestão. Por exemplo, ao abordar esta temática, DRURY (2005)[3] afirma que «quando um grupo de produtos individuais é simultaneamente produzido, e cada produto tem um valor de venda significativo, os resultados (outputs) são usualmente designados por *produtos conjuntos* (joint products). Outros produtos que são parte do processo simultâneo de produção e têm um valor de venda reduzido, quando comparado com o do produto conjunto, são designados *subprodutos*».

No que aos custos conjuntos diz respeito, importa assinalar que este termo refere os custos suportados num processo de produção conjunta, antes da individualização dos produtos. O termo custo comum deve ser utilizado para todos os casos de produção múltipla, quer disjunta, quer conjunta.

Para os custos comuns, no caso da produção múltipla disjunta, é possível estabelecer uma relação de causa e efeito entre cada factor produtivo e os produtos obtidos, isto é, entre o consumo desse factor e a produção obtida, de modo que, o custo de cada factor pode ser repartido pelos diferentes produtos segundo critérios económicos.

Quanto aos custos conjuntos não é possível estabelecer uma relação de causa e efeito entre cada factor e cada um dos produtos obtidos, mas é apenas possível relacionar a totalidade dos custos conjuntos com a totalidade dos produtos

---

[3] DRURY, Colin, *Management and Cost Accounting*, 6th Edition, Thomson, 2005, Reprinted 2005, p. 198.

CONTABILIDADE ANALÍTICA E DE GESTÃO

conjuntos e, portanto, uma relação entre o custo conjunto e a totalidade dos múltiplos produtos obtidos.

A distinção reveste interesse, dado que o termo custo conjunto é mais restrito do que o termo custo comum. Na verdade, o custo conjunto é um custo comum, todavia, um custo comum pode não ser um custo conjunto.

Na perspectiva de HORNGREN *et al.* (2006) «custos conjuntos são os custos de um processo de produção a partir do qual se obtêm simultaneamente múltiplos produtos»[4].

11.2. Principais características da produção conjunta

Os produtos conjuntos (produto principal, co-produtos, subprodutos e resíduos) têm origem em situações onde a produção de um produto torna inevitável a produção de outros produtos. Portanto são o resultado de um processo produtivo[5] conjunto e representam a produção múltipla conjunta de uma unidade industrial.

A característica que melhor distingue o processo de produção conjunta é que os produtos não são identificáveis, como produção diferenciada, até que seja atingido um ponto específico do processo de fabrico.

A título de exemplo, apresenta-se como casos mais frequentes de produção múltipla conjunta: os produtos químicos, os produtos florestais, os produtos petrolíferos, a farinha, o cobre, a embalagem de carne, o curtimento de couro, a fabricação de sabão, as indústrias de conservas, a indústria petrolífera e as indústrias de tabaco.

Na perspectiva de GRAY e RICKETTS, 1982 «em qualquer processo produtivo conjunto, existe um ponto antes do qual não é possível identificar individualmente os múltiplos produtos, depois desse ponto os produtos são claramente distinguíveis individualmente» e «o ponto do processo produtivo a partir do qual os produtos são perfeitamente identificáveis designa-se por ponto de separação»[6].

---

[4] HORNGREN, C. e al., *Cost Accounting: A Managerial Emphasis*, 12th Edition, Pearson – Prentice Hall, Upper Saddle River, New Jersey, 2005, Copyright 2006, p. 566.

[5] Não esquecer que, «no caso particular das indústrias transformadoras se pode definir o processo produtivo como o conjunto das acções, de diversos agentes, a que as matérias-primas são sujeitas para a sua transformação em produtos», BAGANHA, M.D., "Processo Produtivo", Revista de Contabilidade e Comércio, VOL. LI, nº 203, SET.1994, p.341.

[6] GRAY, J. e RICKETTS, D., *Cost and Managerial Accounting*, McGraw-Hill International Editions, 1982, p.187, onde referem também: «na indústria de carnes tome-se como exemplo a sequência após o abate do animal (boi). Assim, este é desmanchado – ponto de separação – e obtêm-se diversos tipos de carne. Até ao ponto de separação os produtos não eram ainda perfeitamente identificáveis, passando a sê-lo depois da operação».

Antes deste ponto os custos conjuntos são suportados na fabricação de todos os produtos que emergem do processo produtivo conjunto e, portanto, não existe correspondência entre esses custos conjuntos com os produtos individualmente.

No esquema ilustra-se um processo produtivo conjunto simplificado:

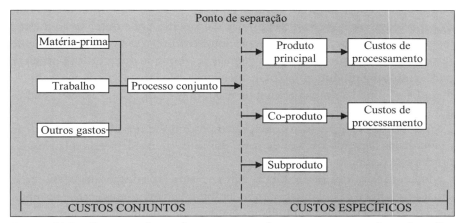

Figura 11.1. – Processo de produção para produtos conjuntos e subprodutos[7]

O critério para determinar o ponto de separação está relacionado com o momento em que os produtos passam a ser identificáveis e individualizados. Os custos incorridos antes do ponto de separação, como já referido, designam-se custos conjuntos. Convém então sublinhar de novo que os custos conjuntos são custos atribuídos a um processo produtivo que utiliza uma matéria-prima para obter, simultânea e inevitavelmente, dois ou mais produtos, não identificados como tal, até determinado momento do processo de produção.

Os múltiplos produtos, já individualizados, resultantes dum processo produtivo conjunto podem, após a separação, ser objecto de transformações adicionais. Os custos suportados no processamento, que se identificam perfeitamente com esses produtos, designam-se por custos específicos (custos separáveis, autónomos ou subsequentes).

No tema da produção conjunta é apropriado abordar e esclarecer as seguintes etapas: (i) como atribuir (repartir) os custos conjuntos a cada um dos produtos, resultantes de um processo conjunto, com objectivos de mensuração; (ii) que procedimentos adoptar na contabilização dos subprodutos; (iii) quais as

---

[7] *Baseado em*: DRURY, C., *Management and Cost Accounting*, 6th Edition, Thomson, 2004, Reprinted 2005, p.199.

CONTABILIDADE ANALÍTICA E DE GESTÃO

decisões de gestão que afectam os produtos conjuntos; (iv) finalmente, qual a relevância da repartição dos custos conjuntos para a tomada de decisão.

11.3. Distinção entre co-produtos e subprodutos

A importância que no plano da produção se atribui aos produtos obtidos conjuntamente, em geral, não é a mesma para todos eles. Com efeito, em consequência das operações a que as matérias-primas são sujeitas pode obter-se ao mesmo tempo, conforme os casos: (i) vários produtos vendíveis com valor relativamente semelhante (co-produtos); (ii) um ou mais produtos de diferente importância, por exemplo um produto principal e um ou mais produtos secundários (subprodutos); (iii) e ainda, simultaneamente, produto principal, co-produtos, subprodutos e resíduos.

A distinção entre produto principal, co-produtos, subprodutos e resíduos ou desperdícios depende em grande parte dos seus valores de venda relativos. Na prática esta distinção não é definitiva.

Também a distinção entre subprodutos e resíduos ou desperdícios, em certas situações, é difícil de delimitar porque, as diferenças existentes entre a terminologia teórica e a prática contabilística conduzem a confusão. Há empresas que consideram um bem como subproduto e outras que consideram esse mesmo bem como resíduo ou desperdício. Portanto, esta distinção não está determinada à partida.

De qualquer modo, os subprodutos têm um valor de venda relativamente superior ao dos resíduos ou desperdícios e, por vezes, é útil e, economicamente aceitável submeter a nova transformação os subprodutos, depois do ponto de separação, o que provoca custos adicionais de processamento (custos específicos). Enquanto os resíduos ou desperdícios são vendidos, frequentemente, por junto e não raras vezes é necessário pagar para serem removidos.

Sempre que de um processo produtivo conjunto resultar produtos secundários ou subprodutos, sem valor de venda ou, quando existe, é pouco significativo em comparação com o dos co-produtos, tal valor é deduzido ao custo do produto principal (caso exista) ou ao custo de todos os co-produtos. Este procedimento é defendido pela maioria dos autores e será tratado adiante.

Como exemplo ilustrativo do que se entende por múltiplos produtos ou produtos conjuntos, considere-se a refinação do petróleo bruto donde resultam a gasolina, o gasóleo, o querosene e outros produtos derivados. Os múltiplos produtos, ou produtos conjuntos, surgem naturalmente do processo de refinação. Embora os produtos resultem sempre, as proporções relativas de cada um dos múltiplos produtos podem, até certo ponto, ser controladas. Depois, os múltiplos produtos ou produtos conjuntos podem ser considerados, quer co-produtos, quer subprodutos, mas tal está dependente do seu valor de mercado relativo.

A diferenciação adequada dos distintos produtos resultantes de um processo conjunto é fundamental para proceder à repartição dos custos conjuntos. Esta diferenciação dos produtos pode fazer-se com base em vários critérios, o primeiro dos quais é a sua importância relativa no total das vendas. Outros critérios possíveis são: o objecto da empresa; a importância física relativa; e o seu carácter permanente ou eventual, mas na prática é dada preferência ao primeiro critério.

O critério da importância relativa no total das vendas tem a vantagem de ter presente o fim económico da empresa, isto é, os produtos que a empresa se propôs produzir para satisfazer necessidades. Em teoria, o critério do valor de venda relativo no ponto de separação é mais utilizado para repartir os custos conjuntos pelos produtos. Considerando este critério, alguns autores, por exemplo DRURY, (2005) e HORNGREN e al. (2006)[8], dividem os produtos resultantes desse processo em dois grupos:

1. Apreciável percentagem do valor das vendas para os produtos principais e/ou os co-produtos.
2. Baixa percentagem do valor das vendas para os subprodutos.

Quanto à classificação verifica-se que um produto resultante de um processo conjunto pode em determinada situação de oferta e de procura, ou seja, dependendo do seu valor relativo no mercado, ser considerado um produto principal e noutra ser um subproduto. Por outro lado, numa indústria um produto pode ser considerado um co-produto[9] e noutra um subproduto, por exemplo, na fabricação de derivados de cloro obtém-se a soda cáustica que é um subproduto, todavia na fabricação da soda cáustica o cloro é subproduto. Além disso, dependendo das condições da oferta e da procura um produto conjunto que foi sempre considerado um subproduto pode tornar-se um co-produto.

Os co-produtos (*joint products*) são produtos que têm um valor de venda relativamente próximo e não são identificáveis como produtos individuais até à separação. Convém referir que, quando de um processo produtivo conjunto se obtém os vários co-produtos e, um deles tem um valor de venda relativo bas-

---

[8] DRURY, C., *Management and Cost Accounting*, 6th Edition, Thomson UK, 2004, Reprinted 2005; GRAY, J. e RICKETTS, D., *Cost and Managerial Accounting*, McGraw-Hill International Editions, 1982; HORNGREN, C. e al., *Cost Accounting: A Managerial Emphasis*, 12th Edition, Pearson – Prentice Hall, Upper Saddle River, New Jersey, 2005, Copyright 2006.

[9] A noção de co-produto ou de produto principal assim como a de subproduto pode alterar-se porque em dado contexto a importância económica de cada um deles pode ser diferente (por exemplo o querosene já foi produto principal e actualmente é subproduto) e é a ideia de valor relativo que faz a distinção do conceito.

CONTABILIDADE ANALÍTICA E DE GESTÃO

tante elevado, e além disso é objecto principal do negócio da empresa, esse produto designa-se produto principal *(main product)*.

Por definição, os co-produtos têm igual importância económica, ou seja, são produtos com valores de venda aproximados, fabricados simultaneamente e obtidos da mesma matéria-prima. Por exemplo, a produção de leite e manteiga a partir do leite.

Os subprodutos *(by-products)* são produtos secundários de valor económico substancialmente inferior ao dos co-produtos, que resultam em consequência da produção conjunta e da utilização da mesma matéria-prima. Por exemplo, no caso da moagem do trigo, as farinhas são co-produtos e a sêmola é um subproduto.

Para alguns autores, no contexto da produção conjunta, não cabe o conceito de resíduo/desperdício *(waste)*. Embora os <u>desperdícios</u>, em certas situações, sejam fisicamente semelhantes aos resíduos, os materiais que se obtêm apresentam uma determinada <u>relação com a matéria inicial</u> (recursos) nos primeiros, enquanto os <u>resíduos</u> já têm transformações incorporadas e, por isso, estão mais <u>próximos do conceito de produto</u>.

Dada a diferença de designações atribuídas, aos produtos resultantes de um processo produtivo conjunto, quer no âmbito científico e/ou académico, quer na prática contabilística, e pela confusão gerada por esta desigualdade de entendimento, apresentam-se as percepções de alguns académicos:

GONÇALVES DA SILVA, 1977[10]	
1. Vários produtos vendíveis de valor não muito desigual (*co-produtos*);	Caso das indústrias em que o resultado da fabricação é constituído por dois ou mais produtos de diferente natureza (ou da mesma natureza e diferente qualidade) com diversos preços de venda. Na indústria do azulejo onde a produção é azulejos de 1ª e azulejos de 2ª. (*)
2. Um produto principal e um ou mais produtos acessórios (*subprodutos*);	A importância de um ou de alguns dos produtos conjuntamente obtidos é relativamente pequena. Na indústria de moagem a farinha é o produto principal as sêmeas o produto secundário.
3. Simultaneamente, produtos principais, subprodutos e *resíduos*.	A par de produtos propriamente ditos, aparecem <u>sobras</u> ou resíduos: soro nas queijarias, serradura nas serrações.

(*) O exemplo não cabe no conceito de produção conjunta.

---

[10] GONÇALVES DA SILVA, *Contabilidade Industrial*, 7ª Edição, Livraria Sá da Costa, Lisboa, 1977, p. 286.

O TRATAMENTO DOS CUSTOS DE UM PROCESSO PRODUTIVO CONJUNTO

Gray e RICKETTS, 1982[11]	
1. Produtos conjuntos (*joint products*)	Qualquer produto resultante de um processo de fabrico, donde resultam múltiplos produtos, que aumenta significativamente o valor total das vendas.
2. Subprodutos (*by-products*)	Qualquer produto resultante de um processo de fabrico que acrescenta um valor relativamente pequeno ao total das vendas. (*)

(*) Dada esta definição, para os autores, o subproduto tem sempre valor de venda.

HORNGREN e *al.*, 2006[12]	
1. Produto principal (*main product*)	«Quando de um processo produtivo conjunto resulta um produto com um valor de venda elevado quando comparado com o valor de venda dos outros produtos desse mesmo processo, tal produto designa-se produto principal.»
2. Produtos conjuntos (*joint products*)	«Quando de um processo produtivo conjunto resultam dois ou mais produtos com um valor de venda elevado quando comparado com o valor de venda de qualquer dos outros produtos do mesmo processo, tais produtos designam-se produtos conjuntos.»
3. Subprodutos (*by-products*)	«Os produtos, resultantes de um processo produtivo conjunto, com um valor de venda baixo quando comparado com o valor de venda do produto principal ou dos produtos conjuntos designam-se subprodutos.» (*)

(*) Dada esta definição, para os autores, o subproduto tem sempre valor de venda.

[11] GRAY, J. e RICKETTS, D., *Cost and Managerial Accounting*, McGraw-Hill, Inc., International Edition, 1982, p. 186.
[12] HORNGREN, C. e al., *Cost Accounting: A Managerial Emphasis*, 12th Edition, Pearson – Prentice Hall, Upper Saddle River, New Jersey, 2005, Copyright 2006, p.567.

DRURY, 2005[13].	
1. Produtos conjuntos (*joint products*) e subprodutos (*by-products*)	«Produtos conjuntos e subprodutos aparecem em situações em que a produção de um produto torna inevitável a produção de outro produto».
2. Produtos conjuntos (*joint products*)	«Quando um grupo de produtos individuais é simultaneamente produzido e cada produto tem um valor de venda relativo significativo os resultados (os produtos) são designados produtos conjuntos.»
3. Subprodutos (*by-products*)	«Aqueles produtos que são parte de um processo de produção simultânea e têm um valor de venda baixo quando comparado com os produtos conjuntos são designados subprodutos.»
4. Produtos conjuntos principais (*main joint products*)	«Como o seu nome implica, os subprodutos são aqueles produtos que resultam incidentalmente dos produtos conjuntos principais» **(1)**
5. Desperdícios[15] (*waste*)	«Desperdício é o termo usado para descrever material que não tem valor ou tem mesmo valor negativo se, para a sua eliminação, houver lugar a custos. Exemplos: gases, serradura, fumos e outros resíduos não vendíveis resultantes do processo industrial. O desperdício não apresenta problemas contabilísticos porque não tem valor de venda e, por isso, não é incluído na valorização dos stocks.» **(2)**
6. Refugos[16] (*scrap*)	«O refugo também surge como consequência de um processo produtivo conjunto, mas é distinto do subproduto no sentido de que se trata de sobras de matérias-primas, enquanto os subprodutos são diferentes do material que entra no processo de produção.» **(3)**

(1) Apenas nesta frase surge uma referência a produtos conjuntos principais. Ao longo do capítulo o autor refere-se apenas a produtos conjuntos (joint products) e a subprodutos (by-products).
(2) "Waste" é desperdício, porém, no conceito, os exemplos apresentados são resíduos.
(3) O refugo não cabe no conceito de produção conjunta. Por outro lado, o autor considera como refugo as sobras ou restos (leftover part) de matérias-primas que são de facto desperdícios.

[13] DRURY, C., *Management and Cost Accounting*, 6th Edition, Thomson, 2004, Reprinted 2005, p. 198 e 210.
[14] Dicionário de Inglês-Português, 3ª Edição, Porto Editora. E também: Michaelis Illustrated Dictionary, Vol. II, English Portuguese, Direction of Fritz Pietzschke and Franz Wimmer.
[15] Dicionário de Inglês-Português, 3ª Edição, Porto Editora. E também: Michaelis Illustrated Dictionary, Vol. II, English Portuguese, Direction of Fritz Pietzschke and Franz Wimmer.

Na prática, os termos "subproduto", "refugo", "resíduo" e "desperdício" são usados, às vezes, com o mesmo significado para referir as produções, resultantes de um processo conjunto, com pouco ou nenhum valor. Por isso, é importante apreender o conceito de cada um.

Os refugos não cabem no âmbito de um processo produtivo conjunto e, como tal, foram tratados no capítulo anterior dedicado ao processo de produção múltipla disjunta com inerência de produção defeituosa. As definições dos conceitos de co-produtos e de subprodutos foram anteriormente introduzidos neste capítulo.

Tradicionalmente o conceito de resíduo está ligado a produtos resultantes do processo conjunto que, por regra, têm valor de mercado nulo ou negativo, e consequentemente representam uma percentagem mínima, nula ou negativa do valor das vendas. No entanto, devem ser destacados os resíduos que, em determinadas actividades, têm uma importância relevante, como por exemplo, na indústria das oleaginosas, na refinação do petróleo bruto e na indústria do vinho. Por outro lado, o mesmo conceito tem implícita a ideia de que houve perdas que poderiam ser evitadas, ou seja, o consumo de recursos não foi totalmente aproveitado e por conseguinte o valor da produção (*output*) não corresponde aos factores (*inputs*) utilizados. Esta ideia permite concluir que os resíduos tanto podem surgir num processo conjunto como num processo disjunto, a diferença é que, no processo conjunto os resíduos são individualizados no ponto de separação, enquanto no processo disjunto pode haver lugar à formação de resíduos durante ou no fim do processo produtivo.

Actualmente existem actividades económicas que geram resíduos e refugos, como sucatas, que são utilizados como matéria-prima, em processos produtivos conjuntos, e envolvem elevados montantes financeiros. Como exemplo, salienta-se a reciclagem de pneus de cujo processo produtivo conjunto, resultam pneus novos e outros co-produtos, com valor de venda significativo, e também subprodutos e resíduos. Porém, não cabe no âmbito deste livro a apresentação de um caso de estudo sobre processos produtivos conjuntos.

Enfim, convém salientar que não existem regras absolutas para qualificar os diferentes tipos de produtos uma vez que a realidade é muito diversa, todavia, uma classificação correcta é possível, utilizando com equilíbrio os conceitos e os critérios expostos.

11.4. A determinação de custos de um processo produtivo conjunto

A definição de medidas internas e externas, com o propósito de determinar o resultado e avaliar os stocks (inventários), implica que o custo de produção seja apurado independentemente da sua relevância para a tomada de decisão.

Assim, para dar resposta às necessidades de informação externa e, principalmente, quando no fim do período existe produção não vendida em armazém é essencial efectuar a repartição dos custos conjuntos. Porém, num tal contexto, a repartição dos custos para valorizar correctamente a produção levanta dificuldades porque os critérios utilizados são arbitrários e raramente são satisfatórios.

Mesmo na produção uniforme, em que todos os custos respeitam a um único produto fabricado, os custos mensais são, de certo modo, arbitrários. Na produção múltipla disjunta, relativamente à produção uniforme, a arbitrariedade é ainda maior pois os custos indirectos de produção terão de ser repartidos pelos diferentes produtos. Os critérios de repartição devem respeitar as relações de causa e efeito mas estas nem sempre são fáceis de identificar e de apurar em termos de cálculo. Finalmente, no caso da produção conjunta, todos os custos até ao ponto de separação dizem respeito aos vários produtos obtidos que não são identificáveis até este ponto. Então, pode perguntar-se: qual a parte do custo conjunto que respeita a cada produto? Esta pergunta não tem resposta razoável. Logo, deve considerar-se que não existe uma identificação exacta entre os factores produtivos aplicados e os resultados obtidos dessa aplicação[16].

Pelo que acaba de expor-se, facilmente se compreende que o problema da produção conjunta é extremamente complexo. De facto, neste processo, as dificuldades a ultrapassar para calcular os custos agravam-se em relação aos casos de produção uniforme ou múltipla disjunta.

De um modo geral, e apesar da arbitrariedade da repartição dos custos conjuntos, existem algumas situações que requerem que tais custos sejam atribuídos aos produtos e serviços individualmente para cumprir objectivos, internos e externos, como:

1. Valorizar os stocks (inventários) e o custo dos produtos vendidos com o objectivo de informar a contabilidade financeira e para elaborar relatórios externos com base nos quais as autoridades fiscais determinam o imposto a pagar ao Estado;

2. Analisar, com base em relatórios internos, a rendibilidade das diferentes divisões da empresa que afectam o desempenho dos responsáveis, para determinar as compensações a atribuir;

3. Determinar o valor dos seguros dos produtos que são o objecto do negócio da empresa;

4. Calcular o custo do reembolso dos contratos de venda parcial da produção conjunta;

---

[16] GONÇALVES DA SILVA; *Contabilidade Industrial*, 7ª Edição, Depositário Livraria Sá da Costa, Lisboa, 1977, refere que: "ao certo apenas se conhece o custo total".

5. Estabelecer as taxas de ajustamento que justifiquem os preços praticados, quando um ou mais produtos, resultantes do processo conjunto, estão sujeitos a preços regulamentados;
6. Litigações nas quais os custos dos co-produtos são factores chave.

A repartição dos custos conjuntos, como questão estritamente contabilística, tem subjacentes preocupações como a valorização dos produtos em curso de fabrico e dos produtos fabricados, vendidos e não vendidos, para que as demonstrações financeiras apresentem características qualitativas, em particular que sejam fiáveis, fidedignas e neutras[17]. Por outro lado, quer os stocks (inventários) de produtos em curso de fabrico, quer os de produtos fabricados são Activos[18], logo estão relacionados com a mensuração da «posição financeira»[19].

A Norma Contabilística de Relato Financeiro (NCRF) nº 18, sobre o cálculo dos custos de um processo de produção conjunto, estabelece que «um processo de produção pode resultar na produção simultânea de mais de um produto. Este é o caso, por exemplo, quando sejam produzidos conjuntamente ou quando haja um produto principal e um subproduto. Quando os custos de conversão de cada produto não sejam separadamente identificáveis, eles são imputados entre os produtos por um critério racional e consistente. A imputação pode ser baseada, por exemplo, no valor relativo das vendas de cada produto, seja na fase do processo de produção quando os produtos se tornam separadamente identificáveis, seja no acabamento da produção. A maior parte dos subprodutos, pela sua natureza, são imateriais. Quando seja este o caso, eles são muitas vezes mensurados pelo valor realizável líquido e este valor é deduzido do custo do produto principal. Como consequência, a quantia escriturada do produto principal não é materialmente diferente do seu custo»[20].

Normalmente, os co-produtos são tratados numa perspectiva de produção, mas também o podem ser numa perspectiva de vendas. No primeiro caso, faz-se referência a custos conjuntos e no segundo a rendimentos (proveitos) conjuntos. Exemplo deste conceito é o caso das vendas de Office da Microsoft. Este pacote informático engloba vários produtos (Windows, Word, Excel, Access, etc.)

---

[17] Sistema de Normalização Contabilística (SNC), Estrutura conceptual, "Características qualitativas das demonstrações financeiras (parágrafos 24 a 46)", Aviso nº 15652/ 2009 de 7 de Setembro, DR nº 173, II Série, p. 36 229 a 36 230.

[18] SNC, Estrutura conceptual, "Activos (parágrafos 52 a 58)", Aviso nº 15652/ 2009 de 7 de Setembro, DR nº 173, II Série, § 53, p. 36 231.

[19] SNC, Estrutura conceptual, "Posição financeira (parágrafos 49 a 51)", Aviso nº 15652/ 2009 de 7 de Setembro, DR nº 173, II Série, § 49 (a), p. 36 230.

[20] SNC, NCRF18, "Inventários (parágrafos 12 a 14) – "Custos de conversão (§ 14)", Aviso nº 15655/2009 de 7 de Setembro, DR nº 173, II Série, p. 36 320.

cujo valor global é inferior à soma de todos os produtos que compõem o pacote. Se a empresa quiser conhecer o resultado por produto, Excel, Word, etc., terá de repartir os rendimentos (proveitos) conjuntos utilizando métodos idênticos aos da produção conjunta, dado o problema ser semelhante.

Concluindo verifica-se que a necessidade de valorizar os produtos em curso de fabrico e os produtos fabricados obriga a repartir os custos conjuntos. A valorização dos stocks (inventários) é portanto um objectivo meramente contabilístico para que as demonstrações cumpram os princípios contabilísticos geralmente aceites (PCGA).

11.5. A repartição dos custos conjuntos: principais métodos

O problema da repartição dos custos conjuntos é dos mais complexos que se apresentam em Contabilidade de Custos, não existindo soluções satisfatórias. Na verdade, trata-se de dividir e/ou repartir algo (custos conjuntos) que só existe como um todo e que é economicamente inseparável. Neste sentido, a repartição dos custos conjuntos é uma repartição artificial. Além do mais, podem verificar-se situações extremamente complicadas, como é o caso de pontos de separação múltiplos, obtenção de uma multiplicidade de produtos com quebras em diferentes pontos do processo produtivo.

Na decisão de atribuir custos aos objectos de custo são utilizados os critérios de causa e efeito e dos benefícios recebidos. Porém, no que respeita à repartição dos custos conjuntos não existe uma relação de causa e efeito com os produtos individualmente, porque do processo de fabrico resultam simultaneamente múltiplos produtos. Usando o critério dos benefícios recebidos, para decidir sobre a repartição dos custos conjuntos, a preferência recai no método baseado em valores do mercado (HORNGREN e *al.*, 2006)[21].

Qualquer que seja a situação de fabricação do produto conjunto, a repartição do custo conjunto não tem qualquer utilidade para a tomada de decisão de gestão. De facto, é uma inutilidade repartir tais custos com o objectivo de gerir ou controlar custos. A repartição dos custos conjuntos tem interesse para avaliar os stocks (inventários) e determinar o resultado. Assim, o contabilista de gestão decidirá sobre a atribuição dos custos aos diversos produtos individualmente, segundo o valor relativo desses mesmos produtos para gerar rendimentos.

A avaliação dos co-produtos é efectuada, normalmente, segundo dois métodos. Um dos métodos utiliza medidas físicas, o outro considera a capacidade dos produtos para suportarem custos e usa valores de venda. Este último método apresenta três variantes que serão apresentadas adiante neste capítulo.

---

[21] HORNGREN, C. e *al.*, *Cost Accounting: A Managerial Emphasis*, 12th Edition, Pearson – Prentice Hall, Upper Saddle River, New Jersey, 2005, Copyright 2006, p. 568.

Os métodos mais frequentes para repartir os custos conjuntos pelos produtos no ponto de separação são, segundo DRURY, 2005[22] 1) o método baseado em medidas físicas; 2) o método baseado no valor de venda relativo, dado que este método atribui os custos aos produtos conjuntos segundo a sua possibilidade de absorver os custos.

No âmbito deste estudo, e tendo presente as tendências teóricas dos métodos a utilizar para analisar as diferenças obtidas no apuramento dos resultados, são apresentados exemplos para aplicar os métodos:

1. Método baseado em unidades físicas
2. Método baseado em valores de mercado
    2.1. Método do valor de venda relativo no ponto de separação
    2.2. Método do valor realizável líquido (VRL) que apresenta duas variantes: a) VRL estimado no ponto de separação; e b) VRL com margem bruta relativa constante.

Uma outra opção passa por, não repartir os custos conjuntos (componente negativa dos resultados) e consequentemente utilizar como indicador os dados sobre o preço de venda no mercado para avaliar os stocks (inventários).

Para aplicar os métodos referidos anteriormente apresenta-se em esquema um processo conjunto e o respectivo valor a repartir:

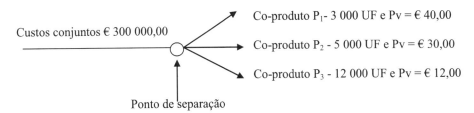

1. No <u>método das unidades físicas</u> a repartição dos custos conjuntos pelos co-produtos efectua-se proporcionalmente às quantidades obtidas de cada um deles.

---

[22] DRURY, C., *Management and Cost Accounting*, 6th Edition, Thomson, 2004, Reprinted 2005, p.198.

Repartição dos custos conjuntos aplicando o método das unidades físicas (UF):

Produtos	Unidades produzidas	Percentagem em relação ao total	Repartição dos custos conjuntos	Custo por unidade
P_1	3 000	15%	45 000,00	15,00
P_2	5 000	25%	75 000,00	15,00
P_3	12 000	60%	180 000,00	15,00
	20 000	100%	300 000,00	

Neste método verifica-se que o custo por unidade física é o mesmo para todos os produtos. Quando os preços de mercado dos produtos conjuntos são diferentes, o facto de se assumir que o custo por unidade de cada produto conjunto é igual, implica que alguns produtos apresentarão lucros elevados enquanto outros apresentarão perdas, donde se conclui que o cálculo dos resultados será falseado.

Apuramento dos resultados (assumindo que toda a produção foi vendida):

Descrição	P_1	P_2	P_3	TOTAL
Vendas	120 000,00	150 000,00	144 000,00	414 000,00
Custo total	45 000,00	75 000,00	180 000,00	300 000,00
Resultado Bruto	75 000,00	75 000,00	(36 000,00)	114 000,00
RB em % das vendas	62,5%	50%	(25%)	27,54%

Este método não tem em consideração a capacidade de cada produto para gerar lucros. O produto P_3 é sobrecarregado com uma parcela significativa dos custos conjuntos e apresenta um rendimento das vendas muito baixo, enquanto ao produto P_1 é atribuído um valor muito baixo de custos conjuntos quando a sua capacidade de gerar lucros é muito elevada. Logo, o método tem limitações importantes e a sua fraqueza ainda se torna mais evidente se existirem produtos em armazém no fim do período de referência.

Para evidenciar isto, admite-se que ficaram por vender 20% dos três produtos fabricados no período, ou seja:

P_1: 600 UF $\qquad$ P_2: 1 000 UF $\qquad$ P_3: 2 400 UF

Neste pressuposto apresenta-se a demonstração dos resultados:

Descrição	P_1	P_2	P_3	TOTAL
Vendas	96 000,00	120 000,00	115 200,00	331 200,00
Custo total	45 000,00	75 000,00	180 000,00	300 000,00
Valor do S_f	9 000,00	15 000,00	36 000,00	60 000,00
Custo das vendas	(36 000,00)	(60 000,00)	(144 000,00)	(240 000,00)
Resultado Bruto	60 000,00	60 000,00	(28 800,00)	91 200,00
RB em % das vendas	62,5%	50%	(25)%	27,54%

Parece pouco apropriado valorizar stock final do produto P_3 a um custo unitário superior (€ 15,00) ao seu valor de venda (€ 12,00) enquanto o produto P_1 e o produto P_2 estão subavaliados comparativamente com o seu valor de realização potencial.

Cálculo do custo das vendas:

P_1	P_2	P_3
3 000×0,8×40,00 = 96 000,00	5 000×0,8×30,00 = 120 000,00	12 000×0,8×12,00 = 115 200,00

Vantagens do método	Inconvenientes do método
a) Simplicidade; b) Não vulnerabilidade em relação a variações nos preços.	a) A unidade de medida física não é necessariamente a mesma em todos os casos. b) Não tem qualquer relação com a capacidade dos produtos em gerar lucros.

2. Nos <u>métodos baseados em valores de mercado</u> os custos conjuntos são repartidos usando dados sobre o preço de venda no mercado.

Nesta situação, começa por aplicar-se o <u>método do valor de venda relativo no ponto de separação</u> para repartir os custos e assume-se que toda a produção é vendida.

O <u>método do valor de venda</u> é teoricamente mais adequado, por ter em conta o princípio da capacidade dos produtos para suportar custos. Todavia, é necessário considerar o sector e a empresa. Admite-se que o produto cujo preço de venda é maior tem também um custo mais elevado.

Com base no método do valor de venda no ponto de separação tem-se:

Produtos	Produção expressa em valor de venda	Ponderação em % (a)	Repartição dos custos conjuntos
P_1	120 000,00	28,99	86 970,00
P_2	150 000,00	36,23	108 690,00
P_3	144 000,00	34,78	104 340,00
	414 000,00	100,00	300 000,00

(a) Proporção do valor das vendas de cada produto em relação às vendas totais.

Por outro lado, considerando os stocks (inventários) nulos, obtém-se os seguintes resultados:

Descrição	P_1	P_2	P_3	TOTAL
Vendas	120 000,00	150 000,00	144 000,00	414 000,00
Custo total (*)	86 970,00	108 690,00	104 340,00	300 000,00
Resultado Bruto	33 030,00	41 310,00	39 660,00	114 000,00
RB em % das vendas	27,5%	27,5%	27,5%	27,5%

(*) Assumindo que não há processamento adicional e consequentemente não há custos específicos.

Neste método os custos conjuntos são repartidos pelos co-produtos na proporção do valor das vendas, assumindo-se o pressuposto de que preços de venda mais altos correspondem a custos também mais elevados.

Vantagens do método	Inconvenientes do método
a) Relativa simplicidade; b) Repartição em função da capacidade de gerar lucros no ponto de separação.	a) Apenas pode ser utilizado quando os preços, no ponto de separação, são conhecidos ou podem ser calculados; b) Não considera a capacidade de gerar lucros dos produtos finais; c) Não antecipa decisões de gestão subsequentes ao ponto de separação.

Na perspectiva de HORNGREN e *al.* (2006) [23] o método que apresenta vantagens mais significativas, quando utilizado para repartir os custos conjuntos pelos produtos, é o do valor de venda relativo no ponto de separação, desde que esteja disponível informação sobre os preços de venda neste ponto.

Nos dois métodos anteriormente estudados partiu-se dos seguintes pressupostos: 1) todos os produtos são vendidos no ponto de separação; e 2) não são suportados custos adicionais ou específicos além do ponto de separação.

De facto, é provável que os co-produtos sejam, individualmente, sujeitos a processamento a seguir à separação e podem não existir valores de mercado para os produtos nesta fase. Neste caso, deve utilizar-se o método do valor realizável líquido (VRL). Este método tem duas variantes: VRL estimado e VRL com margem bruta constante.

Na primeira variante, do método do VRL estimado no ponto de separação, usa-se o valor estimado das vendas no ponto da venda e analisa-se, do ponto de venda para o ponto de separação, os custos específicos ou adicionais suportados. Ou seja, utiliza-se o valor das vendas no ponto da venda e abatem-se os custos

---

[23] HORNGREN, C. e *al.*, *Cost Accounting: A Managerial Emphasis*, 12th Edition, Pearson – Prentice Hall, Upper Saddle River, New Jersey, 2005, Copyright 2006, p.573.

específicos obtendo-se então o valor realizável líquido (VRL) estimado no ponto de separação.

A informação constante do exemplo adoptado na aplicação prática dos métodos de repartição dos custos conjuntos já estudados é insuficiente quando se pretende analisar o método do VRL estimado no ponto de separação. Por um lado, sendo indispensável utilizar o valor estimado das vendas no ponto da venda (após o processamento), é importante o conhecimento desta informação. Por outro, dado que os produtos resultantes de um processo conjunto serão submetidos a processamento adicional, é necessário também conhecer o montante dos custos suportados nesse processo. Estes custos, tratando-se de custos adicionais de processamento, são designados custos específicos.

Informação adicional (valores em €):

	P_1	P_2	P_3
Vendas finais	130 000,00	170 000,00	150 000,00
Custos específicos	10 000,00	30 000,00	10 000,00

Continua a admitir-se que a empresa fabrica três produtos, que são nulos os stocks (inventários) iniciais e que toda a produção é vendida.

Nestas condições o apuramento dos resultados é o seguinte:

Descrição	P_1	P_2	P_3	TOTAL
Vendas	130 000,00	170 000,00	150 000,00	450 000,00
Custos específicos	10 000,00	30 000,00	20 000,00	60 000,00
VRL no ponto de separação	120 000,00	140 000,00	130 000,00	390 000,00
VRL em % do total	30,77%	35,9%	33,(3)%	
Repartição dos custos conjuntos	92 310,00	107 690,00	100 000,00	300 000,00
Resultado Bruto	27 690,00	32 310,00	30 000,00	90 000,00
RB em % das vendas	21,3%	19%	20%	20%

Conclui-se então que, se os produtos forem processados após o ponto de separação e utilizando o método do valor realizável líquido para repartir os custos conjuntos, obtêm-se percentagens de lucro bruto diferentes de produto para produto.

Este método assegura que a valorização dos stocks (inventários) não excede o valor realizável líquido, mas pode ser criticado por se basear no pressuposto de que o rendimento das vendas determina os custos precedentes.

CONTABILIDADE ANALÍTICA E DE GESTÃO

Vantagens do método	Inconvenientes do método
a) Repartição dos custos conjuntos em função da capacidade para gerar lucros dos produtos finais. b) Aplicável mesmo no caso de desconhecimento dos preços de venda no ponto de separação.	a) Só pode ser utilizado quando são conhecidos os custos adicionais de processamento e os valores das vendas.

Na segunda variante, no método do VRL com margem bruta relativa constante, os custos conjuntos são repartidos de modo que a percentagem global seja idêntica para cada produto.

O procedimento a adoptar é o seguinte: 1) Calcula-se a margem bruta global; 2) Multiplica-se a margem bruta global pelo valor das vendas de cada produto conjunto; e 3) Deduzem-se os custos específicos dos custos totais que cada produto suportou obtendo-se a repartição dos custos conjuntos.

Nestas condições o apuramento dos resultados é o seguinte:

Descrição	P_1	P_2	P_3	TOTAL
Vendas	130 000,00	170 000,00	150 000,00	450 000,00
Resultado Bruto (20%)	26 000,00	34 000,00	30 000,00	90 000,00
Custo das vendas	104 000,00	136 000,00	120 000,00	360 000,00
Custos específicos	10 000,00	30 000,00	20 000,00	60 000,00
Custos conjuntos repartidos	94 000,00	106 000,00	100 000,00	300 000,00

Portanto, atribui-se a margem bruta de 20% a cada produto, deduzem-se os custos específicos e o saldo fornece os custos conjuntos.

O método da margem constante implicitamente assume que existe uma relação uniforme entre o custo e o valor das vendas, para cada um dos produtos. Contudo, um tal pressuposto é questionável uma vez que não se verificam margens brutas idênticas para cada produto em empresas de produção múltipla que não envolva custos conjuntos.

Vantagens do método	Inconvenientes do método
a) Aplicável mesmo no caso de desconhecimento dos preços de venda no ponto de separação.	a) Não tem em linha de conta que a margem de lucro constante normalmente não se verifica.

Por último, as empresas que têm processos conjuntos de produção podem optar por não repartir os custos conjuntos e valorizar os stocks (inventários) a preços de mercado. Portanto, tome-se um novo exemplo para a determinação dos resultados:

340

O TRATAMENTO DOS CUSTOS DE UM PROCESSO PRODUTIVO CONJUNTO

	P_1	P_2
Vendas em quantidade (UF)	8 000	4 000
S_f em quantidade (UF)	2 000	1 000
Preços de venda (€)	36,00	28,00
Custos específicos (€)	60 000,00	40 000,00
Custos conjuntos – € 300 000,00		

Nestas condições os resultados apurados constam do quadro seguinte:

Descrição	P_1	P_2	TOTAL
Vendas em valor	288 000,00	112 000,00	400 000,00
Valor do S_f (PF)	72 000,00	28 000,00	100 000,00
Valor da produção	360 000,00	140 000,00	(a) 500 000,00
Custos específicos	60 000,00	40 000,00	100 000,00
	300 000,00	100 000,00	(b) 400 000,00
Custos conjuntos não repartidos			300 000,00
Resultado bruto ou margem bruta			100 000,00

(a) Produção conjunta avaliada a preços de mercado no ponto de venda.

(b) Idem no ponto de separação

Cálculos adicionais:

	P_1	P_2
Valor das vendas	8 000 × 36,00 = 288 000,00	4 000 × 28,00 = 112 000,00
Valor do S_f (PF)	2 000 × 36,00 = 72 0000,00	1 000 × 28,00 = 28 000,00

Como não existe repartição dos custos conjuntos, apenas os custos específicos são considerados no custo das vendas. Os custos conjuntos são registados directamente em resultados. No fim do período, quando existem produtos fabricados, em armazém, utiliza-se a informação sobre os preços de venda no mercado para a sua valorização.

Ao analisar os critérios de selecção do método mais apropriado de repartição dos custos conjuntos, DRURY (2005, p.205)[24] considera que perante a impossibilidade de aplicar «o critério de causa e efeito», na medida em que não existe relação entre os produtos individualmente e os custos conjuntos, pois estes são causados por todos os produtos e não por um único produto, as repartições devem ser efectuadas com base no critério dos benefícios gerados. Por outro lado, quando não for possível medir os benefícios, os custos podem ser atribuídos ao produto com base nos princípios da justiça e da equidade.

---

[24] DRURY, C., *Management and Cost Accounting*, 6th Edition, Thomson, 2004, Reprinted 2005, p. 205.

CONTABILIDADE ANALÍTICA E DE GESTÃO

Deste modo, o método do valor das vendas no ponto de separação e o método do valor realizável líquido são os que melhor comprovam o critério dos benefícios gerados. O último tem ainda uma vantagem adicional que é a sua simplicidade se existir preço de venda no ponto de separação. Também é difícil estimar o valor realizável líquido em indústrias onde existem numerosos estádios de processamentos adicionais e múltiplos pontos de separação. Problemas, de medida, semelhantes podem acontecer com o método das unidades físicas. Em algumas indústrias não existe um denominador comum de medida física para cada produto. Por exemplo, o resultado de um processo conjunto pode consistir numa combinação de sólidos, líquidos e gases (DRURY, 2005, p.205)[25].

Todavia, convém ter presente que, na escolha do critério mais apropriado para repartir os custos conjuntos devem ser ponderados diversos factores, nomeadamente os objectivos dessa repartição. Por outro lado, a análise da relação valor/custo tem de ser considerada na decisão de repartir os custos conjuntos. Por isso, é unânime a posição de que não existe um método de aplicação universal.

Qualquer que seja a situação de fabricação dos produtos conjuntos, a repartição dos custos conjuntos não tem qualquer utilidade para a tomada de decisão de gestão. A única utilidade da repartição dos custos conjuntos é facilitar a avaliação dos stocks (inventários) e determinar o resultado do período.

No caso da produção conjunta, o processo produtivo existe como um todo indivisível. Ora, qualquer repartição dos custos conjuntos ignora esta realidade. Consequentemente, uma análise económica sobre custos ou rendibilidades efectuada a partir desta repartição artificial não tem qualquer interesse para a gestão pois nenhuma decisão tomada nesta base será exequível.

A decisão de incorrer em custos adicionais, após a separação dos produtos conjuntos, depende da relação entre o rendimento disponível (se existir) no ponto de separação e do rendimento marginal atingível para além desse ponto. Depois, a decisão de continuar a processar os produtos identificados no ponto de separação é independente dos custos conjuntos. Estes serão sempre suportados independentemente da forma como são repartidos. Logo, o montante de custos conjuntos imputado a cada um dos produtos é irrelevante para aquela decisão. Finalmente, na decisão de prosseguir o processamento dos produtos, com o objectivo de acrescentar (ou não) valor, deve estar subjacente a reflexão de que os proveitos adicionais terão de exceder os custos adicionais, e só neste caso o processamento deve ser realizado (excluem-se aqui razões de ordem comercial).

---

[25] DRURY, C., *Management and Cost Accounting*, 6th Edition, Thomson, 2004, Reprinted 2005, p. 205.

O TRATAMENTO DOS CUSTOS DE UM PROCESSO PRODUTIVO CONJUNTO

De acordo com um estudo empírico, referenciado por HORNGREN e al., 2003[26], na Europa, 46% das empresas petrolíferas procedem à repartição dos custos conjuntos. Das 46% que concretizam a repartição, 33% utilizam métodos baseados em valores de mercado, 50% aplicam o método das unidades físicas e 17% usam outros métodos.

Deste estudo conclui-se que o método das unidades físicas é o mais usado. Este método é aplicável sempre que os produtos se medem ou exprimem através de uma unidade física comum, ou é possível reduzir tais unidades físicas, através da utilização de factores de ponderação, a uma unidade equivalente.

Nos Estados Unidos da América (EUA), com o objectivo da preparação dos relatórios externos, o mesmo estudo empírico evidencia a escolha das refinarias relativamente aos métodos utilizados para repartir os custos conjuntos. O estudo mostra que os métodos mais utilizados são os baseados em valores de mercado, surgindo destacado o método do VRL com 46% e outros métodos com 20%. O método das unidades físicas, com 34% das preferências das refinarias, está distribuído do seguinte modo: medidas de volume 27%, medidas de massa 2% e outras medidas 5%[27].

De uma forma geral os autores citados [DRURY (2005) e HORNGREN e al. (2006)] destacam, para repartir os custos conjuntos, os métodos apresentados anteriormente. Contudo, nas primeiras edições do seu livro, por exemplo a 3ª Edição, HORNGREN apresentou outras alternativas aos métodos referidos na obra citada neste trabalho[28].

11.6. Os subprodutos: procedimentos a adoptar

Os subprodutos (Sp) resultam de um processo conjunto e apresentam um valor de venda relativamente baixo quando comparado com o valor de venda do produto principal, e emergem simultaneamente da produção dos co-produtos.

Conforme foi já referido a distinção entre os produtos conjuntos (co-produtos) e os subprodutos depende em grande parte dos seus valores de venda relativos.

Tendo presente o exposto, o procedimento a adoptar relativamente aos subprodutos, aliás defendido pelos autores citados neste texto, tem subjacente a pouca importância do seu valor. Logo, o custo dos subprodutos, normalmente

---

[26] HORNGREN, C. e al., *Cost Accounting: A Managerial Emphasis*, 12th Edition, Pearson – Prentice Hall, Upper Saddle River, New Jersey, 2005, Copyright 2006, p.575.

[27] HORNGREN, C. e al., *Cost Accounting: A Managerial Emphasis*, 12th Edition, Pearson – Prentice Hall, Upper Saddle River, New Jersey, 2005, Copyright 2006, p.575.

[28] HORNGREN, C. T., *Cost Accounting: A Managerial Emphasis*, 3th Edition, Prentice Hall, Inc., Englewood Cliffs, New Jersey, 1962, Copyright 1972.

determinado ao valor realizável líquido (VRL), é deduzido ao custo de todos os co-produtos ou do produto principal. Sempre que um subproduto não tem valor de venda, ou este é pouco significativo, abate-se o seu VRL ao custo dos produtos principais.

Como o objectivo principal de uma empresa é a fabricação de co-produtos, uma vez que estes são o objecto do seu negócio (produtos principais), pode justificadamente argumentar-se que os custos conjuntos deveriam ser atribuídos apenas aos co-produtos e que os subprodutos não devem suportar qualquer parcela dos custos conjuntos incorridos antes do ponto de separação. Esta argumentação está implícita no critério do lucro nulo.

Todavia, independentemente da decisão de atribuir uma parte dos custos conjuntos aos subprodutos, qualquer custo incorrido no processamento de um subproduto, depois do ponto de separação, deve ser-lhe atribuído desde que tal procedimento represente um benefício apenas para esse subproduto.

No entanto, a maioria dos autores defende que os proveitos dos subprodutos ou os proveitos líquidos (valor das vendas dos subprodutos abatidos dos custos adicionais de processamento) devem ser deduzidos ao custo dos produtos principais, dos quais emergem simultânea e não intencional. Neste procedimento está subjacente o critério do lucro nulo, habitual na valorização dos subprodutos.

Relativamente à contabilização procede-se do mesmo modo quer se trate de subprodutos, quer de desperdícios e resíduos. Para a avaliação e contabilização (reconhecimento) dos subprodutos existem dois métodos básicos. No primeiro os subprodutos são avaliados no momento da produção e no segundo no momento da venda. A escolha entre cada uma das alternativas deve reflectir circunstâncias de comercialização.

Avaliação no momento da produção (Método 1) Se os subprodutos são avaliados no momento da produção, o rendimento líquido das vendas, com base na produção real ou valor realizável líquido (VRL) do subproduto, é deduzido ao custo do produto principal no momento da produção.

Os subprodutos são avaliados pelo valor realizável líquido (VRL) acrescido dos custos específicos, ou seja, ao preço de venda, ficando implícita a aplicação do critério do lucro nulo. Por outro lado, o rendimento (proveito) do subproduto é registado como dedução ao custo da produção do produto principal.

Os subprodutos não vendidos são transferidos para o armazém e registados pelo valor realizável líquido estimado no ponto de separação acrescido dos custos específicos, uma vez que o rendimento (proveito) das vendas do subproduto é reconhecido no momento da produção. Assim, efectua-se a mensuração dos stocks (inventários) ao VRL.

Quando os subprodutos forem vendidos no período ou períodos contabilísticos seguintes será creditada a conta de "Subprodutos, desperdícios, resíduos e refugos". A contrapartida a utilizar dependerá sempre do sistema contabilístico adoptado pela empresa. Portanto, o rendimento ou proveito líquido é realizado no momento da produção e abatido ao custo do produto principal nesta fase e não no momento da venda.

Avaliação no momento da venda (Método 2) Se os subprodutos forem avaliados no momento da venda o rendimento líquido das vendas com base nas vendas reais ou no valor realizável líquido (VRL) do subproduto é deduzido ao custo do produto principal no momento da venda. Neste método, o rendimento (proveito) do subproduto é registado como um rendimento adicional do produto principal ou dos co-produtos.

Neste caso o rendimento líquido é determinado com base nas vendas reais do subproduto. Por outro lado, como o rendimento é reconhecido no momento da venda, os stocks (inventários) do subproduto são avaliados e registados pelo VRL acrescido dos custos específicos suportados depois do ponto de separação. O rendimento das unidades não vendidas será registado nos períodos contabilísticos futuros quando ocorrer a venda.

Exemplo de aplicação para analisar os procedimentos e comparar os resultados brutos quando o reconhecimento do subproduto ocorre, quer no momento da produção, quer no momento da venda:

Uma unidade industrial, através de um processo produtivo conjunto obtém, no período "N", o produto principal (P) e o subproduto (Sp). A separação ocorre no fim do processo produtivo.

Informação disponível para o período em causa:

Produção:	P – 20 000 UF	Sp – 4 000 UF
Vendas:	P – 15 000 UF	Sp – 2 000 UF
Preço de venda:	P – 30,00/UF	Sp – 6,00/UF
Custos conjuntos: € 360 000,00		
Custos de processamento do subproduto depois do ponto de separação: € 2 400,00		
Os stocks (inventários) iniciais são nulos		

CONTABILIDADE ANALÍTICA E DE GESTÃO

Métodos alternativos de reconhecer (avaliar e registar) os rendimentos do Sp (valores em €):

	Método 1 No momento da produção	Método 2 No momento da venda
Rendimentos das vendas:		
Produto P (15 000 × 30,00)	(a) 450 000,00	(a) 450 000,00
Subproduto S_p [2 000 × (6,00 – 0,60)]	-	(b) 10 800,00
Total dos rendimentos	450 000,00	460 800,00
Custo das vendas de P:		
Custos conjuntos de produção	360 000,00	360 000,00
Dedução do VRL do Sp	(c) (21 600,00)	-
Custo líquido de produção	338 400,00	360 000,00
Dedução do valor do S_f de P	(d) 84 600,00	(e) 90 000,00
	253 800,00	259 200,00
Resultado bruto	196 200,00	190 800,00
RB/Vendas em %	43,6%	41,4%

(a) Valor das vendas do produto P: 15 000×30,00 = € 450 000,00
(b) Rendimento líquido da venda de Sp (acrescido ao rendimento de P, no momento da venda):
    2 000 × 5,40 = € 10 800,00
(c) VRL do Sp no ponto de separação (redução ao custo de P, no momento da produção):
    4 000 × (6,00 – 0,60) = € 21 600,00
(d) Valor do S_f de P: 5 000 × 16,92 = € 84 600,00
(e) Valor do S_f de P: 5 000 × 18,00 = € 90 000,00
Cálculos: - Custo específico unitário do subproduto Sp – 2 400,00/4 000UF = € 0,60
          - Custo líquido unitário da produção de P – 338 400,00/20 000UF = € 16,92/UF
          - Custo líquido unitário da produção de P – 360 000,00/20 000UF = € 18,00/UF

Método 1 – Contabilização quando a avaliação/reconhecimento é no <u>momento da produção</u>:

Armazém de subprodutos	
1) 2 400,00	2) 1 200,00
3) 21 600,00	4) 10 800,00

Vendas de subprodutos	
2) 1 200 00	5) 12 000,00
4) 10 800,00	

Fabricação (Processo conjunto)	
8) 360 000,00	3) 21 600,00
	6) 338 400,00

Contas reflectidas[29]	
5) 12 000,00	1) 2 400,00
7) 450 000,00	8) 360 000,00

Produtos fabricados	
6) 338 400,00	9) 253 800,00

Vendas de produtos	
9) 253 800,00	7) 450 000,00

[29] Nestes exemplos optou-se pela utilização do sistema contabilístico designado "sistema dualista – duplo contabilístico".

O reconhecimento no <u>momento da produção</u> mostra que o valor do subproduto transferido para o armazém é registado ao VRL estimado no ponto de separação (€ 5,40/UF) acrescido do custo de produção específico, que lhe coube no processamento após a separação (€ 0,60/UF), o que confirma o critério do lucro nulo, ou seja, como norma é atribuído ao subproduto um custo igual ao seu valor de venda. Por outro lado, os subprodutos não vendidos são avaliados por € 12 000,00 (2 000 × 6,00), valor verificado pelo saldo da conta Armazém de subprodutos, que representa o valor do stock (inventário) final de 2 000 UF do subproduto Sp. Quando estes stocks (inventários) forem vendidos, em próximos períodos contabilísticos, será creditada por este valor a conta de Armazém de subprodutos.

O custo do produto principal é abatido do rendimento líquido das vendas (VRL) do subproduto, baseado na produção real (4 000 × 5,40 = € 21 600,00) sendo realizado no momento da produção e não no momento da venda. Este valor é creditado na conta de Fabricação (Processo conjunto) sendo abatido aos custos conjuntos. O saldo da conta de Produtos fabricados, no montante de € 84 600,00, representa o valor do stock (inventário) final de 5 000 UF do produto P.

Método 2 – Contabilização quando a avaliação/reconhecimento é <u>no momento da venda</u>:

Armazém de subprodutos			
1)	2 400,00	2)	1 200,00
3)	10 800,00	4)	10 800,00

Vendas de subprodutos			
2)	1 200 00	5)	12 000,00
4)	10 800,00		

Fabricação (Processo conjunto)	
7) 360 000,00	8) 360 000,00

Contas reflectidas			
5)	12 000,00	1)	2 400,00
9)	450 000,00	7) 360 000,00	

Produtos fabricados	
8) 360 000,00	3) 10 800,00
	6) 259 200,00

Vendas de produtos	
6) 259 200,00	9) 450 000,00

Neste método, o rendimento líquido é afectado com base nas vendas reais de 2 000 UF de Sp. Como foram vendidas apenas 2 000 UF de subproduto, apenas foi abatido ao produto principal o VRL correspondente a estas unidades (avaliação no momento da venda).

O saldo da conta de Produtos fabricados, no montante de € 90 000,00, representa o valor do inventário final de 5 000 UF do produto P.

CONTABILIDADE ANALÍTICA E DE GESTÃO

As unidades não vendidas (2 000 UF) são afectadas quando o subproduto for vendido nos períodos contabilísticos futuros. Como o rendimento (proveito) é reconhecido no momento da venda, os stocks (inventários) de Sp são registados depois do ponto de separação a € 0,60/UF, valor que corresponde aos custos específicos (€ 1 200,00) do subproduto (será apenas este valor o custo das vendas).

A conta de Armazém de subprodutos está saldada porque o valor do subproduto não vendido apenas será registado no momento da venda em períodos futuros.

Em síntese tem-se:

– O valor de transferência para Armazém de subprodutos é registado por € 2 400,00 (4 000 × € 0,60), ou seja, o custo incorrido depois do ponto de separação que lhe é atribuído;

– Quando o subproduto é vendido o seu custo na fase do processo conjunto é relacionado com as vendas;

– O valor da existência no Balanço (€ 1 200,00) será comparado com as vendas nos períodos futuros quando o subproduto for vendido.

Como foram vendidas apenas 2 000 UF de subproduto só foi abatido ao custo do produto principal o VRL (2 000 × 5,40 = € 10 800,00) correspondente a estas unidades (avaliação no momento da venda). Apenas são registados no Armazém de subprodutos os custos suportados após a separação.

Concluindo, se a venda do Sp no período "n+1" não for garantida (as 2 000 UF de Sp não vendidas no período "n") ou se os valores de mercado forem instáveis, então é apropriado diferir o rendimento líquido para quando as vendas ocorrerem efectivamente. Contudo, se as vendas futuras são certas e o preço de mercado é improvável que tenha oscilações é caso para reconhecer o rendimento líquido no momento da produção. Isto assegura que o custo unitário do produto principal é reduzido durante o período em que a produção ocorre.

A maior crítica do reconhecimento do rendimento líquido no momento da produção é que este procedimento conduz a um reconhecimento prematuro do rendimento (proveito), mas se os montantes envolvidos não são significativos este problema pode seguramente ser ignorado. Ora, por definição, os subprodutos têm um baixo valor de venda, logo o seu efeito nos rendimentos e, consequentemente nos resultados é quase insignificante.

Face a estas dificuldades o método eleito é provavelmente o que se baseia na comparação custo/benefício. Contudo, logo que seja escolhido um dado método ele deve ser mantido ao longo de diversos períodos para que as comparações dos rendimentos totais dos subprodutos sejam consistentes.

348

11.7. Os resíduos/desperdícios: procedimentos mais comuns

Os resíduos podem resultar, quer dos processos produtivos conjuntos, quer dos processos produtivos disjuntos. Nos processos conjuntos, conforme exposto anteriormente, os resíduos são materiais que provêm de forma simultânea e inevitável e têm normalmente um valor de venda próximo de zero, ou seja, os resíduos são sempre produtos de reduzido ou nenhum valor (escórias, aparas, etc.). Os resíduos inúteis têm mesmo rendimento negativo, quando a sua remoção e/ou a sua destruição (por exemplo, os ossos no abate de gado) obrigar a gastos suplementares para executar tais tarefas.

Os desperdícios resultam dos processos de fabrico e são formados por elementos de matérias-primas (retalhos de tecido, aparas de metal, etc.) ou por impurezas. Se os desperdícios são inutilizáveis e a sua remoção implica gastos, estes gastos são incorporados no custo da fabricação dos produtos terminados, através do custo do factor donde os desperdícios são originários. Se os desperdícios são reutilizados pela empresa o seu valor (preço de mercado ou preço prefixado) é abatido ao custo dos factores, e por conseguinte ao custo de produção, donde os desperdícios resultaram e acrescido ao custo da produção onde são reutilizados. Se são vendidos, o seu preço de venda é abatido ao custo da produção onde tiveram origem ou alternativamente pode ser considerado como um rendimento adicional.

Exemplo – Uma unidade industrial de produção uniforme utiliza para a fabricar o produto P uma matéria-prima (M) adquirida a € 2,50/kg. Quando a matéria M é submetida a uma operação de transformação resulta um desperdício de 20%, que é vendido a € 0,40/kg. Este valor é considerado para o cálculo do custo de M depois de transformada.

1. Admitindo que a matéria M transformada pesa 256 000 kg, determinar: a) O consumo efectivo de M em kg; b) O desperdício em kg e em valor; e c) O custo global e unitário de M depois de transformada; d) Se no período em causa a produção de P for de 51 200 UF, quantos kg de matéria M foram incorporados por unidade física de P?

CONTABILIDADE ANALÍTICA E DE GESTÃO

a) Consumo efectivo de M:	256 000 kg/0,8 = 320 000 kg
b) Desperdício de M em kg:	320 000kg × 0,2 = 64 000 kg
Valor do desperdício de M (€):	64 000 kg × 0,40 = 25 600,00
c) Custo de M depois de transformada: Total: 320 000 × €2,50 − € 25 600,00 = € 774 400,00	Unitário: $\dfrac{€\ 774\ 400,00}{256\ 000kg} = €\ 3,025$
Consumo de M por unidade de produto P:	$\dfrac{256\ 000\ kg}{51\ 200} = 5\ kg/UF$

2. Determine o custo global e unitário de M transformada para cada uma das alternativas seguintes: a) O valor do desperdício não entra na formação do custo de M. b) O desperdício não tem valor comercial e, para ser removido, obriga a empresa a suportar custos adicionais de € 0,25/kg.

a) Custo de M depois de transformada: Total: 320 000 × €2,50 = € 800 000,00;	Unitário: $\dfrac{€\ 800\ 000,00}{256\ 000\ kg} = €\ 3,125$

b) Custo de M depois de transformada: Total: 800 000,00 + 64 000 × 0,25 = € 816 000,00;	Unitário: $\dfrac{€\ 816\ 000,00}{256\ 000\ kg} = €3,1875$

Quando os resíduos ou desperdícios têm pouco valor, utilizados na própria unidade industrial, é habitual proceder como se não existissem. No caso de serem vendidos avaliam-se segundo o critério da subtracção e o rendimento da venda é abatido ao custo dos produtos.

Sempre que os desperdícios não têm valor de venda, ou a empresa não entra com esse valor para a formação do custo de produção, e também não implicam custos de remoção o factor, donde provêm esses desperdícios, suporta todo o seu custo.

EXERCÍCIOS DE APLICAÇÃO (O tratamento dos custos num processo produtivo conjunto)

EXERCÍCIO Nº 1

Informação de enquadramento

Uma unidade industrial de produção múltipla, em processo divergente que integra três segmentos (centro A, centro B e centro C), fabrica os produtos P_1 e P_2.

No centro A, em regime de produção conjunta, são fabricados dois semielaborados (SL_1 e SL_2)

No centro B têm lugar as operações de transformação do SL_1 no produto final P_1.

No centro C têm lugar as operações de transformação do SL_2 no produto final P_2.

Toda a produção de semielaborados (SL_1 e SL_2) e de produtos finais (P_1 e P_2) é medida em toneladas.

Especificações técnicas da produção:

– Na incorporação das matérias-primas no centro A e dos semielaborados nos centros B e C há lugar a quebras de 20%.

– As matérias-primas e os semielaborados são incorporados no ponto inicial do processo dos respectivos centros.

– Combinação normal dos semielaborados no centro A: o SL_1 representa o dobro do SL_2.

Informação relativa a um determinado período

Consumo de matérias-primas: 46 875 toneladas

Stocks (inventários) finais de produtos fabricados (em toneladas): $P_1 - 4\,000$ $P_2 - 2\,000$

Custos do período (valores em €):

– Custos da produção conjunta (matérias + CT):	2 250 000,00
– Custos específicos da transformação de SL_1 em P_1:	600 000,00
– Custos específicos da transformação de SL_2 em P_2:	400 000,00

Os preços correntes no mercado, para a produção da empresa, são os seguintes (em €):

$SL_1 - 55,00$ $SL_2 - 90,00$ $P_1 - 180,00$ $P_2 - 140,00$

PEDIDOS:

1. Calcular as produções terminadas em ambos os centros.
2. Determinar as margens brutas totais e por produtos e o valor dos stocks (inventários) finais.

EXERCÍCIO Nº 2 (Resolvido)

Informação de enquadramento

Uma unidade industrial de produção múltipla, parcialmente conjunta, é constituída por um processo produtivo segmentado (centros principais A, B e C).

No centro A, através da incorporação no início do processo de fabrico da matéria-prima básica M_1, é obtido um semielaborado (SL) e um subproduto (Sp) em processo de produção conjunta. O ponto de separação ocorre no termo do processo neste centro. A quinta parte da produção, com características de subproduto, é transferida imediatamente para o Armazém. A restante produção constitui o semielaborado (SL) que será transferido para os outros centros.

No centro B têm lugar as operações de transformação de 1/3 do SL, transferido do CA, no produto final P_1. O processamento de P_1 neste centro resulta num ganho de peso de 50% relativamente à produção transferida do centro anterior, devido a adição de água no início do respectivo processo parcial.

No centro C ocorrem as operações de transformação de 2/3 do SL, transferido do CA, no produto final P_2. No ponto correspondente a 60% do processo é incorporada também a matéria M_2, na relação de 1 kg desta matéria para cada kg de SL deste centro.

A empresa considera o valor das vendas do subproduto, depois de uma dedução de € 0,125/kg para gastos não industriais, como uma redução do custo dos dois produtos principais (P_1 e P_2).

O custo dos stocks (inventários) deve ser atribuído pelo uso da fórmula FIFO.

O TRATAMENTO DOS CUSTOS DE UM PROCESSO PRODUTIVO CONJUNTO

Informação relativa a um determinado período

Consumos/custos do período:

Custos da produção conjunta (M_1 e custos de conversão)		€ 869 400,00
Custos específicos de conversão (transformação) de SL em P_1		€ 71 000,00
Custos específicos de conversão (transformação) de SL em P_2		€ 152 320,00
Matérias consumidas:	O consumo de M_1 no período foi de 72 000 kg M_2: ? a € 5,00/kg	
Os custos não industriais estão orçados em 25% das vendas		

Produtos em curso de fabrico (todas as UF estão com um grau de acabamento de 50%):

Iniciais		Finais	
Centro B:	3 200 kg no valor de € 35 200,00	Centro B:	4 000 kg
Centro C:	800 kg no valor de € 13 320,00	Centro C:	1 440 kg

Stocks (inventários) de produtos fabricados:

Iniciais	Finais
P_1 – 1 200 kg no valor de € 14 640,00 P_2 – 4 800 kg no valor de € 56 400,00	P_1 – 2 200 kg

Preços de venda (por kg): P_1 – € 17,50 P_2 – € 17,00   Sp – € 0,50

PEDIDO:

1. Calcular o custo unitário (k_e) da produção do período (P_e).
2. Registar, em dispositivo "T", todas as operações efectuadas explicitando os cálculos necessários.

EXERCÍCIO Nº 3

Informação de enquadramento

Uma unidade industrial, em regime de fabricação por fases e através de três centros principais, fabrica dois produtos distintos, P_1 e P_2, utilizando três matérias-primas, M_1, M_2 e M_3.

No centro A, as matérias-primas são previamente submetidas a uma operação de depuração de impurezas, de que resultam quebras de 5% e 20% respectivamente para M_1 e M_2. De seguida, ambas as matérias são misturadas entre si e com água (quadro abaixo) de forma a constituírem dois semielaborados (SL_1 e SL_2):

	M_1 (kg)	M_2 (kg)	Água (kg)
SL_1	1	2	2
SL_2	3	4	3

No centro B, ambos os semielaborados são tratados sob elevada temperatura, resultando dessa operação uma perda de peso de 10%.

No centro C são obtidos os dois produtos inicialmente constituídos da seguinte forma:

	P_1	P_2
SL_1 (kg)	2	3
SL_2 (kg)	4	7

O fabrico de P_2 demora mais 20% do que o fabrico de P_1.

Neste centro, quando os produtos atingem 35% e 45% de laboração, verifica-se a formação de dois subprodutos – Sp_1 resultante de SL_1 e Sp_2 resultante de SL_2. Os subprodutos correspondem a 20% da quantidade de semielaborados incorporada nos produtos sendo, respectivamente, vendidos a € 6,875 e € 8,125 por kg. Na determinação do custo dos subprodutos a empresa adopta o valor realizável líquido.

Imediatamente após a separação dos subprodutos é incorporada no processo de fabrico a matéria-prima M_3, adquirida a € 5,00/kg, do seguinte modo: 1 kg por unidade de P_1 e 3 kg por unidade de P_2.

Os gastos comerciais estão orçados em 20% do valor das vendas e os gastos gerais de fabrico são imputados, à taxa de 25%, proporcionalmente ao trabalho directo de produção.

O custo dos stocks (inventários) deve ser atribuído pelo uso da fórmula FIFO.

Informação relativa a um determinado período

Para os produtos P_1 e P_2 foi constituída a quantidade máxima que os semielaborados provenientes do centro B permitiram.

O TRATAMENTO DOS CUSTOS DE UM PROCESSO PRODUTIVO CONJUNTO

Produtos em curso de fabrico (PCF):

Centro C	Iniciais	P_1 – 4 000 UF com 25% de acabamento, no valor de € 292 400,00
	Finais	P_1 – 6 000 UF com 50% de acabamento
		P_2 – 10 000 UF com 30% de acabamento
		SL_2 – Uma certa quantidade não utilizada

Stocks (inventários) no armazém de produtos fabricados:

Iniciais	P_1 – 7 000 UF, no valor de € 514 500,00
	P_2 – 11 000 UF, no valor de € 1 408 000,00
Finais	A quantidade não vendida pelo facto de não formarem embalagens completas

Consumos/custos do mês:

Matérias:	M_1 – 200 000 kg a € 8,55/kg		M_2 – 350 000 kg a € 14,40/kg
TDP (€):	CA – 504 000,00	CB – 252 000,00	CC – 159 840,00

Produção transferida para o armazém: 13 000 UF de P_1 e quantidade a determinar de P_2.

Os produtos são vendidos em embalagens conjuntas e cada embalagem contém sempre 1 UF de P_1 e 3 UF de P_2.

Preço de venda: P_1 – 105,00/UF P_2 – 185,00/UF

PEDIDOS:

1. Calcular o custo unitário (k_e) da produção do período (P_e).
2. Registar em dispositivo "T", os movimentos do mês, nas contas de Fabricação.
3. Apurar o resultado líquido do mês, discriminado por produtos.
4. Registar em dispositivo "T", os restantes movimentos incluindo o apuramento do resultado.

EXERCÍCIO Nº 4

Informação de enquadramento

Uma unidade industrial de produção múltipla (P_1, P_2 e P_3) possui um processo produtivo segmentado, parcialmente conjunto, que integra três centros de produção principais (A, B e C) a seguir descritos:

Centro A: A matéria-prima M_1 é submetida a uma operação de limpeza que lhe provoca uma quebra de 10%. O resíduo obtido é vendido a € 0,25/kg mas este valor não é considerado na formação do custo de produção.

Centro B: A matéria transferida do centro anterior é imediatamente misturada com uma outra matéria, designada M_2 e adquirida a € 4,00/kg, e com água, donde resultam duas pastas (SL_1 e SL_2) com a seguinte composição:

	M_1	M_2	Água
SL_1	1,8kg	0,2kg	0,5kg
SL_2	1,2kg	0,3kg	0,5kg

Centro C: Neste centro são fabricados três produtos principais, cuja elaboração é de: 10 minutos para P_1, 20 minutos para P_2 e 25 minutos para P_3 que têm os seguintes pesos finais (em kg):

	P_1	P_2	P_3
SL_1	1,5	-	0,75
SL_2	-	2,4	0,8

Neste centro, a 40% (ponto de separação) do processo produtivo são retirados os seguintes subprodutos:

– Sp_1 correspondente a 25% da quantidade de SL_1 incorporada nos produtos, vendido a € 0,93/kg.
– Sp_2 correspondente a 20% do consumo de SL_2, vendido a € 1,00/kg.

Os custos não industriais estão orçados em 20% dos preços de venda e os GGF são imputados ao custo dos produtos a uma taxa de 35% sobre o trabalho directo de produção.

O custo dos stocks (inventários) deve ser atribuído pelo uso da fórmula FIFO.

Informação relativa às operações de determinado mês

Stocks (inventários) no armazém de produtos fabricados:

Iniciais	P_1 – 20 000 UF no valor de € 41 200,00
	P_2 – 16 000 UF no valor de € 53 920,00
Finais	P_1 – 30 000 UF
	P_2 – 6 000 UF
	P_3 – 20 000 UF

Produtos em curso de fabrico – Centro C:

Iniciais	Finais
P_1 – 20 000 UF no ponto 60%, € 39 240,00	P_2 – 4 000 UF com 50% de acabamento

Produção armazenada: 60 000 UF de P_3 e quantidades a determinar de P_1 e P_2.

Consumos/custos do mês:

Matérias-primas:	M_1 – 200 000 kg no valor de € 135 000,00		M_2 – 30 000 kg	

		Centro A	Centro B	Centro C
TDP		€ 20 000,00	€ 40 000,00	€ 47 800,00

Preços de venda: P_1 – € 5,50/UF P_2 – € 8,50/UF P_3 – € 6,50/UF

PEDIDOS:

1. Calcular os custos unitários (k_e) da produção do mês (P_e).
2. Efectuar os registos contabilísticos, em dispositivo "T", nas contas de Fabricação.
3. Apurar o resultado líquido do mês, discriminado por produtos.
4. Registar, em dispositivo "T", o restante movimento do período, incluindo o apuramento do resultado.

EXERCÍCIO Nº 5 (Resolvido)

Informação de enquadramento

Uma unidade industrial de produção múltipla produz, através de um processo de fabrico segmentado, sucessivamente nos centros A e B os produtos P_1, P_2 e P_3.

CONTABILIDADE ANALÍTICA E DE GESTÃO

No Centro A são incorporadas as matérias-primas M_1 e M_2 no início do processo produtivo, adquiridas, respectivamente, a € 1,80 e € 1,44. Após uma operação de limpeza, que resulta numa quebra de 10%, é imediatamente adicionada água em volume igual ao peso das matérias-primas após a quebra, dando lugar aos semielaborados SL_1 e SL_2.

No Centro B são fabricados os produtos P_1, P_2 e P_3, à custa dos semielaborados transferidos do centro A, aos quais se acrescenta a matéria-prima M_3 que é incorporada a 25% do termo do processo produtivo.

Neste centro há lugar à separação de desperdícios nas seguintes condições:

– No ponto 20% é separado 20% do peso de SL_1
– No ponto 40% é separado 10% do peso de SL_2

Estes desperdícios são vendidos a € 0,50/kg.

No Centro C é efectuada uma operação de transformação da matéria M_3, adquirida a € 1,448/kg, donde resulta um desperdício de 30%, que é vendido a € 0,20/kg, contando-se com este valor para o cálculo do custo de M_3, depois de transformada. Esta matéria é transferida para Centro B.

Composição em termos de pesos finais (em kg):

	M_1	M_2	P_1	P_2	P_3
SL_1	3	3	6,4	3,2	4,8
SL_2	4	16	9	7,2	-
M_3	-	-	1	4	3

	P_1	P_2	P_3
Tempos de trabalho (minutos):	10	20	30

O custo dos stocks (inventários) deve ser atribuído pelo uso da fórmula FIFO.

Informação relativa a um determinado mês

Produtos em curso de fabrico (PCF):

Iniciais	P_1 – 5 000 UF com 30% de acabamento no valor de € 100 000,00
	P_3 – 10 000 UF com 50% de acabamento no valor de € 80 000,00
Finais	P_1 – 5 000 UF com 80% de acabamento
	P_2 – 5 000 UF com 10% de acabamento
	SL_1 – 5 000 UF prontas para entrega ao Centro B

Outra informação:

Produção terminada:

P_1 – 10 000 UF P_2 – 20 000 UF P_3 – ? M_3 – 140 000 kg

Custos de conversão (CT):   CA – €54 150,00   CB – € 83 500,00   CC – € 28 000,00

Gastos de distribuição orçados em 20% do preço de venda.

Preços de venda (€): P_1 – 27,00 P_2 – 28,00 P_3 – 20,00

PEDIDOS:

1. Calcular os custos unitários (k_e) da produção do mês (P_e).
2. Registar, em dispositivo "T", todo o movimento do período.
3. Explicar, em termos de apuramento do resultado, as implicações da adopção de critérios alternativos no tratamento contabilístico do valor de recuperação dos desperdícios do Centro B.

RESOLUÇÃO de alguns dos exercícios propostos para este capítulo

Resolução do exercício nº 2

Cálculos relativos ao Centro A:

Incorporação de M_1 neste centro para fabricar SL e Sp – 72 000 kg.

Produção efectiva (P_e) de SL – 57 600 kg (quatro quintos de 72 000 kg) transferida para o centro B (um terço) e para o centro C (dois terços).

Diferença para Sp – 72 000 kg – 57 600 kg = 14 400 kg (um quinto da produção).

$$\text{Custo unitário da } P_e \text{ de SL} \rightarrow k_e = \frac{€\,869\,400,00 - 14\,400\,kg \times (0,50 - 0,125)}{57\,600\,kg} = €\,15,00/kg$$

O valor realizável líquido (VRL) do subproduto
[14 400 kg × (0,50 – 0,125) = € 5 400,00] foi abatido ao custo do SL.

Custo monetário do SL transferido:
– Para o CB – 19 200 kg × 15,00 = 288 000,00
– Para o CC – 38 400 kg × 15,00 = 576 000,00

CONTABILIDADE ANALÍTICA E DE GESTÃO

Fabricação CA			
CR		Fabricação CB	288 000,00
M_1 + CT	869 400,00	Fabricação CC	576 000,00
		Subprodutos	5 400,00
	869 400,00		869 400,00

CR – Contas reflectidas (implícito o uso sistema duplo contabilístico)

Armazém de subprodutos			
Fabricação CA	5 400,00	Vendas	5 400,00
	5 400,00		5 400,00

Cálculos relativos ao Centro B:

Cálculo da produção efectiva (P_e) de P_1:

Descrição	UF	SL		CT	
		GA	UEA	GA	UEA
P_t	28 000	1	28 000	1	28 000
S_f (PCF)	4 000	1	4 000	0,5	2 000
			32 000		30 000
S_i (PCF)	3 200	1	(3 200)	0,5	(1 600)
P_e			(a) 28 800		28 400

Um terço de SL transferido do CA para o CB: 19 200 kg.

(a) Ganho de peso (50%) no centro B devido à absorção de água – 19 200 kg × 1,5 = 28 800 kg

Cálculo do custo unitário da produção efectiva (P_e):

SL: $k_e = \dfrac{19\,200\ kg \times 15,00}{28\,800\ kg} = €\,10,00/UF$;   CT: $ke = \dfrac{€\,71\,000,00}{28\,400} = €\,2,50$

Cálculo do custo da produção terminada (P_t) e do valor do S_f (PCF) de P_1:

Do S_i (PCF) – 3 200 kg	35 200,00 + 3 200 × 0,5 × 2,50 =		39 200,00
Da P_e – 24 800 kg	24 800 × (10,00 + 2,50) =		310 000,00
		P_t –28 000 kg	349 200,00
S_f – 4 000 kg	4 000 × (10,00 + 0,5 × 2,50) =		45 000,00

Fabricação CB (P_1)			
CR – S_i (PCF)	35 200,00	Produtos fabricados	349 200,00
Fabricação CA	288 000,00	CR – S_f (PCF)	45 000,00
CR – CT	71 000,00		
	394 200,00		394 200,00

CR – Contas reflectidas (implícito o uso sistema duplo contabilístico)

Cálculo do custo das vendas e do valor do S_f de produtos fabricados do produto P_1:

Vendas em quantidade: 1 200 + 28 000 – 2 200 = 27 000 UF

Custo das vendas: $€\,14\,640,00 + \dfrac{€\,349\,200,00}{28\,000} \times 25\,800 = €\,336\,402,85$

S_f (PF) de produtos fabricados: 2 200 × 12,4714285714 = 27 437,15

Produtos fabricados (P_1)			
CR – S_i (PF)	14 640,00	Vendas	336 402,85
Fabricação CB	349 200,00	CR – S_f (PF)	27 437,15
	363 840,00		363 840,00

CR – Contas reflectidas (implícito o uso sistema duplo contabilístico)

Cálculos relativos ao Centro C:

Cálculo da produção efectiva (P_e) de P_2:

Descrição	UF	SL		M_2		CT	
		GA	UEA	GA	UEA	GA	UEA
P_t	37 760	1	37 760	1	37 760	1	37 760
S_f (PCF)	1 440	1	1 440	-	-	0,5	720
			39 200		37 760		38 480
S_i (PCF)	800	1	(800)	-	-	0,5	(400)
P_e			(a) 38 400		37 760		38 080

(a) SL transferido do CA para o CC – 38 400 kg (dois terços de 57 600 kg – SL fabricado)

M_2 medida em kg: 37 760 kg;   Custo monetário de M_2: 37 760 kg × 5,00 = 188 800,00

CONTABILIDADE ANALÍTICA E DE GESTÃO

Cálculo do custo unitário (k_e) da produção efectiva (P_e) de P_2:

$$\text{SL:} \quad k_e = \frac{€\,576\,000,00}{38\,400} = €\,15,00; \quad \text{CT:} \quad k_e = \frac{€\,152\,320,00}{38\,080} = €\,4,00; \quad M_2: \quad €\,5,00$$

Cálculo do custo da produção terminada (P_t) e do valor do S_f (PCF) de P_2:

Do S_i (PCF) - 800 UF	13 320,00 + 800 × 5,00 + 400 × 4,00 =	18 920,00
Da P_e – 36 960 UF	36 960 × (15,00 + 5,00 + 4,00) =	887 040,00
	P_t –37 760UF	905 960,00
S_f (PCF) – 1 440 UF	1 440 × 15,00 + 720 × 4,00 =	24 480,00

Fabricação CC (P_2)			
CR – S_i (PCF)	13 320,00	Produtos fabricados	
Fabricação CA	576 000,00	P_2	905 960,00
CR – Custos específicos	152 320,00	CR – S_f (PCF)	24 480,00
CR – M_2	188 800,00		
	930 440,00		930 440,00

CR – Contas reflectidas (implícito o uso sistema duplo contabilístico)

Produtos fabricados (P_2)			
CR – S_i (PF)	56 400,00	Vendas	962 360,00
Fabricação CC	905 960,00		
	962 360,00		962 360,00

CR – Contas reflectidas (implícito o uso sistema duplo contabilístico)

O peso final de P_2 é o resultado da adição dos pesos de SL + M_2:

Para os stocks (inventários) iniciais será:	S_i – 800 kg × 2 = 1 600 kg
Para a produção efectiva será:	P_e – 36 960 kg × 2 = 73 920 kg

Cálculo do custo das vendas (FIFO)

Descrição	P_1		P_2	
	Q (kg)	Valor	Q (kg)	Valor
Do S_i (PA)	1 200	14 640,00	4 800	56 400,00
Do S_i (PCF)	3 200	39 200,00	1 600	18 920,00
Da P_e (a)	22 600	282 500,00	73 920	887 040,00
Vendas	27 000	336 340,00	80 320	962 360,00
S_f (PA)	2 200	27 500,00	-	-

O TRATAMENTO DOS CUSTOS DE UM PROCESSO PRODUTIVO CONJUNTO

Cálculos complementares:

Vendas em valor:	Cálculo dos custos não industriais:
$P_1 - 27\,000 \times 17,50 = 472\,500,00$	$P_1 - 0,25 \times 472\,500,00 = 118\,125,00$
$P_2 - 80\,320 \times 17,00 = 1\,365\,440,00$	$P_2 - 0,25 \times 1\,365\,440,00 = 341\,360,00$
Subproduto – $14\,400 \times 0,50 = 7\,200,00$	Subproduto – $0,25 \times 7\,200,00 = 1\,800,00$
Total → $1\,845\,140,00$	Total → $461\,285,00$
Vendas em kg:	
$P_1 - 1\,200 + 28\,000 - 2\,200 = 27\,000$ kg	$P_2 - 4\,800 + 75\,520 = 80\,320$ kg

Vendas			
Subprodutos	5 400,00	Vendas (P_1)	472 500,00
Produtos fabricados		Vendas (P_2)	1 365 440,00
P_1	336 340,00	Vendas (Subprodutos)	7 200,00
P_2	962 360,00		
Resultados analíticos	541 040,00		
	1 845 140,00		1 845 140,00

OBS. Não foi utilizada a conta "Custo das vendas". O "Resultado bruto" apura-se na conta "Vendas".

Custos não industriais			
CR – Gastos comerciais	461 285,00	Resultados analíticos	461 285,00
	461 285,00		461 285,00

CR – Contas reflectidas (implícito o uso sistema duplo contabilístico)

Contas reflectidas (CR)		
Vendas (P_1)	472 500,00	...
Vendas (P_2)	1 365 440,00	
Vendas (Subprodutos)	7 200,00	
	...	

CR – Contas reflectidas (implícito o uso sistema duplo contabilístico)

Resultados analíticos			
Custos não industriais	461 285,00	Vendas	541 040,00
CR – Saldo	20 755,00		
	541 040,00		541 040,00

CR – Contas reflectidas (implícito o uso sistema duplo contabilístico)

Resolução do exercício nº 5

Resposta ao pedido 1)

No CC tem-se $P_e = P_t = 140\,000$ kg; neste centro há lugar à formação de desperdícios que representam 30% da matéria-prima utilizada.

Consumo efectivo de M_3: $\dfrac{140\,000\text{ kg}}{0,7} = 200\,000$ kg

Desperdício em kg – 200 000 kg × 0,3 = 60 000 kg

Custos do Centro C:

Valor realizável líquido (VRL) dos desperdícios:
$$60\,000 \text{ kg} \times (0,20 - 0,20 \times 0,2) = 9\,600,00$$

Custo da matéria M_3: 200 000 kg × 1,448 – 9 600,00 = € 280 000,00

O custo unitário da matéria M_3 transformada é € 2,20, dado por:

M_3: $\quad k_{M_3} = \dfrac{€\,280\,000,00}{140\,000\text{ kg}} = €\,2,00$ $\qquad$ CT: $\quad k_{CT} = \dfrac{€\,28\,000,00}{140\,000\text{ kg}} = €\,0,20$

Cálculo da produção efectiva (P_e) no CB:

Descrição		UF	SL₁/SL₂		M_3		CT	
			GA	UEA	GA	UEA	GA	UEA
P_1	P_t	10 000	1	10 000	1	10 000	1	10 000
	S_f (PCF)	5 000	1	5 000	1	5 000	0,8	4 000
				15 000		15 000		14 000
	S_i (PCF)	5 000	1	(5 000)	-	-	0,3	(1 500)
	P_e			10 000		15 000		12 500
P_2	P_t	20 000	1	20 000	1	20 000	1	20 000
	S_f (PCF)	5 000	1	5 000	-	-	0,1	500
	P_e			25 000		20 000		20 500
P_3	P_t	15 000	1	15 000	1	15 000	1	15 000
	S_i (PCF)	10 000	1	(10 000)	-	-	0,5	(5 000)
	P_e			5 000		(a)15 000		10 000

Cálculo da produção efectiva (P_e) de P_3 em termos de M_3:

$1 \times 15\,000 + 4 \times 20\,000 + 3 \times P_e (M_3) = 140\,000$ kg, logo $P_e (M_3) = 15\,000$ UF **(a)**

Cálculo da produção efectiva (P_e) nos pontos de separação – 0,2 e 0,4 – dos subprodutos no CB:

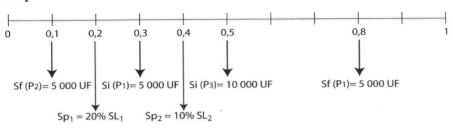

No ponto 0,2 é separado o Sp_1 resultante de 20% de SL_1:

$P_1 - 10\,000 + 5\,000 - 5\,000 = 10\,000$ UF $P_2 - 20\,000$ UF $P_3 - 15\,000 - 10\,000 = 5\,000$ UF

No ponto 0,4 é separado o Sp_2 resultante de 10% de SL_2:

$P_1 = 10\,000 + 5\,000 - 0 = 15\,000$ UF $P_2 = 20\,000$ UF $P_3 = 15\,000 + 0 - 10\,000 = 5\,000$ UF

Cálculo dos pesos iniciais

	P_1	P_2	P_3
SL_1 (kg)	8 (6,4 ÷ 0,8)	4 (3,2 ÷ 0,8)	6 (4,8 ÷ 0,8)
SL_2 (kg)	10 (9 ÷ 0,9)	8 (7,2 ÷ 0,9)	-

Consumos de SL no CB e cálculo dos subprodutos (Sp) resultantes:

$SL_1 - 8$ kg $\times P_e (P_1) + 4$ kg $\times P_e (P_2) + 6$ kg $\times P_e (P_3)$
Donde: 8 kg × 10 000 + 4 kg × 20 000 + 6 kg × 5 000 = 190 000 kg
$Sp_1 - 0,2 \times 190\,000$ kg = 38 000 kg
$SL_2 - 10$ kg $\times P_e (P_1) + 8$ kg $\times P_e (P_2)$
Donde: 10 kg × 15 000 + 8 kg × 20 000 = 310 000 kg
$Sp_2 - 0,1 \times 310\,000$ kg = 31 000 kg

Cálculo da produção terminada (P_t) no CA:

Em kg:	$SL_1 - 8 \text{ kg} \times 10\,000 + 4 \text{ kg} \times 25\,000 + 6 \text{ kg} \times 5\,000 = 210\,000 \text{ kg}$ $SL_2 - 10 \text{ kg} \times 10\,000 + 8 \text{ kg} \times 25\,000 + 0 = 300\,000 \text{ kg}$
Em UF:	$SL_1: \dfrac{210\,000 \text{ kg}}{12 \text{ kg}} = 17\,500 \text{ UF} \qquad SL_2: \dfrac{300\,000 \text{ kg}}{40 \text{ kg}} = 7\,500 \text{ UF}$

Cálculo da produção efectiva (P_e) no CA:

Em UF:	$SL_1 - 17\,500 + 5\,000 - 0 = 22\,500 \text{ UF}$ $SL_2 - 7\,500 + 0 - 0 = 7\,500 \text{ UF}$
Em kg:	$SL_1 - 22\,500 \times 12 \text{ kg} = 270\,000 \text{ kg}$ $SL_2 - 7\,500 \times 40 \text{ kg} = \underline{300\,000 \text{ kg}}$ $570\,000 \text{ kg}$

Produção que resulta (s/ água) do consumo de M_1 e M_2:

	M_1			M_2	
SL_1	$22\,500 \times 3 \text{ kg}$	$67\,500 \text{ kg}$	SL_1	$22\,500 \times 3 \text{ kg}$	$67\,500 \text{ kg}$
SL_2	$7\,500 \times 4 \text{ kg}$	$30\,000 \text{ kg}$	SL_2	$7\,500 \times 16 \text{ kg}$	$120\,000 \text{ kg}$
		$97\,500 \text{ kg}$			$187\,500 \text{ kg}$

Cálculo dos custos unitários da produção efectiva (P_e) no CA:

M_1	M_3	CT
$\dfrac{€\,1,80}{0,9} = €\,2,00$	$\dfrac{€\,1,44}{0,9} = €\,1,60$	$\dfrac{€\,54\,150,00}{570\,000 \text{ kg}} = €\,0,095$

Cálculo dos custos unitários dos semielaborados (SL):

$$SL_1: \quad \frac{3 \text{ kg} \times 2,00 + 3 \text{ kg} \times 1,60}{12 \text{ kg}} + 0,095 = €\,0,995/\text{kg}$$

$$SL_2: \quad \frac{4 \text{ kg} \times 2,00 + 16 \text{ kg} \times 1,60}{40 \text{ kg}} + 0,095 = €\,0,935/\text{kg}$$

Cálculo do custo da produção efectiva (P_e) do CB:

Descrição		P_e	CH	PH	K_t	k_e
M_3	P_1	15 000	1	15 000	33 000,00	2,20
	P_2	20 000	4	80 000	176 000,00	8,80
	P_3	15 000	3	45 000	99 000,00	6,60
				140 000	308 000,00	
CT	P_1	12 500	1	12 500	12 500,00	1,00
	P_2	20 500	2	41 000	41 000,00	2,00
	P_3	10 000	3	30 000	30 000,00	3,00
				83 500	83 500,00	

Cálculo dos custos unitários de P_1, P_2 e P_3:

P_1	$8\times0{,}995+10\times0{,}935+2{,}20+1{,}00-8\times0{,}2\times0{,}50\times0{,}8-10\times0{,}1\times0{,}50\times0{,}8=€\ 19{,}47/kg$
P_2	$4\times0{,}995+8\times0{,}935+8{,}80+2{,}00-4\times0{,}2\times0{,}50\times0{,}8-8\times0{,}1\times0{,}50\times0{,}8=€21{,}62/kg$
P_3	$6\times0{,}995+6{,}60+3{,}00-6\times0{,}2\times0{,}50\times0{,}8=€15{,}09/kg$

Resposta (parcial) ao pedido 2)

Fabricação CA			
$CR - M_1$	195 000,00	Fabricação CB	
$CR - M_2$	300 000,00	SL_1	208 950,00
$CR - CT$	54 150,00	SL_2	280 500,00
		$CR - S_f$ (PCF)	59 700,00
	549 150,00		549 150,00

CR – Contas reflectidas (implícito o uso sistema duplo contabilístico)

CONTABILIDADE ANALÍTICA E DE GESTÃO

Cálculos auxiliares do CA:	
Custos e consumos reais de M_1 e M_2	M_1: $\dfrac{97\,500\,kg \times 1,80}{0,9} = €\,195\,000,00$
	M_2: $\dfrac{187\,500\,kg \times 1,44}{0,9} = €\,300\,000,00$
Custo dos SL transferidos para o CB	SL_1: $210\,000 \times 0,995 = €\,208\,950,00$
	SL_2: $300\,000 \times 0,935 = €\,280\,500,00$
Mensuração do S_f (PCF)	SL_1: $60\,000 \times 0,995 = €\,59\,700,00$

Cálculo do custo da produção terminada (P_t) e do valor do S_f no CB FIFO

P_1	Do S_i (PCF) – 5 000 UF	$100\,000,00 + 5\,000 \times (2,20 + 0,7 \times 1,00 - 0,40) =$	112 500,00
	Da P_e – 5 000 UF	$5\,000 \times 19,47 =$	97 350,00
		P_t – 10 000 UF	209 850,00
	S_f (PCF) – $5\,000 \times (8 \times 0,995 + 10 \times 0,935 + 2,20 + 0,8 \times 1,00 - 0,64 - 0,40) =$		96 350,00

P_2	Pt – Da P_e – $20\,000 \times 21,62 =$	432 400,00
	S_f (PCF) – $5\,000 \times (4 \times 0,995 + 8 \times 0,935 + 0,1 \times 2,00) =$	58 300,00

P_3	Do S_i (PCF) – 10 000 UF	$80\,000,00 + 10\,000 \times (6,60 + 0,5 \times 3,00) =$	161 000,00
	Da P_e – 5 000 UF	$5\,000 \times 15,09 =$	75 450,00
		P_t – 15 000 UF	236 450,00

Fabricação CB			
CR – S_i (PCF)		Produtos fabricados	
P_1	100 000,00	P_1	209 850,00
P_3	80 000,00	P_2	432 400,00
CR – CT	83 500,00	P_3	236 450,00
Fabricação CA	489 450,00	Subprodutos	
Fabricação CC	308 000,00	Sp_1	15 200,00
		Sp_2	12 400,00
		CR – S_f (PCF)	
		P_1	96 350,00
		P_2	58 300,00
	1 060 950,00		1 060 950,00

CR – Contas reflectidas (implícito o uso sistema duplo contabilístico)

O TRATAMENTO DOS CUSTOS DE UM PROCESSO PRODUTIVO CONJUNTO

Cálculos auxiliares do CB:

Valorização dos subprodutos:	$Sp_1 - 38\,000 \times 0,50 \times 0,8 = €\ 15\,200,00$
	$Sp_2 - 31\,000 \times 0,50 \times 0,8 = €\ 12\,400,00$

Fabricação CC			
CR – M_3	289 600,00	Fabricação CB	
CR – CT	28 000,00	M_3	308 000,00
		Subprodutos, desperdícios...	9 600,00
	317 600,00		317 600,00

CR – Contas reflectidas (implícito o uso sistema duplo contabilístico)

Cálculos auxiliares do CC:

Custo de M_3 à entrada no CC:	$200\,000 \times 1,448 = 289\,600,00$
Custo de M_3 transformada:	$140\,000 \times 2,20 = 308\,000,00$
Custo do desperdício:	$60\,000 \times (0,20 \times 0,8) = 9\,600,00$

Resposta ao pedido 3)

Apuramento dos resultados por produtos

Descrição	P_1	P_2	P_3	Sp_1	Sp_2	Desp. M_3	Total
Vendas	270 000,00	560 000,00	300 000,00	19 000,00	15 500,00	12 000,00	1 176 500,00
Custo das vendas	209 850,00	432 400,00	236 450,00	15 200,00	12 400,00	9 600,00	915 900,00
Resultado bruto	60 150,00	127 600,00	63 550,00	3 800,00	3 100,00	2 400,00	260 600,00
Gastos comerciais	54 000,00	112 000,00	60 000,00	3 800,00	3 100,00	2 400,00	235 300,00
Resultado operacional	6 150,00	15 600,00	3 550,00	0,00	0,00	0,00	25 300,00

Cálculos auxiliares para determinar o resultado:

Valor das vendas (€):	Valor das vendas de subprodutos (€):
P_1: $10\,000 \times 27,00 = 270\,000,00$	Sp_1: $38\,000$ kg $\times 0,50 = 19\,000,00$
P_2: $20\,000 \times 28,00 = 560\,000,00$	Sp_2: $31\,000$ kg $\times 0,50 = 15\,500,00$
P_3: $15\,000 \times 20,00 = 300\,000,00$	Desperdício de M_3: $60\,000$ kg $\times 0,20 = 12\,000,00$

Distribuição dos gastos comerciais pelos produtos, subprodutos e desperdícios:

P_1: $260\,000,00 \times 0,2 = 54\,000,00$	Sp_1: $19\,000,00 \times 0,2 = 3\,800,00$
P_2: $560\,000,00 \times 0,2 = 112\,000,00$	Sp_2: $15\,500,00 \times 0,2 = 3\,100,00$
P_3: $300\,000,00 \times 0,2 = 60\,000,00$	Desperdício: $12\,000,00 \times 0,2 = 2\,400,00$

Capítulo XII
A valorização da produção a custos preestabelecidos

O apuramento do custo de produção com base nos custos históricos[1] apresenta insuficiências no que respeita ao fornecimento de informação para a gestão. Esta afirmação está suportada na ideia de que os custos históricos em termos de planeamento têm pouco significado. Além disso, a informação necessária para a valorização dos stocks (inventários) pode não estar disponível em tempo útil. Por outro lado, como é calculado depois da produção se realizar, os erros ou as ineficiências de fabricação dificilmente são detectados por ausência de um padrão de referência. A falta de controlo pode originar gastos desnecessários e desperdícios.

A fixação de objectivos passa inevitavelmente pelo processo de análise das políticas internas da empresa, bem como pelo processo de análise do ambiente externo (mercado). Este centra-se essencialmente nos níveis de concorrência e de competitividade, na situação económica conjuntural do meio onde a empresa opera e na análise das tendências das variáveis relevantes, ajustando os cenários mais prováveis para se projectar o futuro.

O processo de quantificação de objectivos envolve várias pessoas dos diversos sectores da empresa, como por exemplo, os directores da produção, do marketing e vendas, das compras e aprovisionamento e também os coordenadores dos diversos projectos no caso de existirem. As metas são estabelecidas tendo por base os pressupostos de que existem estudos preliminares, de mercado, da capacidade produtiva de curto prazo, da capacidade de expansão da produção a

---

[1] Denominados também custos reais ou efectivos e são calculados *a posteriori*, ou seja, depois de a produção estar realizada.

CONTABILIDADE ANALÍTICA E DE GESTÃO

longo prazo, cujo pilar é a projecção das vendas. Depois serão planeadas a produção, as compras de matérias-primas, a política de stocks e também o trabalho directo de produção que for necessário para dar resposta ao plano de vendas.

Na planificação das vendas e no controlo dos respectivos custos os dirigentes tomam dois tipos de decisão. As decisões relativas às quantidades e as decisões respeitantes ao preço. Assim, os recursos materiais, humanos e serviços devem ser obtidos aos preços mais baixos possível tendo subjacentes as exigências de qualidade assim como os objectivos a longo prazo. Estes recursos devem ser utilizados com a máxima eficiência e produtividade por forma a produzir o melhor resultado.

Na prática fala-se indistintamente em orçamentos e padrões. Qual será a relação? O orçamento é um termo mais amplo, fala-se de orçamento de preços de factores, de orçamento de quantidades de factores, de orçamento de custos, etc., que não são baseados em padrões. Todavia, quando são utilizados padrões no cálculo dos mencionados preços, quantidades e custos, os termos orçamento e padrão têm o mesmo significado e aplicam-se indistintamente. A quantidade padrão de cada factor consumida, por unidade de produto, e o preço padrão de cada factor, determinam o custo padrão, ou orçamento, de cada factor para a referida unidade de produto.

No contexto actual, o conhecimento dos custos obriga que se analise quando e como é relevante, para a tomada de decisão, esse conhecimento. Enquanto indicador de desempenho, o custo padrão, deve ser adaptado ao contexto estratégico e organizacional da tomada de decisão, tal como qualquer outra medida de avaliação do desempenho.

O estudo deste capítulo pressupõe que todos os conceitos e procedimentos observados, relativamente aos custos reais, estejam apreendidos, nomeadamente, as componentes do custo de produção, o cálculo de custos por processos (determinação indirecta do custo de produção) e o cálculo de custos por ordens de produção (determinação directa do custo de produção).

12.1. Quadro conceptual

Na sua origem, o método do custo padrão, desenvolveu-se para optimizar a utilização do factor trabalho directo de produção que era, na época da divisão científica do trabalho, o factor produtivo predominante. Progressivamente, esta concepção de padrão alargou-se a outras categorias de factores para além do trabalho directo de produção e os padrões físicos foram calculados para o consumo de matérias-primas e da energia, por exemplo. Dos padrões físicos expressos em quantidades, passou-se à valorização monetária dos padrões, o que implicou o conhecimento dos padrões de preço dos factores.

A VALORIZAÇÃO DA PRODUÇÃO A CUSTOS PREESTABELECIDOS

Por definição, os custos padrões obtêm-se a partir de normas técnicas, relativas aos factores de produção, ou seja, matérias-primas, trabalho directo de produção e outros gastos, não resultando necessariamente da gestão orçamental. Também podem ser estabelecidos a partir da informação, contida nos relatórios internos, sobre a experiência passada integrando as prováveis variações futuras dos factores em causa.

A quantidade padrão especifica o montante esperado de matérias-primas e o número esperado de horas de trabalho directo e outros factores necessários para fabricar uma unidade de produto. Por outro lado, o custo padrão obtém-se quantificando o consumo de matéria-prima, a utilização do trabalho directo de produção, dos custos indirectos de fabricação e outros recursos necessários para a elaboração de uma unidade de produto, ou seja, o cálculo impõe a aplicação de medidas técnicas de produção, definidas com base nos processos. Aos padrões de consumo fixados deve ser atribuído o valor monetário correspondente.

O custo padrão é determinado geralmente no início de cada ano e é utilizado durante todo esse período, podendo ser revisto no caso de alterações significativas dos seus pressupostos, isto é, consumos ou preços anormais dos factores. Os custos padrões são fixados após testes exaustivos à produção (efectuados em condições de normalidade para identificar os consumos habituais) e aos mercados de factores (com o objectivo de calcular os preços previsionais destes factores).

Na concepção de um sistema de custos padrão é essencial identificar os objectivos que se ambiciona atingir e as tarefas que se pretende facilitar:

1. As comparações, entre previsões e realizações, necessárias ao controlo de gestão orçamental (actualmente denominado tradicional) designado por controlo *a posteriori*.

2. O controlo e a fiscalização, ao longo da sua execução, de todos os processos da empresa, procedimento que se denomina controlo de gestão ou pilotagem (*"monitoring"*).

3. A avaliação do desempenho dos dirigentes e dos centros de responsabilidade, embora seja importante a utilização de medidas não financeiras (diminuição do ciclo de produção, melhoria contínua, métodos de produção mais eficazes, cumprimento de prazos de entrega, criação de valor para o cliente e análise de cadeia de valor).

4. A resolução dos problemas com que os dirigentes se deparam quando pretendem avaliar objectivamente as medidas não financeiras.

5. A análise da curva de aprendizagem.

O método do custo padrão assenta em dois princípios:

1. O custo padrão é um custo predeterminado, portanto, é um custo objectivo que deve ser atingido, exigindo por isso, condições operacionais eficientes;

CONTABILIDADE ANALÍTICA E DE GESTÃO

2. O sistema de controlo proporcionado pelo custo padrão permite que as variações (desvios), em relação ao orçamento, sejam examinadas detalhadamente possibilitando um domínio mais eficaz dos custos.

As razões para adoptar uma metodologia baseada num sistema de custos padrão são diversas.

1. A sua utilidade para a concepção do conjunto de orçamentos ligados à produção. A existência de padrões de matérias, de padrões de tempos de trabalho e outros vai permitir construir os principais orçamentos operacionais ligados à função produção.

2. A possibilidade de assegurar um controlo de responsabilidades através da informação facultada aos responsáveis e da análise dos desvios entre o previsto e o realizado.

3. A tomada de decisão mais esclarecida dado que possibilita aplicar medidas correctivas depois da análise atenta aos desvios. Tudo dependendo da qualidade da modelização da organização e, em particular, da pertinência da representação dos nexos de causalidade pelo sistema de contabilidade de gestão.

4. O poder ser utilizado de modo a criar os incentivos necessários à parametrização e à redução de custos. Contudo, tal só é possível se a contabilidade de gestão e o subsistema orçamental assegurarem uma modelização adequada da estrutura de causalidade e dos indutores de custos. Então, os padrões são sobretudo definidos em termos de objectivos a atingir do que em termos de normas a respeitar.

5. O recurso à contabilidade de custos preestabelecidos pode permitir obter mais rapidamente a informação. Com efeito, o conhecimento das quantidades físicas basta para que se possa proceder ao registo dos movimentos contabilísticos com recurso aos padrões. Esta vantagem é importante para a produção dos estados financeiros mensais das grandes empresas descentralizadas.

6. O custo padrão constitui igualmente um boa base para a determinação dos preços de venda desde que estes não sejam puramente impostos pelo mercado.

12.2. O custo padrão enquanto ferramenta de gestão – razões para o adoptar

Frequentemente referem-se, como principais razões para adoptar sistemas de custo padrão, a necessidade de melhorar o planeamento e o controlo e facilitar o cálculo do custo de produção.

A tomada de decisão baseia-se em informação que possibilite conservar e aumentar o conhecimento e a experiência e prever ou antecipar o futuro. Por outras palavras, informação que permita identificar a produção antes dela se iniciar; o montante dos custos a suportar para obter essa produção; a eficiência nos

374

processos de fabrico e na utilização dos factores; e ainda a eficácia da empresa no cumprimento dos objectivos.

Conforme foi referido anteriormente, o cálculo do custo de produção assente em custos históricos não responde às exigências de quem toma decisões. Em contrapartida, se o cálculo do custo tiver por base um padrão de eficiência técnica permite evidenciar ineficiências passadas e incorporar as alterações futuras. Portanto, o custo padrão serve como medida de eficiência pois, ao ser comparado com os custos efectivos, facilita o controlo e a avaliação de desempenho e, através da identificação e análise das variações, permite tomar medidas correctivas para que o objectivo planeado seja atingido.

O custo padrão baseia-se em referências determinadas a partir da análise das condições normais de produção, considerando um bom desempenho dos factores produtivos. Trata-se de custos predeterminados com precisão e são considerados custos objectivo, portanto, custos a serem atingidos. Além disso, ajudam a estabelecer orçamentos, a medir o rendimento, a obter o custo dos produtos vendidos e a valorizar os stocks (inventários).

A propósito dos custos padrão e das condições normais de produção a NCRF18 exprime: «Os custos padrão tomam em consideração os níveis normais dos materiais e consumíveis, da mão-de-obra, da eficiência e da utilização da capacidade produtiva. Estes devem ser regularmente revistos e, se necessário, devem sê-lo à luz das condições correntes»[2].

Os números relativos aos valores predeterminados podem ser comparados com os custos reais para se apurar a extensão das diferenças (desvios). Estas constituem a base da revisão que os responsáveis realizam para determinar as causas desses desvios de modo que o desperdício possa ser corrigido. A utilização de um sistema de custos padrões permite (i) apurar se o montante de custos suportado foi o que devia ter sido em condições de normalidade, (ii) medir a variação dos custos, (iii) melhorar a eficiência no consumo de factores, em particular o trabalho directo de produção e dos gastos gerais de fabrico, e (iv) finalmente servir de instrumento de avaliação do desempenho dos centros de responsabilidade e dos seus responsáveis.

12.3. O processo de cálculo (elaboração e revisão) e a construção de fichas do custo padrão

Não há um método comummente aceite para descobrir, encontrar ou conceber custos padrão e, na prática, existem consideráveis variações e debate. Um custo

---

[2] SNC, "NCRF18, Inventários, Técnicas para mensuração do custo (parágrafos 21 e 22)", parágrafo 21, Aviso nº 15655/2009 de 7 de Setembro, p. 36 321.

padrão obtém-se multiplicando uma quantidade padrão por um preço padrão. As quantidades padrão são usualmente definidas pelas características técnicas do processo produtivo e frequentemente estimadas por estudos de engenharia industrial que examinam quanto tempo demora um processo industrial particular ou quais são as necessidades de matérias-primas para fabricar o produto.

Qualquer custo padrão comporta, pelo menos, dois padrões elementares: 1) as quantidades de recursos consumidos tal como são predefinidos, ou seja, a natureza e quantidade de matérias e componentes e o tempo de trabalho e de máquina necessários à transformação de matérias e das componentes; 2) o custo unitário previsional dos recursos consumidos na fabricação dos produtos.

Nas indústrias transformadoras, os gestores estimam os custos padrão estabelecendo a relação de materiais requeridos, para o produto, e também as quantidades necessárias de cada material, para a produção, e o preço esperado para cada material. Os mapas de trabalho contêm informação acerca do tempo requerido, por cada departamento, para fabricar cada produto. O tempo de trabalho sustentado nas estimativas da engenharia industrial, e os salários previstos, para cada processo de trabalho, são usados para calcular o custo padrão do trabalho para o produto.

Um custo padrão pode pois ser representado pela adição de duas multiplicações entre, as quantidades de recursos consumidas (natureza e quantidade de matérias e componentes requeridas por uma unidade de produto, em cada estado da sua elaboração; e tempos e especificação de cada operação de transformação, tanto para o trabalho directo de produção, como para as máquinas) e o custo unitário previsional (CUP) desses recursos. Então:

$$\text{Quantidade de matérias} \times CUP_{MP} + \text{Tempos de cada operação} \times CPR_{TDP+MQ} = \text{Custo padrão}$$

Deste modo, a concepção e manutenção de um sistema de custos padrão necessita do contributo do departamento de engenharia industrial e do departamento de custos. O primeiro determina os padrões físicos expressos em quantidades a utilizar por unidade de produto. O segundo é responsável pela sua parametrização. Por outro lado, é necessário o recurso a uma variedade de ferramentas de gestão e ainda o esforço conjunto de uma equipa constituída não só por contabilistas e engenheiros, mas também por colaboradores de outras áreas da empresa.

Para determinar o custo padrão as empresas utilizam estimativas detalhadas de cada um dos elementos do custo de produção e que permitem à gestão conhecer, quer o custo programado, ou seja, quanto deve custar determinado produto, considerando o custo dos diferentes factores que esse produto integra, quer o que custa na realidade atendendo aos custos efectivos desses mesmos factores. Ao comparar o custo padrão com o custo efectivo de cada factor encontram-se os respectivos desvios.

Analiticamente, para cada um dos factores de produção, o custo padrão do produto P obtém-se através da multiplicação do padrão físico de cada factor expresso em quantidades (q_p), por unidade de produto P, pelo respectivo preço unitário padrão desse factor (k_p). O custo total padrão de cada produto é obtido através da adição dos custos padrões parcelares de cada factor $(q_p \times k_p)$ que integram o custo de produção, ou seja:

$$\text{Custo padrão do produto P} = \sum q_p \times k_p$$

O custo total padrão servirá para valorizar a produção terminada no segmento j que é transferida para o segmento j+1, ou para o armazém de produtos fabricados se essa produção se encontrar acabada, em termos de todos os factores, no último segmento integrante do processo produtivo. Do mesmo modo servirá para valorizar os stocks (inventários) de produtos em curso de fabrico para os relatórios de gestão.

Genericamente o custo padrão serve para valorizar rapidamente os fluxos. Com esta finalidade, todos os movimentos de saída da fábrica ou do armazém serão valorizados pelo custo padrão do objecto que é transferido da fábrica para o armazém ou reciprocamente.

O custo padrão, tal como o custo histórico, reflecte a acumulação progressiva dos custos dos recursos consumidos. Todos os fluxos serão pois valorizados ao custo padrão aplicando-se o grau de acabamento do objecto transferido [isto é, ao custo padrão, acumulado, das operações da gama (série, escala) até este grau de acabamento]. Dado que o custo padrão é um custo previsional, basta conhecer a gama e a nomenclatura do objecto até esse estado, para conhecer o seu custo de produção padrão, sem que previamente se coloquem questões sobre a produtividade, os custos dos recursos ou o nível de actividade.

Com o sistema de custo padrão, a conta de resultado será fácil de determinar pois o custo da produção vendida obtém-se, naturalmente, multiplicando a quantidade vendida pelo custo padrão.

Resultado em custo padrão
Volume de negócios = Quantidade vendida × preço de venda   – Quantidade vendida × Custo padrão de produção

= Resultado industrial
  – Quantidade vendida × Custo padrão comercial variável
  – Orçamento de gastos comerciais fixos

= Resultado «flash»[3]

[3] LEBAS, M., *Comptabilité Analytique de Gestion*, Éditions Nathan, 1986, p.218.

CONTABILIDADE ANALÍTICA E DE GESTÃO

Este resultado é determinado antes mesmo que se conheçam as quantidades produzidas e o custo dos recursos aplicados e por conseguinte a produtividade. Evidentemente que tal resultado deverá ser corrigido posteriormente dado que foi determinado como se todas as hipóteses orçamentais fossem respeitadas. Os ajustamentos, calculados à medida que as informações estão disponíveis, representam os desvios (LEBAS, 1986)[4].

Se existirem alterações significativas nos respectivos factores de produção, os custos padrões deverão ser actualizados periodicamente. As alterações podem verificar-se, quer nos padrões físicos utilizados expressos em quantidades, por unidade de produto, quer nos padrões monetários por unidade de factor.

As fichas de custo padrão devem ser elaboradas por produtos e desenvolvidas por factores produtivos, no início do período, sendo aconselhado que apresentem, sempre que necessário, uma ordenação por centros de custos.

O custo total padrão, embora normalmente obtido *a priori*, deve ser calculado com rigor e sustentado em bases técnicas e científicas para que a ficha de custos padrão obtida apresente credibilidade.

Exemplo de ficha de custos padrão para o produto "P"

Factores	q_p	k_p	$q_p \times k_p$
MP TDP GGF			
			Custo total padrão de P

Onde: q_p representa o custo tecnológico (padrão físico expresso em quantidades).

k_p representa o custo unitário padrão de cada factor.

$q_p \times k_p$ representa o custo unitário padrão do produto em termos do factor em causa.

Como se obtém k_p – Considerando o custo real de cada factor, que pode ser obtido através do custo calculado no fim do período anterior (sem ineficiências) e tendo em conta as previsões das flutuações mercado.

Como se obtém q_p – Através de informação prestada pelos departamentos técnicos da empresa aos sectores de planeamento e orçamento.

---

[4] LEBAS, M., *Comptabilité Analytique de Gestion*, Éditions Nathan, 1986, p.218.

Designação de algumas variáveis:

P_p	Produção programada	P_e	Produção efectiva
q_p	Consumo padrão do factor por unidade de produto	q_e	Consumo efectivo do factor por unidade de produto
k_p	Preço padrão de cada unidade de factor consumido	k_e	Preço efectivo de cada unidade de factor consumido

Definição e designação de algumas variáveis:

$Q_p = P_p \times q_p$	Quantidade padrão do factor relativamente à totalidade da produção programada, isto é, a quantidade total de factor que seria consumida por um volume de produção idêntico ao da produção programada se o consumo de factor por unidade de produto fosse precisamente igual ao consumo unitário padrão desse factor.
$Q_o = P_e \times q_p$	Quantidade total de factor que seria consumida pela produção efectiva se o consumo unitário desse factor correspondesse exactamente ao consumo unitário padrão, ou seja, o consumo normal de factor para a produção real ou efectiva. Ou também quantidade padrão do factor relativamente à produção efectiva. (Representa a P_e homogeneizada quando existe a técnica do orçamento flexível).
$Q_e = P_e \times q_e$	Quantidade de factor efectivamente incorporada no período pela produção efectiva, ou seja, o consumo real para a produção real.

12.4. O apuramento ou cálculo dos desvios[5]

O estudo dos diferentes desvios tem como objectivo explicar, citando textualmente PINHEIRO PINTO (1978), «o chamado desvio-global, que é exactamente a diferença entre o custo efectivo da produção do período a que os custos padrões se reportam e o custo padrão da produção efectiva do mesmo período»[6].

Com o objectivo de apurar os desvios devem comparar-se, para os diferentes factores, as seguintes grandezas:

Custos suportados: $(Q_e \times k_e)$ **(1)**	Quantidade real (Q_e) incorporada valorizada a custo padrão (k_p): $(Q_e \times k_p)$ **(2)**	Quantidade padrão (q_p) incorporada na produção real (P_e) valorizada a custo padrão: $(q_p \times P_e \times k_p = Q_o \times k_p)$ **(3)**

Quando se compara (1) com (2) obtém-se o desvio-preço; quando se compara (2) com (3) calcula-se o desvio-quantidade.

---

[5] PINHEIRO PINTO, J. A., *Custos Padrões*, Athena Editora, Porto, 1978.
[6] PINHEIRO PINTO, J. A., *Custos Padrões*, Athena Editora, Porto, 1978, p. 46.

CONTABILIDADE ANALÍTICA E DE GESTÃO

Para calcular o desvio-quantidade e o desvio-preço as empresas necessitam de obter informação sobre os orçamentos dos factores em quantidade e em valor.

O desvio-quantidade pode ser designado também por desvio-rendimento e desvio-eficiência no caso do factor matérias-primas. Para o factor trabalho o mesmo desvio pode ainda designar-se por desvio produtividade e desvio rendimento. A designação alternativa (eficiência, produtividade e rendimento) para o desvio-quantidade relaciona-se com o facto de que este desvio avalia o rendimento ou eficiência na utilização dos factores.

12.4.1. Os desvio-custo (preço, despesa) e desvio-quantidade

Genericamente o desvio-custo (ΔK), em particular no que respeita aos factores matérias-primas e trabalho directo de produção, calcula-se a partir da expressão:

$$\Delta K = (\text{preço padrão do factor} - \text{preço real pago pelo factor}) \times \text{quantidade real do factor}$$

O que significa que, para calcular o desvio-custo, também conhecido por desvio-preço e desvio-despesa, compara-se o preço padrão por unidade de factor (por exemplo, matérias-primas) com o preço real pago. Esta diferença por unidade é então multiplicada pela quantidade real de factor consumido.

Quanto ao desvio-quantidade (ΔQ), em relação a cada factor, obtém-se a partir da expressão:

$$\Delta Q = (\text{quantidade padrão do factor} - \text{quantidade real utilizada}) \times \text{preço padrão do factor}$$

Neste desvio compara-se a diferença entre a quantidade padrão para a produção efectiva e a quantidade real utilizada do factor. Esta diferença multiplicada pelo preço padrão corresponde ao desvio-quantidade.

Quanto ao rendimento dos factores, ou seja, quanto à eficiência na sua utilização e/ou aplicação os desvios classificam-se em favoráveis e desfavoráveis. O desvio favorável (F) representa o efeito do aumento do rendimento relativamente ao montante orçamentado, enquanto, o desvio desfavorável (D) representa o efeito da diminuição do rendimento relativamente ao montante orçamentado.

De uma forma simples em relação aos rendimentos pode dizer-se o seguinte: Um desvio favorável significa que os rendimentos reais excedem os rendimentos orçamentados e um desvio desfavorável quer dizer que os primeiros são menores que os segundos.

Quanto aos preços dos factores os desvios classificam-se do mesmo modo. Então, o desvio favorável (F) significa que os preços efectivos são inferiores aos preços orçamentados, enquanto, o desvio desfavorável (D) significa que os preços efectivos excedem os preços orçamentados.

Sempre que seja possível, os desvios devem ser calculados por produto e factor já que de outro modo não têm significado do ponto de vista da informação para a gestão que se pretende obter com o cálculo desses desvios.

Do ponto de vista da gestão, o desvio mais importante é o desvio-quantidade. Relativamente ao factor matéria-prima, o desvio-quantidade fornece informação sobre o modo como este factor foi aproveitado na produção dos bens e como decorreu a actividade da empresa. O mesmo desvio, calculado para o factor trabalho directo, fornece informação sobre o modo como este factor foi aplicado na produção e se a produtividade foi assegurada.

Antes de continuar a exposição deste tema convém esclarecer que:

No cálculo de todos os desvios vai adoptar-se o seguinte princípio: *as quantidades/valores padrão surgem sempre em primeiro lugar para respeitar a ordem temporal dos acontecimentos* (primeiro o orçamento depois a realização), existe porém uma excepção ao princípio. No cálculo do desvio capacidade *as quantidades/valores reais surgem sempre em primeiro lugar* para manter o pressuposto de que é o sinal do desvio obtido que permite a conclusão sobre se o desvio é favorável ou desfavorável.[7]

12.4.2. O desvio em matérias e o desvio em trabalho directo de produção

Para todos os recursos considerados variáveis (matérias-primas, trabalho directo de produção e algumas classes gastos gerais de fabrico) e não armazenáveis, há uma interacção entre o desvio-preço e o desvio-quantidade.

Na análise do <u>desvio matérias-primas</u> (ΔMP) (ou desvio global matérias) tem interesse decompor este desvio em dois, ou três, o <u>desvio-quantidade</u> (ΔQ), o <u>desvio-custo</u> (ΔK) e ainda o <u>desvio-misto</u> (quantidade, preço). Esta decomposição tem como principal objectivo separar responsabilidades, ou seja, a do sector produtivo que elabora os coeficientes técnicos e a da gestão das compras, no que respeita à negociação de preços.

No caso do desvio em matérias, é útil distinguir entre uma situação simples de produção de um único produto e que necessita de uma só matéria-prima para a sua realização e a situação mais complexa de um produto fabricado com uma combinação de diferentes matérias-primas.

No caso mais simples, o desvio matérias global, que comporta os dois (ou três) desvios parcelares, calcula-se da seguinte forma:

$$\Delta G_{MP} = Q_o \times k_p - Q_e \times k_e$$

---

[7] Na maioria das obras de referência as quantidades/valores reais surgem sempre em primeiro lugar.

Este desvio global pode ser decomposto em dois ou três desvios parcelares, como já foi referido.

1. Numa primeira situação o desvio global é decomposto em três desvios:
   - Um desvio-quantidade valorizado ao custo real – $[(Q_o - Q_e) \times k_e]$ da responsabilidade do serviço de compras.
   - Um desvio-custo medido em relação à quantidade padrão – $[(k_p - k_e) \times Q_o]$ da responsabilidade do serviço de produção.
   - Um desvio-misto (quantidade, custo) – $[(Q_o - Q_e) \times (k_p - k_e)]$ de responsabilidade mista, tradicionalmente atribuída ao serviço de compras.

A fórmula da decomposição dos desvios é a seguinte:

$$\Delta G_{MP} = [(Q_o - Q_e) \times k_e] + [(k_p - k_e) \times Q_o] + [(Q_o - Q_e) \times (k_p - k_e)] \text{ donde:}$$

$$\Delta G_{MP} = Q_o \times k_p - Q_e \times k_e$$

Representação gráfica da decomposição do desvio matérias:

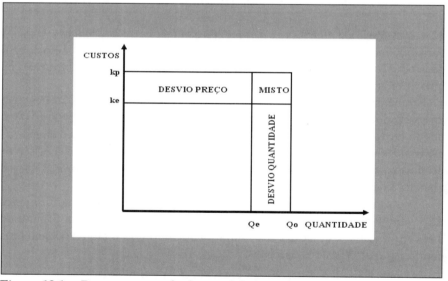

Figura 12.1. – Decomposição do desvio global Matérias e TDP em três

Nesta situação, a decomposição do desvio-matérias (global) em desvio-quantidade e desvio-custo faz aparecer informações para a atribuição das responsabilidades e avaliar a performance. Porém, o desvio-misto que não pode ser atribuído a qualquer responsável, não é utilizado na prática das empresas.

A este propósito PINHEIRO Pinto (1978) afirma: «A decomposição do desvio-matérias-primas aparece-nos assim feita em três desvios: desvio-custo, desvio-quantidade e desvio-quantidade-custo» continuando afirma: «Este último desvio é um desvio misto de quantidades e custos, que na realidade é desprovido de qualquer interesse para fins de análise. Por tal razão, vamos eliminá-lo, integrando-o num dos dois desvios»[8].

Na prática é mais comum a decomposição do desvio-matérias (global) apenas em dois desvios para, de forma clara atribuir responsabilidade, pelo que será introduzida uma segunda situação.

2. Decomposição do desvio matérias em dois desvios (o desvio-misto acresce ao desvio-custo):
   – Um desvio-quantidade valorizado ao custo real e calculado como no caso da decomposição do desvio matérias em três desvios – $[(Q_o - Q_e) \times k_p]$.
   – Um desvio-custo que é definido como no ponto anterior mas ao qual é acrescido o desvio-misto, ou seja, – $[(k_p - k_e) \times Q_e]$.

A fórmula desta decomposição do desvio global em dois é a seguinte:

$$\Delta G_{MP} = [(Q_o - Q_e) \times k_p] + [(k_p - k_e) \times Q_e] \text{ donde:}$$

$$\Delta G_{MP} = Q_o \times k_p - Q_e \times k_e$$

Representação gráfica da decomposição do desvio matérias:

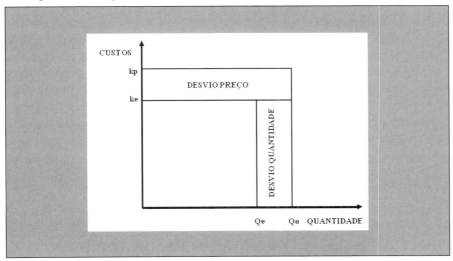

Figura 12.2. – Decomposição do desvio global Matérias e TDP em dois

[8] PINHEIRO PINTO, J. A., *Custos padrões*, Athena Editora, Porto, 1978, p. 51.

Em vez de deixar uma ambiguidade quanto à atribuição de responsabilidade pela parte mista do desvio, a contabilidade analítica do custo padrão escolhe atribuir sistematicamente a responsabilidade do desvio-misto à responsabilidade «custo». Por isso, esta 2ª situação é a mais estudada na prática e apresentada na maioria dos manuais.

3. Decomposição do desvio matérias em dois desvios (o desvio-misto acresce ao desvio-quantidade):

- Um desvio-quantidade: $[(Q_o - Q_e) \times k_e]$ = (quantidade padrão unitária multiplicada pela produção efectiva – quantidade realmente utilizada) × preço efectivo) ao qual se acresce o desvio-misto.
- Um desvio-preço $[(k_p - k_e) \times Q_o]$ = (preço padrão – preço real) × quantidade padrão de matéria-prima consumida, calculado como no caso da decomposição do desvio matérias em três desvios.

A fórmula desta decomposição do desvio global em dois é a seguinte:

$$\Delta G_{MP} = [(Q_o - Q_e) \times k_e] + [(k_p - k_e) \times Q_o] \text{ donde:}$$

$$\Delta G_{MP} = Q_o \times k_p - Q_e \times k_e$$

Representação gráfica da decomposição do desvio matérias:

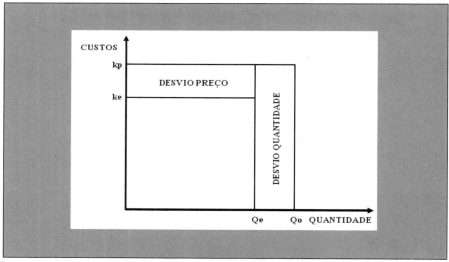

Figura 12.3. – Decomposição do desvio global Matérias e TDP em dois

A **abordagem mais utilizada** (representada no gráfico 12.2.) para determinar os desvios encontra-se <u>desenvolvida a seguir</u>.

A VALORIZAÇÃO DA PRODUÇÃO A CUSTOS PREESTABELECIDOS

Desvio em matérias-primas **(ΔMP).** Este desvio decompõe-se em dois desvios o desvio-quantidade que representa a diferença entre as quantidades padrão necessárias para, em condições de perfeita normalidade, obter a produção efectiva, e as quantidades efectivamente consumidas nessa produção, ambas valorizadas a custo padrão[9], ou seja:

$$\Delta Q_{(MP)} = (q_p \times P_e - q_e \times P_e) \times k_p, \text{ donde:}$$
$$\Delta Q_{(MP)} = (Q_o - Q_e) \times k_p \qquad \textbf{(A)}$$

E o desvio-preço obtém-se da diferença entre o preço padrão e o preço efectivo das matérias-primas consumidas no período, para conseguir a produção efectiva, ou seja:

$$\Delta K_{(MP)} = (k_p - k_e) \times Q_e \qquad \textbf{(B)}$$

Então, o desvio-matérias-primas resulta da adição de duas parcelas que são o desvio-quantidade e o desvio-preço, ou seja:

$$\Delta MP = \Delta Q_{(MP)} + \Delta K_{(MP)} \qquad \textbf{(A) + (B)}$$

Substituindo os desvios parcelares por (A) e (B), o desvio matérias é dado pela expressão:

$$\Delta MP = (Q_o - Q_e) \times k_p + (k_p - k_e) \times Q_e \text{ donde:}$$
$$\Delta MP = Q_o \times k_p - Q_e \times k_e$$

Este desvio global representa a diferença entre o custo padrão da matéria-prima para a produção efectiva, e o custo efectivo dessa produção.

Desvio em trabalho directo de produção **ΔTDP.** No estudo do ΔTDP aplica-se tudo o que foi referido para o desvio-matérias-primas, ou seja, a fórmula e a sua decomposição em desvio-quantidade (produtividade ou eficiência) e em desvio-preço (ou taxa).

O custo do trabalho directo de produção determina-se através do preço (ou taxa horária pago aos trabalhadores) e da quantidade utilizada de trabalho.

O desvio-quantidade-TDP (ΔQ) representa-se pela expressão:

$$\Delta Q_{(TDP)} = (q_p \times P_e - q_e \times P_e) \times k_p \Leftrightarrow \Delta Q_{(TDP)} = (Q_o - Q_e) \times k_p$$

---

[9] Para respeitar a cronologia da elaboração dos orçamentos e da obtenção das realizações nas expressões do cálculo dos desvios às quantidades/preços padrão abatem-se as quantidades/preços reais.

O desvio-preço-TDP (ΔK) é calculado comparando o preço padrão por hora com o preço real pago por essa mesma hora, ou seja, obtém-se da diferença entre a taxa horária de trabalho padrão e a taxa horária real multiplicada, essa diferença, pelo número de horas reais trabalhadas, ou seja:

$$\Delta K_{(TDP)} = (k_p - k_e) \times Q_e$$

O cálculo do <u>desvio-trabalho directo de produção</u> (ΔTDP) obtém-se do resultado da adição do desvio-quantidade (produtividade ou eficiência) com o desvio-preço (taxa):

$$\Delta TDP = \Delta Q_{(TDP)} + \Delta K_{(TDP)}$$

Operando, o desvio-TDP é dado pela expressão:

$$\Delta TDP = (Q_o - Q_e) \times k_p + (k_p - k_e) \times Q_e \Leftrightarrow \Delta TDP = k_p \times Q_o - k_e \times Q_e$$

Este desvio representa a diferença entre o custo padrão do trabalho directo de produção aplicado na produção do período e o custo efectivo do TDP da produção efectiva do mesmo período.

Segundo PINHEIRO PINTO (1978), «relativamente aos encargos gerais de fabrico variáveis, poderíamos teoricamente estabelecer um desvio que tivesse em conta toda a multiplicidade de elementos que integram aquela classe de encargos...» continuando diz: «simplesmente essa multiplicidade e heterogeneidade dos elementos... tornam praticamente impossível obter um desvio-encargos gerais de fabrico variáveis por essa via.»[10].

Desvio em gastos gerais de fabrico variáveis **($\Delta GGFV$)**. O desvio-gastos gerais de fabrico variáveis é dado pela diferença entre a quantidade padrão para a produção efectiva valorizada a custo padrão e os GGFV efectivos suportados no período. Logo, tem-se:

$$\Delta GGFV_{(Pi)} = P_e \times q_p \times k_p - GGFV_e \Leftrightarrow \Delta GGFV_{(Pi)} = Q_o \times k_p - Q_e \times k_e$$

A determinação deste desvio através do resultado da soma do desvio-quantidade com o desvio-preço só faz sentido para gastos cuja identificação seja necessária e importante para efeitos de controlo como, por exemplo, o gasto com energia ou os subcontratos. Para estas situações o procedimento é equivalente ao adoptado no cálculo dos correspondentes desvios para o factor trabalho directo de produção.

---

[10] PINHEIRO PINTO, J. A., *Custos padrões*, Athena Editora, Porto, 1978, p. 57.

Desvio em gastos gerais de fabrico fixos (ΔGGFF). O desvio-gastos gerais de fabrico fixos é igual à diferença entre o custo padrão da produção de um determinado bem (P_i), num dado período, e o custo efectivo suportado nessa mesma produção, ou seja:

$$\Delta GGFF_{(Pi)} = GGFF_p - GGFF_e$$

Esta expressão representa implicitamente três tipos de desvios e cada um deles responde a uma questão sobre o custo padrão para produto fabricado em determinado período. As questões são:

1. Os recursos utilizados foram adquiridos ao custo padrão?
2. A produção foi suficiente para absorver os gastos gerais de fabrico fixos?
3. Os recursos adquiridos foram utilizados de modo a cumprir o objectivo da eficiência?

Cada uma das perguntas tem a resposta no cálculo de um desvio específico, ou seja, o desvio orçamental, o desvio capacidade e o desvio eficiência.

O <u>desvio orçamental ou cômputo</u> (Δorç.) é igual à diferença entre os GGFF padrão e os GGFF efectivos, cuja expressão se apresenta a seguir:

$$\Delta orç. = EGFF_p - EGFF_e \Leftrightarrow \Delta orç. = P_p \times q_p \times k_p - P_e \times q_e \times k_e \Leftrightarrow$$

$$\Leftrightarrow \Delta orç. = Q_p \times k_p - Q_e \times k_e$$

O cálculo isolado deste desvio não tem significado para a análise do desvio global ($\Delta GGFF_{(Pi)}$). A informação de que o gasto real foi maior ou menor do que o orçamento não explica as razões do desvio, por isso, é necessário calcular os desvios capacidade e eficiência para que o desvio orçamento faça sentido. Por outro lado, este desvio responde apenas à primeira questão colocada anteriormente.

O <u>desvio capacidade ou volume</u> (Δcap.) reflecte uma maior ou menor utilização da capacidade produtiva disponível (responde apenas à questão inicial: A produção foi suficiente para absorver os gastos gerais de fabrico fixos?).

Se for favorável significa que a utilização efectiva dessa capacidade foi superior à utilização programada ($P_e > P_p \rightarrow$ desvio favorável). Se for desfavorável significa que a utilização efectiva da capacidade foi inferior à programada ($P_e < P_p \rightarrow$ desvio desfavorável).

No entanto, uma maior utilização da capacidade pode ter sido efectuada à custa de uma menor eficiência, pelo que é necessário confrontar este desvio com o desvio eficiência para que a conclusão seja consistente.

Em todos os desvios figura, em primeiro lugar, o elemento padrão, depois, a subtrair, aparece o elemento real ou efectivo excepto no caso do desvio capaci-

CONTABILIDADE ANALÍTICA E DE GESTÃO

dade em que a produção efectiva surge primeiro sendo abatida da produção programada, porque é necessário manter o pressuposto de que é o sinal do desvio obtido que permite a conclusão sobre se esse desvio é favorável ou desfavorável.

O desvio capacidade representa então a diferença entre a produção efectiva e a produção programada valorizadas a custo padrão.

$$\Delta cap. = GGFF_e - GGFF_p \Leftrightarrow \Delta cap. = (P_e \times q_e - P_p \times q_p) \times k_p \Leftrightarrow$$

$$\Leftrightarrow \Delta cap. = (Q_e - Q_p) \times k_p$$

A taxa (k_p) ou o custo unitário padrão dos GGFF é dada pela relação entre os GGFF orçados ou orçamentados e a produção programada (P_p) ou nível de actividade prevista, isto é:

$$k_p = \frac{GGFF\ orçados}{P_p}$$

Depois do cálculo do desvio capacidade convém responder à terceira questão colocada inicialmente: será que a capacidade instalada foi eficientemente utilizada?

O desvio eficiência ($\Delta ef.$) demonstra a maior ou menor eficiência na utilização da capacidade produtiva, traduzindo por isso, a diferença entre o consumo padrão, em termos de GGFF, e o consumo efectivo.

$$\Delta ef. = (q_p \times P_e - q_e \times P_e) \times k_p \Leftrightarrow \Delta ef. = (Q_o - Q_e) \times k_p$$

Genericamente, o desvio eficiência é dado pela diferença entre a quantidade real utilizada do factor e a quantidade orçamentada desse mesmo factor necessária para obter o produto, ambas valorizadas ao preço orçamentado do factor.

O resultado da adição dos desvios orçamental, capacidade e eficiência representa o desvio-gastos gerais de fabrico fixos, isto é:

$$\Delta GGFF = \Delta orç. + \Delta cap. + \Delta ef.$$

$$\Delta GGFF = P_e \times q_p \times k_p - P_e \times q_e \times k_e \Leftrightarrow \Delta GGFF = Q_o \times k_p - Q_e \times k_e$$

Esta expressão fornece, para efeito de controlo do cálculo dos desvios, uma relação semelhante à dos outros desvios já estudados.

Finalmente pode ser calculado e analisado o desvio global, para o produto P_i, que é dado pelo resultado da adição dos quatro desvios estudados.

$$\Delta G_{(P_i)} = \Delta MP_{(P_i)} + \Delta TDP_{(P_i)} + \Delta GGFV_{(P_i)} + \Delta GGFF_{(P_i)}$$

Este desvio global é, então, a diferença entre o custo padrão da produção efectiva e o custo efectivo da produção do período, a que os custos padrões se reportam, ou seja:

$$\Delta G_{(P_i)} = (k_p \times q_p)_{(P_i)} \times P_{e_{(P_i)}} - (k_e \times q_e)_{(P_i)} \times P_{e_{(P_i)}}$$

Este desvio pode apresentar duas soluções possíveis, dependendo da relação entre o custo padrão $[(k_p \times q_p)_{(P_i)}]$ e do custo efectivo $[(k_e \times q_e)_{(P_i)}]$ do produto P_i no período considerado:

Quando $\Delta G_{(P_i)} > 0$ o desvio é favorável
Quando $\Delta G_{(P_i)} < 0$ o desvio é desfavorável

12.5. Uma visão global da análise dos desvios

A análise de custos permite constatar os desvios ocorridos e, portanto, facilita a identificação de possíveis irregularidades e ineficiências na utilização de recursos. Por outro lado, a análise dos desvios é muitas vezes utilizada para avaliar o desempenho. Comummente, nesta avaliação, são incluídos dois atributos, a eficácia e a eficiência ou a produtividade, conforme foi referido.

O conhecimento das causas dos desvios possibilita aos responsáveis tomar decisões no sentido de evitar os desvios constatados quando eles têm impacto desfavorável sobre o resultado da empresa.

Análise dos desvios em <u>matérias-primas</u>:

a) Desvio quantidade favorável

$$\Delta Q_{(MP)} > 0 \Leftrightarrow (Q_o - Q_e) \times k_p > 0 \Leftrightarrow (P_e \times q_p - P_e \times q_e) \times k_p > 0 \Leftrightarrow$$
$$\Leftrightarrow P_e (q_p - q_e) \times k_p > 0$$

Então, $q_p > q_e$

Este desvio favorável, com sinal positivo, significa que o consumo efectivo de factor, por unidade de produto, foi inferior ao consumo padrão, situação que beneficiou a empresa. Este efeito pode ter resultado da eficiente utilização ou melhor aproveitamento do factor matéria-prima e/ou na utilização de matérias de qualidade superior. Outras causas possíveis podem ser a qualidade da própria matéria e a produtividade do trabalho e do equipamento utilizados. O efeito positivo da utilização deste factor poderá ter impactos nos outros factores.

b) Desvio quantidade desfavorável

$$\Delta Q_{(MP)} < 0 \Leftrightarrow (Q_o - Q_e) \times k_p < 0 \Leftrightarrow (P_e \times q_p - P_e \times q_e) \times k_p < 0 \Leftrightarrow$$
$$\Leftrightarrow P_e (q_p - q_e) \times k_p < 0$$

Então, $q_p < q_e$

Nesta situação o consumo efectivo de matérias-primas, por unidade de produto, foi superior ao consumo padrão. Possivelmente isto resultou da utilização de matérias-primas de qualidade inferior e/ou devido a um aproveitamento pouco eficiente dessas matérias causado, por exemplo, por má utilização de equipamentos ou a trabalhadores pouco eficientes.

c) Desvio preço favorável

$$\Delta K > 0 \Leftrightarrow (k_p - k_e) \times Q_e > 0$$

Então, $k_p > k_e$

Este desvio, que tem um sinal positivo, significa que as matérias consumidas tiveram um preço efectivo inferior ao preço padrão, traduzindo, provavelmente, uma maior eficiência do departamento de compras e aprovisionamento. Porém, tal pode esconder a aquisição de matérias de qualidade inferior e por isso mais baratas.

d) Desvio preço desfavorável

$$\Delta K < 0 \Leftrightarrow (k_p - k_e) \times Q_e < 0$$

Então, $k_p < k_e$

Este desvio, que tem um sinal negativo, significa que as matérias consumidas tiveram um preço efectivo superior ao preço padrão. Isto pode significar alguma ineficácia da secção de compras quanto à escolha dos fornecedores e/ou à negociação dos melhores preços. Uma hipótese alternativa é a de que o preço mais elevado se deve à melhor qualidade das matérias. Nesta hipótese seria importante analisar o desvio quantidade da matéria-prima para apurar se o rendimento das matérias foi superior.

Análise dos desvios em trabalho directo de produção:

a) Desvio quantidade favorável

$$\Delta Q > 0 \Leftrightarrow (Q_o - Q_e) \times k_p > 0 \Leftrightarrow (P_e \times q_p - P_e \times q_e) \times k_p > 0 \Leftrightarrow$$

$$\Leftrightarrow P_e (q_p - q_e) \times k_p > 0$$

Então, $q_p > q_e$

O desvio quantidade em trabalho directo de produção (TDP) favorável (sinal positivo) significa que cada unidade de produto foi fabricada num tempo inferior ao tempo padrão, ou seja, o rendimento do trabalho foi superior ao esperado. As causas podem encontrar-se na utilização de trabalhadores mais qualificados, mas mais caros (para obter a contraprova deve analisar-se o desvio preço) e/ou em compensações, por parte da empresa, que motivaram os trabalhadores.

A VALORIZAÇÃO DA PRODUÇÃO A CUSTOS PREESTABELECIDOS

b) Desvio quantidade desfavorável

$$\Delta Q < 0 \Leftrightarrow (Q_o - Q_e) \times k_p < 0 \Leftrightarrow (P_e \times q_p - P_e \times q_e) \times k_p < 0 \Leftrightarrow$$
$$\Leftrightarrow P_e (q_p - q_e) \times k_p < 0$$

Então, $q_p < q_e$

Este desvio desfavorável (sinal negativo) equivale a uma menor produtividade do trabalho. As causas podem ter origem na utilização de trabalhadores menos qualificados e com falta de motivação e também numa deficiente organização do processo produtivo ou matéria-prima.

c) Desvio preço favorável

$$\Delta K > 0 \Leftrightarrow (k_p - k_e) \times Q_e > 0$$

Então, $k_p > k_e$

Um desvio favorável significa que o preço efectivo por unidade de tempo foi inferior ao padrão. Aparentemente, um desvio favorável é benéfico para a empresa. Mas, se a causa tiver origem, por exemplo, na utilização de TDP menos qualificado e, por isso, mais barato, os impactos podem sentir-se, quer no desvio quantidade do TDP que poderá ser desfavorável, quer na menor eficiência no aproveitamento das matérias-primas.

d) Desvio preço desfavorável

$$\Delta K < 0 \Leftrightarrow (k_p - k_e) \times Q_e < 0$$

Então, $k_p < k_e$

A situação presente pode ser analisada do mesmo modo que a anterior, mas se a causa for a utilização de TDP mais qualificado, logo mais caro, os impactos referidos serão positivos, ou seja, o desvio quantidade do TDP poderá ser favorável e o aproveitamento das matérias-primas ser eficiente.

Análise dos desvios em gastos gerais de fabrico: Δorçamento, ΔCapacidade e ΔEficiência.

O desvio orçamento (Δorç.) apenas significa que os gastos gerais de fabrico efectivos foram diferentes dos gastos gerais de fabrico orçamentados. A diferença pode ter várias causas e por isso, deve ser complementada com a análise do desvio capacidade e do desvio eficiência.

O desvio capacidade (Δcap.) reflecte uma maior ou menor utilização da capacidade produtiva disponível, sendo favorável quando a utilização efectiva é superior à utilização programada e desfavorável em caso inverso. No entanto, a maior utilização da capacidade pode ter sido efectuada à custa duma menor eficiência, pelo que é necessário confrontar este desvio com o desvio eficiência.

391

CONTABILIDADE ANALÍTICA E DE GESTÃO

O desvio eficiência (Δef.) reflecte a maior ou menor eficiência com que foi utilizada a capacidade produtiva traduzindo, em última instância, a diferença entre o consumo padrão, em termos de gastos gerais de fabrico, e o consumo efectivo.

O desvio-gastos gerais de fabrico fixos traduz a diferença entre o valor da produção efectiva avaliada a custos padrões e a mesma produção avaliada a custos efectivos, ou seja, a diferença entre os custos que deveriam ter sido e os custos que foram suportados.

12.6. Potencialidades do custo padrão – valorização, tomadas de decisão e controlo

Quando se utiliza o sistema de custos padrões para valorizar os stocks (inventários) de produtos fabricados e de produtos em curso de fabrico e para determinar o custo das vendas, com o objectivo de produzir relatórios de gestão, estes cálculos tornam-se extraordinariamente mais simples e esta simplicidade permite uma redução dos custos administrativos.

O processo de tomada de decisões na empresa tem de se apoiar em informação contabilística, obtida através do registo (passado), análise (presente) e previsão (futuro) da realidade económica. A utilização de sistemas de custo padrão permite verificar se o montante dos custos suportados coincide com as previsões e, por isso, a atenção da gestão está concentrada nas variações de custos, porque essas variações funcionam como instrumento de medida da eficiência empresarial.

Os sistemas de custos padrões utilizam estimativas pormenorizadas de cada um dos elementos que integram o custo de produção e permitem à gestão saber: 1) Qual é o custo padrão ou teórico, ou seja, o custo previsto do consumo de um factor para um determinado produto, e qual é o custo efectivo ou real desse produto; e 2) Quais são as causas das diferenças ou desvios que se possam verificar, entre o custo padrão e o custo efectivo, para que se tomem medidas correctivas em tempo real.

Os custos padrões não substituem os custos históricos, pelo contrário, são complementares. A comparação entre ambos proporciona uma informação valiosa para que os gestores consigam identificar quando e quais as razões que motivaram diferenças, mais ou menos significativas, entre o custo real e o custo padrão ou entre o desempenho efectivo e a previsão desse desempenho.

Em síntese apresentam-se as principais vantagens resultantes da existência de sistemas de custo padrão nas empresas: 1) Os valores predeterminados podem ser comparados com os custos reais sendo possível apurar a amplitude das variações ou desvios; 2) A tomada de decisões implica ter informação que possibilite adquirir experiência e conhecimento para prever o futuro; 3) Os responsáveis dos centros de custos, através do cálculo dos desvios, têm mais facilidade em observar os custos controláveis (trata-se de gestão por excepção); 4) O cálculo previsional do custo dos produtos ou das encomendas é possível; 5) O apuramento dos desvios pode evidenciar pontos críticos que facilitem a elaboração de um programa de redução de custos; 6) A simplificação de determinados trabalhos administrativos rotineiros; 7) A constituição de um banco de informações que pode facilitar a tomada de decisão e a elaboração de planos e programas; 8) O apuramento de resultados a custo padrão é simplificado.

As potencialidades deste sistema permitem também avaliar o desempenho dos centros de responsabilidade e dos responsáveis desses centros e ainda medir a variação dos custos uma vez que o custo padrão funciona como um instrumento de medida. Possibilita ainda reduzir os custos do trabalho directo de produção e dos gastos gerais de fabrico, dado que a sua implementação é acompanhada, normalmente, da padronização das operações fabris e dos procedimentos contabilísticos e administrativos.

As organizações como um todo (os trabalhadores e as chefias) podem constatar, em tempo real, a importância das operações eficientes para que, através de esforços concentrados, os custos possam ser reduzidos.

A utilização dum sistema de custos padrões possibilita o controlo dos custos, embora realizado *a posteriori*. Além disso, se o custo padrão for utilizado para fixar os preços de transferência entre as diversas secções ou departamentos e, tratando-se de um grupo de empresas, entre as diversas entidades do grupo, pode funcionar como um instrumento motivador para a melhoria do desempenho.

O processo de controlo de gestão inclui, além de outros, o controlo de custos e a gestão dos centros de actividade. Assim, o controlo de custos efectuado pelas empresas com base no custo padrão permite-lhes: 1) Planificar a sua actividade em quantidades e em valores; e 2) Efectuar comparações com os resultados reais obtidos.

A forma mais antiga de controlo consiste em comparar os resultados de um dado período com os do período anterior. Esta comparação pode ser efectuada a partir das contas de exploração ou entre centros de responsabilidade. No caso da contabilidade de custos a comparação deve ser efectuada entre centros de custos ou entre cada uma das componentes do custo de produção, quando o controlo se centrar apenas nos custos.

A comparação entre actividades planeadas e realizadas e a análise dos respectivos desvios é importante para alimentar o sistema de informação (*feedback*) que irá suportar eventuais medidas de correcção das actividades do modelo adoptado, a escolha de um novo modelo para as actividades quando o anterior for ineficaz e a própria revisão do método de previsão, se o que vem sendo adoptado se revelar pouco ajustado à realidade.

O sistema de custos padrão pode ser utilizado, quer no método directo designado também por "custos específicos", quer no método indirecto onde os custos são calculados por processos. A sua adopção pelas empresas mais dinâmicas atribui-se ao facto do sistema de custos padrão representar um instrumento efectivo de controlo de gestão, mesmo que esse controlo ocorra apenas no fim do processo.

12.7. O registo contabilístico em sistema de custos padrões

O esquema de representação da Figura 12.4. (inserida na página seguinte) mostra o registo, na conta de Fabricação, dos desvios apurados, em determinado período, numa unidade transformadora. No entanto, há autores que defendem que os desvios devem ser determinados o mais cedo possível no ciclo de produção (ver por exemplo GRAY e RICKETTS, 1982[11]). Neste sentido, propõem que seja adoptado o momento da compra, do factor matérias-primas, para apurar os desvios, porém, nesta fase, o único desvio que pode ser determinado é o desvio preço. Adoptando esse procedimento, a valorização das matérias-primas à entrada em armazém é efectuada já a custo padrão, logo os desvios são apurados na conta de Compras dado que o desvio é determinado nesta fase. Assim, neste caso, a compra é registada a custo efectivo, mas como a entrada em armazém é realizada a custo padrão o registo da transferência é efectivado a este custo, representando a diferença o respectivo desvio.

A observação do esquema apresentado na Figura 12.4. permite notar que o consumo de factores, para a produção efectiva, é registado a custos efectivos e a produção terminada é valorizada a custos padrão. A diferença encontrada representa o desvio global, ou seja, o somatório dos vários desvios nos factores produtivos em relação ao produto (P_i). Este desvio traduz-se pela seguinte equação:

$$\Delta G_{(P_i)} = k_{p_{(P_i)}} \times P_{e_{(P_i)}} - k_{e_{(P_i)}} \times P_{e_{(P_i)}}$$

---

[11] GRAY, J. e RICKETTS, D., *Cost and Managerial Accounting*, McGraw-Hill International Edition, 1982, p.223.

Figura 12.4. – Apuramento de desvios

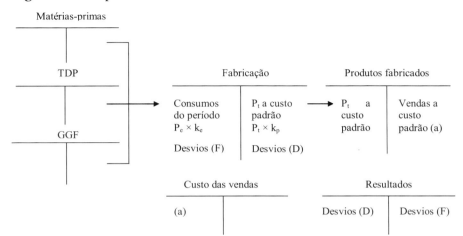

12.8. O controlo *a posteriori* e o controlo de gestão

O controlo da empresa ou controlo organizacional exerce-se por intermédio de um sistema de controlo de execução, do controlo de gestão e do controlo estratégico. Estes três dispositivos são complementares porque visam decisões e horizontes diferentes e implicam pessoas e níveis hierárquicos distintos (BOUQUIN, 1991)[12].

A finalidade dos sistemas de controlo de gestão é influenciar o comportamento dos colaboradores e com isso aumentar a probabilidade de que os objectivos da organização sejam atingidos.

O resultado do controlo considera as fases seguintes: 1) Estabelecer medidas de desempenho que minimizem comportamentos indesejáveis; 2) Definir objectivos de desempenho; 3) Medir o desempenho; 4) Fixar recompensas e punições.

O controlo *a priori* passa por estabelecer um diagnóstico da situação da empresa; decompor objectivos quantificados; decidir a afectação dos recursos escassos; ajustar o sistema de motivação dos colaboradores; e controlar a sua acção ou comportamento. Assim, tem de acompanhar a situação em curso de processamento e o emprego dos recursos e proceder a ajustamentos enquanto é possível, o que implica a observação directa das acções e dos seus efeitos como, por exemplo, a medida económica dos efeitos das decisões tomadas. Por outro lado, em caso de necessidade, tem de aplicar medidas preventivas sobre os meios utilizados, sobre as pessoas que estão a actuar, sobre os acontecimentos que condicionam o cumprimento dos objectivos e sobre os objectivos fixados.

---

[12] BOUQUIN, H., *Le Contrôle de Gestion*, 2eme Édition, Presses Universitaires de France (PUF), 1991, p.15.

CONTABILIDADE ANALÍTICA E DE GESTÃO

No controlo *a posteriori*, uma vez terminada a acção, o desempenho será avaliado e retiradas as consequências. Esta avaliação apoia-se normalmente na comparação entre: a) os resultados obtidos e os recursos ou meios empregues; b) os objectivos visados e os meios inicialmente previstos.

O processo de controlo de gestão inclui como principais etapas, fixar objectivos, planear e acompanhar os resultados. Os custos e as suas decomposições aparecem como componentes dominantes de controlo dos grandes subsistemas funcionais da empresa como sejam as compras, a fabricação, a distribuição e a administração.

A utilização de um sistema de custos padrões representa uma forma de controlo *a posteriori* que contém insuficiências e, por isso, não está isento de críticas. Por isso, referem-se os principais inconvenientes e os seus limites:

1. A validade dos custos padrões, o que representa pôr em causa o significado dos desvios;

2. A rigidez do método, na medida em que pode não se adaptar às mudanças e revisões frequentes;

3. A dificuldade na distinção dos elementos controláveis e não controláveis o que implica questionar a responsabilidade sobre os desvios;

4. Os custos induzidos pela implantação e pelas revisões do sistema;

5. A dificuldade de adaptação dos colaboradores.

Controlar os custos significa dominar, no sentido de conhecer bem, e não apenas de verificar esses custos. A verificação representa apenas uma das condições do domínio. Para que a verificação tenha utilidade é necessário reunir primeiro as condições para que se conheçam os custos, caso contrário a verificação está votada ao fracasso. Mas, para que o conhecimento dos custos seja real não se pode deixar de proceder à verificação logo, o controlo *a priori* e o controlo *a posteriori* são complementares e inseparáveis.

Para competirem e conseguirem sucesso as empresas têm de adoptar uma filosofia de melhoria contínua que assente em preocupações como reduzir custos, eliminar desperdícios e melhorar a qualidade e o desempenho das actividades que acrescentam valor para o cliente ou aumentam a sua satisfação. O objectivo é descobrir como podem ser melhorados os processos e as actividades.

Para facilitar essa descoberta existe o mecanismo da análise comparativa (*benchmark*) que está associado à ideia de controlo e aprendizagem na medida em que é um ponto de referência, a melhor norma ou padrão, desde que esteja disponível, com o qual se podem estabelecer comparações e promover melhorias.

Idealmente a análise comparativa deve envolver uma centralização no exterior da empresa, nas melhores práticas, nos últimos desenvolvimentos e em modelos exemplares que possam ser incorporados nas várias operações internas. Portanto, representa o melhor apoio para que as empresas obtenham elevados padrões de competitividade. Além disso, é considerada uma técnica, que vem sendo crescentemente adoptada, de melhoria contínua, ou seja, um processo contínuo de medida dos bens e serviços ou das actividades de uma determinada empresa por comparação com outras organizações (tanto podem ser interiores como exteriores à empresa em causa) que, para este efeito, são consideradas as melhores quanto ao nível de desempenho.

EXERCÍCIOS DE APLICAÇÃO[13] (A valorização da produção a custos preestabelecidos)

EXERCÍCIO Nº 1

Uma unidade industrial de produção uniforme integra um processo produtivo segmentado, constituído por diversos centros, e releva a sua contabilidade a custos padrões.

Os stocks (inventários) da unidade industrial, expressos a custo padrão, são os seguintes em 31.DEZ. do ano "N" (valores em €):

	Produtos em curso de fabrico	Produtos fabricados
Matérias-primas	225 000,00	180 000,00
Trabalho directo de produção	22 500,00	60 000,00
Gastos gerais de fabrico	45 000,00	120 000,00
TOTAL	292 500,00	360 000,00

Antes da regularização dos stocks (inventários), os gastos (custos) e rendimentos (proveitos) desta unidade industrial eram os seguintes em 31.DEZ. do ano "N" (valores em €):

---

[13] A resolução de alguns dos exercícios propostos tem subjacente apenas o grau de dificuldade dos mesmos.

CONTABILIDADE ANALÍTICA E DE GESTÃO

Vendas				2 700 000,00
Custo das vendas	Matérias-primas	900 000,00		
	TDP	300 000,00		
	GGF	600 000,00	1 800 000,00	
Desvios	Matérias-primas	76 200,00		
	TDP	76 500,00		
	GGF	(49 500,00)	103 200,00	1 903 200,00
Resultado bruto				796 800,00
Gastos de distribuição	Gastos com pessoal	84 000,00		
	Comissões	216 000,00		
	Transporte de produtos	54 000,00		
	Diversos	21 000,00	375 000,00	
Gastos administrativos			150 000,00	525 000,00
Resultado operacional				271 800,00
Outros rendimentos	Abatimentos em compras		24 000,00	
	Vendas de refugos		27 000,00	51 000,00
Resultado antes impostos				322 800,00

Os abatimentos ocorreram no momento da aquisição das matérias-primas. A estimação dos refugos está compreendida no custo padrão dos gastos gerais de fabrico (GGF). Os refugos não podem ser atribuídos a nenhuma actividade ou serviço em particular.

PEDIDOS:

1. Calcular o custo efectivo dos produtos fabricados (utilizar um quadro adequado que deverá compreender os custos das matérias-primas, do TDP e dos GGF).
2. Comparar o valor dos stocks (inventários) finais a custo padrão e a custo efectivo para cada um dos factores de produção.
3. Explicar qual o interesse prático de, no sistema de custos padrão, proceder ao apuramento dos respectivos desvios.

A VALORIZAÇÃO DA PRODUÇÃO A CUSTOS PREESTABELECIDOS

EXERCÍCIO Nº 2 (Resolvido parcialmente)

Informação de enquadramento

A unidade industrial ALFA, SA fabrica brinquedos que são distribuídos a nível nacional. A administração da empresa acaba de estabelecer, para controlar os custos, o seguinte sistema de custos padrão:

	q_p	k_p (€)	$q_p \times k_p$ (€)
Matérias-primas	12 UF	1,68/UF	20,16
TDP	2 horas	8,25/h	16,50

Informação relativa ao mês de Dezembro do ano "N"

Produção terminada: 1 000 unidades de produto.

Consumo/custos dos factores:

Matérias-primas:	14 000 UF no valor de € 21 420,00
TDP:	€ 24 000,00

Número de horas de trabalho directo de produção: 2 500 horas
Stocks (inventários) iniciais e finais: nulos.

PEDIDOS:

1. Calcular os desvios nos factores matérias-primas e trabalho directo de produção (TDP).
2. Elaborar, para a administração, uma explicação sucinta do significado dos desvios.

EXERCÍCIO Nº 3

Informação de enquadramento

A unidade industrial ALFA, SA fabrica, em regime de produção múltipla, os produtos P_1, P_2 e P_3 e adopta o sistema de custos padrões para valorizar a sua produção. O processo produtivo desta unidade integra dois segmentos aos quais correspondem os centros principais A e B.

No Centro A fabricam-se os produtos P_1 e P_2 que, quando terminados, podem transitar para o Centro B (dando lugar à fabricação de P_3) ou ser enviados

CONTABILIDADE ANALÍTICA E DE GESTÃO

para o armazém de produtos fabricados para posterior venda. Neste centro, no início do processo produtivo, é incorporada a matéria M_1, ao custo padrão de € 2,50/kg, destinando-se 1 kg para cada unidade de P_1 e 3 kg para cada unidade de P2. A elaboração de uma unidade de P_2 demora 20 minutos, correspondendo ao dobro do tempo que demora a elaboração de uma unidade de P_1.

No Centro B, com base na mistura de 2 UF de P_1 e 1 UF de P_2, é fabricado o produto P_3 demorando a sua elaboração 30 minutos. Neste centro é também incorporada a matéria M_2, linearmente entre 30% e 60% do processo produtivo, sendo o consumo padrão unitário de 3 kg ao preço de € 1,00/kg. A produção programada para este centro foi de 41 000 unidades.

O preço de venda dos produtos é fixado com uma margem de lucro bruta de 60% sobre o preço de venda.

Informação relativa a um determinado mês

Produtos em curso de fabrico (PCF):

Iniciais	P_1 – 1 000 UF com 50% de acabamento, no valor de € 3 250,00
	P_3 – 3 000 UF com 40% de acabamento, no valor de € 66 420,00
Finais	P_3 – 6 000 UF com 30% de acabamento

Consumos/custos:

Centro A	Centro B
M_1 – 235 000 kg, valor de € 595 000,00	M_2 – 116 000 kg, valor de € 114 840,00
Custo de conversão (CT) – € 285 000,00	TDP – 20 000 horas no valor de € 120 000,00
	GGF – € 148 600,00

O desvio capacidade no CB foi desfavorável de € 3 600,00.

Vendas: P_1: 10 000 UF P_2: 5 000 UF P_3: 40 000 UF

Variação dos stocks (inventários) de produtos fabricados:
    P_1 e P_3: nula P_2: negativa de 1 000 UF

Os gastos comerciais suportados no mês foram de € 364 950,00.

PEDIDOS:

1. Elaborar a ficha de custo padrão de P_3.
2. Calcular os desvios verificados na incorporação dos factores no Centro B.
3. Registar, em dispositivo "T", todo o movimento do período incluindo o apuramento do resultado líquido, em sistema duplo contabilístico.
4. Explicar quais as alterações que devem ser aplicadas no custo padrão de P_3 e no respectivo preço de venda se, a meio do processo produtivo no centro

A, for efectuado o controlo de qualidade e admitindo que a taxa normal dos defeituosos apurados é de 5% e que a recuperação da matéria-prima é de 40% da produção defeituosa.

EXERCÍCIO Nº 4 (Resolvido)

Informação de enquadramento

Uma unidade industrial de produção uniforme (produção do único produto P), num processo integrado por dois segmentos a que correspondem dois centros de produção (A e B), calcula o custo de produção pelo sistema de custos padrões.

Na fabricação são incorporadas as matérias-primas M_1 e M_2, sendo M_1 incorporada no início do processo de fabrico no centro A e M_2 a 60% do processo no centro B.

O custo de conversão (transformação) é incorporado linearmente ao longo dos dois segmentos.

A produção programada para determinado período (mês) foi de 42 000 UF.

A ficha de custo padrão para o produto é a seguinte (valores em €):

Centros	Factores	q_p	k_p	$q_p \times k_p$
A	M_1	5 kg	0,72/kg	3,60
	TDP	10 min.	9,00/h	1,50
	GGF	10 min.	12,00/h	2,00
B	M_2	2 kg	0,80/kg	1,60
	TDP	8 min.	9,60/h	1,28
	GGF	8 min.	10,80/h	1,44

Informação relativa a um determinado mês

Produtos em curso de fabrico (PCF):

Iniciais	Centro B: 6 000 UF com 50% de acabamento
Finais	Centro A: 4 500 UF com 60% de acabamento Centro B: 7 500 UF com 80% de acabamento

Produção transferida para o Centro B: 39 000 UF.

Consumos/custos do período:

Matérias-primas:	M_1: 216 800 kg a € 0,73/kg	M_2: 90 000 kg a € 0,79/kg
TDP:	Centro A: 6 950 horas a € 9,03/h	Centro B: 5 500 horas a € 9,70/h
GGF:	Centro A: € 84 150,00	Centro B: € 61 500,00

PEDIDOS:

1. Apurar, classificar e analisar os desvios verificados no custo de produção.
2. Registar, em dispositivo "T", os movimentos das contas de Fabricação centros A e B.
3. Efectuar, em dispositivo "T" e em sistema duplo contabilístico, todo o movimento do mês considerando que toda a produção terminada foi vendida com uma margem de 40% sobre o preço de venda.

EXERCÍCIO Nº 5

Informação de enquadramento

Uma unidade industrial de produção múltipla (P_1 e P_2), em processo produtivo não segmentado, processa a sua contabilidade a custos padrões.

A incorporação de factores ocorre do seguinte modo:		
	P_1	**P_2**
Matéria M_1, no início do processo de fabrico (kg)	2,5	3
Matéria M_2, no ponto 60% do processo (kg)	1	1,2
TDP, linearmente ao longo do processo (minutos)	10	12
GGF, linearmente ao longo do processo (minutos)	10	12

Os custos unitários estimados dos factores em EUROS (€) são os seguintes:

M_1 – 2,40/kg	M_2 – 4,80/kg	TDP – 18,00/h (taxa horária)	GGF – 12,00/h (taxa hora)

Informação relativa a um determinado mês

Produtos em curso de fabrico:

Iniciais	P_1 – 7 500 UF com 20% de acabamento
	P_2 – 12 000 UF com 75% de acabamento
Finais	P_1 – 6 000 UF com 50% de acabamento
	P_2 - 15 000 UF com 30% de acabamento

Produção terminada: P_1 – 30 000 UF P_2 – ?

A VALORIZAÇÃO DA PRODUÇÃO A CUSTOS PREESTABELECIDOS

Consumos/custos no período:

Matérias-primas:	M_1 – 310 800 kg por € 752 136,00	M_2 – 105 600 kg por € 502 656,00
TDP:	19 000 horas por € 341 240,00	
GGF:	€ 219 000,00	

O desvio quantidade em termos do factor M_2 foi nulo.

O desvio orçamental foi favorável e igual a € 1 000,00.

PEDIDOS:

1. Elaborar as fichas dos custos padrões.
2. Calcular e analisar os desvios verificados no custo de produção.
3. Efectuar o registo contabilístico, em dispositivo "T", de todo o movimento do mês.

EXERCÍCIO Nº 6 (Resolvido)

Informação de enquadramento

Uma unidade industrial fabrica, em regime de produção múltipla, os produtos P_1 e P_2, num processo produtivo segmentado, a que correspondem os centros principais A e B, e adopta o sistema de custos padrões para determinar o custo de produção.

No centro A são fabricados os produtos P_1 e P_2 através da utilização da matéria-prima M_1 que é incorporada no início do processo produtivo. O produto P_2 pode ser vendido como tal ou ser transferido para o centro B.

No centro B os dois produtos (P_1 e P_2) são misturados dando origem, depois de embalados em sacos de 1 kg, ao produto P_3. Os sacos, que constituem a matéria designada M_2, são incorporados a 50% do processo produtivo neste centro.

Para a elaboração das fichas de custos padrões tem-se a seguinte informação:

Factores	P_1	P_2	P_3
M_1 (g)	250	500	-
TDP (minutos)	20	30	30
P_1 (UF)	-	-	2
P_2 (UF)	-	-	1

CONTABILIDADE ANALÍTICA E DE GESTÃO

Outra informação:

	Centro A	**Centro B**
Taxa horária – TDP (€)	6,30	9,00
Valor dos GGF	50% sobre TDP	60% sobre TDP
Embalagens (sacos) – M_2	Custo unitário padrão de € 0,30	

Informação relativa a um determinado mês

	Centro A	**Centro B**
Produção programada	90 000 UF de P_1 ou equivalente	23 000 kg de P_3
O desvio quantidade em M_1 foi desfavorável no montante de € 150,00		
Vendas de P_2 – 10 200 UF a € 14,25/UF		
Variação dos stocks (inventários) de produtos fabricados: P_2 – (1 000) UF P_3 – 2 000 kg		

Produtos em curso de fabrico:

Iniciais	Centro A	P_2: 2 000 UF com 25% de acabamento
	Centro B	P_3: 1 000 kg com 40% de acabamento
Finais	Centro A	P_1: 2 000 UF com 50% de acabamento
		P_2: 1 000 UF com 50% de acabamento
	Centro B	P_3: 1 800 kg com 60% de acabamento

Consumos/custos no período:

Matérias-primas:	M_1: 24 410 kg a € 14,95/kg	M_2 (sacos): 20 800 UF, € 6 552,00
	Centro A	**Centro B**
TDP:	28 000 horas, € 176 400,00	10 400 horas, € 93 600,00
GGF:	28 000 horas, € 89 600,00	10 400 horas, € 62 400,00

PEDIDOS:

1. Calcular, classificar e analisar os desvios em cada um dos centros produtivos.
2. Registar, em dispositivo "T", o movimento nas contas de Fabricação centros A e B.

RESOLUÇÃO de alguns dos exercícios propostos para este capítulo

Resolução do exercício nº 2

Resolução do pedido 1)

Apuramento dos desvios

M_1	$\Delta Q = (Q_0 - Q_e) \times k_p = (12\,000 - 14\,000) \times 1,68 =$	(3 360,00)
	$\Delta K = (k_p - k_e) \times Q_e = (1,68 - 1,53) \times 14\,000 =$	2 100,00
	ΔG em M_1 – desfavorável	(1 260,00)
TDP (a)	$\Delta Q = (H_0 - H_e) \times t_p = (2\,000 - 2\,500) \times 8,25 =$	(4 125,00)
	$\Delta t = (t_p - t_e) \times H_e = (8,25 - 9,60) \times 2500 =$	(3 375,00)
	ΔG em TDP – desfavorável	(7 500,00)
	$\Delta G = G_{(MI)} + G_{(TDP)}$ – desfavorável	**(8 760,00)**

(a)   Pode usar-se os mesmos símbolos do desvio matérias

Resolução do exercício nº 4

Resposta ao pedido 1)

Cálculo da produção efectiva (P_e) no CA

	UF	M_1		CT	
		GA	UEA	GA	UEA
P_t	39 000	1	39 000	1	39 000
S_f (PCF)	4 500	1	4 500	0,6	2 700
P_e			43 500		41 700

Cálculo da produção efectiva (P_e) no CB

Descrição	UF	P		M_2		CT	
		GA	UEA	GA	UEA	GA	UEA
P_t	37 500	1	37 500	1	37 500	1	37 500
S_f (PCF)	7 500	1	7 500	1	7 500	0,8	6 000
			45 000		45 000		43 500
S_i (PCF)	6 000	1	(6 000)	-	-	0,5	(3 000)
P_e			39 000		45 000		40 500

CONTABILIDADE ANALÍTICA E DE GESTÃO

Apuramento dos desvios no CA:

M_1:	$\Delta Q = (Q_o - Q_e) \times k_p = (43\,500 \times 5 - 216\,800) \times 0,72 =$	504,00
	$\Delta K = (k_p - k_e) \times Q_e = (0,72 - 0,73) \times 216\,800 =$	(2 168,00)
	$\Delta G\ (M_1)$ – desfavorável	(1 664,00)
TDP:	$\Delta Q = (H_o - H_e) \times t_p = [41\,700 \times (10 \div 60) - 6\,950] \times 9,00 =$	0,00
	$\Delta K = (t_p - t_e) \times H_e = (9,00 - 9,03) \times 6\,950 =$	(208,50)
	$\Delta G\ (TDP)$ – desfavorável	(208,50)
GGF:	$\Delta Orç. = GGFF_p - GGFF_e = 42\,000 \times 2,00 - 84\,150,00 =$	(150,00)
	$\Delta Cap. = GGFF_e - GGFF_p = [6\,950 - 42\,000 \times (10 \div 60)] \times 12,00 =$	(600,00)
	$\Delta Ef. = (Q_o - Q_e) \times k_p = [41\,700 \times (10 \div 60) + 6\,950] \times 12,00 =$	0,00
	$\Delta G\ (GGF)$ – desfavorável	(750,00)
	ΔG no Centro A – desfavorável	**(2 622,50)**

Apuramento dos desvios no CB:

M_2:	$\Delta Q = (45\,000 \times 2 - 9\,000) \times 0,80 =$	0,00
	$\Delta K = (0,80 - 0,79) \times 9\,000 =$	900,00
	$\Delta G\ (M_2)$ – favorável	900,00
TDP:	$\Delta Q = [40\,500 \times (8 \div 60) - 5\,500] \times 9,60 =$	(960,00)
	$\Delta K = (9,60 - 9,70) \times 5\,500 =$	(550,00)
	$\Delta G\ (TDP)$ – desfavorável	(1 510,00)
GGF:	$\Delta Orç. = (42\,000 \times 1,44 - 61\,500,00) =$	(1 020,00)
	$\Delta Cap. = [5\,500 - 42\,000 \times (8 \div 60)] \times 10,80 =$	(1 080,00)
	$\Delta Ef. = [40\,500 \times (8 \div 60) - 5\,500] \times 10,80 =$	(1 080,00)
	$\Delta G\ (GGF)$ – desfavorável	(3 180,00)
	ΔG no Centro B – desfavorável	**(3 790,00)**

Resposta ao pedido 2)

Fabricação CA			
CR – M_1	158 264,00	Fabricação C_B	276 900,00
CR – TDP	62 758,50	Resultados analíticos	
CR – GGF	84 150,00	Desvios	2 622,50
		CR – S_f (PCF)	25 650,00
	305 172,50		305 172,50

CR – Contas reflectidas (implícito o uso sistema duplo contabilístico)

406

A VALORIZAÇÃO DA PRODUÇÃO A CUSTOS PREESTABELECIDOS

Cálculos auxiliares do CA:

Custo de M_1:	216 800 kg × 0,73 = 158 264,00
Custo do TDP:	6 950 h × 9,03 = 62 758,50

Custo da produção terminada (P_t):	
Transferida para o centro B:	P − 39 000 × (3,60 + 1,50 + 2,00) = 276 900,00

Mensuração dos stocks (inventários):	
S_f (PCF) − 4 500 × [3,60 + 0,6 × (1,50 + 2,00)] = 25 650,00	

Fabricação CB			
CR − S_i (PCF)	50 760,00	Produtos fabricados	428 250,00
Fabricação CA	276 900,00	Resultados analíticos	
CR − M_2	71 100,00	Desvios	3 790,00
CR − TDP	53 350,00	CR − S_f (PCF)	81 570,00
CR − GGF	61 500,00		
	513 610,00		513 610,00

CR − Contas reflectidas (implícito o uso sistema duplo contabilístico)

Cálculos auxiliares do CB:

Custo de M_2:	90 000 kg × 0,79 = 71 100,00
Custo do TDP:	5 500 h × 9,70 = 53 350,00

Custo da produção terminada (P_t) de P:	
Transferida para armazém:	37 500 × (7,10 + 4,32) = 428 250,00

Mensuração dos stocks (inventários):	
S_i (PCF) − 6 000 × [7,10 + 0,5 × (1,28 + 1,44)] = 50 760,00	
S_f (PCF) − 7 500 × [7,10 + 1,60 + 0,8 × (1,28 + 1,44)] = 81 570,00	

Resolução do exercício nº 6

Cálculo da produção efectiva (P_e) de P_3 no CB

Descrição	UF	P_1/P_2		M_2 (sacos)		CT	
		GA	UEA	GA	UEA	GA	UEA
P_t	19 000	1	19 000	1	19 000	1	19 000
S_f (PCF)	1 800	1	1 800	1	1 800	0,6	1 080
			20 800		20 800		20 080
S_i (PCF)	1 000	1	(1 000)	−	−	0,4	(400)
P_e			19 800		20 800		19 680

CONTABILIDADE ANALÍTICA E DE GESTÃO

A produção terminada do CB é obtida a partir da P_e de P_3 em termos de M_2 (20 800 kg)

Vendas do período: $P_2 = 10\ 200$ UF (dado) $P_3 = 19\ 000 - 2\ 000 = 17\ 000$ UF

| Cálculo da produção terminada (P_t) no CA | $P_1 - 19\ 800$ UF $\times 2 = 39\ 600$ UF |
| | $P_2 - 19\ 800 \times 1 + (10\ 200 - 1\ 000) = 29\ 000$ UF |

Cálculo da produção efectiva (P_e) de P_1 e P_2 no CA

Descrição		UF	M_1		CT	
			GA	UEA	GA	UEA
P_1	P_t	39 600	1	39 600	1	39 600
	S_f (PCF)	2 000	1	2 000	0,5	1 000
	P_e			41 600		40 600
P_2	P_t	29 000	1	29 000	1	29 000
	S_f (PCF)	1 000	1	1 000	0,5	500
				30 000		29 500
	S_i (PCF)	2 000	1	(2 000)	0,25	(500)
	P_e			28 000		29 000

Ficha do custo padrão do CA – P_1 e P_2

Factores	P_1			P_2		
	q_p	k_p	$q_p \times k_p$	q_p	k_p	$q_p \times k_p$
M_1 (kg)	0,25	15,00	3,75	0,5	15,00	7,500
TDP (min.)	20	6,30	2,10	30	6,30	3,150
GGF (min.)	20	3,15	1,05	30	3,15	1,575
			6,90			12,225

Cálculo do custo padrão do factor M_1:
$(41\ 600 \times 0,25 + 28\ 000 \times 0,5 - 24\ 410) \times k_p = (150,00)$, logo $k_p = €\ 15,00$

Ficha do custo padrão do CB – P_3

Factores	q_p	k_p	$q_p \times k_p$
P_1 (kg)	2	6,900	13,800
P_2 (kg)	1	12,225	12,225
TDP (min.)	30	9,000	4,500
GGF (min.)	30	5,400	2,700
Saco	1	0,300	0,300
			33,525

408

A VALORIZAÇÃO DA PRODUÇÃO A CUSTOS PREESTABELECIDOS

Apuramento dos desvios no CA:

M_1:	$\Delta Q = (Q_o - Q_e) \times k_p =$	(150,00)
	$\Delta K = (k_p - k_e) \times Q_e = (15,00 - 14,95) \times 24\,410 =$	1 220,50
	$\Delta G\ (M_1)$ – favorável	1 070,50
TDP:	$\Delta Q = (H_o - H_e) \times t_p = [(40\,600 \times 20 + 29\,000 \times 30) - 28\,000 \times 60] \times 0{,}105 =$	210,00
	$\Delta K = (t_p - t_e) \times H_e = (6{,}30 - 6{,}30) \times 28\,000 =$	0,00
	$\Delta G\ (TDP)$ – favorável	210,00
GGF:	$\Delta Or\varsigma. = GGFF_p - GGFF_e = 90\,000 \times (20 \div 60) \times 3{,}15 - 89\,600{,}00 =$	4 900,00
	$\Delta Cap. = GGFF_e - GGFF_p = [28\,000 - 90\,000 \times (20 \div 60)] \times 3{,}15 =$	(6 300,00)
	$\Delta Ef. = (Q_o - Q_e) \times k_p = [(40\,600 \times 20 + 29\,000 \times 30) - 28\,000 \times 60] \times 0{,}0525 =$	105,00
	$\Delta G\ (GGF)$ – desfavorável	(1 295,00)
	ΔG no Centro A – desfavorável	**(14,50)**

Apuramento dos desvios no CB:

M_2 (sacos):	$\Delta Q = (Q_o - Q_e) \times k_p =$	0,00
	$\Delta K = [0{,}30 - (6\,552{,}00 \div 20\,800)] \times 20\,800 =$	(312,00)
	$\Delta G\ (M_2)$ – desfavorável	(312,00)
TDP:	$\Delta Q = [19\,680 \times (30 \div 60) - 10\,400] \times 9{,}00 =$	(5 040,00)
	$\Delta K = [9{,}00 - (93\,600{,}00 \div 10\,400)] \times 10\,400 =$	0,00
	$\Delta G\ (TDP)$ – desfavorável	(5 040,00)
GGF:	$\Delta Or\varsigma. = 23\,000 \times 2{,}70 - 62\,400{,}00 =$	(300,00)
	$\Delta Cap. = [10\,400 - 23\,000 \times (30 \div 60)] \times 5{,}40 =$	(5 940,00)
	$\Delta Ef. = [19\,680 \times (30 \div 60) - 10\,400\,] \times 5{,}40 =$	(3 024,00)
	$\Delta G\ (GGF)$ – desfavorável	(9 264,00)
	ΔG no Centro B – desfavorável	**(14 616,00)**

Resposta ao pedido 2)

Fabricação CA			
CR – S_i (PCF)	17 362,50	Produtos fabricados	112 470,00
CR – M_1	364 929,50	Fabricação CB	515 295,00
CR – TDP	176 400,00	Resultados analíticos	
CR – GGF	89 600,00	Desvios	14,50
		CR – S_f (PCF)	20 512,50
	648 292,00		648 292,00

CR – Contas reflectidas (implícito o uso sistema duplo contabilístico)

Cálculos auxiliares do CA:

Custo da produção terminada (P_t):			
Transferida para armazém:	P_2 – 9 200 × 12,225 =		112 470,00
Transferida para o Centro B:	P_1 – 39 600 × 6,90 =	273 240,00	
	P_2 – 19 800 × 12,225 =	242 055,00	515 295,00

Mensuração dos stocks (inventários):
S_i (PCF) do produto P_2 – 2 000 × [7,50 + 0,25 × (3,15 + 1,575)] = 17 362,50
S_f (PCF) do produto P_1 – 2 000 × [3,75 + 0,5 × (2,10 + 1,05)] = 10 650,00
S_f (PCF) do produto P_2 – 1 000 × [7,50 + 0,5 × (3,15 + 1,575)] = 9 862,50

Fabricação CB			
CR – S_i (PCF)	28 905,00	Produtos fabricados	636 975,00
Fabricação CA	515 295,00	Resultados analíticos	
CR – M_2 (sacos)	6 552,00	Desvios	14 616,00
CR – TDP	93 600,00	CR – S_f (PCF)	55 161,00
CR – GGF	62 400,00		
	706 752,00		706 752,00

CR – Contas reflectidas (implícito o uso sistema duplo contabilístico)

Cálculos auxiliares do CB:

Custo da produção terminada (P_t) de P_3:	
Transferida para armazém:	19 000 × 33,525 = 636 975,00

Mensuração dos stocks (inventários):
S_i (PCF) do produto P_3 – 1 000 × [2 × 6,90 + 12,225 + 0,4 × (4,50 + 2,70)] = 28 905,00
S_f (PCF) do produto P_3 – 1 800 × [2 × 6,90 + 12,225 + 0,3 × (4,50 + 2,70)] = 55 161,00

A VALORIZAÇÃO DA PRODUÇÃO A CUSTOS PREESTABELECIDOS

ANEXO
Evolução da legislação contabilística e fiscal aplicável em matéria de custos padrões

1. Código da Contribuição Industrial – Decreto-lei nº 45 103/1963, de 1 de Julho.
"Art. 38º: Enquanto não forem fixadas pela Direcção-Geral das Contribuições e Impostos regras próprias para cada ramo de actividade, os valores das existências de materiais, produtos ou mercadorias a considerar nos proveitos e custos, ou a ter em conta na determinação dos lucros ou perdas do exercício, serão os que resultarem da aplicação de critérios valorimétricos que, podendo ser objecto de controle contabilístico inequívoco, estejam nas tradições da indústria e sejam geralmente reconhecidos pela técnica contabilística como válidos para exprimirem o resultado do exercício, e, além disso:

a) Venham sendo uniformemente seguidos em sucessivos exercícios;
b) ...
c) Utilizem preços de aquisição realmente praticados e documentados, ou preços de reposição ou de venda constantes de elementos oficiais ou de outros considerados idóneos;
d) ...

§ único: O cálculo dos valores a que se refere este artigo não poderá assentar, sem autorização prévia da Direcção-Geral de Contribuições e Impostos, em critérios que utilizem custos padrões, ou preconizem uma valorimetria especial para as existências tidas por básicas e normais."

2. Plano Oficial de Contabilidade aprovado pelo Decreto-lei nº 47/77, de 7 de Fevereiro.
"XII – Valorimetria
2. Critérios e métodos específicos
2.3. Existências
2.3.1. Adoptam-se como critérios de valorimetria os seguintes:

a) Custo de aquisição;
b) Custo de produção (inclui o custo padrão como método de custeio das saídas);
c) Custo de aquisição (ou de produção) ou preço de mercado, dos dois, o mais baixo.
d) Outros critérios para casos especiais, devidamente justificados."

3. Alterações ao Plano Oficial de Contabilidade aprovadas pelo Decreto-lei nº 476/85, de 12 de Novembro.
Introduz alterações ao Plano Oficial de Contabilidade para as empresas, aprovado pelo Decreto-Lei nº 47/77 de 7 de Fevereiro, em matéria respeitante a valorimetria de existências. O custo padrão é mantido, como método de custeio das saídas.

4. Nova redacção do artigo 38º do Código da Contribuição Industrial dada pelo Decreto-lei nº 51/87, de 30 de Janeiro.
Utilização dos critérios de valorimetria estabelecidos no Plano Oficial de Contabilidade, pelo que para efeitos fiscais, passa a ser aplicado o Decreto-lei nº 476/85, de 12 de Novembro.

CONTABILIDADE ANALÍTICA E DE GESTÃO

5. Código do Imposto sobre Rendimentos de Pessoas Colectivas (CIRC) aprovado pelo Decreto-lei nº 442-B/88, de 1988.

O artº 25º, nº 1 alínea b) e o nº 2 do mesmo artigo dizem:

"b) Custos padrões apurados de acordo com princípios técnicos e contabilísticos adequados.

nº 2 – Sempre que a utilização dos custos padrões conduza a desvios significativos, poderá a Direcção-Geral das Contribuições e Impostos efectuar as correcções adequadas, tendo em conta o campo de aplicação dos mesmos, o montante das vendas e das existências finais e o grau de rotação das existências."

Este Decreto-lei consagrou a possibilidade de as empresas utilizarem custos padrões, para avaliar os stocks (inventários), sem autorização prévia da DGCI o que, anteriormente, era procedimento habitual.

6. Plano Oficial de Contabilidade – Decreto-lei nº 410/89, de 21 de Novembro

"5. Critérios de valorimetria

5.3. Existências

5.3.11. Como métodos de custeio das saídas adoptam-se os seguintes:

a) Custo específico;
b) Custo médio ponderado;
c) FIFO;
d) LIFO;
e) Custo padrão.

5.3.12. – As existências poderão ser valorizadas ao custo padrão se este for apurado de acordo com os princípios técnicos e contabilísticos adequados; de contrário, deverá haver um ajustamento que considere os desvios verificados."

7. Sistema de Normalização Contabilística (SNC) – Decreto-lei nº 158/2009, de 13 de Julho

Aprova o Sistema de Normalização Contabilística e revoga o Plano Oficial de Contabilidade, aprovado pelo Decreto-Lei nº 47/77, de 7 de Fevereiro.

A adopção do custo padrão está consagrada na Norma Contabilística e de Relato Financeiro nº 18 "Inventários, Técnicas para mensuração do custo (parágrafos 21 e 22)", parágrafo 21, Aviso nº 15655/2009 de 7 de Setembro, p. 36 321.

O parágrafo 21 expressa: «As técnicas para mensuração do custo de inventários, tais como o custo padrão ou o método de retalho, podem ser usadas por conveniência se os resultados se aproximarem do custo. Os custos padrão tomam em consideração os níveis normais dos materiais e consumíveis, da mão-de-obra, da eficiência e da utilização da capacidade produtiva. Estes devem ser regularmente revistos e, se necessário, devem sê-lo à luz das condições correntes».

BIBLIOGRAFIA

LIVROS:

ARRÈGLE, J.L., CAUVIN, E., GHERTMAN, M., GRAND, B. e ROUSSEAU, P., *Les nouvelles approches de la gestion des organisations*, 2000, Économica.

BRIMSON, J.A., *Activity Accounting, an Activity-based Costing Approach*, John Wiley & Sons, Inc., New York, 1991.

BOUQUIM, H., *Comptabilité de gestion*, Économica, 2000

BOUQUIM, H., *Comptabilité de gestion*, Sirey, 1993.

COBB, J., INNES, J. e MITCHEL, F., *Activity-Based Costing: Problems in Practice,* The Chartered Institute of Management Accountants, 1992.

COOPER, R. and KAPLAN, R.S., *The design of cost management systems. Texts, cases and readings*, Prentice Hall International Editions, 1991.

DE RONGÉ, Y., *Comptabilité de gestion*, De Boeck & Larcier, SA, Bruxelles, 1998.

DRURY, Colin, *Management and Cost Accounting*, 6th Edition, Thomson, 2004, Reprinted 2005.

FISKE, W. P. e Beckett, J. A., *Industrial Accountant's Handbook,* EE VV, Prentice-Hall, Inc., 1956.

GARRISON, R. H. and NOREEN, E. W., *Managerial Accounting*, 9th Edition, McGraw-Hill Companies, Inc., 2000.

GRAY, J. and RICHETTS, D., *Cost and Managerial Accounting*, McGraw-Hill International Edition, 1982.

HANSEN, D. R. and MOWEN, M.M., *Management Accounting*, 7th Edition, South-Western Thomson Learning, Inc., 2005.

——— e ———, *Management Accounting*, 5th Edition, International Thomson Publishing, USA, 2000.

HITOMI, K., *Manufacturing Systems Engineering, – An Unified Approach to Manufacturing Technology and Production Management*, Taylor & Francis, Ltd., London, 1979.

Horngren C., Datar S. e FOSTER G., *Cost Accounting: A Managerial Emphasis*, 12th Edition, Pearson - Prentice Hall, Upper Saddle River, New Jersey, 2005, Copyright 2006.

IMA – Institute of Management Accountants, Cost Management Up-date, 1993.

IMAI, Masaaki, *Gemba Kaisen: A Commonsense, Low-Cost Approach to Management*, McGraw-Hill, New York, 1997.

JOHNSON, H.T. e KAPLAN, R.S., *Relevance Lost: Rise and Fall of Management Accounting*, HBS Press, Boston, 1987.

KAPLAN, R. S. e ANDERSON, S. R., *Time-driven Activity-based Costing* (A simpler and more powerful path to higher profits), Harvard Business School Publishing Corporation, 2007.

LEBAS, M., *Comptabilité Analytique de Gestion*, Éditions Nathan, 1986.

LORINO, P., *Méthodes et pratiques de la performance*, Les Éditions d'organisation, Paris, 1997.

———, *Comptes et récits de la performance*, Les Editions d'organisation, Paris, 1995.

———, *Le contrôle de gestion stratégique*, Dunot, Paris, 1991.

LUBBEN, R. T., *Just-in-Time Manufacturing*, 2nd Edition, McGraw-Hill, Inc., 1989.

MÉVELLEC, P., *Le calcul des coûts dans les organisations*, Éditions La Découverte, 1995.

MILLER, J.G., DEMEYER A. e NAKANE, J., *Benchmarking Global Manufacturing*, Business One Irwin, 1992.

NAA – National Association of Accountants, 1991

NOGUEIRA DA COSTA, F., "Sebenta – *As lições da disciplina de Contabilidade Analítica de Exploração I*", Instituto Superior de Contabilidade e Administração do Porto.

PINHEIRO PINTO, J. A., *Custos Padrões*, Athena Editora, Porto, 1978.

SCAPENS, R. W., *Management Accounting - A review of recent developments*, Macmillan Education Ltd.1991.

SILVA, F. V. Gonçalves da, *Contabilidade Industrial*, 7ª Edição, Livraria Sá da Costa, Lisboa, 1977.

WOMACK, J.P., JONES e D.T., ROOS, D., *The Machine that Changed the World*, Free Press, A Division of Simon & Schuster, Inc., 1990.

ARTIGOS:

ANDERSON, S.W., «A framework for Assessing Cost Management System Changes: The Case of Activity-Based Costing Implementation at General Motors 1986-1993», *Journal of Management Accounting Research*, vol. 7, 1995, p. 1-51.

ARMITAGE, H.M. e NICHOLSON, R.N., «La comptabilité par activités», Documents Enjeux de la *Comptabilité de Management*, nº 3, 1993, La Société des Comptables en Management du Canada.

ASK U. e AX, C., «Trends in the Development of Product Costing Practices and Techniques – A Survey of the Swdish Manufacturing Industry», *The 15th Annual Congress of the European Accounting Association*, Madrid, April, 1992, p. 22-24.

BAGANHA, M. D., «Conceitos Contabilísticos de Produção», *Revista de Contabilidade e Comércio*, nº 214, VOL. LIV, ABR.1997, p. 255-294.

BAGANHA, M. D., «Processo Produtivo», *Revista de Contabilidade e Comércio*, VOL. LI, nº 203, SET.1994, p. 341-348.

BAGANHA, M. D., «O custo contabilístico nas unidades económicas de produção industrial», *Revista de Contabilidade e Comércio*, VOL. LI, nº 202, JUL.1994, p. 171-182.

BAGANHA, M. D., «O método indirecto de cálculo de custos», *Revista de Contabilidade e Comércio*, nºs 159 e 160, Porto, 1973, p.1-16.

BAGANHA, M. D., «Produção útil e produção defeituosa», *Revista de Contabilidade e Comércio*, nº 153, Porto, 1972, p. 1-16.

BESCOS, P.L. e CAUVIN, E., «L'ABC/ABM: où en est-on actuellement?», *Échanges*, nº 168, 2000, p. 22-27.

BJORNENAK, T. «Diffusion and Accounting: The Case of ABC in Norway», *Management Accounting Research*, vol. 8, nº 1, 1997, p. 3-17.

CHENHALL, R.H. e MORRIS, D., «The Impact of Structure, Environment and

Interdependence on the Perceived Usefulness of Management Accounting Systems», *Accounting Review*, vol. 51, January, 1986, p. 16-35.

COOPER, R., KAPLAN, R.S., MAISEL, L.S., MORRISSEY, E. and OEHM, R.M., «From ABC to ABM: Does activity-based management automatically follow from an activity-based costing project?» *Management Accounting* (US), Vol. 74, 1992, p. 54-57.

COOPER, R., «Cost Classification in Unit-Based and Activity-Based Manufacturing Cost Systems», *Journal of Cost Management for Manufacturing Industry*, Fall, Vol. 4, nº 3, 1990, p. 4-14.

COOPER, R. e KAPLAN, R.S, «Measure Costs Right: Make the Right Decisions», *Harvard Business Review*, vol. 76, September-October, 1988, p. 96-103.

COOPER, R., KAPLAN, R.S., «How Cost Accounting Systematically Distorts Product Costs», in W.J. Bruns, R.S. Kaplan (Eds), *Accounting and Management*, Field Study Perspectives, Harvard Business School Press, 1987, p. 169-203.

DATAR, S. e Gupta, M., «Aggregation, Specification and Measurement Errors in Product Costing», *The Accounting Review*, vol. 69, nº 4, October 1994 , p. 567-591.

GIL, J. V. T., «A equação da produção efectiva de um produto num segmento do processo produtivo», *Revista de Contabilidade e Comércio*, VOL. LIV, nº 214, ABR.1997, p. 309-340.

GORDON, L.A. e NARAYANAN, V.K., «Management Accounting Systems, Perceived Environmental Uncertainty and Organizational Structure: An Empirical Investigation», *Accounting, Organizations and Society*, vol. 9, 1984, p. 33-47.

GOSSELIN, M., «The Effect of Strategy and Organizational Structure on the Adoption and Implementation of Activity-based Costing», *Accounting, Organizations and Society*, vol. 22, nº 2, 1997, p. 105-122.

GOSSELIN, M. e OUELLET, G., «Les sondages sur l'utilisation de la comptabilité par activités: qu'avons-nous vraiment appris?», *Comptabilité Contrôle Audit*, vol. 5, nº 1, 1999, p. 45-58.

GOVINDARAJAN, V., «Appropriateness of Accounting Data in Performance Evaluation: An Empirical Evaluation of Environmental Uncertainty as an Intervening Variable», *Accounting, Organizations and Society*, vol. 9, 1984, p. 125-135.

GOVINDARAJAN, V. e GUPTA, A.K., «Linking Control Systems to Business Unit Strategy: Impact on Performance», *Accounting, Organizations and Society*, vol. 10, 1985, p. 51-66.

INNES, J., MITCHELL, F., «Activity Based Costing in the UK's Largest Companies», *Management Accounting Research*, Vol.6, nº 2, 1995, p. 137-153.

INNES, J., MITCHELL, F., «ABC: A Survey of CIMA Members», *Management Accounting* (UK), October 1991, p. 28-30.

KAPLAN R.S. e ANDERSON S.R., «Time-Driven Activity Based Costing», *Harvard Business Review*, Vol. 82, nº 11, November 2004, p. 131-138.

KRUMWIEDE, K.R, «The Implementation Stages of Activity-Based Costing and the Impact of Contextual and Organizational Factors», *Journal of Management Accounting Research*, Vol. 10, 1998, p. 239-250.

LEBAS M. e MÉVELLEC, P., «Vingt ans de chantiers de comptabilité de gestion», *Comptabilité, Contrôle Audit*, nº spécial, MAI.1999, p. 77-92.

BIBLIOGRAFIA

LORINO, P., «Le déploiement de la valeur par les processus», *Revue française de gestion*, JUN/JUL/AGO., 1995, p. 55-71.

LUKKA, K. e GRANLUND, M., «Cost Accounting in Finland: Current Practice And Trends of Development», *European Accounting Review*, Vol.5, 1996, p. 1-28.

MALMI, T., «Towards Explaining Activity-Based Costing Failure: Accounting and Control in a Decentralized Organization», *Management Accounting Research*, nº 8, 1997, p. 459-480.

MARTINS-COELHO, M. Hélder, «O método de cálculo de custos baseado nas actividades», *Revista de Contabilidade e Comércio*, nº 214, VOL. LIV, ABR.1997, p. 211-238.

NESS, J.A. et CUCUZZA, T.G., «Tapping the Full Potential of ABC», *Harvard Business Review*, July, Vol. 73, nº 4, 1995, p. 130-138.

OTLEY, D., «The Contingency Theory of Management Accounting: Achievement and Prognosis», *Accounting, Organizations and Society*, n° 6, 1980, p. 231-46.

SIMONS, R., «The Role of Management Control Systems in Creating Competitive Advantage: New Perspectives», *Accounting, Organizations and Society*, Vol. 16, 1990, p. 127-143.

SIMONS, R., «Analysis of the Organizational Characteristics Related to Tight Budget», *Contemporary Accounting Review*, Vol. 5, Fall 1988, p. 267-283.

SIMONS, R., «Accounting Control Systems and Business Strategy: An Empirical Analysis », *Accounting, Organizations and Society*, Vol. 13, 1987, p. 357-374.

TARONDEAU, J.C. e WRIGHT, R., "La transversalité dans les organisations ou le contrôle par les processus", *Revue française de gestion*, JUN/JUL/AGO.1995, p. 112-121.

ÍNDICE

NOTA PRÉVIA	7
PREFÁCIO	11

CAPÍTULO I. INTRODUÇÃO À CONTABILIDADE DE CUSTOS E DE GESTÃO

	13
1.1. Resumo histórico da evolução da contabilidade de gestão	14
1.2. Os destinatários da informação e as definições de contabilidade	18
1.3. A incerteza dos contextos e a necessidade de informação	21
1.4. Objectivos da contabilidade de gestão: análise comparada	23
1.5. Contabilidade de gestão: a tomada de decisão e o controlo	25

CAPÍTULO II. OS CUSTOS E A NECESSIDADE DO SEU CÁLCULO

	31
2.1. Os conceitos de custo e de objectos ou portadores de custo	32
2.2. As diversas configurações de custos ou níveis de custeio	34

CAPÍTULO III. A CLASSIFICAÇÃO DE CUSTOS PARA DIFERENTES OBJECTIVO

	41
3.1. A atribuição dos gastos aos objectos de custo	42
3.2. Custos totais e unitários	45
3.3. Custos reais e custos pré-determinados	45
3.4. O cálculo dos custos para efeito de valorização dos stocks (inventários)	46
3.5. O cálculo dos custos e a tomada de decisões	48
3.6. Variação do custo face ao volume de actividade	50
3.7. O cálculo dos custos para efeito de controlo	57

CAPÍTULO IV. AS COMPONENTES DO CUSTO DE PRODUÇÃO

	55
4.1. As matérias	56
4.1.1. Conceitos e classificações	56

ÍNDICE

4.1.2. O planeamento dos consumos na produção … 57
4.1.3. A importância da aplicação do modelo japonês (JIT) à gestão da produção … 58
4.2. O trabalho directo de produção (TDP) … 59
4.2.1. Conceitos e classificações … 59
4.2.2. Determinação e controlo dos tempos de trabalho … 61
4.2.3. O custo do trabalho directo de produção (TDP) … 62
4.2.4. Contabilização do trabalho directo de produção (TDP) … 66
4.3. Os Gastos Gerais de Fabrico (GGF) … 66
4.3.1. A identificação no tempo e a atribuição aos objectos de custo dos GGF … 67
4.3.2. Critérios para a identificação e atribuição, no tempo, dos GGF … 69

CAPÍTULO V. A DIFICULDADE DO CÁLCULO DO CUSTO DE PRODUÇÃO COMPLETO … 73
5.1. Definição de centros de análise e de secções … 74
5.2. A repartição dos gastos gerais de fabrico (GGF) por centros de custos … 75
5.3. Os centros de custos e as secções homogéneas … 77
5.4. O modelo de custeio baseado nas actividades (Activity-Based Costing – ABC) … 79

CAPÍTULO VI. AS TÉCNICAS DE CUSTEIO E O IMPACTO NOS RESULTADOS … 101
6.1. O cálculo do custo de produção e a técnica adoptada … 102
6.2. O debate custeio variável *vs.* custeio por absorção … 103
6.3. A técnica de custeio racional e os custos de subactividade … 108
6.4. O impacto no resultado da opção custeio variável ou custeio por absorção … 113

CAPÍTULO VII. DINÂMICA DA RELAÇÃO CUSTO-VOLUME-RESULTADO … 133
7.1. Os pressupostos fundamentais da análise CVR … 133
7.2. A análise CVR numa empresa de produção uniforme ou monoprodução … 134
7.3. As análises de sensibilidade e a tomada de decisão … 139
7.4. A margem de segurança (M_s) e o efeito de alavanca … 142
7.5. A extensão da análise do CVR: Caso das empresas de produção múltipla … 147

ÍNDICE

CAPÍTULO VIII. A MEDIDA DA PRODUÇÃO 161
8.1. Quadro conceptual 162
    8.1.1. Conceito de produto 162
    8.1.2. Conceito de processo produtivo 162
    8.1.3. Conceito de sistema produtivo 166
8.2. Os conceitos de medida da produção 169
8.3. A medida da produção efectiva dum produto num segmento
do seu processo produtivo 175

CAPÍTULO IX. MÉTODOS DE ACUMULAÇÃO DE CUSTOS
E FORMAS DE ORGANIZAÇÃO DA PRODUÇÃO 219
9.1. Custos por processos ou fases: método indirecto 220

CAPÍTULO X. PROCESSOS PRODUTIVOS COM INERÊNCIA
DE DEFEITUOSOS 287
10.1. Causas da existência e tipos de defeituosos – sua aceitabilidade 287
10.2. Conceitos e classificações de produção 289
10.3. Valorização da produção útil e da produção defeituosa 293
10.4. A gestão da qualidade 301

CAPÍTULO XI. O TRATAMENTO DOS CUSTOS
DE UM PROCESSO PRODUTIVO CONJUNTO 321
11.1. Produção disjunta e produção conjunta 322
11.2. Principais características da produção conjunta 324
11.3. Distinção entre co-produtos e subprodutos 326
11.4. A determinação de custos de um processo produtivo conjunto 331
11.5. A repartição dos custos conjuntos: principais métodos 334
11.6. Os subprodutos: procedimentos a adoptar 343
11.7. Os resíduos/desperdícios: procedimentos mais comuns 349

CAPÍTULO XII. A VALORIZAÇÃO DA PRODUÇÃO A CUSTOS
PREESTABELECIDOS 371
12.1. Quadro conceptual 372
    12.2. O custo padrão enquanto ferramenta de gestão – razões
para o adoptar 374
    12.3. O processo de cálculo (elaboração e revisão) e a construção
de fichas do custo padrão 375
    12.4. O apuramento ou cálculo dos desvios 379
        12.4.1. Os desvio-custo (preço, despesa) e desvio-quantidade 380

ÍNDICE

12.4.2. O desvio em matérias e o desvio em trabalho directo
de produção   381
12.5. Uma visão global da análise dos desvios   389
12.6. Potencialidades do custo padrão – valorização, tomadas
de decisão e controlo   392
12.7. O registo contabilístico em sistema de custos padrões   394
12.8. O controlo a posteriori e o controlo de gestão   395

BIBLIOGRAFIA   413